La nave de los locos

MARCELO R. CEBERIO

La nave de los locos

Historia de la locura, su marginación social y alternativas de cambio

teseo

Ceberio, Marcelo R.
   La nave de los locos : historia de la locura, su marginación
social y alternativas de cambio . - 1a ed. - Buenos Aires : Teseo,
2010.
   446 p. ; 20x13 cm. - (Interacciones)

   ISBN 978-987-1354-58-0

   1. Psiquiatría. 2. Psicoterapia. I. Título
   CDD 616.891

ISBN 978-987-1354-58-0
Editorial Teseo

Hecho el depósito que previene la ley 11.723

Para sugerencias o comentarios acerca del contenido de esta obra,
escríbanos a: info@editorialteseo.com

www.editorialteseo.com

Índice

SEGUNDA PARTE
EL NAUFRAGIO DE LA NAVE DE LOS LOCOS

CAPÍTULO III
UNA NUEVA VISIÓN DE LA LOCURA
O ABRIR LAS PUERTAS DEL ASILO

CAPÍTULO IV
LA LIBERTAD DE LA LOCURA
O LA RUPTURA DE LA SEGREGACIÓN

CAPÍTULO V
ACCIONES PARA LA INSERCIÓN SOCIAL DE LA LOCURA

A Ernesto y Alicia,
mis queridos padres

Agradecimientos

Este es un trabajo de investigación que propone romper con la mirada transigente a la exclusión y marginalidad de los enfermos mentales. Muchas personas no sólo concordaron ideológica y teóricamente con tal propuesta, sino que también estimularon su gestación, lo que equivalió a mis dos tesis doctorales en psicología (en la Universidad de Barcelona y la Universidad Kennedy, en Buenos Aires).

Desde 1985 –año en que se comenzó a estructurar un índice estimativo–, las primeras indicaciones, orientación, bibliografía y el seguimiento, estuvieron a cargo del Dr. Manuel Villegas Besora, mi reconocimiento en este trayecto que me posibilitó iniciar y completar la tarea investigativa.

Agradecer individualmente a cada uno de los integrantes del CSM de San Vito de Trieste –principalmente al enfermero Rafaelle Dovenna–, daría como resultado una lista muy extensa, y tal vez tediosa. Este agradecimiento se debe no sólo por los aportes pragmáticos del trabajo del modelo, sino por el aprendizaje de una labor interdisciplinaria, por la compañía y el afecto permanente en el trabajo de casi todo el año 1986.

En Trieste, el Dr. Augusto Debernardi, sociólogo y epidemiólogo del *Centro di Ricerche in Salute Mentale* y Franco Rotelli –director de los servicios de salud mental de la provincia– en el año 1989, me proporcionaron aportes, documentos, bibliografía, para poder ahondar más en la temática, vaya mi valoración por su gran ayuda.

Mi agradecimiento a los Doctores Adriana Gioiosa, Juan Linares y J. C. Iglesias, que en diferentes momentos y me estimularon, orientaron e impulsaron al desarrollo de la investigación.

A Luis, Alicia y Paloma Gueilburt, y Liliana Lampenfeld, que me acompañaron e impulsaron en diversos períodos en mi estancia en Barcelona.

Un *grazie tante* a Edoardo S., que me permitió vivenciar con él y con su locura, una hermosa experiencia de volver a la vida. Y por último, mi gratitud a Mariana Campos, que brindó opiniones y críticas; fue otra ayuda full-time en todos los pasos del planteo investigativo.

Marcelo R. Ceberio
2010

Prólogo

El hombre no siempre se vale de barrotes para construir jaulas.
También las ideas pueden ser jaulas.
Aquellos que no viven según las ideas de la mayoría,
son los que han de ser puestos en jaulas especiales.

Ronald Laing

Conocí al doctor Marcelo R. Ceberio hace aproximadamente 23 años, en Trieste. Trabajaba como psicólogo voluntario en los nuevos servicios de salud mental, que se constituyeron a partir de la descomposición y destrucción del hospital psiquiátrico de esta localidad.

Semejante obra llevó adelante Franco Basaglia desde 1962, iniciando el proceso en la ciudad de Gorizia. Obra que tuvo el objetivo de cerrar definitivamente el manicomio, eje fundamental del saber psiquiátrico y expresión del rígido control social.

Marcelo, siempre atento, cordial, inteligente y curioso, siempre exponiendo sus preguntas. En principio hacia sí mismo y, en la medida que avanzaba en su experiencia, hacia los otros: los operadores, los usuarios de la red. Deseaba ir hasta el fondo de las cuestiones, comprender por qué se realizaba este trabajo, comprender por qué en cada oportunidad se inventaba un método, por qué no había una teoría.

No le bastaba solamente la mirada y la explicación política, aquella de la política general. Le resultaba muy

difuso. Pero sabía –y estaba convencido– de que toda la
práctica psiquiátrica derivaba de una impostación política y, por ende, la práctica de la desinstitucionalización
transitaba por el mismo carril.

Significaba admitir que era posible cambiar: hacer
política asumiendo todos los riesgos que implica, a partir
de la elección de la propia profesión y no, exclusivamente,
actuar la política en las sedes de los partidos. Con éstos se
mantenían relaciones, pero difícilmente eran los únicos
depositarios de la política. Eran sujetos por la política. Puede
ser que al señalarlo de esta manera, en breve, parezca un
tanto presuntuoso, no obstante, es lo que se construyó en
el proceso.

La categoría del poder tenía su centralidad operativa. A
Marcelo le fue claro, como a los otros, que mantener abierta
la contradicción derivada del rol profesional permitía al
usuario una mayor fuerza expresiva. Permitía el surgimiento
de la demanda. No una demanda burocrática, clara, definida a priori, sino una demanda como proceso de la propia
existencia. Así, resultaba difícil comprender la práctica con
una única y exhaustiva teoría. Es más, cuando el autor llegó
a Trieste, se encontró de frente con la destrucción de la *nave
psiquiátrica*. El manicomio no existía, como no existía la
psiquiatría tradicional y la nosografía psiquiátrica, pero sí
existían operadores y usuarios del servicio.

Se navegaba en un mar abierto. Se entreveían los puertos, pero no resultaban seguros. El único puerto era aquel de
la relación continua, espasmódica, sentida con el usuario.
Ninguno se definía como psicoterapeuta rogeriano o freu-
diano, ninguno como sistémico o transaccional, ninguno
era médico clínico. Todos atravesaban todo y gestaban, así,
las bases de esta *empresa social*. Había cansancio y ganas
de desarrollar nuevos caminos. Los hechos transcurrían
en ese objetivo. Un objetivo presente en el que el pasado
–origen de culpa– y el futuro –origen de miedo– asumían

una nueva dimensión diagonal y elíptica. Las personas padecientes de trastornos mentales estaban, pero ahora eran buscadas, asistidas por los servicios, girando de forma abismal la atención marginante de la antigüedad.

Pero para Marcelo, como investigador y clínico, no fue suficiente. Como buen occidental deseaba conocer, ver y verse claro para poder transmitir el sentido de la experiencia. Sabía, porque estaba presente, que Trieste debía observarse de cerca, debía ser presa y vivida. Podía ser narrada poéticamente, como el amor por una bella mujer. Pero no podía ser explicada racionalmente, como normalmente se cuentan las observaciones científicas. Marcelo elige el lenguaje de la ciencia: entonces se ha lanzado de cabeza en el estudio histórico, en la investigación de la documentación y en el análisis.

Ha entendido, primero que otros, que estaba emergiendo una *red*. La red en la cual las personas llegan a vivir en el sistema social y a declinar sus propios deseos de sujetos e individuos bienintencionados, en relación con la complejidad social. Un *social* como lugar de oportunidad y no de posición rígida y definida.

Los operadores, entonces, asumieron la conformación o rol de *broker,* capaces de actuar sus saberes y ligarlos a la relación con los excluidos, los usuarios. De esta manera, el saber llegaba a ser un poder, pero no como un fin en sí mismo: permitía llenar vacíos con el objetivo de instaurar una dimensión en la que la convivencia fuese posible. La convivencia con el diferente, con el definido *loco*, con la marginalidad extrema.

Marcelo R. Ceberio logra transmitir en una obra compleja y completa, lo que ha visto y sentido, permitiendo que las diferentes alternativas de la experiencia puedan ser apresadas libremente por el lector.

Sentimiento y conocimiento ordenados cobran forma en su narración científica. Mirada rigurosa y coherencia en sus formas se unen con la finalidad de consentir la lectura de una experiencia compleja, en la que la *institución* se discute continuamente, buscando crear una condición cuasi *a-institucional*, para permitir al Ego transformarse en Ello, como lo llamó Kafka en 1920.

Augusto Debernardi y Franco Rotelli,
Trieste, 2010

Introducción

*Me gustaría entrar a un manicomio
para comprobar si los abismos de
la locura pueden darme una solución
al enigma de la vida.*

Sören Kierkegaard

El problema de la locura fue y es un interrogante para el mundo científico, constituyéndose en un tema que ha despertado curiosidad en diferentes ámbitos de la investigación. Médicos, psiquiatras, bioquímicos, psicólogos, sociólogos, antropólogos, desde sus propias visiones y singulares perspectivas, intentaron desanudar la trama de incertidumbre que genera la enfermedad mental.

La locura ha sido objeto durante siglos de largas discusiones y discrepancias, cuyas miradas fueron enfocadas desde las más ortodoxas interpretaciones organicistas, hasta las más heterodoxas y flexibles, llegando a relativizarla a tal extremo de postular que no existe.

No obstante, de las investigaciones precedentes hemos heredado numerosas teorías, algunos dogmas y cantidad de datos que todavía resultan insuficientes para responder a los cuestionamientos que surgen de la alienación mental. Por lo tanto, han quedado abiertas aún algunas preguntas.

A partir de los avances y retrocesos de las *construcciones* científicas sobre las enfermedades mentales, se explicaron y se desarrollaron métodos de curación, tratando de convocar

a un estado de sanidad a los llamados locos. El manicomio
–*como institución de salud mental*–, ha sido una constante
que se avaló como la más certera de las soluciones, a los
problemas que plantea ser enfermo psiquiátrico. Pero es
vox populi –se conoce y esto nos hace cómplices–, que
el ambiente de los hospicios no es el más favorable para
crear parámetros de salud. Más aún, se podría afirmar que
dicho lugar refuerza y no revierte el proceso evolutivo de
la enfermedad.

Así, el manicomio se instaura en la sociedad como
el gran bastión de la segregación, de la discriminación
que la divide en *sujetos sanos* y *sujetos enfermos*. Además,
esta implementación de una ideología de reclusión no
nos ha conducido a eliminar el proceso de enfermedad,
pero sí a suprimir de la sociedad a los hombres y mujeres
portadores de ella, estigmatizándolos y excluyéndolos de
la circulación social.

Tal vez sea demasiado pretencioso abordar la temática
de la locura y su relación con la sociedad en tan sólo un
trabajo de investigación y más cuando la trama se comple-
jiza, ya que el binomio sociedad-locura está compuesto
por una tríada: *Psiquiatra-Loco-Manicomio*.

Esta investigación intentará describir que el modelo
italiano de la *Desinstitucionalización Psiquiátrica* –o seañ
la abolición del manicomio y de todos los juegos represivos
hacia el enfermo mental–, desestructura la marginación
social que lleva como condena el paciente psiquiátrico.

El lector se preguntará el porqué del título de este libro.
Tal como se encuentra explicado en el segundo capítulo,
en el siglo XV la *Nef des Fous* (*La Nave de los Locos*) era
una de las composiciones literarias que navegaba por los
canales flamencos. Esta moda consistía en escribir sobre
naves con tripulación de héroes o distintos tipos sociales
que se embarcaban en un gran viaje simbólico. De todas
estas novelas, la *Narrenschiff* fue la única de existencia

real. Estos barcos transportaban cargamentos de locos hacia otras ciudades, destinados a vivir una vida errante.

La ciudad los expulsaba, depositándolos en puertos lejanos donde se convertirían en vagabundos, haciendo su ingreso al mundo de la exclusión y la marginalidad. Aquellos elementos intranquilos y perturbadores de la sociedad debían ser separados de su lugar de origen, cuestión de mantener la estabilidad y el orden.

Si en el siglo XV, una de las formas de exclusión social de la locura se efectiviza mediante *La nave de los locos,* en la actualidad esa nave toma cuerpo en la figura del manicomio. *Su naufragio* implica la ruptura del sistema manicomial y su consecuente segregación, logro llevado a cabo mediante la experiencia de la desinstitucionalización en Italia.

Definir la línea de este trabajo, circunscribirla y delinearla, tampoco es tarea sencilla. Para observar que este modelo rompe con la segregación del enfermo mental, como prioridad se deberá demostrar que la marginación es tal. Para este fin, la investigación se desarrolla en dos partes:

La primera –*La nave de los locos*– trata sobre la marginación del enfermo mental, a través del aparato manicomial y su confirmación a través de los siglos, en un análisis sincrónico y diacrónico.

La segunda –*El naufragio de la nave de los locos*– desarrolla las experiencias alternativas –a partir de la posguerra– que intentan destruir la institución manicomial, hasta llegar al modelo italiano, que concreta pragmáticamente la ruptura de la marginalidad del paciente psiquiátrico.

Más en detalle, en el capítulo I –"Familia y sociedad: la locura en el juego de la exclusión"– realizaremos un análisis de la marginación del enfermo mental, estableciendo un parámetro comparativo de la segregación. Se parte de la estructura familiar, como microsistema base, que será traspolado al sistema social-institucional como macrosistema.

Desde la epistemología sistémica se analizará el juego en el que se deposita en uno de los integrantes de la familia la patología del sistema y cómo el sacrificio de éste -en función del mantenimiento del equilibrio-, será *premiado* con la exclusión del grupo. Observaremos que este mismo planteo llevado a lo social cumple con los mismos pasos del proceso. Se depositan en manicomios a *aquellas personas que no comparten el código común, aquellos que no se adaptan a las normas del juego del sistema.*

De esta manera, se recorrerán una serie de antinomias que se constituyen en paradojas, como dobles vínculos que se producen tanto en las familias como en las instituciones psiquiátricas. Dobles ataduras de las cuales la cura y la custodia, el *alta que no llegará nunca,* son los máximos exponentes. Los aportes de Enrique Pichon Rivière y su psicología social refuerzan este análisis de la marginación de la que el paciente psiquiátrico será nominado como el *chivo expiatorio* de un circuito enfermo y enfermante.

Por otra parte, Ronald Kuhn y el mismo modelo sistémico posibilitarán relativizar el concepto tradicional de crisis, tan utilizado en salud mental, considerándola una situación de extrema tensión que genera el pasaje a un estado evolutivamente más maduro. *Aquel segregado/denunciante* en su estado de crisis puede generar la transformación del circuito antedicho y, fundamentalmente, romper con la marginalidad.

Por último, el constructivismo proporciona el sostén para relativizar los parámetros segregacionistas de salud/enfermedad y de cómo el diagnóstico se construye mediante una visión patologizante del hecho observable, certificando el aval de internación (que para este momento del análisis será sinónimo de reclusión).

En el capítulo II –"Historia de la locura o historia de la marginación"– desarrollaremos lo que consideramos el primer paradigma: *los manicomios* como evidencia de la segregación de la locura a través de los siglos.

Recurriremos a los datos que nos proporciona la historia, desde la perspectiva psiquiátrica (la historia de la psiquiatría) y desde la visión del alienado (la historia de la locura) como un interjuego dialéctico entre *amo y esclavo*. Esta doble lectura descubrirá la interacción del segregado (loco) y del segregante (sociedad), y cómo esta interrelación se sostuvo rígidamente en los distintos períodos de la historia.

Desde la misma Grecia, principalmente en las ideas de Sorano, se observará cómo se hacinaba al enfermo mental. De la misma manera que el medioevo muestra a un loco acusado de *mago* o *hechicero,* condenándolo a la quema pública en nombre de la Iglesia. Así llegaremos a las ideas y al pragmatismo de Pinel, hasta las visiones de la locura más dinámicas con la creación del psicoanálisis y todas las corrientes psicoterapéuticas actuales.

No obstante, mientras el científico o el estudioso se recluía en su consultorio, los enfermos mentales seguían instalados en condiciones infrahumanas en los sótanos de los viejos manicomios. Estas mismas condiciones son las que nos permiten describir los métodos terapéuticos: grilletes, anillas, sangrías, eméticos, etc., se utilizaban para su apaciguamiento. Al igual que bajo la estructura institucional, se implementaba la aplicación de drogas, la insulinoterapia o el electroshock como forma represiva, quebrando el objetivo de la curación.

Michel Foucault y Gregory Zilboorg, entre otros autores, impregnaron desde diferentes ópticas el análisis de este capítulo. Un capítulo teñido de una lente antropológico-social, que reafirma *el estigma de ser enfermo mental.*

Lo que consideramos el segundo paradigma (a pesar de no haber logrado ese estatus), el capítulo III –"Una nueva visión de la locura o abrir las puertas del asilo"–, nos introduce en un panorama alternativo al manicomio con la finalidad de reinserción social del alienado y la oposición al segregacionismo.

Discriminaremos los aportes de Maxwel Jones sobre los principios de la *comunidad terapéutica,* que serán la base del surgimiento de la línea antipsiquiátrica. Los pensamientos de Thomas Szasz y Erving Goffman –como precursores de ese movimiento– y otros autores, exceden el pensamiento médico para ahondar sociológicamente el problema de la marginación de los pacientes psiquiátricos. De esta manera, Ronald Laing y David Cooper abren el horizonte de una nueva psiquiatría. Conceptualizan el fenómeno de la locura más allá del enfermo mental. Dirigen su mirada en contra de la segregación y la diferencia de la que los *alienados* forman parte.

Se analizarán aquí dos experiencias piloto –ya que estos autores no solamente teorizaron–: La Villa 21 y el Kingsley Hall. Observaremos que ambas, a pesar de resultar exitosas, fueron prácticamente eliminadas por el rechazo social-institucional. En todo este capítulo, se revela la resistencia social a la no marginación, como también a revertir ese *engrama* del loco asociado con violencia y peligrosidad.

En el capítulo IV –"La libertad de la locura o la ruptura de la segregación"–, plantea el modelo de la desinstitu-cionalización como el camino que desestructura la marginación del paciente psiquiátrico. Para tal fin, partimos de los datos biográficos de su mentor, Franco Basaglia, para contextualizar el porqué y el para qué de su modelo.

Se desarrollará el antecedente de la experiencia de Gorizia, en la transformación del hospital psiquiátrico y su desmantelamiento, enmarcado en los principios de la co-munidad terapéutica. Resulta interesante ver la incidencia de los factores políticos, económicos y sociales condensados en una ideología, que operan como boicoteadores de cualquier experiencia que se revele al conservadurismo de la atención manicomial.

En una breve reconstrucción histórica se revisan los pasos del proceso de transformación del sistema sociosanitario: las nuevas actividades, la construcción de nuevos roles, la creación de un circuito sanitario diferente y fundamentalmente la horizontalidad en el sistema, o sea, la ruptura del verticalismo psiquiátrico. Además, se elabora una pequeña descripción acerca del panorama económico como sostén del nuevo sistema y el diseño del actual organigrama de atención del Departamento de Salud Mental de Trieste.

Para cerrar estos puntos, en el capítulo V - "Acciones para la inserción social de la locura"– se observa la puesta en práctica del modelo. Se elaboraron cuatro ejemplos de un trabajo de campo de distinta índole de operatividad:

- La *praxis* de uno de los centros de salud mental –San Vito–, que forman parte del nuevo servicio sanitario.
- Dos casos clínicos muestran el cómo de la labor terapéutica y social.
- Por último, el trabajo de la guardia psiquiátrica del hospital general nos posibilita observar su dinámica.

Así, Trieste fue la ciudad pionera en Italia, donde funciona un sistema de atención de pacientes psiquiátricos que se abstiene del uso del manicomio.

En las conclusiones – "El estigma de la locura vs. recuperar la identidad humana–, intentaremos cerrar el desarrollo afirmando que el modelo de la desinstitucionalización psiquiátrica logra su objetivo en lo pragmático: *destruir el muro de marginalidad del enfermo mental.* Este resultado es el comienzo de la desestructuración de ese cliché inoculado socialmente que une al loco con peligrosidad, violencia y agresión, acentuando el efecto segregante.

Esta nueva estructura implica la posibilidad de una nueva sistematización y la creación de distintos *significados e intenciones,* no sólo hacia la persona del enfermo psiquiátrico sino a la *palabra misma.*

Para efectuar el total de la investigación se utilizaron diferentes recursos:

- La bibliografía, a través de libros de diversos autores en lengua española y otros textos que no se encuentran en nuestro medio (italianos, ingleses, franceses y estadounidenses).
- Una parte de la documentación ha sido el fruto del trabajo personal en los archivos del *Centro Studi e Ricerche Salute Mentale,* dependiente de la Organización Mundial de la Salud (Italia, 1989).
- En distintos períodos, a través de prácticas, se observaron distintas sistematizaciones de hospitales psiquiátricos como el Hospital Borda (Argentina, 1981, 1982, 1983); el Hospital Moyano (Argentina, 1981, 1982, 1983); el Hospital de Almería (España, 1989), y el Hospital Psiquiátrico de la Habana (Cuba, 1991).
- Una parte ha sido investigada (fundamentalmente los estudios de sistémico) en el Mental Research Institute de Palo Alto (Estados Unidos, 1992, 1993, 1994).

Se desarrolló un trabajo de campo en el Centro de Salud Mental de San Vito, en el centro de la ciudad de Trieste

Vaya este modelo como ejemplo para otros países, como posibilidad de enfrentar un cambio a las promiscuas estructuras sanitarias para sus enfer*mos mentales, ya que:*

No importa si tardamos cien años... no importa, si logramos convencer a la sociedad de que los locos son seres humanos con derecho a vivir integrados. No importa, si logramos abolir el manicomio.

Los argentinos, por ejemplo, –acostumbrados a repetir historias– estamos habituados a copiar modelos europeos

antes de tiempo, sin reflexionar que Europa necesitó siglos de historia para llegar a lo que llegó.

Por eso, necesitamos respetar nuestro tiempo de transiciones y progresos, por eso, no importa si tardamos cien años, si ése y nada más que ése, es el momento de establecer logros efectivos.

Carta a los directores de manicomios

Señores:

Las leyes y las costumbres les conceden el derecho de valorar el espíritu humano. Ustedes ejercitan esta jurisdicción soberana e indiscutible de acuerdo con vuestra discreción. Permitan que nos riamos. La credulidad de los pueblos civilizados, de los doctos, de los gobernantes provee a la Psiquiatría de no sé qué extrañas luces sobrenaturales. El proceso a vuestra profesión tiene un veredicto anticipado. Nosotros no intentamos aquí discutir el valor de vuestra ciencia, ni la dudosa existencia de las enfermedades mentales. Por cada cien pretendidos diagnósticos de patogenia, en la que se desencadena la confusión de la materia y del espíritu, por cada cien clasificaciones, las más vagas de las cuales son aún las únicas que pueden utilizarse, ¿cuántas nobles tentativas se han realizado para aproximarse al mundo cerebral donde viven tantos de vuestros prisioneros? ¿Para cuántos de ustedes, por ejemplo, el sueño del demente precoz y las imágenes que lo acechan, son algo más que una ensalada de palabras.

Nosotros no nos asombramos por encontrarlos inferiores en la práctica de una tarea para la cual no existen más que unos pocos predestinados. Pero nos rebelamos, por el contrario, contra el derecho atribuido a algunos hombres –de visión más o menos restringida– para sancionar con el encarcelamiento de por vida sus conclusiones en el campo del espíritu humano.

¡Y qué encarcelamiento! Se sabe –y todavía no lo suficiente– que los hospitales, lejos de ser hospitales, son prisiones espantosas, en las que los detenidos proporcionan mano de obra gratuita y útil, en las que la brutalidad es la regla, y esto es tolerado por ustedes. El instituto para alienados, bajo la apariencia de la ciencia y de la justicia, es comparable al cuartel, a la cárcel, al penal.

No entraremos aquí a plantear la cuestión de las internaciones arbitrarias para evitarles la penosa tarea de fáciles desmentidas. Nosotros afirmamos que un gran número de vuestros internados, perfectamente locos según la definición oficial, también están hospitalizados arbitrariamente. No admitimos que se interfiera el libre desarrollo de un delirio, tan legítimo, tan lógico como cualquier otra sucesión de ideas o de acciones humanas. La represión de las reacciones antisociales es por principio tan quimérica como inaceptable. Todos los actos individuales son antisociales. Los locos son las víctimas individuales por excelencia de la dictadura social; en nombre de esta individualidad, que es propia del hombre, nosotros reclamamos la liberación de estos prisioneros forzados de la sensibilidad, porque es indudable que no figura en el poder de las leyes recluir a todos los hombres que piensan y actúan.

Sin entrar a insistir sobre el carácter de perfecta genialidad de las manifestaciones de ciertos locos, en la medida en que podemos apreciarlas, afirmamos la absoluta legitimidad de sus concepciones de la realidad, y de todas las acciones que derivan de ella.

Pueden recordarlo mañana por la mañana, a la hora en que los visiten, cuando intenten –sin conocer el léxico– conversar con estos hombres sobre los cuales, deben reconocerlo, no tienen otra superioridad que la fuerza.

Antonin Artaud

PRIMERA PARTE

LA NAVE DE LOS LOCOS

Capítulo I

Familia y sociedad:
la locura en el juego de la exclusión

Imagínese un hombre, que, desmembrado de sus personas amadas, es separado de su casa, de sus costumbres, de sus hábitos. En fin, de todo, literalmente de todo lo que posee: será un hombre vacío, reducido al sufrimiento y a la necesidad, falto de dignidad y de discernimiento, puesto que sucede fácilmente que a quien ha perdido todo, se pierda a sí mismo.

Primo Levi

Bajo este título se desarrollará un análisis sincrónico del juego en donde se involucra la locura. Este juego confronta dos posturas epistemológicas respaldadas por dos modelos de pensamiento: la circularidad y la linealidad, que competen a lo que se denomina ciencias clásicas y ciencias modernas. Se abandona, por ende, aquella visión que observa al loco en forma monádica e individual, para comprometer un sistema en todos sus componentes, manifestando –a través de su figura– la disfuncionalidad.

El paciente mental se encuentra entre dos fuegos: por un lado, la familia, de la cual se erige en denunciante y sostenedor de su equilibrio, y por otro, la sociedad, a la cual le permite permanecer en estabilidad. Tanto la familia como la sociedad necesitan para su funcionamiento normal, encontrar un núcleo al que segrega y margina, pero a la vez es este mismo el que le posibilita transitar por el orden y la coherencia.

Ernesto Liendo (1992), desde una perspectiva psicoa-
nalítica, cerraba el plano de este paralelismo entre lo social
y lo familiar, entrando en el ámbito de lo individual: de
la misma manera que la sociedad y la familia margina
aquellos elementos que considera perturbadores de la es-
tabilidad, el aparato psíquico segrega aquellos contenidos
que le resultan amenazantes por medio del mecanismo de
la negación. De esta manera, el individuo puede sobrevivir,
haciéndolos desaparecer de la consciencia, permaneciendo
en equilibrio consigo mismo y con su entorno.

1. Sistema familiar y comportamiento patológico

La constitución del individuo en persona revela su
condición de ser social, desde los primeros momentos
de vida –fruto de la necesidad de alimentación y protección– hasta las más complejas relaciones que establece
con el ambiente en el mundo adulto. De esta manera, se
conforman las redes sociales en las cuales circulan códigos
comunicacionales compartidos (o no) y que constituyen
los grupos y subgrupos que, unidos, labrarán la estructura
total de la sociedad.

La introducción de pautas y reglas permiten la organización y aseguran la *estabilidad* del sistema.[1] Claude
Levi-Strauss (1985) considera que la ausencia de reglas
traza la diferencia entre el proceso natural y el cultural.

En efecto, se cae en un círculo vicioso al buscar en la natu-
raleza el origen de reglas institucionales que suponen –aún

---

[1] Entendiendo un sistema –así lo define Von Bertalanffy, quien introdujo, además del concepto de relación, el de interacción– *"[...] como un*
conjunto de elementos [...] que interactúan entre sí", presuponiendo la
existencia de una interdependencia entre las partes y la posibilidad de
un cambio a través de la reversibilidad de la relación.

más, que ya son– la cultura y cuya instauración en el seno de
un grupo difícilmente pueda concebirse sin la intervención
del lenguaje (Levi Strauss, 1985)

Señala que tanto la constancia como la regularidad son
dos elementos que existen tanto en la naturaleza como en
la cultura, pero las que aparecen como dominantes en una,
aparecen de un modo más débil en la otra, y viceversa. En
la primera representan el dominio de una herencia biológica. Mientras que en la segunda, una tradición externa, o
sea, impuesta desde un contexto social.

Ningún análisis real permite, pues, captar el punto en que se
produce el pasaje de los hechos de la naturaleza a la cultura,
ni el mecanismo de su articulación. [...] En todas partes donde
se presente la regla, sabemos con certeza que estamos en el
estadio de la cultura (Levi-Strauss, 1985).

Para este autor es claro reconocer en lo universal el
criterio de la naturaleza, puesto que lo *constante* en la
humanidad no responde al dominio de las costumbres, de
las técnicas y de las instituciones (compuestas por pautas)
por las que sus grupos se distinguen y se oponen. Sostiene,
además, que todo lo universal en el hombre remite al orden de la naturaleza y considera que la espontaneidad
es su característica principal. Y es claro que todo lo que
está sujeto a una norma, regla o pauta, corresponderá al
estadio de la cultura y mostrará los atributos de lo relativo
y de lo particular.

Es así como el ritmo de constante transformación, por
evolución o revolución, somete la sociedad a permanentes
cambios, producto de la tecnología, la ecología, la política
y la economía, que amenazan con desorganizar la estabilidad de su estructura.

Desde la epistemología sistémica, estos cambios no
son ni más ni menos que las crisis a las que debe someterse
cualquier sistema que pretende evolucionar. Por *crisis* se

define un momento de máxima inestabilidad en el sistema, que posibilita hacer una ruptura de una modalidad, de un estado, de un paradigma, para generar un cambio que conduzca a estados evolutivamente más maduros que lleven a una consecuente estabilización del sistema.

Las crisis sociales promueven *desacomodaciones* del sistema, que fomentan la reformulación de reglas, cambios en los estamentos comportamentales, revisionismo de antiguas estructuras, etc., llevando –en un proceso paulatino– a una nueva acomodación de ese sistema a esas nuevas *formas,* en vías de retornar la seguridad de la estabilidad social.

En este punto, es necesario que definamos dos conceptos que son traídos por la *Teoría general de los sistemas* (1968), que refieren a la estabilidad de todo sistema. Por un lado, el concepto de *homeostasis,* que revela el equilibrio en forma estática característica de los sistemas cerrados.[2] A diferencia de la *homeodinamia,* propia de los sistemas abiertos[3] que aceptan los cambios y, dentro de estas transformaciones, encuentran el equilibrio. Este equilibrio sería el resultado del doble juego de estabilidad/cambio.

Desde esta óptica, toda comunicación implica una interacción ya sea de la persona con el ambiente o de la persona con la/s persona/s. Las interacciones, constituyen

---

[2]   Se define al sistema cerrado cuando no tiene relaciones con el ambiente ni en entrada ni en salida de información (*input-output*). No obstante, esta definición resulta difícil de comprender cuando se traslada a circuitos humanos. Siempre se intercambia con el ambiente. Tal vez la conceptualización correcta sea describir un sistema humano como más rígido o más flexible en el intercambio con el entorno.

[3]   El sistema abierto intercambia con el ambiente natural energía e información y se modifica sobre la base de estos intercambios. El concepto de sistema abierto se adapta especialmente al estudio de los organismos vivientes, para los cuales el intercambio con el ambiente es un elemento esencial que determina su vitalidad, tanto en la posibilidad de reproducción y continuidad como en la transformación.

un sistema que está conformado por partes u objetos que tienen atributos particulares y que se mantienen unidos por la relación que existe entre las partes. Los individuos son las partes, el estilo de personalidad y sus conductas son los atributos o las características de los individuos, y las relaciones entre ellos mantienen unido el sistema.

Un sistema –en este caso el social– se va estructurando en función diacrónica. Este paso del tiempo es acompañado por un orden de sucesión de hechos, con características dinámicas que llevan a generar una homeodinamia, que consiste en la puesta a punto de un sistema. Este equilibrio exige para su permanencia el respeto de las pautas que lo rigen y que pueden ser modificadas cuando el sistema fluctúa y se amplía, hasta el punto de llevarlo a reorganizarse en un nivel diferente.

La familia como cuna y matriz se constituye en uno de los pilares principales de la vida psíquica de las personas. Es sobre la base de la construcción de un modelo que permite crear otras relaciones, desde las laborales, de amistad, pareja hasta la construcción de una nueva familia. Pero, los nuevos paradigmas de conocimiento no permiten analizarla como una suma de componentes individuales sino como un todo organizado, un sistema reglado en el cual todas las partes tienen su importancia en el funcionamiento.

Los roles o funciones que desarrollan cada uno de sus miembros producen un acople estructural del que deviene la funcionalidad o disfuncionalidad del sistema. Desde este punto de vista, se desestructura una visión monádica y resulta imposible una perspectiva individual. No puede hablarse de personas enfermas, sino que constituyen la expresión de que *algo* en el sistema no está funcionando, por lo tanto, existe un compromiso de todos los integrantes en esa disfuncionalidad. Esta hipótesis, gira copernicanamente las ópticas tradicionales que centralizan la conducta anormal en una persona, negando al resto del grupo. En cambio, observa el todo, del cual la parte anómala es la emergente, la evidencia.

La familia –como microsistema dentro del sistema social– ha sufrido los cambios de la sociedad en forma paralela, como señala Salvador Minuchin (1982: 78), *"se ha hecho cargo y ha abandonado las funciones de proteger y socializar a sus miembros como respuesta a las necesidades de la cultura".*

Las funciones de la familia poseen dos metas diferentes: por un lado, la protección psicosocial de sus miembros, y por el otro, la acomodación a una cultura y a su transmisión. Siempre la familia debe acomodarse a la sociedad: sus transiciones y cambios llevan inevitablemente a modificaciones del sistema familiar, cuya tarea psicosocial –la de proteger y apoyar a sus miembros– ha cobrado una significativa importancia. Además, la familia promueve en cada uno de sus integrantes un sentimiento de identidad independiente (que se pone en juego en el proceso de individuación), que se encuentra influido por el sentido de pertenencia.

En un proceso de socialización, la familia moldea la conducta de un hijo y le otorga un sentido de identidad y, si bien constituye la matriz del desarrollo psicosocial de sus miembros, también debe acomodarse a la sociedad, garantizando, de alguna manera, la continuidad de la cultura.

En un sentido evolutivo, la familia cambiará en la medida en que la sociedad cambie. O sea, los cambios siempre se orientan desde la sociedad hacia la familia, nunca desde una unidad más pequeña a una mayor. Cuanto mayor sea la flexibilidad que provea la sociedad a sus integrantes, más notable será la familia como matriz del desarrollo psicosocial.

La familia *normal* puede definirse como un sistema abierto y en transformación, que permanentemente interactúa con la sociedad y que se acomoda a las demandas y *ofertas* que esta misma sociedad propone. El requisito de sistema abierto, entonces, sería *condition sine qua non* para una familia considerada funcional.

Minuchin (1978), aclara al respecto que la familia normal no puede ser distinguida de la anormal por la ausencia de problemas. Destaca en la familia tres componentes importantes:

1. La estructura de una familia es la de un sistema sociocultural abierto en proceso de transformación.
2. La familia muestra un desarrollo, desplazándose a través de un cierto número de etapas que exigen una reestructuración.
3. La familia se adapta a las circunstancias cambiantes. Esta acomodación le permite mantener una continuidad y desarrollar un crecimiento psicosocial en cada miembro.

Definimos, entonces, a la familia como un sistema relacional que supera y articula entre sí los diversos componentes individuales. Es un sistema autocorrectivo, autogobernado por reglas que se desarrollan, evolucionan y se instauran a través del tiempo por medio de ensayos y errores. En síntesis, una familia *normal* se define como un sistema abierto, constituido por varias unidades en relación, que posee una interacción dinámica y constante de intercambio con el mundo externo. Este sistema está sostenido por reglas inherentes y particulares a cada familia en sí misma. Reglas que se constituyen en el tiempo en función de los sucesivos intercambios del grupo y que se caracterizan tanto por un nivel verbal como paraverbal.

Según M. Selvini Palazzoli (1989), la idea central de esta hipótesis se basa en los modelos que ofrecen la cibernética y la pragmática de la comunicación humana. Cada grupo –natural, con historia– entre los cuales la familia es uno de los grupos naturales principales (llamamos también grupo a un equipo de trabajo, deportivo, empresario, etc.), se constituye en un tiempo determinado a través de intercambios, ensayos y retroalimentaciones correctivas, desarrolladas en la experiencia.

El sistema mismo discrimina acerca de lo que está permitido o no en la interrelación, consolidándose así las reglas inherentes al sistema. De esta manera, la familia termina por convertirse en una unidad sistémica original, regida o sostenida por medio de esas pautas, que son particulares a ella.

Como señalábamos, estas reglas se refieren a los intercambios que suceden en el grupo natural, y tienen un carácter de comunicación tanto en un plano verbal como analógico. Tal cual es expresado en los axiomas de la *Teoría de la comunicación humana* (Watzlawick, Beavin, Jackson, 1967), en donde se señala que toda conducta es comunicación, que a su vez, recursivamente influencia y provoca una respuesta que consiste en otra conducta-comunicación.

Las familias que presentan conductas diagnosticadas como patológicas en uno o más miembros, se rigen con un tipo de relación o pautas que son peculiares de la patología. Por esta razón, tanto los comportamientos del emisor como los del receptor, tendrán características que permiten mantener las reglas y darán como resultado un tipo de vínculo patológico. Si estas conductas sintomáticas son parte de las relaciones peculiares del sistema, para poder actuar sobre la sintomatología generando una modificación se debe tratar de cambiar las reglas.

> *En los sistemas patológicos, aparece una tendencia cada vez más rígida a repetir compulsivamente las soluciones memorizadas al servicio de la homeóstasis* (Selvini Palazzoli, 1989).

Esta hipótesis, compartida tanto por Maurizio Andolfi (1982) como por M. Selvini Palazzoli, muestra que el comportamiento patológico de algunos de los miembros de la familia surge a partir de la repetición casi automática de transacciones dirigidas a mantener las reglas cada vez más rígidas al servicio del equilibrio.

En un sistema funcional, este equilibrio está fundamentado por dos funciones aparentemente contradictorias, la tendencia homeostática y la capacidad de transformación que caracterizan a todo sistema vivo. Pero ¿qué permite este interjuego?, mantener siempre un equilibrio que permita la creatividad que llevará a evolucionar el sistema y acomodarse a los cambios, por ende, a crecer (y estas son condiciones inherentes a la vida misma).

En última instancia, una familia no está compuesta por una realidad simple. Los *partenaires* de una pareja que comienza a conformar una familia son representantes representativos de un código determinado por las familias de origen de cada uno de los integrantes. En la interacción que desarrollan, los códigos pasados se intercambian, se pactan acuerdos y desacuerdos que concretan un código actual, recreando las normas que fundamentarán el sostén del sistema y desarrollarán el futuro de él.

En las familias –según Maurizio Andolfi– cuyos cambios de relaciones son advertidos como amenazantes, se determina un congelamiento de los sistemas interactivos presentes y de aquellas funciones desenvueltas por cada uno de sus integrantes, que se cristalizan a posteriori, en relaciones estereotipadas que anulan experiencias e informaciones nuevas.

La flexibilidad o rigidez de un sistema no son características intrínsecas a su estructura, pero aparecen ligadas a un dinamismo y a las variaciones de estado en un espacio y tiempo definidos, pudiendo ser determinados sobre la base de la capacidad de tolerar una desorganización temporánea en vista de una nueva estabilidad. No obstante, no puede afirmarse que un sistema sea definidamente rígido o inevitablemente flexible. Un sistema que fue flexible puede terminar constituyéndose en rígido, y así sucesivamente.

En este sentido, se puede plantear la hipótesis de que la aparición de una patología individual surge en situaciones de crisis intra o inter sistémicas correspondientes a las fases evolutivas de la familia, y de esta manera se garantiza el equilibrio funcional adquirido. O sea, el sistema puede transformarse pero no cambiar. Puede utilizar un *input* nuevo para operar variaciones que no lleven a la discusión ni modifiquen su funcionamiento.

Estas tensiones pueden ser originadas a través de cambios intrasistémicos. Por ejemplo, los cambios evolutivos, como la adolescencia, nacimiento de un hijo, muertes, separaciones, etc. Mientras que los cambios intersistémicos se refieren a las modificaciones del ambiente, mudanzas, cambios de trabajo, cambios en la escala de valores, etc.

Estos hechos inciden en el funcionamiento familiar, desarrollando un proceso de adaptación que lleva, por un lado, a transformar reglas capaces de constituir una cohesión de la familia, y por otro, a un crecimiento psicológico de sus miembros.

Un chivo expiatorio, un portavoz

Pichon Rivière, desde la psicología social, señala que el integrante de la familia considerado *enfermo* ocupa un rol específico: el de constituirse en depositario de las tensiones y conflictos del sistema familiar. Es, entonces, el que se erige como *portavoz* de todas las ansiedades y problemas del grupo. Ese miembro es el que se hace cargo de los aspectos patológicos de la situación, en un proceso de interacción en donde las funciones son asignadas y asumidas, comprometiendo tanto a la persona depositaria como a los depositantes.

El estereotipo se configura cuando la proyección de aspectos patológicos es masiva. El sujeto queda paralizado, fracasa en su intento de una ansiedad tan intensa (salto de lo cuantitativo a lo cualitativo) y enferma. A partir de ese momento, el círculo se cierra, completándose el ciclo de configuración de un mecanismo de seguridad patológico que, desencadenado por un incremento de las tensiones, consiste en una depositación masiva, con la posterior segregación del depositario, por la peligrosidad de los contenidos depositados (Pichon Rivière, 1985 a)

De esta manera, pasa de una epistemología causal lineal a una lectura circular de la situación. El sujeto más fuerte del grupo, paradojalmente, es el que se instaura como depositario de la patología familiar, y estos elementos proyectivos que acumula dan como resultado la respuesta desajustada. De esta manera, es rotulado como enfermo.

Notable y también paradojal es el hecho que la familia margina a la persona que está más comprometida con los afectos, las tensiones, las angustias y las dinámicas de interjuego del grupo familiar. Por lo tanto, el rotulado como enfermo se constituye, a la vez, en el *denunciante* de la situación conflictiva del sistema. *"El paciente por su conducta desviada se ha convertido en el portavoz, el alcahuete del grupo"* (Pichon Rivière, 1985 a).

Una familia, según Pichon Rivière, es un *estructurando* que funciona como una totalidad cuya comunicación debe ser abierta y con multiplicidad direccional para constituirse en un sistema con un *feedback* determinado o como una *espiral de realimentación.*

Plantea que un grupo familiar que posee una buena red de comunicación desarrollará con eficacia las actividades que se le presenten. Introduce, así, el concepto de *grupo operativo*, donde cada uno de los miembros tiene asignada una función[4] específica. Pero la importancia radica en que estas funciones no sean rígidas o fijas, sino que posean la suficiente plasticidad para afrontar mutaciones o cambios. Esta capacidad de asunción de funciones proporciona elementos para el diagnóstico de una familia y posibilita generar un proceso de aprendizaje que permite el crecimiento y la transformación del sistema.

> *En un grupo sano, verdaderamente operativo, cada sujeto conoce y desempeña su rol específico, de acuerdo con las leyes de la complementariedad. Es un grupo abierto a la comunicación, en pleno proceso de aprendizaje social, en relación dialéctica con el medio* (Pichon Rivière, 1985 a)

Si la familia es tomada como un sistema de interacción, como un instrumento socializante que recrea estilos, formas y códigos peculiares inherentes a cada familia en particular, el integrante adquiere una identidad prevista por este contexto grupal del cual se constituye en portavoz. La funcionalidad y la movilidad son dos conceptos que introduce Pichon Rivière, que señalan el grado y la naturaleza de adaptación de la persona en el contexto del grupo.

Cuando en esta estructura de interacción surge la enfermedad como un elemento innovador –por ende perturbador del proceso interactivo–, se considera anómala a esta conducta desviada que afecta el circuito del sistema

---

4   En el original, el autor utiliza el término *rol* en lugar de *función*. El modelo sistémico aplica, de acuerdo con nuestra opinión, mayor especificidad en estos términos. Por rol, entiende los roles oficiales que se asignan en todo sistema, por ejemplo, en una familia (padre, madre, hijo, hermano, etc.). Por función, se delimita la característica de desempeño, la acción tácita que se ejecuta en el rol asignado. En una empresa el jefe (rol oficial) no siempre es el líder del grupo (función de algún empleado). El rol de madre podrá ejercerse de diferentes maneras. Una madre que cumple la función de sobreprotección habrá que preguntarse para qué este sistema necesita de esta función y cuáles son las funciones y complementarias (por ejemplo, hijos indefensos, padre periférico, etc.).

comunicacional. La enfermedad es la cualidad emergente que lleva una situación implícita, revelando el estilo de comunicación y de interacción que en ese momento es alienante. El enfermo se constituye en el portavoz, mediante el cual comienza a manifestarse el proceso hasta ese momento implícito causal de la enfermedad.

En síntesis, en el microsistema (familia) el rotulado como enfermo mental se constituye en el chivo emisario, el denunciante de la situación patológica familiar. Los *locos* –ubicándonos en el contexto psicosocial– serían los emergentes de las contradicciones patológicas (implícitas, silenciadas) de la sociedad. El hospital psiquiátrico, entonces, reflejaría la manifestación concreta, el lugar y la estructura que le toca ocupar a los individuos clasificados de enfermos mentales.

En la familia, todos los elementos comunicacionales considerados patológicos en la dialéctica relacional se resumen en uno de sus miembros, que es quien se hace cargo de esta funcionalidad enferma y enfermante. De esta manera, a costa de la patología, alguien se *sacrifica* en función de sostener el sistema. La familia, entonces, conserva cierto equilibrio para seguir estereotipando el interjuego comunicacional hasta ese momento desenvuelto.

Si uno de sus miembros se hace cargo es porque el resto no lo hace (se hacen cargo de que otro se haga cargo). Así, el enfermo es el otro, el paciente identificado, o el identificado como paciente es el que carga con el rótulo. Por ejemplo, señalar: "Mi hijo es esquizofrénico, mi hermano es bipolar"; cuando en realidad la enfermedad forma parte de la *respuesta-denunciante-resultado* de la interacción que se genera en el contexto.

Este ejemplo muestra la identificación del enfermo allí donde los demás integrantes del sistema no reconocen su parte en la producción del síntoma. Una lectura interaccional que involucre un circuito de acciones construirá una realidad diferente: "Yo reacciono con asma cuando mis padres se pelean y mi padre se va de casa".

En un plano social, la sociedad no toma responsabilidad de sus incompatibilidades comunicacionales, *los locos son los otros*, desenvolviendo así un proceso de negación donde segrega en su seno mismo los propios elementos patógenos implícitos en su sistema.

Razón más que suficiente para pensar que los enfermos mentales son un índice, emergentes de diferentes variables que se producen a través de multiplicidad de situaciones sociales.

En general, frente a situaciones de posibles crisis sociales, se implementa un mecanismo de reforzamiento del control social como forma de mantener el equilibrio del sistema. De la misma forma, las familias designadas como rígidas, se conducen con un control mucho más cerrado, con una fuerte tensión de las emociones ante cualquier elemento que pueda resultar perturbador para los esquemas habituales de interacción.

Por un lado, esta tensión es funcional al servicio de la estabilidad. Pero por otro lado, es factible que su intensidad, sobrepase los intentos de controlarla mediante el refortalecimiento de las reglas. El resultado de este juego de fuerzas es que esa tensión pueda provocar, con el paso del tiempo, un nivel tan alto de representación que genere una crisis que promueva el cambio.

Cuando esto se percibe es vivido como una amenaza que puede llevar a la destrucción del sistema, que ya agotó el recurso de centralizar todas las tensiones en el sujeto designado como enfermo. En la búsqueda del equilibrio llegará a esgrimir nuevos recursos, utilizando la misma dinámica del esquema que desenvolvía con el chivo expiatorio.

De esta manera, la familia podrá transferir sus tensiones a cualquier sujeto fuera del propio núcleo: a parientes, amigos, compañeros de empresa, etc. Todos estos recursos se implementan al servicio de mantener la estructura frente a la posibilidad de cambio.

2. El loco en las paradojas del manicomio y la sociedad

Si se extrapolan estos conceptos del análisis familiar a lo social, sucede la misma clase de interjuego. En sociedades sometidas a un régimen estricto y con características, por ejemplo, de un tipo de Estado totalitario, generalmente los códigos sociales se encuentran enquistados en un extremismo de normas y pautas rígidas que instan a la población a su severo cumplimiento. Esto lleva, indefectiblemente, a una estereotipación del código comunicacional.

La locura –desde una óptica sociológica– es definida como el modo de comportarse diferente al *común.* Se entiende *común* como la media convencional de una población que implica la adaptación al código con que se conduzca una sociedad, comprendiendo en este código los usos, costumbres, reglas, lógica de pensamiento, etc. Por lo tanto, cuanto más estricta sea la norma para sostener el *equilibrio del sistema,* mayor será la factibilidad de trasgresión del código, puesto que los umbrales de tolerancia y de permiso se reducen y dejan poco margen para la diferencia.

Las tendencias de los Estados totalitarios al control exhaustivo tienen por finalidad la estabilización del sistema y cualquier elemento considerado atípico para él resulta de corte innovador y es vivido como amenaza de desintegración y su consecuente *alteración del orden.* De la misma manera, en las familias patológicas se reforzarán las reglas frente a cualquier elemento visto como peligroso y destructor del equilibrio.

El *loco* es el resultado de esta inadecuación al sistema normativo. Es el que introduce una cuña de entropía en la estabilidad del sistema. Es el elemento innovador y atípico, diferente al común, que se constituye en amenaza puesto que perturba el orden y la coherencia del sistema. Pero el sistema social recreó algunas soluciones contemplando estos factores de perturbación: introdujo dentro de sí una variante resolutiva que a lo largo del tiempo se transformó en constante dentro del código social: *el manicomio.*

Para asegurar la regularidad y la estabilidad de su sistema, la sociedad literalmente *deposita* aquellos elementos considerados perturbadores de su equilibrio en lugares apartados y marginados de la mayoría que comparte los códigos del sistema. De este modo, en el organigrama social existe un espacio físico en donde son colocados aquellos sujetos que desestructuran la estabilidad.

Se evidencia –realizando una abstracción– que así como en una familia el *psicótico* es el portavoz de la patología familiar, en la sociedad, una minoría se hará cargo de la patología social. Mientras existan los *locos*, es factible afirmar que el resto es sano: esta deducción implica remarcar la diferencia que los locos son los otros, o sea, posibilita explicitar quiénes son los portadores de la salud. De esta manera, se sostiene la estructura sin demasiadas alteraciones, depositando en una minoría marginada las tensiones de la mayoría.

Claro que esta variable/constante a la que llamamos manicomio no es un requisito solamente de gobiernos dictatoriales (dimos el ejemplo en función comparativa con la familia rígida), sino que obedece a las reglas del juego social de la segregación, que forma parte de la historia de la humanidad. Quien lleva las de ganar (el Estado social) cree ser el único que detenta el poder, como así el que sucumbe (el enfermo mental) cree estar convencido de que no lo posee. Estas convicciones son erróneas, ya que el poder no se encuentra ni en uno ni en otro: *"[...] el poder se encuentra en las reglas de juego establecidas a través del tiempo, y en el contexto pragmático en el que se haya desarrollado"* (Pallazoli, 1989: 11).

El recorrido de la historia sobre la locura que realizaremos en el próximo capítulo, nos llevará a ratificar, en un análisis diacrónico, que en los distintos contextos a través de las épocas existió siempre un lugar –como señala Michel Foucault– para los *elementos perturbadores e intranquilos* (1986: 17). Se demuestra, así, que hablar de la historia de la locura es hablar de la historia de la marginación social del paciente psiquiátrico.

Como mencionamos anteriormente, parecería que cuanto más estricta y rígida es la norma social para mantener el sistema, más cantidad de *desadaptados* produce. Los límites fijos a los cuales se delimita el perímetro de la norma rígida provocan una tendencia a transgredirla con mayor facilidad o a crear un sistema adaptativo-defensivo tanto o más estricto que la norma misma. Este proceso desembocaría en un hiperequilibrio del sistema que llevaría a repeler cualquier tipo de experiencia o variable nueva, generando un mayor riesgo a la patología o mayor rigidez, y así sucesivamente como una espiral dialéctica.

Pero el manicomio, como entidad variable/constante del sistema social, también en sí mismo se ha pautado y sistematizado rígidamente. Entonces, aquella persona que no pudo sostenerse en la estereotipación normativa (tanto en una familia como en lo social) es confinada a un lugar donde será sometida a un sistema de reglas aún más estricto.

Aquel que no pudo tolerar las presiones del sistema social es reducido a un lugar donde las presiones son parte del código institucional. Y como cada enfermo mental posee una ilógica social pero una lógica personal, se ve obligado, por un lado, a compartir iatrogénicamente lógicas diferentes que le impiden adherirse a un sistema determinado. Y por el otro –como única solución o escapatoria–, le queda asociarse al no menos iatrogénico código institucional. Por ende, la salida de este círculo vicioso es imposible.

Pero cabe cuestionar por qué se afirma que las presiones son parte del código institucional. Una institución está compuesta por una serie de estamentos jerárquicos organizados en forma piramidal. Cada uno de estos estratos que poseen jerarquías revela capacidad de mando de uno por sobre el otro u otros. La cúspide de esta pirámide es la que posee mayor poder (mando, jerarquía), y en la medida que descendemos cada uno de estos estratos, el poder descenderá hasta llegar a los últimos eslabones de esta cadena institucional –o base de la pirámide– que adolece de poder ya que no tiene *a quién mandar*.

El poder forma parte de una dinámica relacional, puesto que solamente cobra sentido en la interacción. Uno detenta poder frente a un otro que supuestamente no lo tiene sobre uno, por ser de menor rango jerárquico y que a la vez mandará a otro de menor jerarquía, y así sucesivamente.

El poder es un doble juego en donde uno manda y otro acata, donde la existencia de cada uno de estos integrantes del juego es indispensable para que éste se desenvuelva: uno le otorga lugar al otro y viceversa, en forma complementaria. Las normas del juego están bajo la sazón de la presión, conformando la trama sometedor-sometido o víctima-victimario. No obstante, el juego del poder es una falacia, puesto que el poder se halla en las reglas mismas que pautan el juego.

En la institución manicomial, la perversión de este juego se revela a través de las presiones que los diversos eslabonados de la estructura ejercen unos sobre otros: un director ejercerá poder sobre toda la institución. Jefes de servicio, sobre los profesionales de sus áreas (psiquiatras, psicólogos, médicos, enfermeros, enfermos). Psiquiatras o psicólogos, sobre enfermeros y enfermos. Y por último, los enfermeros sobre los enfermos. En toda esta pirámide, claro está, son los pacientes mentales los que no tienen hacia quiénes ejercer cuestiones de mando ni de presión. Es el paciente quien recibe sobre sí toda la presión del sistema institucional.

Sometidas a estas presiones, más bien a un juego perverso de sometimiento, las personas que sufren una enfermedad mental se encuentran presas e inhabilitadas para actuar con libertad. A propósito, una frase expresada por Franco Basaglia (1978) sintetiza tal contradicción: *"La libertad es terapéutica".* De aquí se desprende la pregunta acerca de si es pragmáticamente terapéutico el uso del manicomio y el sistema que toma como pilar a éste como tratamiento de las enfermedades mentales.

Cura o custodia

Las historias clínicas de los manicomios, que datan de 10, 20, 40 años –que más que internaciones se asemejan a reclusiones–, observan que es muy baja la estadística de pacientes que presentan un grado de evolución favorable. Más aún, este *manicomialismo* ha convertido a los pacientes en enfermos crónicos con un mayor deterioro e incremento de su sintomatología.

Como ejemplo representativo, en los archivos del Hospital Psiquiátrico de mujeres Braulio Moyano de buenos Aires, se encuentran los libros de entrada y salida de pacientes que datan de comienzos del siglo XX (tengamos en cuenta que este hospicio de mujeres se fundó en 1854), en donde se discrimina la fecha de ingreso de las pacientes con la respectiva fotografía de entrada y la correspondiente fecha de salida acompañada también de su fotografía. En las primeras páginas se encuentran ambas fotos y ambas fechas, pero en la medida en que se recorren los folios, se observan la fotografía y la fecha de entrada y no así de salida. Para seguir pasando páginas y no encontrar ni una ni otra.

Parecería ser que con el paso del tiempo, la restitución al medio social es una mera utopía, hasta llegar a la total desconfirmación del enfermo mental como persona (como evidencia de la negación), ya que no existe siquiera

registro de su existencia. Sin embargo, el manicomio, como
toda institución, nace con una finalidad explícita: curar
y reinsertar al paciente al medio social. Quiere decir que
las reglas instauradas en el inicio poseen una flexibilidad
que posibilita un trato más humano. En la medida en que
la institución sigue su curso, sus normas y roles tienden a
estereotiparse cada vez más, ejerciendo mayor control. Esta
rigidez llevará a cosificar y perder la identidad *humana* en
el trato con el paciente psiquiátrico. Así, la cura se permuta
por un método custodia, l transformando la internación
en reclusión. Se pasa de la intencionalidad curativa a una
vigilancia alienante.

Basaglia (1978) lo señala claramente:

> *El enfermo mental es pues la persona que se encuentra inter-*
> *nada en estas instituciones de las cuales hablamos, en estos*
> *institutos que sirven no al cuidado, sino a la custodia del*
> *paciente. Estas son las instituciones que los científicos definen*
> *como instituciones que sirven para curar a la persona que*
> *tiene trastornos mentales, que tiene trastornos que afectan*
> *su relación con los demás. A esta persona se la encierra en*
> *un lugar en el que ciertamente sus trastornos no van a ser*
> *curados, y en que se le hace un nuevo tipo de terapia que*
> *consiste en recuperarlo no ya mediante una ideología de*
> *cura, sino mediante una ideología de castigo.*
> *Es decir lo que subyace y determina la lógica de estas institu-*
> *ciones cerradas es, justamente no ya una ideología curativa,*
> *terapéutica, sino más bien una ideología de castigo.*

La historia certifica a través de los siglos que los considerados enfermos mentales son apartados de la sociedad.
Los grandes hospicios de grandes dimensiones y con un
tipo de arquitectura similar a los edificios carcelarios fueron
diseñados con el objetivo de control y custodia más que
de curación. Entre ellos, se destaca el modelo panóptico.

Ni siquiera la estructura edilicia favorece a sostener el
mens sano in corpore sano. Los altos muros, los barrotes y

la severa vigilancia no recrean el ambiente más saludable para cumplir el objetivo de la rehabilitación. Se sostiene entonces, también a nivel arquitectura, la contradicción del sistema.

Basaglia sostenía que los más altos muros de la separación individuo/sociedad, como evidencia de la marginalidad social, están representados por tres instituciones: las cárceles, los manicomios y los cementerios. Si se establece una tríada comparativa con los usuarios de estos tres lugares, dada la verosimilitud segregacionista, se observará un paralelismo entre delincuentes, enfermos mentales y muertos.

En este caso, es el espacio físico el que da cuenta de qué perímetro de la población es el elegido para la marginación social. En estos lugares –muy apartados de las urbes centrales y cuya finalidad es el encierro– se aísla a los transgresores de la norma trazando el límite de los umbrales de la segregación.

Entonces, teniendo en cuenta la comparación que hemos establecido a partir de la similitud del tipo de construcciones y los lugares que ocupan, ¿quiere decir que una persona afectada por una enfermedad mental debe cumplir un período de internación para sanarse? (si consideramos la patología mental como una temática competente al campo de la medicina). O, ¿una persona afectada por una enfermedad mental debe cumplir una condena de reclusión como castigo? –que lo acerca más a la muerte que a la vida–.

No se trata de negar la patología mental y menos toda la serie de anomalías sintomáticas que pueden ocasionarle a un sujeto sufrimiento, dolor, angustia, etc., y no sólo a él, sino también al medio afectivo más cercano. Se trata de promover una visión crítica que atañe directamente a los medios o métodos llamados *tratamientos terapéuticos,* que enfundan la verdadera forma de manejo: la tergiversación del fin, o sea, *la curación por la custodia*.

Para explicar esta permutación, constitutiva de uno de los elementos paradojales del sistema, deberemos comenzar por definir el término marginación. Es considerada marginal toda persona que se aparta de los patrones normativos acordados por la sociocultura y permiten la adaptación al medio. Como señala Basaglia (1971):

> *Entre nosotros el marginado, como aquel que se encuentra fuera o en el límite de la norma, se mantiene en el seno de la ideología médica o de la judicial que consiguen abarcarlo, explicarlo y controlarlo. El presupuesto aquí implícito de que se trata de personalidades originariamente anormales, permite su absorción en el terreno médico o penal, sin que su "desviación´ –como rechazo concreto de valores relativos, propuestos y definidos como absolutos e inmodificables– ponga en tela de juicio la validez de la norma y de sus límites. En este sentido la ideología médica o la penal sirven aquí para contener, mediante la definición de anormalidad originaria, el fenómeno, transponiéndolo a un terreno que garantiza el mantenimiento de los valores normativos. No se trata de una respuesta técnica a un problema para especialistas, sino más bien de una estrategia defensiva, destinada a mantener a todos los niveles el statu quo.*

Obsérvese que en este recorte se valida en forma paralela lo que compete tanto a un área penal –vigilancia– como psiquiátrica –curación–. Esto ratifica la paradoja de ambos términos.

Evidentemente, se deduce la herencia histórica de la psiquiatría con la justicia. Si bien "custodia" y "cura" son términos antinómicos, el psiquiatra en el manicomio cumple una doble función: por un lado su deber profesional como médico y al mismo tiempo su posición de *guardián del orden*. O sea que su acción –supuestamente terapéutica– expresa tanto una ideología médica como penal en la organización social, constituyéndose en un miembro activo corrector de la posibilidad de *desorden social*. Además, en la forma legal al médico psiquiatra se le reconoce el derecho de poner en práctica cualquier sanción, en función del aval que le provee la ciencia.

> *[...] por un arcaico pacto que le ata a la tutela y a la defensa de la norma cuando el psiquiatra ordena que se retenga a un enfermo es la ciencia la que avala y justifica todos sus actos, aunque estos constituyan una explícita declaración de impotencia [...]* (Basaglia, 1971).

En última instancia, en la figura del médico psiquiatra –que desde esta visión se transforma en controvertida y confusa en su campo de acción– se condensa una ideología que impregna al campo de la ciencia en general: la social, la política y la económica.

Thomas SAS certifica esta posición y realiza un análisis histórico social de la marginación de los enfermos mentales que constituye una de las investigaciones que revela la ideología psiquiátrica. Para él, la enfermedad mental pierde las connotaciones médico-científicas y *el loco* asume su condición de víctima propiciatoria de la sociedad.

También señala que esta misma función fue desempeñada en otros contextos históricos y culturales, por otros grupos marginales como brujas, negros, hechiceros, vagabundos, homosexuales, etc. O sea, *la víctima* estará al servicio del mantenimiento del equilibrio social.

> *En el mismo momento en que resulta invalidado (mediante la exclusión) por quienes encuentran en cambio una confirmación de su superioridad y de su propio valor (mediante la inclusión). El mito de la enfermedad mental resulta entonces destruido, ya que está caracterizada por una determinada función social y no por atributos intrínsecos* (Forti, 1976).

Esta visión sociológica considera la enfermedad mental como una violación a las pautas y reglas propuestas por una determinada cultura. Por lo tanto, no obedece a una perturbación individual sino a códigos y normas que impone la sociedad misma.

Además, el problema de la persona internada en un hospital psiquiátrico se observa en la mayoría de las leyes que regimentan una internación. Estas leyes dicen, de manera clara, que el médico psiquiatra debe proceder a la curación y la custodia del enfermo.

Analicemos ambos términos en sus contradicciones, ya que forman parte de la paradoja de atención psiquiátrica en los hospicios: *cura* significa disponibilidad, ser para. Pero, al mismo tiempo, el psiquiatra debe *custodiar* al enfermo sobre cualquier exceso o agresión hacia sí mismo o hacia los demás. Entre estos términos contradictorios el médico debe elegir, pero la institución no le ofrece muchas posibilidades de respuesta porque en sí misma juega con una doble atadura. Aceptar entrar dentro del sistema manicomial es aceptar la contradicción: curar como finalidad y la custodia como método.

A propósito, es interesante observar la postura que enarbola Henri Ey en un pequeño libro titulado *En defensa de la Psiquiatría* (1976). Allí, desde su propia óptica psiquiátrica, enarbola una defensa sobre lo que considera un ataque por parte de las corrientes alternativas a la psiquiatría tradicional –como la antipsiquiatría o la desinstitucionalización–.

Uno de los puntos que discrimina es la acusación sobre *carcelarismo*, término acuñado por Michel Foucault y refutado por Ey:

> *Y Michel Foucault cree poder demostrar que en esa gran encerrona, la gran "leprosería" médico-social es lo que la psiquiatría tiene por función institucionalizar, crimen perpetrado maquiavélicamente por el siglo de las falsas luces contra la divina sinrazón, en nombre de la razón y la virtud* (Ey, 1976).

Ey señala que este juicio es doblemente falso. En principio *porque "la constitución de la ciencia psiquiátrica como objetivación del hecho psicopatológico"* es muy anterior a la edad clásica. Y en segundo lugar, remarca que la enfermedad mental no es la resultante de una dialéctica *"político-ética e ideológica"* que tiene como finalidad la reclusión, sino que se trata de una extensa labor de construcción de la ciencia médica en cuanto ciencia de la desorganización de la naturaleza del hombre.

Podría decirse, también, que estos juicios de Ey son relativos. Desde una perspectiva constructivista –que relativiza la aseveración de la objetividad del hecho observable–, ¿cómo el doctor Ey puede plantear la *objetivación* del hecho psicopatológico? (en tanto y en cuanto no planteemos situaciones de delirio o alucinaciones evidentes o diversas sintomatologías, obviamente).

Por otra parte, no es posible entender la enfermedad mental aislada del contexto social que está revestido de marcos políticos y de ideologías que, conjuntamente con los elementos orgánicos (no siempre demostrables), determinarán un cuadro psicopatológico específico. Evidentemente, este autor pertenece a una generación de psiquiatras que adscribe a un pensamiento monádico y mecanicista que no otorga relevancia a los elementos interaccionales y de contacto con el medio, que en muchos casos son determinantes de la aparición de la patología mental. Además, señala que:

> La psiquiatría no nació del deseo de encerrar a las personas malas, viciosas y peligrosas, molestas para el orden social, nació de la evidencia del hecho psicopatológico. De manera que la privación de la libertad no es su fin sino tan sólo uno de sus medios (Ey, 1976).

O sea, que él mismo reconoce que el método manicomial es del orden de la reclusión, a pesar de que aclara que no es la finalidad. No obstante, remitiremos más adelante algunos claros ejemplos que explican lo contrario. Ey compara la libertad que se pierde a través de la internación/ reclusión que revela la marginalidad, con la libertad que se pierde al contraer la enfermedad mental. Observemos las propias palabras de Ey (1979):

> Y todavía se debe agregar uno de los medios accesorios para llegar a su verdadero fin, que es precisamente restituir a esos enfermos mentales la libertad que han perdido, no por un decreto del orden social, sino más esencialmente por efecto de su propia enfermedad.

Si bien estamos de acuerdo que un ser humano, a través de su padecer psíquico, es preso de su sintomatología, esto resulta muy diferente a que por su enfermedad deba ser privado de su libertad (en función de lo social). De esto se deduce que, además de su reclusión psíquica –por su patología–, debe cumplir una condena conferida por el medio social. Se trata, entonces, de no confundir dos planos: el psíquico y el social.

A propósito, Juan Linares (1976) analiza que el instrumento de la historia clínica en el manicomio, significa para el enfermo mental un completo documento de identidad que ha llegado a poner a punto la civilización occidental. Es lógico, ya que el hospital psiquiátrico constituye en esta civilización una de las más sólidas columnas del orden público.

Desde este punto de vista, el concepto de cronicidad responde más a un producto de la institución psiquiátrica que a la patología en sí misma –como generalmente se encuentra conceptualizada en la nosografía psiquiátrica tradicional–.

La rigidez del sistema manicomial que conlleva a la estructuración de conductas-respuestas de manera estereotipada, arrastra consigo al sujeto que entra en el sistema desde su enfermedad y se ve obligado a adherir a éste, transitando un contexto –como matriz de significados– donde no se le posibilitan parámetros sanos de recuperación.

Es así como la mala alimentación, la pobreza y el estado de suciedad en general de todos los manicomios, conjuntamente con la compañía de imágenes que no ofrecen parámetros de salud, llevarían indefectiblemente a la involución más que a la remitencia a la normalidad.

En este sentido, la finalidad terapéutica del manicomio queda nada más que en la intencionalidad –como señalábamos antes– ya que en el plano pragmático la función es la contraria. Basaglia realiza una comparación paralelizando las cárceles y los manicomios, desde una óptica anti-institucional:

> *Estas dos instituciones son diferentes, pero en la realidad tienen la misma finalidad. La cárcel protege a la sociedad del delincuente, el manicomio protege a la sociedad de la persona que también se desvía de la norma [...], es decir, la cárcel no sirve para la rehabilitación del encarcelado, así como tampoco el manicomio sirve para la rehabilitación del enfermo mental. Ambos responden a la exigencia del sistema social, quiero decir, del sistema social que tiene como fin último la marginación de quien rompe con el juego social* (Basaglia, 1978).

Tal vez esta frase responda a la pregunta de por qué se sigue perpetuando esta metodología, a pesar de que es ineficaz en los resultados. La finalidad explícita de las cárceles es la corrección de la desviación, mientras que la del hospital psiquiátrico es la terapéutica (que también no deja de ser una corrección de desviación).

Pero leer el objetivo implícito de proteger a la sociedad de los que se desvían de la norma, otorga sentido a la permanencia de estas instituciones

Callejones sin salida

Si se extrapola al plano institucional la teoría del *double bind* (doble vínculo) –como una comunicación paradojal que es observada con mayor frecuencia en familias con pacientes esquizofrénicos–: ¿no está la institución psiquiátrica llena de mensajes contradictorios?

La teoría del doble vínculo fue el primer resultado de una investigación acerca de las *paradojas en la comunicación* que realizaba el grupo de Gregory Bateson en el hospital de veteranos de Menlo Park, en California, a comienzos de la década de 1960.

Se considera un doble vínculo el producto de una serie de callejones sin salida en la comunicación que son impuestos unos a otros por personas en un sistema de relación. Es una comunicación que a un nivel puede expresar un requerimiento manifiesto, para que en otro se contradiga o anule. Supone a dos o más personas, una de las cuales es considerada la *víctima*. Bateson y su grupo opinaba que un individuo que haya sido sometido en varias oportunidades a este tipo de interacción le resultará muy difícil permanecer sano. Manifiestan, como hipótesis, que siempre que se presente este tipo de situación se producirá un derrumbamiento en la capacidad de cualquier persona para discriminar entre tipología lógicas. Los resultados, entonces, son siempre la respuesta patológica.

En un artículo llamado "Hacia una teoría de la esquizofrenia" (1962), Bateson, Jackson, Haley y Weakland describen los ingredientes básicos para su constitución. Para los autores, un doble vínculo supone la relación de dos o más personas, una de ellas designada como la *víctima*. La comunicación implica un mandato negativo primario que puede tener una de dos formas: *no hagas tal cosa, o te castigaré* o *si no haces tal y cual cosa, te castigaré*, desarrollados en un contexto de aprendizaje basado en la evitación del castigo. El castigo, al que se hace referencia, puede ser el retiro del amor o el abandono afectivo por parte de los padres.

Simultáneamente, se manifiesta un mandato secundario que se contrapone con el primero en un plano más abstracto, pero que también es indicador de castigo o señales que ponen en peligro la supervivencia. Este mandato secundario es más difícil de describir que el primario, puesto que es comunicado al niño en general por medios no verbales (gestos, posturas, el tono de voz, etc.). La verbalización de este mandato secundario puede incluir una amplia variedad de formas contrapuestas con el mensaje primario. Por ejemplo: *no veas esto como un castigo; no te sometas a mis prohibiciones; no pongas en duda mi cariño.*

Existe un tercer mandato que prohíbe a la víctima que escape del terreno. Si los dobles vínculos son impuestos durante la infancia, es obvio que la fuga resulta imposible. Este mecanismo debe constituirse en una experiencia repetida, recurrente en la vida de la víctima, hasta tal punto que el doble vínculo llega a ser una expectativa habitual.

> *Por último, el conjunto de los ingredientes ya no es necesario cuando la víctima ha aprendido a percibir su universo en pautas de doble vínculo. Casi cualquier parte de una secuencia de doble vínculo puede ser suficiente, entonces, para precipitar el pánico o la cólera. El esquema de mandatos en pugna puede llegar a ser reemplazado por voces alucinatorias. De esta manera, se produce una fractura en la capacidad de cualquier sujeto, para poder diferenciar y distinguir entre tipos lógicos cuando se origina este tipo de situación de doble atadura* (Jackson, 1968).

El grupo de Bateson no sólo observó que esta situación ocurre entre el pre-esquizofrénico y su madre, sino también se puede observar en personas normales. Siempre que un sujeto es atrapado en una situación de doble vínculo responderá de un modo defensivo y en forma similar a la esquizofrenia.

R. Laing (1974), lo ejemplifica:

Una persona comunica a otra que debe hacer tal cosa y al mismo tiempo, pero a otro nivel, que no debe hacerla o que debe hacer otra incompatible con la primera. Esta situación tiene su remate para la víctima en la imposición ulterior que le prohíbe salir de la situación o diluirla, haciendo comentarios sobre ella, y de este modo la víctima es colocada en una posición insostenible, en la cual no puede hacer un solo movimiento sin que sobrevenga la catástrofe.

Mientras su hijo hurguetea bajo su falda, la madre le dice que *salga de ahí abajo*. Podrá verbalmente señalarlo varias veces, pero en el plano de lo analógico diseña la contradicción, puesto que se mantiene en la misma posición y sin sacarlo del lugar. Por lo tanto, el doble mensaje es: *no me toques, pero deseo que continúes tocándome*. La repetición en diferentes experiencias de este mecanismo comunicacional arroja como saldo la respuesta anormal.

Isomórficamente, esta forma de interacción es la que se desarrolla en el hospital psiquiátrico. Supongamos que el paciente detectado como esquizofrénico es enviado a un manicomio por su familia para ser curado, un lugar cuya finalidad es su rehabilitación. Llega con su carga de perturbaciones en sus componentes psicológicos, alteraciones en su neurofisiología y cargado comunicacionalmente con dobles mensajes (que consolidan dobles vínculos). Esto conformaría un cuadro etiopatogénico general.

Se supone que se encuentra en un lugar donde lo van a *curar*, y en vez de comprensión encuentra presión. En cambio de tranquilidad, tensión. No es tratado como un ser humano sino como cosa, y de esta manera es rotulado, perdiendo a su vez su libertad.

Parecería ser que estos primeros dobles vínculos que establece la institución posibilitarían el reincremento de la respuesta psicótica, dejando al paciente en un callejón sin salida, en una doble atadura: *me trajeron aquí para curarme, ¿cómo voy a querer irme?* Además, como aditamentos del proceso, aparecen sentimientos de culpa, angustia, ansiedad, tensiones, que contribuyen a reforzar su cuadro sintomatológico.

La misma frase de Basaglia, que citamos renglones arriba, encierra también una doble atadura institucional: cabe preguntarse entonces si ¿el manicomio fue creado para proteger y rehabilitar a los pacientes mentales o para proteger a la sociedad de los pacientes mentales? Es un doble mensaje también asegurar la salida del paciente como *curado* cuando la mayoría de los internados ya tienen por vivienda el hospital. Es así como el *alta* se constituye en una utopía que se aleja cada vez más del resultado esperable del pragmatismo metodológico utilizado en la institución.

> *La cara del internado es una cara de persona anémica, que no dice nada, que se queda quieto, que toma actitudes pasivas y que bajo las órdenes del enfermero, espera el día que no llegará nunca, el día de su salida, el día de su alta.* (Basaglia, 1978)

En principio, hay una serie de condiciones que colaboran a que el asilo psiquiátrico se erija como depósito. Por ejemplo, el método custodial carcelario que no tiene como objetivo la reinserción social, sino que el fin en sí mismo está en la reclusión (como cumplimiento de una condena). Más allá de los intentos de muchos profesionales que –como islas– trabajan en la institución psiquiátrica llevando adelante el objetivo de la restitución del paciente al medio social y encuentran en su camino numerosos obstáculos para hacer realidad la externación.

Por otra parte, la sociedad no está preparada para acoger en su seno a locos, puesto que las connotaciones atribuidas hacia la locura son totalmente negativas como, por ejemplo, *peligrosidad, contagio, violencia, etc.* Con lo cual, la reacción en la interacción será la toma de distancia como forma autodefensiva, ante el supuesto riesgo que se corre con su proximidad, y esto dará como resultado convocar el manicomio como reaseguro.

Desde una óptica económica, el paciente psiquiátrico no entra dentro del aparato productivo ni como productor ni como consumidor. Esta inhabilitación lo lleva a no poder sostener su manutención económica dentro del medio social. Por ende, el manicomio es la solución como albergue y alimentación, miserables pero necesarias para subsistir, y es a la vez la única vía frente a la imposibilidad de introducirse en el aparato social.

Asimismo, el aparato de control social conduce a sostener la estructura manicomial, ya que los que perturban el orden social, los que introducen una pauta *diferente* deben ser hacinados y controlados en un mismo lugar, manteniendo de esta manera la estabilidad de la sociedad.

El alta, entonces, trasciende el pensamiento científico-médico para erigirse en un planteo ideológico-social, que se vehiculizará a través de la metodología implementada, clasificaciones psiquiátricas, diagnósticos, etc. Por lo tanto, la visión psicopatológica del diagnosticador –como la lupa con que se observan los rasgos caracteriales del paciente– no solamente está involucrando el pensamiento científico, sino que está revestida de una ideología social, política y económica.

En síntesis, esta situación se constituye en doble vincular: por un lado, la estructura social no permite la entrada del enfermo mental y la institución promueve su reclusión, y por otro, el paciente que no encuentra el camino de su reinserción. Esto dará como resultado una particular dinámica de interjuego: *la salida de la trama* (como única posibilidad) *es la entrada a la institución* (cuando en realidad se quiere salir). Ingresar en la institución es entrar en el juego del cual se quiere salir, por lo tanto, resulta que *la única salida es la entrada*, conformando así una de las paradojas o antinomias más claras y claves dentro de la estructura institucional.

En última instancia, este análisis nos enfrenta con distintos estratos de dobles ligaduras relacionales que dan como resultado la respuesta patológica. Que, además, son isomórficas en su funcionamiento: la institución psiquiátrica en sus contradicciones no hace más que reproducir las contradicciones de la sociedad, de la misma manera que la sociedad no hace más que reproducir las contradicciones del grupo familiar.

3. Normalidad y anormalidad/ salud y enfermedad

En esta temática, se hace indispensable trazar diferenciaciones de tales antinomias, puesto que tienden a homologarse como conceptos similares y pocas son las veces que se reflexiona acerca de las perspectivas en las que se elucubran esas definiciones.

En la mayoría de las oportunidades se funden los términos "normalidad" y "salud" como sinónimos, de la misma manera se emparientan los conceptos de "anormalidad" y "enfermedad", aunque no del todo sin razón, ya que parcialmente comparten una franja de coincidencia. Tal vez, la diferencia principal radica en que ambos baremos son construidos en relación con dos variables que en nombre de la *objetividad* se autotitulan independientes, pero que en realidad marchan en total interdependencia: el plano científico y el social.

Si analizamos la primera antinomia –normalidad/ anormalidad– se entrevé que el polo de lo normal se establece a partir de la asociación entre común y mayoría. Los patrones de normalidad son creados a partir de casuísticas y recuentos estadísticos que permiten rotular como normal todo fenómeno que se dé en el marco de la sociedad en amplios porcentajes. Por lo tanto, todo elemento que se aparte del perímetro delimitado por la media esperable, será considerado anormal, sobre la base de estas aseveraciones parten de un análisis sociológico.

En el ámbito científico, en cambio, se elabora la segunda antinomia –salud y enfermedad–, en donde a través de la investigación, la desviación o degeneración de un correcto funcionamiento, en términos biológicos, es considerado enfermedad. El médico, el biólogo o el bioquímico conocen los estándares esperables que posibilitan afirmar, por ejemplo, que una glándula de secreción endocrina segrega una sustancia en una cantidad determinada, con una frecuencia en un tiempo determinando. Esto es lo que lo lleva a certificar o no que un individuo es sano o enfermo. Si se descubre un proceso de enfermedad, se aplicará un tratamiento que permita corregir esa desviación, cuestión que el paciente pueda retornar al estado esperable: la salud.

Ambas antinomias se elaboran a partir de la convergencia de la ciencia y lo social, una va de la mano de la otra y resultaría equivocado otorgarle relevancia tan sólo a alguno de esos planos.

Pero no siempre se encuentran puntos de coincidencia entre salud y normalidad, puesto que, a veces, los patrones estadísticos no arrojan los resultados esperables para esta asociación. Por ende, no quiere decir que todo lo que se considere normal sea sinónimo de salud.

Un simple y viejo ejemplo de la odontología puede marcarnos esta diferenciación: en numerosas sociedades la mayoría de las personas tienen caries, por lo tanto, es normal y no por esto la gente se siente enferma. O sea, las personas no dicen *estoy enfermo porque tengo caries*, no se establece tal asociación puesto que es esperable que por múltiples factores, entre ellos la alimentación, el agua, la mala higiene, etc., un porcentaje elevado de la población las padezca, con lo cuál resulta normal.

En función de lo científico, el especialista examinará el proceso degenerativo del diente e intentará corregirlo. O sea, desde lo científico es un sujeto enfermo, desde lo social, es normal.

Por otra parte, el baremo de normal o anormal se relativiza aún más cuando se involucra el contexto. Mientras que en cierto tipo de sociedades algunos fenómenos son considerados normales, en otras forman parte de la esfera de la anormalidad. Es el contexto en donde se produce el resultado, el que delimita la diferenciación. Si una persona emigra a un lugar en donde el agua, por la cantidad de flúor y otros elementos, hacen que su población tenga una dentadura perfecta, allí los parámetros varían y él entrará dentro de una minoría considerada enferma.

En conclusión, este planteo relativiza y pone en juicio crítico los límites de lo que significa estar sano o estar enfermo, ya que la elaboración de esta distinción no sólo parte de una concepción científica de discriminación de patología, sino que involucra la óptica sociológica en su conceptualización.

Pero las polaridades de normal/anormal y salud/enfermedad, en la medida que se alejan de los fenómenos biológicos o concretos, adquieren un nivel de mayor complejidad, y encuentra su extremo cuando se entra en el campo de la salud mental.

En la actualidad, con respecto a la patología mental, continuamos navegando por un mar de incertidumbre. Esta incertidumbre involucra tanto al plano social como al científico. En este último, son múltiples las teorías que trataron de explicar su etiología. La bioquímica, la neurocirugía, la psiquiatría, la psicología, etc., desde diferentes perspectivas intentaron trazar hipótesis acerca del porqué de la aparición de alteraciones mentales.

Por una parte, se puede hablar de conductas anómalas, bizarras o sin sentido, en tanto y en cuanto se aíslen del contexto de interacción en donde se desarrollen. Ya hemos recorrido el circuito comunicacional que genera un doble vínculo. Si se tomase solamente la respuesta de uno de los interlocutores –en este caso la víctima–, rápidamente se podría rotular de esquizofrenia. Pero si se presta atención a los mensajes que envía el emisor, hasta puede resultar *lógica* la respuesta.

En el ámbito social, la concepción acerca de la locura en la sociedad occidental es muy diferente al resto. Un diagnóstico de esquizofrenia, a partir de una serie de signos y síntomas que la *evidencian*, podrían ser la revelación que lleva a que una persona sea considerada un gurú en otra sociedad. Y esto no sólo varía de acuerdo con el tipo de sociedad, sino al período de la historia en que se desarrolla. Por ejemplo, lo que hoy llamamos histeria o psicosis, en el medioevo fue rotulado como hechicería. Es el contexto el que le otorga significación a la conducta, pero a la vez, es el mismo contexto –de la mano de la casuística y de la comunidad científica– el que determina qué es normal o anormal, o qué es ser sano o qué es ser loco.

La psicosociología describe al comportamiento patológico como aquellas conductas diferentes a lo que se espera en la media poblacional. En *Los locos y los cuerdos* (1980), Ronald Laing señala sobre este punto:

> *Ahora bien, no existe la menor duda acerca de que la esquizofrenia es en realidad una hipótesis, y precisamente la siguiente hipótesis: esta determinada conducta del otro es la manifestación de un proceso patológico orgánico. Hasta hoy, nadie ha identificado este proceso, y la mayoría de aquellos que son diagnosticados como esquizofrénicos están, en el sentido corriente del término, en perfecta salud física. Es posible que exista dicho proceso patológico orgánico, desarrollándose a nivel de reacciones enzimáticas del sistema,*

a nivel micróbico-molecular y celular. La cuestión es que todavía no se ha descubierto. Pero aún hay más: si no se ha descubierto ningún proceso patológico orgánico, puedo decir que todavía no se ha demostrado la existencia de semejante proceso patológico orgánico.

En este texto, Laing aclara que él no ha adelantado sus propias hipótesis sobre que la familia y la sociedad son causantes de la esquizofrenia: *suponiendo que este término tenga algún significado.* Siempre afirmó que la esquizofrenia es un diagnóstico médico detectado a partir de la observación de un modo peculiar en las conductas sensoriales, en el lenguaje y en las acciones, *que denotarían* algún proceso patológico orgánico.

No obstante, en el recorte del texto relativiza este diagnóstico médico de etiología orgánica para llevarlo al plano de una hipótesis todavía no comprobada. Más adelante señala:

En otras palabras, el diagnóstico médico de esquizofrenia coincide con la hipótesis de que este proceso está ahí, y espera ser descubierto. Muy bien, reconozco que se trata de una hipótesis perfectamente válida. Pero no estoy personalmente interesado en indagar dicha hipótesis, puesto que no soy ni bioquímico ni patólogo. Sin embargo, en cuanto hipótesis es del todo lícita y factible; no hay discusión al respecto. Lo que yo digo es que todavía no es un hecho, sino únicamente una hipótesis. Alguien podría pensar que se trata de una hipótesis cuya plausibilidad se haya casi impuesto a la fuerza por la intuición; no obstante, una hipótesis sigue siéndolo hasta que se confirma. A mi parecer, los estudios genéticos y demográficos no atestiguan a favor de la plausibilidad de semejante hipótesis ya que los resultados pueden ser interpretados de distintas maneras (Laing, 1980).

Sin duda, el autor reconoce la factibilidad de la hipótesis, pero señala que no es nada más que una hipótesis ya que no existen corroboraciones científicas que la convaliden. Además, aduce que si supuestamente la existencia

de transformaciones del estado orgánico de una persona
fuese certificada, no significa que esto *orgánico* no sea
parte de lo social. Desestructura, entonces, la dicotomía
tradicional en la que se basan las diversas teorías: desde la
disociación mente-cuerpo, hasta la preeminencia orgánica
sobre la psicológica o la relevancia de los factores psíquicos
por sobre lo somático. Redimensiona así, la perspectiva de
la etiología orgánica pura incorporándole una visión interaccional y social del comportamiento patológico, como
cuando señala que:

> *Existe una bioquímica del miedo. De acuerdo, pero resulta*
> *demasiado simple decir: "Estoy asustado porque en mi sangre*
> *circula adrenalina", o algo semejante. También podríamos*
> *decir tranquilamente que en mi sangre circula adrenalina*
> *porque estoy asustado. En todo caso, si estoy asustado, di-*
> *gamos que lo estoy de otras personas: es decir, mi miedo es*
> *parte de una situación social. Por lo tanto, una situación*
> *social puede incidir en mi ser físico y orgánico, en mi química*
> *y en la funcionalidad de mi sistema nervioso* (Laing, 1980).

La epistemología cibernética hace gala en este párrafo,
en donde tanto un factor como otro se inciden recursivamente: la información que se recibe de la interrelación
individuo-medio repercute concretamente sobre la fisiología, y es ésta la que influencia la misma interacción. Por lo
tanto, resulta difícil entender y explicar un proceso patológico desde una linealidad de pensamiento. La mayoría de
las teorías, convocan a una epistemología causalista lineal,
y es allí donde se le da relevancia a algunos de los factores
en desmedro de otros, y con ello –dada la parcialidad de
los datos–, el fracaso en la construcción de la hipótesis.

La concomitancia de factores orgánicos, psicológicos,
interaccionales, etc., que se influencian de manera recursiva, crean una red en donde no importa la preeminencia
o el origen sino la influencia recíproca que fomenta la
creación de la desviación.

Un ejemplo de esta influenciabilidad lo muestra Paul Watzlawick en *Profecías que se autocumplen* (1977), respecto del cuadro de conductas que aparecen fundamentalmente en accesos de angustia y en ataques de pánico o en ciertos síntomas fóbicos. En estos cuadros, a partir del miedo a que suceda un determinado desenlace (ahogo, desmayo, asfixia, muerte, etc.), se crea una reacción en cadena cuyos eslabones abren y potencian l próximo, generando un circuito en donde impera el temor a que suceda, de tal forma que termina produciéndolo.

En tales casos, se parte de la fantasía del síntoma que va a suceder, por ejemplo, el ahogo. Pero, en realidad, es el miedo a ahogarse el que genera los comportamientos que lo producen, además de una serie de intentos fallidos por superar la situación que terminan acentuando los síntomas. De esta manera, se construye una realidad conforme al supuesto inicial.

En estas situaciones, se puede discriminar una puntuación secuencial del malestar, por ejemplo: calores, taquicardia, mareos, sudación, visión borrosa, etc. Cualquiera de estas sensaciones puede provocar la sensación siguiente, hasta llegar a producir el efecto final. Todo este circuito está reforzado por paradojas en el resultado del intento por aliviar los síntomas, donde generalmente el *no me va a pasar nada* genera el efecto contrario: más sintomatología. La persona, en este caso, pierde el contacto con elementos de la realidad que le permitan hacer una discriminación de lo que le está pasando. Por ejemplo, si comenzó con los calores y sudoración, no pudo tomar conciencia de que la temperatura ambiente era de 38° y que es normal que sienta calor y transpire.

Pero estas profecías no solamente se producen en estos cuadros, sino también en la vida cotidiana. Una persona cuya autoestima esté muy por debajo de los niveles esperables, procederá en sus acciones con la inseguridad

necesaria para no poder conseguir un empleo. Su voz tem-
blorosa, sus respuestas titubeantes, su postura abatida y
poco emprendedora, serán los elementos que traslucirá en
la interacción, con lo cuál no construirá la mejor imagen
para su interlocutor. Así, partiendo de su supuesto inicial,
construirá una realidad de fracaso que lo confirme.

En este punto del análisis se observa que resulta imposible marcar las fronteras de lo que es el efecto de un proceso
orgánico en combinación con factores psicosociales de
interacción. Una visión totalizante, en donde unos factores
influyen a otros en forma recíproca, parece ser la respuesta
más adecuada. Esto lleva a pensar que la descripción del
hecho psicopatológico a través de la complejidad de las
nosografías psiquiátricas, encuadran tendenciosamente
a una persona en una determinada patología a partir de
los rasgos sintomáticos, sin tener en cuenta el contexto.
No obstante, reflexionar sobre la locura desde una perspectiva psicosociológica, nos insta a apartarnos cada vez
más de estas tradicionales categorías individuales de la
enfermedad mental.

Las floridas nosografías psiquiátricas desde el siglo
XIX en adelante, conforman verdaderos compendios de
signos, síntomas y rasgos caracteriales, bajo síndromes de
excelentes delimitaciones. Esta visión refiere al ser humano individual, el cual puede padecer un disturbio mental
concebido en un área o región de su cerebro que desencadena una serie de síntomas observables. Esta concepción
somática compete al campo médico, pero a pesar de que
es inevitable imaginar a un individuo aislado, estas investigaciones descuidaron el contexto en que se desarrolla la
conducta anómala.

Sin marginar los factores individuales, es el contexto el
que nos posibilita adjudicar significados y atribuciones de
sentido a las cosas. En síntesis, construir una realidad que
socioculturalmente será evaluada como normal o generar,

por ejemplo, un tipo de conducta categorizada como psicótica. Distintas corrientes de pensamiento, comenzaron a incorporar el contexto dentro de la funcionalidad de la conducta, hasta llegar a un análisis interaccional sistémico que permuta el parámetro organicista de concepción individual, para ofrecernos una perspectiva comunicacional y dialógica sujeto/contexto.

Cerrando el planteo, sería oportuno señalar, que después de la Segunda Guerra Mundial, la Organización de las Naciones Unidas proclamó en 1948 una Declaración Universal de los Derechos Humanos, en la que afirma que todo individuo tiene derecho a la vida, la libertad y la seguridad de su persona sin distingos de religiones, sexo, lengua, color, raza, corriente política, origen de clase social, posición económica o cualquier otra condición.

Define la salud del ser humano como *"el completo estado de bienestar físico, mental y social, y no solamente por ausencia de afecciones o enfermedades".*

En esta carta magna, la OMS señala:

> La salud de todos los pueblos es fundamental para el logro de la paz y seguridad, y depende de la cooperación más completa de los individuos y de las naciones [...] es esencial para la más completa consecución de la salud, la extensión a todos del beneficio de los conocimientos médicos, psicológicos y similares. La opinión informada y la cooperación activa del público son de la mayor importancia para el progreso de la salud de los pueblos. Los gobiernos tienen la responsabilidad de la salud de sus pueblos, la cual sólo puede ser cumplida por la provisión de medidas sociales y sanitarias adecuadas. (OMS, 1948).

Esta definición no remite únicamente al bienestar físico, sino que lo hace extensible a la mente y lo social. Es evidente que el momento clave histórico de la posguerra llevó a replanteos de esas posturas mecanicistas de la salud e incorporó al contexto social en su definición.

No obstante, este *bienestar* no condice con el tecnicismo metodológico con que se aborda el problema de la patología mental. Esto abre la posibilidad de plantear otra serie de paradojas (además de las observadas con antelación) tales como la represión manicomial, la utilización coercitiva de los psicofármacos y el electroshock, la comunicación distorsiva en la institución, etc., que se contraponen y son antinómicas con el paradigma de la salud, y que poco tienen que ver con el bienestar humano.

4. El diagnóstico en el asilo psiquiátrico: un pasaporte a la reclusión

En la temática del diagnóstico, la historia de la psiquiatría muestra las posiciones más antagónicas y disímiles. En un extremo, se coloca la psiquiátrica organicista ortodoxa, cuyo objetivo en sí mismo es diagnosticar –de acuerdo con los parámetros científicos vigentes– para aplicar la medicación que corresponde. En el otro polo se hallan las posiciones contraculturales más acérrimas de los sesenta (como la antipsiquiatría), que postulan que la enfermedad mental sencillamente no existe.

Sin transitar por ambas posiciones, tal vez sea posible encontrar en la epistemología una explicación acerca del diagnóstico. Nuestro aparato cognitivo posee una matriz en la que se encierran diferentes parámetros que nos llevan a construir nuestro mundo de percepciones. Allí en nuestro *mapa* se encuentran los sistemas de valores y creencias, pautas, normas, etc., que, como almacén de significaciones, se imprimen como sello en las atribuciones a las cosas. Es desde este lugar que se trazan distinciones, descripciones, se estructuran hipótesis, en síntesis, se construye la realidad. Pero son las categorizaciones, distinciones que implican procesos más sofisticados de elaboración perceptiva, puesto que intervienen agrupaciones y tipologías lógicas.

Los seres humanos, en nuestra percepción, casi permanentemente, categorizamos, es decir, imprimimos de atribuciones semánticas las cosas de nuestro mundo, ya que cada categoría también sugiere juicio de valores. No obstante, son pocas las veces que nos preguntamos acerca de cómo conocemos lo que conocemos, así como tampoco son frecuentes las oportunidades en las que somos conscientes de nuestro libreto interno que nos lleva a categorizar.

En este caso, el diagnóstico psiquiátrico parecería ser la explicitación del trazado de una distinción, ese libreto que indica y pauta el recorte de nuestra observación con la finalidad de categorizar síntomas y signos que, aunados, conforman un cuadro gnoseológico determinado.

David Rosenhan, en un trabajo llamado "Acerca de estar sano en un medio enfermo" (en Watzlawick, 1977), señala que *"[...] en el caso que existiera un estado normal y un estado de locura ¿cómo habrían de distinguirse el uno del otro? La pregunta no es en sí misma ni superflua ni loca".*

Si hemos planteado la relatividad de los conceptos de normalidad y anormalidad, como no siempre coincidentes con los de salud y enfermedad, entonces, ¿cuál es el baremo que nos permite aseverar qué significa estar sano o qué significa estar loco? Ya en 1934, Benedict remarca que la normalidad y la anormalidad no son conceptos de validez general, puesto que lo que es considerado como normal en una cultura puede ser visto como anormal en otra. Para la psiquiatría, esta diferenciación se sostiene a partir de un criterio *objetivo de adaptación a la realidad.*

Y en este punto debemos retornar a la epistemología. Hablar en estos tiempos posmodernos de *objetividad* es remitirse a un paradigma de las ciencias clásicas. Las ciencias modernas optan por un modelo epistemológico circular, holístico y subjetivo, basado no solamente en una Cibernética de segundo orden, sino también en una vertiente filosófica: el constructivismo.

Desde Giambattista Vico, Immanuel Kant hasta los constructivistas actuales –H. Von Foerster, P. Watzlawick, E. Von Glasersfeld, H. Maturana, F. Varela–, el constructivismo ha sido objeto de amplios desarrollos cuyo postulado básico se centra en que no existe una realidad presupuesta, cada ser humano recorta y construye su propia realidad. De allí que se tengan múltiples percepciones acerca del mismo objeto. Eso trae como corolario diversas implicancias como la relativización de las afirmaciones, de los juicios que aseveran la verdad, de la no existencia de una realidad única y absoluta, entre otros.

Expresar tales puntos no solamente impregna el mundo científico, sino también la vida cotidiana. Así, el investigador implicado en el campo de observación debe abandonar la certeza para involucrarse en su afirmación, por lo tanto, se debe abandonar la objetividad y permutarla por el juicio subjetivo, con lo cual uno puede demostrar lo que desea demostrar.

Entonces, si la objetividad resulta un concepto obsoleto y hablamos de construcción de hechos y como tales subjetivos, ¿qué se quiere decir con adaptación a la realidad? Parece ser que esta pregunta obliga a una traducción de términos.

Realidad debe ser traducida como las normas y pautas que rigen una determinada sociedad cuya adaptación a éstas posibilitan señalar a un individuo como normal y ajustado al medio. El loco, como trasgresor de las pautas, se muestra inadaptado, razón por la cual en su historia clínica diagnóstica se certificará la *alteración del juicio de realidad*.

El riesgo de este análisis es caer en una línea contracultural donde se llega a postular que la locura o la trasgresión no existen. No es éste el caso, ya que un acto delincuencial, episodios delirantes o alucinatorios, conductas bizarras confirman la existencia de comportamientos fuera de lo común que muestran el apartamiento de la norma. También el sufrimiento a través de la angustia, el dolor y la depresión son síntomas que no competen a la esfera de la salud. Pero los parámetros de normalidad y anormalidad que dictaminan el estar sano y el estar loco mediante los diagnósticos psiquiátricos no cobran elocuencia, puesto que poseen un determinismo que en sí mismo se aleja de la realidad propuesta.

La definición de Pericles, como primer formulador positivista de la salud mental (Linares, 1982), remarca que el estado de *bienestar* moral, mental y psíquico permite a un hombre afrontar cualquier crisis en la vida con la *mayor facilidad y sabiduría*. Ésta es una versión ingenua de lo que los autores modernos describen como adaptación al medio, o una reacción favorable a los cambios y facilidad para ganarse la vida, dominando el entorno. Indudablemente, esta definición nos introduce en una temática de vertiente política: la impregnación de ideología sobre las conceptualizaciones científicas. ¿Qué se quiere decir con la adaptación al medio? ¿De acuerdo con qué parámetros uno puede afirmar que es adaptado al medio?

Es imposible que la mirada del investigador adquiera un tono aséptico o neutro con respecto a los aspectos ideológicos puesto que está involucrado en el medio sociocultural. Como tal, sus pensamientos y conceptualizaciones, que pone en juego en la observación del fenómeno, emergen desde su visión sociopolítica y económica del mundo.

Si bien aparentemente son conceptos triviales los que aparecen en la definición antedicha, resultan coherentes con las perspectivas de salud y enfermedad expuestas hasta la actualidad. Sobre esta posición Juan Linares (1982) señala que, en un plano utópico idealista, la definición de salud mental de los expertos de la OMS destaca la capacidad de establecer relaciones armoniosas con el medio y en la contribución constructiva a las modificaciones del ambiente físico y social. Cuestiona, entonces: *¿es enfermo aquel a quien se le veda contribuir constructivamente a las modificaciones del ambiente?*

Por otra parte, habría que definir quién es el que establece el carácter constructivo o destructivo de las contribuciones de los ciudadanos a los asuntos públicos. Pero tampoco parecen ser menos idealistas las definiciones expuestas por ciertas corrientes psiquiátricas, como la antipsiquiatría, que fueron rápidamente tomadas por las vertientes contraculturales.

Por lo tanto, el diagnóstico psiquiátrico, a pesar de su relatividad y subjetivismo, se constituye en sentencia que lleva a la internación (reclusión) del paciente, cumpliendo con un determinado tratamiento (condena), en donde pierde su identidad para pasar a ser el rótulo diagnóstico. Por ende, pierde su libertad y se lo inhabilita para circular en el medio social. Es el momento de su malestar, cuando necesita ser más escuchado, sin embargo, se lo incomunica.

Generalmente, las historias clínicas y los diagnósticos se definen como puramente descriptivos a partir del hecho observable. Pero el método descriptivo (como todo método de investigación), está impregnado por el mapa del entrevistador. O sea, una visión subjetiva teñida por patrones familiares, valores, sistema de creencias, una ideología que dictamina socio, política y culturalmente lo que está bien y lo que está mal. Entonces, ¿es factible hablar de descripción en el sentido puro del término, si la asepsia en la observación no existe?

En *Assylums,* Erwing Goffman (1961) señala:

> *La doctrina psiquiátrica de nuestros días define las perturbaciones mentales como algo que puede tener sus raíces en los primeros años de vida del paciente, dar señales de su existencia a lo largo de toda la vida, e invadir casi todos los sectores de su actividad cotidiana. Por lo tanto, no hay*

en la vida pasada ni presente del paciente mental un solo
segmento que se sustraiga a la autoridad ni a la jurisdicción
del dictamen psiquiátrico.

Mediante la fundamentación del tratamiento en el diagnós-
tico del paciente, y en la interpretación psiquiátrica de su
pasado, los hospitales institucionalizan burocráticamente
esta competencia, ya muy amplia. La historia clínica es una
importante expresión de este mandato. Empero no parece
que se registren regularmente en ella las ocasiones en que
el paciente se mostró capaz de salir airoso y bien librado de
un trance difícil. Tampoco se la utiliza para obtener, a través
de él, un término medio aproximado, o una muestra de su
conducta pasada. Una de sus finalidades consiste en mostrar
las múltiples formas en que el paciente es un "insano", las
razones que hicieron lícita su reclusión, y por las que sigue
siendo lícito mantenerlo recluido. Con tal propósito se extrae,
de toda la historia de su vida, una nómina completa de los
incidentes que tienen –o podrían tener– una significación
sintomática. Quizás se consignen también las malandanzas
de sus padres y hermanos, por si se alcanzara a entrever una
veta familiar.

De esta manera, podemos comenzar a pensar cuál es
el punto de partida con el que podemos hacer una descripción diagnóstica. Hasta dónde el hecho observable
es un comportamiento *desviado* o *alejado* de la norma,
tomando a ésta como *la realidad*. O hasta dónde el hecho observado se acomoda a las preconceptualizaciones
consideradas científico-médicas, para corroborarlo como
hecho psicopatológico.

Roger Gentis (1970), sobre esta acomodación del hecho
observable como psicopatológico, señala:

En el manicomio, el comportamiento del internado está
descrito a priori e interpretado en términos de patología.
La información médica funciona como un filtro que no deja
pasar más que los rasgos con valor de síntoma. Un enfermo
que ingresa, si habla poco, queda definido como "reticente",
"desconfiado", incluso como "hipócrita"; tiene "dificultades de

contacto", se descubre que "se mantiene apartado del personal
médico". La actitud inversa será señalada como "familiaridad,
dejadez, falta de reserva, etc.". Enfermo o no, es evidente que
cualquiera que entre en un sistema de este tipo puede ser
inmediatamente descrito en términos parecidos: si no hay
signos verdaderamente patológicos, los rasgos de carácter de
cada uno pueden ser revelados e interpretados como síntomas.

La lectura de este párrafo muestra uno de los dobles
vínculos a los que se somete al paciente psiquiátrico, en
donde cualquier signo que pudiese leerse como un rasgo
esperable en otra persona resulta un argumento para justificar la conducta sintomática. De la misma manera, en
el medioevo se entrampaban en callejones sin salida a los
rotulados como *brujas o hechiceros*, en donde cualquier
reacción del sometido se constituía en la evidencia de su
alianza con el diablo.

Esa construcción de realidad confirmaba denodadamente que la persona era portadora del demonio: sus
ataques, expresiones, gritos, agresiones eran la verdadera
expresión de la revelación demoníaca. Pero también su
pasividad y sumisión eran consideradas las artimañas
del diablo tratando de engañar a los expertos de la Santa
Inquisición.

Evidentemente, los cuadros diagnósticos tratan de
ajustar todos los caracteres de personalidad de un individuo haciéndolos coincidir con la patología en sí misma,
cuando el proceso debería ser el inverso. El lente con que
se observan estos rasgos del paciente es una visión psicopatológica que involucra el ojo del profesional técnico y
que reafirma el subjetivismo de su afirmación diagnóstica.

Una clasificación psiquiátrica crea una realidad propia
y es determinante de sus propios efectos. Rosenhan señala
que cuando se ha clasificado a un paciente como esquizofrénico, la expectativa es que siga siendo esquizofrénico.
Después de que ha transcurrido un cierto período sin que

haya efectuado ningún hecho esperable de acuerdo con su patología, se cree que está en remisión y se efectúa el alta:

Pero la clasificación lo persigue más allá de los muros de la clínica y con la expectativa tácita de que volverá a conducirse como esquizofrénic (Rosenhan, 1977: 108).

Esta evaluación –que afirman los técnicos en salud mental–, tiene un radio de influencia sobre el paciente y el círculo afectivo más cercano –amigos, vecinos, parientes, etc.–. Invade y genera en el grupo y en él mismo un tránsito que marca el destino y la confirmación del diagnóstico, constituyendo una profecía que se autocumple para de esta manera adaptarse a esta construcción de una realidad interpersonal.

Si la realidad se construye en la interacción, una persona en medio de una crisis en donde se encuentra con una gran carga de angustia y es sometida a relaciones en las que es vista, por ejemplo, como depresiva, después de cierto tiempo todas las acciones y verbalizaciones de su entorno la obligará, por así decirlo, a desencadenar el diagnóstico supuesto.

Uno de los tantos riesgos en la búsqueda de la clasificación diagnóstica es caer en lo que Bateson señalaba como el efecto *dormitivo*, o sea, explicar los síntomas aludiendo a la clase superior, o sea, el rótulo que los reúne. Por ejemplo, señalar que alguien bebe en exceso porque es alcohólico, con lo cual se crea la trampa de una explicación que justifica los síntomas pero que no produce ningún efecto de cambio de la realidad del paciente.

Resulta riesgoso –como ya señalamos– diagnosticar en nombre de la objetividad, sin tener en cuenta que es uno el que imprime su seña en cada observación. Igualmente, es una equivocación verbalizarle el diagnóstico al paciente –si bien podría utilizarse como parte de una estrategia–, logrando reforzar su sintomatología. Y más aún, cuando los pacientes traen su propio rótulo colocado por otros profesionales, amigos, parientes, etc, llevan como resultado sendas profecías autocumplidoras, construyendo y confirmando el título adjudicado como un *paciente obediente.*

De la misma forma, origina una complicación el hecho de etiquetar a partir de un síntoma, ajustando el resto de la descripción de las actitudes del paciente a la patología supuesta y creer que la internación en un asilo psiquiátrico es la vía de salida a la restitución. Esto es un doble entrampe para el paciente: por un lado, el admisor que *creó* el diagnóstico y, por el otro, pensar que el método manicomial es la posibilidad de mejoría.

Si el diagnóstico sirve para rotular a un paciente, internarlo en el hospital o señalarlo como el loco de la familia, resulta ser una aplicación dormitiva y estigmatizante. Tal vez el problema radicque en crear la necesidad de un diagnóstico y pensar que sin él no es posible trabajar terapéuticamente, como si las hipótesis que puedan construirse en el análisis de un caso obligatoriamente debieran arrojar el rótulo categorizante como resultado.

Esto llama a discutir acerca de cuestiones diagnósticas en el ámbito de otros modelos psicoterapéuticos como el sistémico que, al contemplar múltiples variables, las hipótesis que devienen resultan de mayor complejidad que las que se pueden realizar en los tratamientos con modelos tradicionales. En las líneas clásicas de terapia, la mirada está colocada en el sujeto individual, mientras que desde la óptica sistémica se observa la dinámica de las interacciones, la red de relaciones y las atribuciones cognitivas, haciendo más difícil –dada la complejidad de la comunicación– la clasificación de un cuadro.

Es peligroso utilizar el diagnóstico como método para disminuir las ansiedades del profesional cuando éste se encuentra convencido que conocer el rótulo ya le otorga la solución a la problemática del paciente. Esta acción da como resultado un efecto dormitivo. Por otra parte, la explicitación del trazado de una distinción por medio de una nosografía, pauta la mirada del observador, restringiéndolo a un estrecho mapa y cercenando la posibilidad de un margen más amplio de perspectiva. Tal vez el mayor riesgo no se centre en el diagnóstico propiamente dicho, sino en cómo se *implementa*.

Cerremos este punto con dos ejemplos acerca de cómo pueden leerse los rasgos caracteriales de una persona como conductas sintomáticas, intentando construir la posibilidad diagnóstica. El primero es un caso citado por Linares (1976), a partir de un examen exhaustivo de una serie de certificados de ingreso al hospital psiquiátrico:

- Causa del ingreso: *peligrosidad.*
- Actitud general: *desordenada, irritable.*
- Orientación: *orientado en ciertas cosas.*
- Conciencia: *distraída, no da importancia a los actos de violencia.*
- Estado de ánimo: *temeroso entre personas respetables para él, exaltado.*
- Inteligencia: *pérdida progresiva, sin pérdida de memoria de cosas pretéritas.*
- Actividad motora: *inquieta, gesticulante.*
- Conducta: *cuidadoso, agresivo.*
- Peligrosidad: *agresivo si se le contradice contra personas y cosas.*
- Alucinaciones e ideas delirantes: *teme ser envenenado por sus familiares.*
- Otros síntomas: *memoria disminuida e insomnio.*
- Síntesis global de la personalidad anterior: *muy astuto para fugarse de los hospitales en que ha estado internado.*
- Enfermedades mentales anteriores: *Hospital Militar de Madrid.*

En esta descripción se hace imposible emitir cualquier juicio por resultar incoherente e inconexa en sus partes, hasta llegar a ítems como *Síntesis global de la personalidad anterior*, en donde se destaca la habilidad del paciente para las fugas como dato comparativo importante de sus características de personalidad. Además, léase la incoherencia del último punto en donde frente a la discriminación de *Enfermedades anteriores*, se responde con: *Hospital Militar de Madrid*.

El segundo ejemplo lo elabora D. Rosenhan, y destaca que la imagen de las condiciones de vida de un paciente es conformada de acuerdo con el diagnóstico, cuando en realidad el diagnóstico debe ser construido a partir de las características de la vida del sujeto.

Realiza una experimentación con ocho sujetos, algunos profesionales en salud mental –un estudiante de psicología, tres psicólogos, un pediatra, un psiquiatra, un pintor y un ama de casa–. Tres de los seudopacientes eran mujeres, y los otros cinco, hombres. Todos usaron seudónimos, y aquellos que trabajaban en salud mental falsearon su profesión. No alteraron en absoluto la historia de sus vidas y consiguieron ser admitidos por medios subrepticios en doce diferentes clínicas.

La narración de este trabajo describe los respectivos diagnósticos y detalla las distintas experiencias de los seudopacientes en las instituciones psiquiátricas. Es realmente interesante recorrer las páginas de este brillante trabajo y observar las interacciones entre los seudopacientes y los profesionales de las clínicas, las incoherencias y las represiones comunicacionales, las paradojas e incongruencias que fueron algunos de los resultados que se discriminó en la pragmática de la comunicación.

A pesar de la evidencia de la salud mental de cada uno de los seudopacientes, ninguno fue descubierto y las internaciones duraron entre 7 y 52 días –con un promedio de 19 días–. O sea, estos pacientes no fueron observados con especial meticulosidad.

El resultado de la experiencia arrojó que 11 de las 12 admisiones respondieron a un diagnóstico de esquizofrenia en remisión –salvo uno cuyo diagnóstico fue de esquizofrenia– (la calificación de *en remisión* responde a una formalidad en función del alta). La restante, con síntomas idénticos, fue tildada con un diagnóstico de psicosis maníaco-depresiva.

En el ejemplo siguiente se puede apreciar cómo los elementos preconceptuales diagnósticos impregnan la interpretación de los datos obtenidos en una entrevista:

Durante su infancia tuvo una relación cercana con su madre, mientras que sus relaciones con el padre eran bastante distantes. Durante su juventud y en años posteriores, su padre se convirtió en amigo entrañable, y la relación con su madre, en cambio, se enfrió. Su relación actual con su esposa era, en general, cercana y cálida. Con excepción de excepcionales discusiones, los roces eran mínimos. Los niños eran castigados esporádicamente (Rosenhan, 1977)

Este relato es una historia común que no posee indicios psicopatológicos. No obstante, los datos recolectados fueron acomodados al diagnóstico y a un contexto de patología mental. Lo que se transcribe a continuación procede del resumen de la descripción del caso que fue redactado después de dar de alta al paciente:

Este paciente de 39 años [...] tiene antecedentes de larga data de una fuerte ambivalencia en sus relaciones cercanas desde su niñez. La cálida relación con su madre se enfrió luego durante su juventud. Una relación más bien distante con su padre se describe como crecientemente intensa. Falta estabilidad afectiva. Sus intentos por dominar su irritabilidad frente a la esposa y los hijos se ven interrumpidos por arrebatos de ira, y en el caso de los niños, por castigos. Si bien manifiesta tener varios buenos amigos, se siente que también en este sentido subyacen considerables ambivalencias [...] (Rosenhan, 1977).

Todas estas características fueron acomodadas para llegar al diagnóstico del desarrollo de una reacción esquizo-frénica. Seguramente, las ambivalencias descritas no distan de las ambivalencias que cualquier ser humano posee. Cobran significación en tanto y en cuanto son inducidas a entrar en la constelación de la patología.

Y si bien es cierto que la relación del seudopaciente con sus padres fue cambiando con el tiempo, todo vínculo sufre modificaciones por las distintas experiencias del ciclo evolutivo. La calificación de ambivalencia e inestabilidad afectiva instauraron parte del diagnóstico.

Posiblemente un diagnóstico bien utilizado res-ponde a la condición de *orientador* para el profesional, con la finalidad de labrar una estrategia de tratamiento sólida, con miras a una rápida solución. El diagnóstico, entonces, se convierte en guía de un proceso y no como encasillamiento. En este sentido, abre caminos y no se encierra en sí mismo. A la vez, sirve en función de la interconsulta para abreviar las descripciones de una derivación, siempre y cuando el profesional al cual se deriva no se sobreinvolucre en la mirada del derivador y limite su propia construcción en la interacción con el futuro paciente.

Concluimos, entonces, que la finalidad del diagnóstico no es la acción de diagnosticar en sí misma, sino *cómo* se implementa. Es decir, considerarlo como la apertura a un desarrollo terapéutico eficaz.

Pero lejos de esta propuesta, la relatividad del diagnós-tico psiquiátrico conforma uno de los primeros elementos paradojales que sirven como *pasaporte* a la internación manicomial. La construcción tendenciosa a partir de pará-metros subjetivos de visión psicopatológica obstaculiza la posibilidad de realizar una correcta evaluación e interpre-tación de los rasgos característicos del ser humano. Por otra parte, este proceso lleva a perder de vista la característica humana, para entrar en un planteo cosificador en donde la identidad del sujeto pasa a ser permutada por el rótulo psicopatológico.

Es paradojal, en sí misma, esta no identidad. Un paciente que posee afecciones psíquicas debe poseer patrones identificatorios claros que le permitan tener un referente al cual asirse. Tal vez su primer referente –y el más importante–, sea su propia identidad, su nombre y apellido, su historia.

La pérdida de estos patrones y la adquisición de una rotulación diagnóstica –*es un esquizofrénico, es un maníaco*–, coadyuvan a acentuar más su sintomatología, que conjuntamente con el hábitat iatrogénico de la institución manicomial, no favorecen su restitución social.

5. Las crisis de los paradigmas

La definición de paradigmas explica cómo ciertos modelos de conocimiento se sostienen irrefutables a través del tiempo. Esta conceptualización, si se compara con los patrones de funcionamiento del microsistema familia o con las normas o códigos sociales en macrosistema social, se muestra isomórfica. Es que de cara a la posibilidad de cambio de paradigma, se desarrollan algunas variables como de hecho son las dificultades y resistencias que entorpecen el normal desenvolvimiento en dirección a instaurar nuevas pautas de funcionamiento.

En *La estructura de las revoluciones científicas*" (1975), Thomas Kuhn define los paradigmas *"como realizaciones científicas universalmente reconocidas que, durante cierto tiempo, proporcionan modelos de problemas y soluciones a una comunidad científica".*

El autor analiza el efecto que produce el impacto de una variable –que se presenta como alternativa y que pone

en crisis al sistema– frente a una constante –el paradigma
de conocimiento vigente– que avaló teóricamente durante siglos la mayoría de las investigaciones. Refiere que, a
posteriori de un determinado descubrimiento, se produce un período de asimilación del conocimiento nuevo al
sistema vigente.

Pero la historia de los cambios de paradigmas en la
ciencia revela que, por lo general, los científicos se encontraban en condiciones de explicar un espectro más
amplio de fenómenos naturales y, aún con mayor precisión,
algunos hechos que ya eran de su propio conocimiento,
respaldándose en un nuevo modelo. Pero, cualquier postulado innovador o nueva teoría era adaptada al paradigma corriente, mostrando así las resistencias a afrontar la
creación de un nuevo paradigma.

El avance de la ciencia sólo se logró a través del cambio, poniendo en crisis el viejo paradigma y dando lugar
a las nuevas teorías, "descartando ciertas creencias y procedimientos previamente aceptados y, simultáneamente,
reemplazando esos componentes del paradigma previo
por otros" (Kuhn, 1975).

Para Kuhn, los descubrimientos no son las únicas
fuentes de cambios de paradigmas, sino que hay una serie de elementos –que van más allá de lo científico– que
inciden en los factores constitutivos de una crisis (como
sinónimo de cambio). Considera que la percepción de
una anomalía o error cobra un papel relevante en la aparición de nuevos modelos epistemológicos, puesto que
esa anomalía podría ser tomada como un requisito previo para el cambio. No obstante, lo que en un desarrollo
científico se considera *anomalía*, es tal en referencia al
modelo de conocimiento instaurado como paradigma
en ese momento.

En muchas ocasiones, la percepción del error puede
permanecer durante un tiempo, pero se continúa apelando

al aval del paradigma vigente. La crisis que se desenvuelve, arrolladoramente penetra afectando diversos puntos del sistema que se resiste o que vive como una transgresión el cambio del modelo.

Es así como el advenimiento de una nueva teoría es precedido por un período de inestabilidad e inseguridad que imposibilita dar respuestas satisfactorias a los interrogantes que presentan las investigaciones. El paradigma que genera un sistema de pensamiento determinado fracasa en abastecer teóricamente los requerimientos que presentan las investigaciones y entra en crisis. El fracaso de las reglas existentes es el que sirve como prólogo a la búsqueda de otras nuevas.

Como ejemplo, el autor hace referencia a los astrónomos –en la época previa a Copérnico– quienes frente a cualquier discrepancia o anomalía del sistema, siempre eran capaces de eliminarla ajustándola, de alguna manera, al sistema de Ptolomeo (que era la constante del sistema o el paradigma vigente). El requisito previo para que Copérnico rechazara el paradigma de Ptolomeo y se diera a la búsqueda de otro nuevo, fue el reconocimiento cada vez mayor de los mejores astrónomos europeos que, paulatinamente, fueron reconociendo que el actual paradigma astronómico fallaba en sus aplicaciones a los nuevos interrogantes. Esto quiere decir que el cambio no es solamente el producto de la investigación y reflexión científica, sino que es necesaria una cuota de poder para efectuarlo. Estas cuestiones traen a colación un tema que excede el marco científico e involucra el juego político: la asociación entre saber y poder.

Indudablemente, la modificación de las reglas de juego está en manos de unos pocos, reconocidos y calificados en la comunidad científica. Y es éste saber el que les otorga el poder suficiente para realizar el cambio. Aunque la relación no siempre es directamente proporcional.

Y preguntémonos, después, cómo responden los científicos a su existencia. Parte de la respuesta, tan evidente como importante, puede descubrirse haciendo notar primeramente lo que los científicos nunca hacen, ni siquiera cuando se enfrentan a anomalías graves y prolongadas. Aun cuando pueden comenzar a perder su fe y, a continuación, a tomar en consideración otras alternativas, no renuncian al paradigma que los ha conducido a la crisis. O sea, a no tratar las anomalías como ejemplos en contrario, aunque en el vocabulario de la filosofía de la ciencia, eso es precisamente lo que son. (Kuhn, 1985).

La dificultad radica, en que una vez que se ha alcanzado el status de paradigma –o sea, se ha instaurado un código reglado y sistematizado–, una teoría científica puede mostrar su invalidez únicamente cuando se encuentra un candidato alternativo para que ocupe su lugar. La decisión de rechazar, por lo tanto, cambiar un paradigma, es siempre –en acto simultáneo– la decisión de adoptar otro, y el juicio que conduce a esta decisión emerge de la comparación de ambos.

En las familias, las instituciones en general o en la sociedad misma, ante la probabilidad de percibir la anomalía que activa la marcha de mecanismos de cambio: o se revisa el paradigma de reglas que rigen la dinámica generando modificaciones que reacomodan un nuevo sistema, o se desarrollan (como hemos ampliado anteriormente) mecanismos de resistencia al cambio que perpetuarán el sistema fortaleciendo las reglas anteriores.

Las crisis, entonces, de la misma manera que son una condición previa y necesaria para el nacimiento de nuevas teorías, constituyen la gesta de nuevas estructuras comunicacionales. Evidentemente, frente a la crisis familiar, un sistema de comunicación patológico puede ser únicamente cambiado –pese a las resistencias y rechazos de los miembros de la familia– cuando simultáneamentel

una vez instaurada la crisis dentro del circuitol se genera
una modificación en él que conlleva la aceptación y afirmación de otro código.

Este planteo de cambio de paradigmas puede claramente observarse en los intentos infructuosos del cambio
de paradigma institucional de salud mental, que involucra
tanto al hospital psiquiátrico, la concepción mecanicista
de enfermedad mental, la metodología de abordaje implementada, la concepción de locura, etc.

La postulación de nuevas teorías de diversos orígenes
y modelos, tendientes a cambiar el tradicional sistema sanitario, quedaron en un plano teórico. Fueron devoradas
a través del tiempo por el paradigma manicomial, perci-
biéndolas como *anomalías o como ejemplos en contrario*,
desestimándolas y refortaleciendo las reglas rígidamente
para evitar cualquier posibilidad de cambio. Tales modelos, construyeron experiencias *alternativas* al sistema
manicomial tradicional –el paradigma vigente–, pero fueron boicoteadas a pesar de haber obtenido excelentes
resultados. Por ejemplo, la experiencia de la localidad de
Gheel (1860) en Bélgica, el Kingsley Hall de R. Laing y la
Villa 21 de David Cooper en los años sesenta, exceptuando
la desinstitucionalización psiquiátrica italiana de Franco
Basaglia (1961) que continúa hasta la actualidad.

No solamente el primer paradigma se sostiene a partir
de un pensamiento médico psiquiátrico tradicional, sino
que está revestido y sustentado por una ideología política
que convoca a un verticalismo jerárquico que insta al orden
y a la *coherencia* social.

Este paradigma también es estructurado por una política económica clasista, que delimita la productividad y
la improductividad, sistematizando el manicomio como
lugar de reclusión de aquellos que no producen. Por ende,
locura y pobreza, o patología mental y clases sociales bajas,
tienen su punto de coincidencia en la marginalidad.

El estereotipo o engrama de la locura que poseen las personas que integran el medio social, se asocian con peligrosidad, violencia, actitudes inusitadas o incoherentes, etc. Este imaginario popular ayuda a sostener una ideología de diferencia y apoya incondicionalmente el asilo psiquiátrico como lugar de protección a la sociedad frente a los enfermos mentales.

Por lo tanto, el paradigma manicomial, –y a modo de conclusión– es propuesto no sólo por el *cientificismo psiquiátrico*, sino también por una serie de factores ideológicos –que revisten a toda ciencia– que lo fortalecen y lo certifican como irrefutable. Se le aúna, además, otro ingrediente que es una constante de vital importancia: la perpetuación a través de los siglos que reciclan, fortalecen y refortalecen las reglas y los patrones que atañen a la rigidización del modelo psiquiátrico manicomial. El análisis sincrónico de este capítulo es el que abre la posibilidad de introducirnos en la historia del primer paradigma.

Capítulo II

Historia de la locura
o historia de la marginación

Un asilo. La palabra constituye un auténtico hallazgo.
Sugiere la noción de refugio, de calma, de paz.
Sin embargo, oculta algo muy distinto: ruido y furor,
violencia aplastada con violencia, alienación, absurdo.
Un asilo de alienados. ¿Quiénes son los alienados?
¿Acaso son seres humanos? No del todo: son locos.
¿Y qué es la locura? Una manera de ver el mundo.
Una manera distinta de ver las mismas cosas.
Una alergia a todo lo que es normal.
¡Realmente intolerable!
Es intolerable decir que la vida es intolerable...
Por ello se encierra a quienes lo dicen: en un asilo.
Por temor al contagio. Eso es.

Christian Delacampagne

En el transcurso de la historia, diferentes visiones trataron de explicar el concepto de locura. La alienación mental, las conductas bizarras o extravagantes, o simplemente aquellas personas que desarrollaban un modo de vida y de comportamiento diferente a lo que se denomina común, son tan antiguas como la humanidad misma.

El estudio de este tipo de comportamiento de acuerdo con las épocas ha estado condicionado por la filosofía, las creencias religiosas, las supersticiones, el pensamiento mágico, la política, la economía, etc., que impregnaron tendenciosamente los métodos y los resultados de las investigaciones. Es que el ojo del investigador se vio teñido *del modelo de pensamiento imperante en cada período, y desde allí realizó su gesta.*

Por otra parte, de acuerdo con el auge de cada una de estas vertientes (teóricas o pragmáticas) en el transcurso de los siglos, se han diseñado, hecho cargo y dirigido los llamados tratamientos de los disturbios mentales.

El lector comprobará, recorriendo los distintos períodos, que la **historia de la locura es la historia de la marginación**. *Y si bien han variado las ópticas por los distintos modelos de pensamiento, a pesar de la disimilitud de cada una de las concepciones, todas ellas tienen un punto de convergencia: la segregación, el aislamiento y la separación del enfermo mental de la sociedad.*

1. El loco en la cultura greco-romana

Soñando con el Dios Esculapio

La medicina, a lo largo de los siglos, recorrió diversas instancias en el estudio de las perturbaciones mentales, partiendo desde la visión organicista más ortodoxa representada por los autores clásicos como Hipócrates, que puede ser entendido como el paradigma de la concepción somática de la alienación.

Hipócrates, que murió en los primeros años del siglo IV (377 a.C.), es considerado el primer médico profesional reconocido como el padre de la medicina griega. En aquellos tiempos (tendencia aún vigente), la medicina se ocupaba solamente de las enfermedades físicas. Las alteraciones mentales raramente eran consideradas como enfermedades verdaderas, por lo tanto, no se consideraban dentro del campo médico.

Hipócrates fue, ante todo, un verdadero observador clínico. Se basó en la teoría anatómica que afirma que una enfermedad o lesión del cerebro es la única causa de la patología mental. Pero también en una teoría fisiológica, representada actualmente por la endocrinología psiquiátrica, que sostiene que ciertos humores del cuerpo son responsables del origen de la locura. Sobre estas bases descriptivas, elaboró clasificaciones diagnósticas que incluyen la epilepsia, la manía, la melancolía y la paranoia. Realizó, además, la descripción de la locura puerperal, que actualmente se denomina psicosis posparto y discriminó con gran exactitud clínica los delirios provocados por la tuberculosis y las infecciones de malaria.

En el período pre hipocrático, Esculapio era considerado tradicionalmente el Dios de la medicina, y los centros médicos eran erigidos en los templos de esta divinidad. Es así como los sacerdotes heredaban los secretos del arte de la terapéutica e iniciaban el tratamiento con ceremonias religiosas en donde se invocaba a la fuerza del Dios protector. Generalmente, el paciente dormía cerca del templo y soñaba que el Dios se le aparecía, realizando milagrosamente su curación. De acuerdo con la naturaleza de estos sueños, eran suministradas algunas *hierbas olorosas*.

Por otra parte, Heráclito (535-475 a.C.) criticó a los médicos de su época, acusándolos de inducir a especulaciones poéticas. Para este autor, la razón dependía de un fuego situado en el interior del hombre. Cuanto más seco era el fuego, más limpia era el alma, la razón y el juicio. Si el alma estaba húmeda, se acercaba más a la enfermedad mental, como así también el exceso de humedad producía la imbecilidad y la locura.

Por supuesto que estas especulaciones no podían ser probadas. Tal vez, cabe afirmar que la psicopatología de Heráclito era tradicionalmente ingenua, pero poseía una gran intuición puesto que proclamaba que había una razón común para la mayoría de la gente, pero que, a su vez, existía una capacidad de comprensión personal. Esto

lo constituye en el primero que llamó la atención sobre
el individuo como tal, que saca a la luz la necesidad de
individualización en psicología.

La figura de Platón (427-347 a.c.) revela una de las
más grandes personalidades de la filosofía griega, su visión
psicopatológica es idealista y mística. Para él, el alma consta
de dos partes, una racional y otra irracional.

> *El alma irracional puede enfermarse, puede romper su efí-*
> *mera unión con el alma racional, en tales circunstancias el*
> *hombre enloquece; existen tres tipos de locura: la melancolía,*
> *la manía y la demencia* (Michea en Zilboorg, 1963).

Distribuye en distintas partes del cuerpo las diferentes emociones que posee un ser humano. Ubica el alma
irracional en el tórax, mientras que la ira y la audacia es
ubicada en el corazón. El hambre, otros *apetitos* y pasiones
son colocados en la zona del diafragma y del ombligo. Y
señala el sistema *cerebro espinal* como el portador de las
funciones sensoriomotrices.

Los estados de ánimo antinómicos como la gran felici-
dad o la gran tristeza, o la evitación del placer tanto como
la evitación del dolor son, para Platón, condiciones para
estar privado de la razón, o sea, estar loco.

Con respecto a la etiología de la locura, sigue a
Hipócrates con la teoría de los humores líquidos, productores de tristeza, mal humor, defectos de memoria o
estupidez. No obstante, considera que no todos los comportamientos anormales son producidos por los humores
del cuerpo. En cierto punto se desvía del pensamiento
hipocrático y declara que hay dos tipos de enfermedades
mentales: la locura y la ignorancia.

Alumno de Platón, Aristóteles (384-322 a.C.) se basó
más en los fenómenos naturales que en las especulaciones místicas, y trató de unificar todos los conocimientos
del mundo antiguo. Estudió matemática, física, zoología,

botánica, biología, y fue el primero en fundamentar la ciencia psicológica. Formula, al igual que Platón, las dos partes del alma, pero se diferencia de éste ya que las considera inseparables. Afirma que tanto una como otra actúan como una unidad y sostiene que son funciones de las cuales el cuerpo es sólo un corolario.

En su libro *Gran ética*, Aristóteles explica acerca de las tendencias irracionales del hombre, comparándolas con las animales y las canibalísticas que se hallan entre los salvajes y los enfermos de la mente. Cita casos aberrantes, en donde una hija mata al padre, gente que se come sus cabellos, *un hombre mata a la madre y le come su cuerpo*.

Aristóteles insiste en que la enfermedad mental es una enfermedad psíquica y orgánica, y explica que el deterioro mental es provocado por la deficiencia mental y otras enfermedades. Además, se interesó por las características mentales constitucionales y observó que todos los grandes pensadores, poetas, artistas, estadistas, poseían un *temperamento melancólico*. Atribuyó al corazón el rol que Platón había atribuido al cerebro.

Al comparar las investigaciones de Platón y Aristóteles, Gregory Zilboorg (1963) plantea una situación aparentemente paradojal: Platón es el idealista, el místico, el filósofo deductivo, y propone un estudio de la patología orgánica cerebral. Mientras que Aristóteles, que es el biólogo puro, el científico inductivo, estimuló el estudio de la psicología. Tal vez la lógica indicaría que el resultado fue el contrario.

En el período en el que falleció Aristóteles, el pensamiento griego fue tremendamente productivo en diversos campos científicos: Eratóstenes calculó la medida de la Tierra; Arquímedes, desarrolló nuevas teorías sobre la física; Euclides, sobre la geometría, e Hiparco, sobre la astronomía.

Aristippo y la Escuela Cirenaica, con sus ramificaciones –epicureísmo, fundado por Epicuro (342-270 a.C.) y el estoicismo, fundado por Zenone (336-264 a.C.)– insisten sobre la importancia de las sensaciones y de los sentimientos humanos. Esta escuela se interesa fundamentalmente por los comportamientos y las relaciones individuales, sosteniendo que el hombre nace intacto e ignorante como una tabla rasa. La experiencia de la relación sujeto-ambiente inscribe los resultados sobre esa página en blanco apenas el hombre ha nacido. Por lo tanto, el medio ambiente, como podemos afirmar hoy, adquiere una vital importancia en la constitución de la personalidad.

Asclepíades (124-96 a.C.) fue un célebre médico griego que alcanzó gran reputación en Roma. Fundó una escuela opuesta a las doctrinas sustentadas por Hipócrates, dio gran importancia a los tratamientos *higiénicos* y estableció una distinción que se utiliza en la actualidad: la división entre enfermedades agudas y crónicas.

Se debe tener en cuenta que fueron los griegos quienes agruparon tanto el delirio como las alucinaciones en una sola denominación: *phantasia* (fantasía), término que con diferenciaciones de significación se mantiene hasta nuestros días. Asclepíades consideró dos variedades de *phantasia*: una, en la cual el paciente ve el objeto pero lo concibe como algo diferente –*ex vicis veris ducentes quidam mentis errorem*–, que es la que actualmente se conoce como ilusión. Y otra en la que el paciente escucha voces o diferentes sonidos en ausencia de personas o cosas –*sensibus silentibus*–, que es lo que hoy se conoce con el nombre de alucinación.

Asclepíades no se limitó únicamente a la observación clínica, sino que creó también algunas innovaciones con respecto al tratamiento de la enfermedad mental. La utilización de una cama mullida con la finalidad de lograr un efecto sedativo, además de crear el tratamiento a través de diferentes tipos de baños. Estudió, entre otras cosas, la armonía musical y coros de voces como forma terapéutica.

Se opuso a las prisiones en donde se recluían los enfermos mentales, insistiendo en que la oscuridad genera terror y si se desea obtener la mejoría, los pacientes deben estar en lugares bien iluminados. De esta última observación se infiere que los métodos aplicados en la antigua Grecia no distan de los tratamientos utilizados a posteriori por medio de la reclusión del enfermo mental. La advertencia que realiza el autor citado se refiere a una aguda protesta y a un cambio de metodología en el tratamiento hacia los trastornos mentales.

En general, cuando se exploran los tratados de historia de la psiquiatría, se encuentran bien discriminadas las investigaciones y las delimitaciones de cuadros psicopatológicos, etiologías, síntomas y diagnósticos, pero se obvia señalar la metodología implementada a través de la reclusión y la marginación del enfermo.

Es esperable, puesto que para realizar estas observaciones es necesario poseer una visión crítica con respecto a la psiquiatría tradicional, además de una posición analítica de un nivel lógico superior acerca de las reglas del juego del sistema social.

Cornelio Celso, que al igual que Cicerón o Plutarco no era médico, realizó algunas distinciones que son muy importantes para este período: describió las alucinaciones visuales y auditivas. Debemos agregar que en esta época se alcanzaron grandes precisiones con respecto a la descripción de psicopatología. Estos avances no sólo se deben al mayor interés por la investigación por parte del médico, sino también por el notable aumento de los enfermos mentales.

En su tratado sobre enfermedades mentales señala que es necesario castigar como medida correctiva y que es justo marginar a los pacientes que se comportan de manera violenta por el temor a que puedan dañarse a sí mismos o a otros. Especifica, además, la aplicación de cadenas como una práctica *restrictiva* (pensemos que hasta llegar a las acciones de Pinel, en plena Revolución Francesa, cuando liberó a los *locos* de las cadenas, pasaron *algunos* siglos), y señala que cuando un paciente ha cometido algún error debe ser encadenado o castigado sometiéndolo al hambre. Esta *estrategia* le posibilitaría recordar, llevándolo a reflexionar sobre lo que ha hecho.

Este autor, lejos de la complejidad de lo que implica una patología, asevera ingenuamente que los disturbios mentales son ocasionados por alteraciones del intelecto. Para solucionarlos, señala, hace falta una dosis de *fría crueldad*, como la coerción física o una tortura refinada como el terror para recuperar el sentido.

Diecinueve siglos más tarde, los hospitales de América del norte, reunidos en lo que a posteriori se llamó American Psyquiatric Association, votaron a favor de las restricciones físicas en los enfermos mentales. De esta manera, no podemos acusar a Celso o a otros pensadores de esta época de poseer características dictatoriales o sádicas, ya que este modelo de pensamiento se perpetuó a través de los siglos, y se modificaron las formas pero no el fondo.

Celso también recomendó la extracción de sangre (a través de sanguijuelas) y los enemas, con la misma idea que en la mitad del siglo XX se aplicó la irrigación del colon en un gran número de pacientes. Si el enfermo no podía dormir, sugería un té de amapolas, que siglos más tarde se conoció como el opio o la morfina, sustancia que se utilizó por largo tiempo en los hospitales psiquiátricos hasta ser sustituida por los inductores del sueño actualmente conocidos.

La extracción de sangre era ya de amplia difusión como metodología de tratamiento. Se pensaba que el flujo sanguíneo removía gran cantidad de bilis negra, mejorando el sentido de tristeza o de opresión. La utilización del eleboro blanco o de otros purgantes tenía por finalidad la eliminación de bilis negra del intestino.

Areteo de Cappadocia (30-90 d. C.) buscó situar la enfermedad mental en la cabeza o en el abdomen. Consideró que la manía tenía gran relación con los estados de depresión, que fue lo que a posteriori se denominó psicosis maníaco-depresiva. Aseveró que la manía no es siempre un derivado de la melancolía, muchas veces la precede. Fue el primero en considerar las perturbaciones mentales de la vejez como una entidad separada –se podría pensar en la discriminación de las demencias-. También fue pionero en discriminar las características de personalidad, que serán sobre la base de lo que actualmente se considera personalidad prepsicótica: *"Las personas sujetas al furor o a la manía son naturalmente irritables, violentos, llevados fácilmente hacia la alegría e inclinados al divertimento y a la infantilismo"* (Trelat, en Zilboorg, 1963).

Intentó realizar un diagnóstico diferencial entre los estados de aparente esquizofrenia de la manía: *"Algunos parecen estúpidos, distraídos, pensativos".* Señaló también, que esta enfermedad no se asemeja a la manía, puesto que existe una estupefacción de los sentidos, de la razón y de otras facultades mentales.

Areteo creía que el histerismo era una enfermedad que acaecía únicamente a las mujeres, cuya etiología se debía al corrimiento del útero hacia arriba, lo cual produciría un sofocamiento ya que comprime con violencia los intestinos y provoca convulsiones similares a la epilepsia. La historia en dos períodos diferentes cambiará esta opinión. Lepois en el siglo XVI y Freud en el XX, con resistencia por parte de la sociedad médica, que seguía arraigada a esta concepción de la histeria planteada por Areteo. Los escritos de este investigador se insertan con gran repercusión hasta fines del primer siglo d. C. en Roma.

También la obra de Celio Aureliano ofrece un panorama crítico hacia los tratamientos *terapéuticos* implantados hasta ese momento. Celio era un médico africano, en cuyos escritos no sólo es posible reconocer su visión hacia las enfermedades mentales, sino las ideas y pensamientos de Sorano.

Sorano: contra el hacinamiento y la tortura del alienado

Es interesante descubrir en Sorano –más allá de la sólida descripción que realiza acerca de la perturbación mental– una gran preocupación por la forma de tratamiento hacia la locura, en la cual centró sus investigaciones. Se opuso fundamentalmente a los métodos duros y coercitivos, e insistió en individualizar cada caso para desarrollar su abordaje. Criticó el uso indiscriminado de las medicinas violentas, como los purgantes o las largas dosis de alcohol:

La inflamación de un órgano tan delicado como el cerebro y sus membranas, es provocada por la misma excitación... ¿cómo se le puede ocurrir a un hombre curar la intoxicación por medio de la intoxicación? (Aureliano, en Zilboorg, 1963).

Con respecto a los tratamientos alega:

Prescriben recluir a los pacientes a la soledad, sin tener en cuenta que la falta de luz, en ciertos casos, puede agravar el estado de su enfermedad, o si este procedimiento afecta o no una perturbación mental [...] más que ser idóneos a proteger y curar a los pacientes, parecen agarrados al delirio; se parangona por lo tanto los pacientes con bestias feroces que se deben domar, privándoles del alimento y atormentándoles con la sed. Indudablemente, siguiendo con el error, ordenan que los pacientes sean cruelmente encadenados, olvidando que sus miembros pueden ser gravemente dañados, y que es más adaptado y más fácil controlar al enfermo con las manos que con las pesadas cadenas, a menudo dañinas. Aconsejan además la violencia física como si estos procedimientos pudieran restituir la razón. Un tratamiento despiadado y deplorable agrava las condiciones del paciente, y ensucia el cuerpo y los miembros de sangre: triste espectáculo que el paciente recupere los sentidos y se observe en esas condiciones. (Trelat, en Zilboorg, 1963).

Este párrafo de la obra de Sorano revela las condiciones de hacinamiento y de tortura que ya en el período greco-romano eran moneda corriente en el tratamiento de los enfermos mentales. Más adelante, señalaremos otras personalidades que, sobre la misma ideología, reniegan y acusan de infrahumanos los procedimientos aplicados a los pacientes psiquiátricos. Sorano continúa su alegato diciendo:

Hacen dormir a los pacientes suministrando el té de amapolas, que provoca una somnolencia no relajada, en lugar de un buen sueño. Estropean la cabeza del paciente con aceite de rosa o de castor, excitando de tal modo el órgano que buscan tranquilizar. Hacen uso de aplicaciones frías ignorando que son frecuentemente excitantes, de la misma manera, utilizan sin medida enemas irritantes y mediante estas inyecciones, más o menos ácidas, no obtienen otro resultado que la disentería (Trelat, en Zilboorg, 1963).

Critica además que algunos médicos sostienen que se debe permitir al paciente obtener *placeres amorosos*, cuando en realidad las pasiones son muchas veces la causa de las enfermedades mentales. Él piensa que es absurdo creer que el amor, que usualmente en estos sujetos se expresa violentamente, pueda sofocar una agitación furiosa. Por lo tanto, será difícil aconsejar que un alienado deba tener relaciones sexuales. Si bien en la mayoría de las ocasiones la represión del deseo amoroso puede agitar a los pacientes, más frecuentemente se encuentran en condiciones de extrema gravedad después de un contacto venéreo.

Este pensamiento, de acuerdo con el desarrollo expuesto, no sólo se queda en la mera crítica sino que además proporciona elementos de prevención para no generar mayor patología. Evidentemente, las afirmaciones de Sorano revelan y reclaman un contacto mayor con la salud, puesto que los métodos que se aplicaban en aquella época muestran el establecimiento definitivo de la enfermedad más que una remitencia a la curación. Es así como Sorano recrea modificaciones y sugerencias para desarrollar nuevas formas y procedimientos en el abordaje a los alienados.

En principio, sugiere que los maníacos deben poseer un cuarto iluminado con una temperatura media y alejados del ruido. Debe estar acondicionado con ventanas pequeñas, ubicadas en lugares altos, que permitan la circulación de aire y sin cuadros en las paredes. Además, las camas deben estar fijadas al piso o a la pared y colocadas de tal manera que el paciente no pueda ver quién entra para evitar que se excite.

Si alguna parte del cuerpo se ha lesionado por algún movimiento –fruto de la excitación del paciente–, sugiere aplicar vendajes tibios sobre la cabeza, la espalda y el tórax, preferiblemente bañados con aceite caliente de maíz que posee propiedades calmantes.

Debe evitarse el gran movimiento de gente y recomendar a un enfermero regular las entradas y salidas que podrían provocar exasperación. El tacto y la discreción deben ser empleados con gran sapiencia frente a las equivocaciones del paciente. En muchas ocasiones se deben ignorar los errores o tratarlos con indulgencia. Mientras que en otros casos se debe emplear una mayor severidad, explicándole las ventajas que posee una conducta adecuada.

Si el paciente se agita y lucha contra cualquier tipo de restricción, o si es exasperado por la misma reclusión, puede ser controlado por un número de enfermeros que tratarán de no ir demasiado en contra de las intenciones del paciente. Por ejemplo, pueden acercarse como si su propósito fuese friccionarlo, evitando así una resistencia inútil. Si igualmente se irrita, se debe emplear el método de contención por medio de una tela suave y delicada que proteja las articulaciones. De esta manera se tomarán las mayores precauciones, ya que la aplicación en esta fase puede aumentar la furia en vez de poseer un efecto de apaciguamiento.

Sorano insta a evitar la aplicación de drogas. Por ejemplo, en el caso del insomnio recomienda llevar al paciente a la cama y utilizar el sonido del agua que es inductor del sueño. Como así también los paños tibios sobre el pecho atenúan la angustia causada por períodos de insomnio prolongados. Así, sustituye el té de semillas de amapolas utilizado hasta el momento.

Fue el primero que tomó en consideración los factores culturales del paciente: conocer cuál es el tipo de lectura que prefiere el paciente, entre otras cosas, puede favorecer esta actividad en su convalecencia.

Es un avanzado con respecto a las estrategias, en lo que podemos llamar las actuales técnicas de psicoterapia. Propone invitar a hablar acerca de los temas que son comunes para el paciente. Si es un campesino, se sugerirán conversaciones relacionadas con el campo. Si es *ignorante*, se hablará sobre temas generales y superficiales. Pero en todos los casos, piensa que es importante darle coraje estimulándolo permanentemente.

Tanto Areteo como Sorano instauran el humanitarismo en la psiquiatría. Muestran un gran interés por las características profundas del comportamiento de las personas y la necesidad de individuación, basando sus respectivas posiciones en una gran experiencia clínica. No sólo podemos considerarlos pioneros con respecto al cambio de la metodología oficial, sino que además, en cierta medida, sientan las bases de lo que veinte siglos después sería la psicología profunda.

Desde este humanitarismo médico psicológico –demasiado fugaz–, tanto Celio Aureliano como Cornelio Celso combaten las opiniones sobre las causas de la locura y los tratamientos, opiniones que hasta ese momento eran bastante difusas. Se planteaba si el fenómeno de la alienación mental era patrimonio –como hemos visto– de los filósofos o de los médicos, a lo cual Celso responde con cierta ironía, señalando que en muchas ocasiones *la filosofía misma es la causa de la alienación*.

Este período parece culminar con las contribuciones de Galeno (130-200 d. C.). Tengamos en cuenta que entre Hipócrates y Galeno, en el mundo greco-romano, pasaron siete siglos de nuevas propuestas, cambios culturales, políticos y científicos. Pero para esta época cobra relevancia el eclecticismo, modelo que intenta mantener el saber y la tradición clásica, de la cual Galeno es el exponente médico: *Galenus, medicorum post Hippocratem princeps, philosophus, grammaticus*.

Galeno coordinó todo el saber médico que fue acumulado por sus predecesores, impregnando el mundo médico hasta la mitad del siglo XVII. Realizó investigaciones y elaboró ensayos sobre anatomía, entre ellos los de la circulación de la sangre, la descripción de músculos y tendones, el reflejo respiratorio, el sistema nervioso central. Pero su psicología *fisiológica* aportó pocas novedades y no llegó a desarrollar mayores aportes con respecto a las enfermedades mentales.

Muestra que la sede del alma no es separable de los centros nerviosos. Divide el alma racional en dos partes, una externa, que pertenece a los cinco sentidos, y una interna, que remite a la imaginación, el juicio, la memoria, la percepción y el movimiento; aunque a diferencia de Platón y Aristóteles, para Galeno existían dos almas irracionales (emocionales), una en el corazón y la otra en el hígado.

Con respecto a las funciones psíquicas, su argumento no es muy claro y se muestra confuso en este punto. Aparentemente, esas funciones se centran en el cerebro y piensa que no pueden ser localizadas más específicamente. El cerebro no tiene necesidad de órganos intermediarios para pensar, recordar o razonar.

Con respecto a las enfermedades mentales, estudia diversas afecciones como la demencia y la imbecilidad, y adscribe su etiología a la frialdad o la humedad del cerebro. Estudia también el alcoholismo, atribuyendo su causa a los vapores del vino que llenan el cuerpo, provocando excitación del alma irracional, tanto en el corazón como en el hígado, y de esta manera el cerebro se enferma secundariamente. Si bien se basó en la teoría de los humores de Hipócrates, fue confuso en su aplicación.

Describe al delirio febril como originado por la bilis amarilla y piensa también que es ésta misma la responsable de la irritabilidad y de los desbordes de ira manifestados en la manía. Tampoco muestra claridad sobre la melancolía y vuelve, como en otras definiciones, a dar explicaciones eclécticas tanto filosóficas como biológicas. Por un lado, consideró el humor melancólico producto de una descarga del hígado, y por otro, describió que el melancólico es triste porque su alma sensible está enferma, razón por la que es privado de la alegría y del amor.

El gran médico griego rechazó la teoría acerca del histerismo, en cuyo origen se planteaba el movimiento del útero en el cuerpo. En cambio, afirmó que la sensación de sofocación se daba más por una congestión del útero que por su corrimiento.

Con Galeno se divide la historia antigua de la medieval –teniendo en cuenta la invasión de Roma por parte de los bárbaros en la mitad del siglo V–. Coincidentemente, el período del oscurantismo medieval en la historia de la medicina debe su inicio a la muerte de Galeno en el 200 d. C.

2. La locura en la hoguera del oscurantismo

Alquimia, brujería y posesiones demoníacas

En la época medieval predomina un pensamiento sobre la locura teñido de creencias mágico-religiosas. El disturbio mental es apartado de la esfera de la enfermedad no sólo por la concepción somática de ésta, sino porque se le atribuían otros orígenes, entre los cuales el más conocido en nuestros días y más difundido en esa época eran las *posesiones demoníacas*. E. Ackernecht (1962) define a este período:

> *[...] tan poco de positivo ocurrió durante la Edad Media en el orden médico. Sí, en cambio, por desgracia, mucho de negativo. Lo peor fue ciertamente la fragmentación de la medicina. La cirugía cayó en manos de bañeros y barberos, la psiquiatría en la de sacerdotes exorcizadores y perseguidores de hechiceros.*

Algunos autores de la historia de la medicina recuerdan que no sólo fue el Antiguo Testamento el que contribuyó notablemente a la psiquiatría mística o la demonología del medioevo, sino también el Nuevo Testamento continuó con la misma orientación interpretativa de las enfermedades mentales. No obstante, la psicología médica posee una relación muy estrecha con las mutaciones culturales de las distintas épocas, más que en cualquier otra rama de la medicina. Cuanto mayor sea la inespecificidad del origen orgánico de la sintomatología, mayor incertidumbre, y con ello, mayor caudal de teorías que intentan explicar lo inexplicado. La temática de las enfermedades mentales son interpretadas a la luz de las teorías que reinan de acuerdo al período de la historia.

Los desarrollos científicos, con respecto a las enfermedades mentales, responden a la relación que tiene el ser humano con el mundo externo. Los resultados de tales investigaciones, entonces, están impregnados por las situaciones socioculturales, políticas y económicas que acaecen según la época. Y este efecto se observará a lo largo de diferentes períodos de la historia: siempre la mirada del investigador reacciona de acuerdo con el modelo epistemológico –el paradigma– que impera en cada período.

La medicina greco-romana fue en paulatina declinación y este proceso duró prácticamente todo el período del Imperio Romano. La medicina y la cultura griega, trasladadas a Alejandría, en cierta manera estaban protegidas por el saber clásico y sostenidas por el beneficio de una dinastía reinante. Por otro lado, Roma fue un Estado de carácter práctico y administrativo. No poseía grandes intereses con respecto a las investigaciones científicas, pero siempre utilizó lo que le ofrecía el saber griego, en especial con respecto a la rama de la medicina en general, que constituía una garantía con respecto a esta ciencia. Recordemos que Alejandría poseía conocimientos de distintos orígenes, hebreos, persas, egipcios, o sea, que no todo lo que recayó en Roma era verdaderamente griego como cultura.

Para este tiempo, los bárbaros avanzaban del norte y del este, el mundo estaba cambiando y contemporáneamente se estaba cerrando sobre el hombre. La búsqueda de un Dios único llegaba como una idea que invadía el pensamiento de esta época y constituía el fundamento de una nueva cultura, provocando la declinación definitiva de la época clásica.

El objetivo era la salvación personal y mística. De esta manera, el campo de la psicología se diluye del área de la medicina, siendo la filosofía mística y las experiencias religiosas las que toman las armas para buscar explicación y aprender algo sobre el hombre. Durante siglos se van a fundamentar –desde esta perspectiva– los desórdenes psicológicos de un ser humano.

Al comienzo del siglo II, la separación de las ciencias clásicas termina en una fractura casi completa. Habían desaparecido la mayor parte de las investigaciones y los pensamientos originales. Se desenvuelven sistemas de filosofía parcialmente cristianizados o con especulaciones religiosas que se agrupan bajo el nombre de gnosticismo. Los gnósticos representan la figura más importante en este tiempo, puesto que fusionan conceptos griegos y cristianos asimilados a la teogonía del antiguo Egipto y al culto del Oriente. Conforman una doctrina filosófica y religiosa que pretendía tener un conocimiento intuitivo y misterioso de las cosas divinas.

Se fundaron escuelas con la sola finalidad de abatir el resto de clasicismo. Se redujo el número de profesores de matemáticas, historia y, fundamentalmente, de medicina, mientras que los lugares religiosos y las disputas metafísicas cobraron precedencia sobre las tradiciones empíricas de la medicina. De este modo, la ruina final del saber científico fue inevitable.

La escuela de Alejandría se pierde a través de un nuevo politeísmo representado por un gran número de potencias subalternas que podían ser reducidas al servicio del hombre mediante la magia. Alejandría ya no poseía la fuerza necesaria para oponerse al influjo de aquellas orientaciones que favorecían la ruina cultural.

En este segundo siglo, Roma fue invadida por la iniciación de la ciencia oculta. En un primer tiempo fue propiedad exclusiva del pueblo egipcio, que intentaba controlar el mundo de los demonios mediante la eficacia de los amuletos, talismanes o conjuros, bajo la creencia de que tales elementos posibilitaban el dominio del hombre sobre la naturaleza.

Con respecto a Roma, el Imperio se interesó por la divergencia de las opiniones populares. Ni el pensamiento científico ni la superstición fueron obstáculos para la política romana, que consistió en tolerar y exprimir todas las opiniones y creencias. Por ejemplo, Caracalla (211-217) destruyó los libros de Aristóteles. Alejandro Severo (225-235) veneró paralelamente a Moisés, Cristo y Orfeo. Ordenó, entre otras cosas, construir una estatua de un famoso mago, Apolonio de Tiana, para colocarla sobre una capilla al lado de la estatua de Cristo. En esta misma dirección y coherencia con la diversidad, la alquimia cobró relevancia en este período.

Giuliano (361-363) protege las artes mágicas y Constantino –a través de un edicto de Milán en el año 313–, reconoce oficialmente el cristianismo y prohíbe el estudio de Platón y de Aristóteles. De esta manera, estos primeros tres siglos de nuestra era culminaron con el desarrollo de la superstición, del oscurantismo y de la intolerancia más feroz.

En este período, la magia y la religión se integran, se confunden, se mezclan e impregnan el escaso resto que queda del pensamiento médico clásico. Es así como algunos sacerdotes, aunque expertos en Medicina, no negaban la existencia de seres sobrenaturales que eran sujetos de veneración por parte de los magos. Para combatir la superstición y la magia, no fueron eficaces ni edictos políticos ni condenas religiosas. La única arma disponible en estas circunstancias fue la intimidación a través de la coerción física.

Con el transcurrir de los años y las diversas descripciones que tratan de explicar los fenómenos desde diferentes perspectivas, se llega a crear una gran confusión en la escala de valores, donde prácticamente es imposible diferenciar entre el bien y el mal.

En el año 429, el Codex y Theodosianus prohíben oficialmente la magia y la reconocen como una práctica maligna y criminal. Se comienza a perseguir a quienes son considerados endemoniados y brujos, y las enfermedades mentales son así separadas del patrimonio de las ciencias médicas. El arte terapéutico de la psicología dejó de existir, y en su lugar fue colocado el sacerdote como reemplazo de la figura del médico.

Era una época *donde reinaba la espada y no la pluma* y todos los saberes científicos –entre los cuales se encontraba la medicina– se refugiaron detrás de los muros de los monasterios. Existió un monasterio que puede considerarse el dominante dentro del campo del saber médico. Fue fundado por San Benedicto en Montecassino (Italia), sobre un terreno que precedentemente estuvo ocupado por un templo de Apolo.

Diecisiete años antes de la estancia de San Benedicto, este monasterio era un lugar de refugio de Cassiodoro, estudioso de medicina que enseñó a otros curas, en la tranquila vida monástica, un gran número de nociones médicas. La ciencia médica en Europa occidental fue exclusivamente monástica, ya que estos claustros dieron refugio a muchos discípulos fugitivos, tanto de Hipócrates como de Galeno.

Éste no es un período de grandes descubrimientos, sino que se realizan traducciones, copias o compendios de los autores de la época clásica. Entre estos compiladores encontramos a Marcelo, médico que vivió en el siglo III, y que dejó una interesante descripción clínica sobre la *licantropía*, patología que ha dejado de existir. Las personas que padecían esta enfermedad, vagaban por lugares desiertos, preferiblemente cementerios, aullando como lobos.

Hacia el siglo IV se difundieron con gran interés los estudios astrológicos. Paralelamente, lo que hoy llamaríamos trastornos mentales estaban en continuo aumento y fueron prácticamente excluidos en forma total del campo de la medicina, pasando a ser parte de la esfera de la superstición.

Las primeras autoridades cristianas enfrentaron numerosas dificultades ante el fenómeno de la enfermedad mental, puesto que fue difícil considerar esos disturbios como obra del demonio. Algunos enfermos tenían un discurso lleno de temas religiosos que recorrían toda la trama de su ideación patológica. Estos discursos se contraponían con la creencia de que el enfermo estaba poseído por el diablo. A pesar de ello, a posteriori se inventaron los motivos para justificar tal reacción. Pero por entonces, en la cultura estaba muy afincado el pensamiento mágico, y las supersticiones conformaban los estratos más profundos de la cultura, invadiendo no sólo el contexto social, sino los diversos saberes y conocimientos adquiridos hasta el momento.

Ya al inicio del siglo VII esta actitud tuvo una completa cristalización. La psiquiatría se dedica a estudiar las vías y los medios con los cuales el diablo cuenta para penetrar en la mente de las personas. El arte de curar no aparece avalado por conocimientos claramente delimitados de la anatomía o la fisiología, sino que las curaciones –el acto en sí mismo de curar– revelan más una acción de la magia que un proceder científico.

Cualquier intervención que realizara el llamado *profesional* era acompañada de verbalizaciones de corte religioso con una finalidad de curación mágica. Por ejemplo, frente a la administración de una determinada droga, se podría implementar la siguiente fórmula:

> *Demonio, que resides en el vientre de X, hijo de X. Oh! Tú, tú que eres a quien el padre ha llamado el que destruye la cabeza, y cuyo nombre es maldito para la eternidad* (Leyda, en Zilboorg, 1963).

Obviamente, negar que la enfermedad mental sea una enfermedad e insistir en considerarla una forma de intervención del diablo, no disminuye, naturalmente, el número de enfermos mentales. O sea que las psicosis y las neurosis crecían en número y en variedad.

La psiquiatría, como especialidad médica (a pesar de que todavía en este siglo no es concebida como tal) es suplantada bajo el nombre de demonología. Por lo tanto, para combatir al demonio era necesario estudiar sus métodos, y para liberar cualquier demonio del cuerpo de las personas debían observarse los signos del influjo diabólico.

En otras palabras, el estudio de los síntomas y del contenido ideativo de la enfermedad mental continuó bajo denominaciones diferentes de aquellas establecidas por la psicología médica de la Grecia Clásica.

El *demonólogo* se convierte, así, en la figura que encarnaba la salvación del alma. Este personaje comenzó tempranamente a estudiar los signos de intervención diabólica. Cada mago, cada persona embrujada de la cual *se había apoderado el demonio* debía pasar por un minucioso proceso de observación para después someterse a la curación por medio de lo que a posteriori se llamó exorcismo.

Dentro de los principios religiosos, San Agustín fue el primero en formular y sistematizar los principios medievales de la psicología humana:

El hombre es un conjunto de alma y de cuerpo. El alma es el principio directivo y formativo, y cómo reacciona sobre el cuerpo es un misterio. La sensación es un proceso mental, no físico; la percepción de los sentidos, la imaginación y los deseos sexuales son funciones del alma sensible inferior; la memoria, el intelecto y la voluntad pertenecen al alma intelectual superior, que son propiedades del espíritu que no depende de modo alguno al cuerpo. Todas estas funciones son funciones de un alma sola [...] Dado que la voluntad es presente en todas las modificaciones del alma.

Se podría decir que éstas no son otras que deseos [...] La eterna beatificación del alma en Dios no puede ser demostrada. Si esperamos en esa dirección es por un acto de fe (Philly, en Zilboorg, 1963).

Antes de caer en manos de los árabes, Alejandría produce dos estudiosos que se destacan y pueden ser considerados como los últimos representantes del pasado, ya que la medicina bizantina estaba muriendo. Ellos fueron Alejandro de Tralle (525-604) y Paolo de Egina (625-690).

Alejandro de Tralle fue la típica figura de transición, porque si bien adhirió a Galeno e Hipócrates, sus ideas estuvieron impregnadas de la superstición oriental. Prescribía una cura que duraba aproximadamente dos años. Por ejemplo, sugería que la vestimenta sucia de sangre de un gladiador quemado, reducido a polvo, mezclado con vino, era un remedio muy eficaz. De la misma manera que los testículos de un gallo joven, bebidos con leche por la mañana antes del desayuno, o el excremento de un perro que es mantenido en ayunas durante quince días, eran remedios efectivos contra las enfermedades mentales.

Por otra parte, Paolo de Egina fue considerado como el último médico bizantino. Se dedicó específicamente a la cirugía y a la obstetricia, especialidades que lo llevaron a que los árabes lo llamaran *el obstétrico*. Se interesó por las enfermedades mentales en forma regular y siguió la línea ecléctica, realizando una condensación de todas las observaciones de Galeno.

En este período, los árabes se apoderan de Alejandría (año 640). La gran biblioteca fue destruida y la medicina occidental se vio inmersa por largo tiempo en una especie de letargo. En el ámbito de la psicopatología, la teoría demonológica se afirma con gran ímpetu, mientras que en la medicina general la influencia de la farmacología árabe comenzó a reemplazar a la griega. Los textos médicos sufren diferentes traducciones, por ejemplo, del original griego al sirio, del sirio al árabe y del árabe al latín. De manera que la redacción definitiva poseía muchas imperfecciones, razón por la que se desvirtuaba la certeza de las versiones originales.

Alrededor del año 1100, Michelle Psello compone una obra enciclopédica en donde recuenta, detalladamente, la

jerarquía de los demonios que *turban y vician* el funcionamiento del alma humana. Él mismo había sido preso
de las experiencias alucinatorias, por lo tanto, le cabe el
mérito de haber sido el primero en codificar y sistematizar
la demonología que por mucho tiempo fue el fundamento
de la psiquiatría medieval.

También se puede observar que al inicio del siglo XII la
medicina bizantina ha dejado de existir como producto de
la tradición médica greco-romana. Los árabes se apoderan
de una parte de Europa occidental, arrasando con el saber
clásico. Las invasiones bárbaras, el misticismo y el poder
en manos del diablo muestran un espectro ensombrecedor
de la situación de la Europa medieval.

Estos siglos, aparentemente, no poseen nada de es-
pléndido ni de dramático que le puedan proporcionar
elementos importantes al estudioso. Más aún, son años de
una gran *niebla* cultural y de oscuridad espiritual, poblados
de intensas luchas y de escasa difusión de investigaciones
científicas. Con excepción del progreso de la farmacología,
en estos cinco siglos se avanzó poco o nada en el campo de
la medicina, que termina contaminándose y confundién-
dose con los elementos místicos de la época.

Hacia el siglo VI los beduinos –que eran una tribu
seminómade del desierto arábigo– se unificaron y, con un
gran proselitismo, se encontraron dueños de Persia, Siria,
Egipto y España. Esta veloz expansión política fue acompañada de una rápida adquisición del saber científico. En
este sentido, los árabes mostraron una gran capacidad de
aprendizaje, y ante un período que duró aproximadamente
seis siglos, desempeñaron el rol de difusores del saber. No
se preocuparon por cambiar los hábitos sociales y culturales de los pueblos que habían sometido. Al menos en el
primer tiempo de las conquistas, la atmósfera moral fue
bastante libre, hecho que favoreció el progreso y el desarrollo de las ciencias.

La necesidad de curar las enfermedades epidémicas obligó a los árabes a prestar mayor atención a las artes terapéuticas. Por ejemplo, en el año 572 se expandió en Arabia una epidemia de peste bubónica, ocho años después se propagó en toda Europa. Un año antes que España se incorporara como una provincia árabe, la epidemia devastó este país.

En un período aproximado de 250 años, la medicina árabe llega a un esplendor que resulta comparable con la época de la medicina griega. Pero, como el Corán prohibía las disecciones anatómicas, y tampoco se permitía que los hombres observaran a mujeres desnudas, fue escasa la evolución de disciplinas como la anatomía, obstetricia y ginecología, dentro de la medicina. Por el contrario, se desarrollaron ampliamente la matemática, la astronomía y la farmacología.

Con respecto al tratamiento de las enfermedades mentales, utilizaron la semilla de amapola, o sea, el opio. Describían el mal de San Vito como una intensa angustia y temores desconocidos, que aparecen en síntomas asociados a extraños movimientos de las manos y los pies. Caracterizaban al depresivo como un paciente agitado con insomnio, taciturno y violento, con una sensación de gran antipatía con respecto a la gente. Además, definieron los comportamientos psicopáticos como una exageración de la mente humana respecto de cada una de las cosas que se le presentaran. De esta manera, se inducía a acciones dañosas para la sociedad con manifestaciones de conductas oposicionistas y absurdas.

La nosografía árabe describe nueve clases de enfermedades mentales. La terapia que por lo general empleaban consistía en una buena dieta, baños, linimentos, cambios de clima, música suave, un entorno agradable y en algunos casos, el drenado de sangre.

Tengamos en cuenta que las teorías descriptas por los árabes fueron muy claras, puesto que en sus observaciones no fueron obstáculos las teorías demonológicas que habían invadido el mundo cristiano y que entremezclaban pensamientos religiosos y saberes médicos.

La curación del exorcismo

En Europa occidental, la medicina se ocupó únicamente de los malestares físicos y el desempeño del *arte de curar* fue desarrollado, en general, por los eclesiásticos. Pero el conocimiento en el campo de la medicina orgánica fue profundamente arruinado por las creencias y los procedimientos no científicos: por ejemplo, en la época de Carlomagno, la migraña podía ser *curada* colocando una cruz sobre la cabeza.

La Psiquiatría fue campo de los cazadores de herejes o de aquellos que trataran todavía de preguntarse acerca de la naturaleza de la mente humana. Esta división daba como resultado dos tipos de enfermos: los *poseídos* por el diablo y los enfermos *naturales*.

Los primeros reunían –por las descripciones que en la época revelaban su manifestación– las características necesarias para afirmar que el diablo estaba dentro del cuerpo de la persona. Las segundas, evidenciaban un proceso orgánico –*natural*– como sinónimo de una alteración, deterioro o degeneración, que surge del cuerpo mismo.

En realidad, la psicología y la psiquiatría fueron completamente aisladas y hacia fines del siglo XII terminaron desapareciendo como objetos de consideración científica. Del siglo IX al X los problemas psicológicos se amalgamaron enteramente con los teológicos y filosóficos. En general, los médicos no osaban adentrarse en modo independiente en la psicología normal o anormal.

En este período, las personas que sufrían trastornos mentales eran considerados herejes, pero los pocos que tuvieron la fortuna de ser tomados como enfermos *naturales,* fueron curados durante muchos siglos bajo el método del exorcismo.

En un antiguo manuscrito del siglo X (Zilboorg, 1963), se ilustra con suficiente claridad la actitud de esa época con respecto al problema de la histeria. Como hemos señalado, de acuerdo con las opiniones de algunos médicos griegos, esta enfermedad se debía al corrimiento del útero en el cuerpo y este recitado santo, más allá de describir todos los órganos, comienza centrando su curación en la zona a la que se atribuía la patología:

Al dolor de la matriz. En nombre del Padre, del Hijo y del Espíritu Santo. Señor Dios de los ejércitos angelicales, delante al cual están los ángeles con gran temor. Amen, Amen, Amen. Oh matriz, matriz, matriz, matriz, matriz cilíndrica, matriz roja, matriz blanca, matriz carnosa, matriz sanguinaria, gran matriz, matriz hinchada y demoníaca.

En nombre del Padre, del Hijo y del Espíritu Santo. Señor Dios de ejércitos angelicales, aquí están delante los arcángeles que dicen con gran temor. Santo, Santo, Santo. Señor Dios Sabaoth mira nuestra debilidad, considera nuestra naturaleza obra de tus manos y no la desprecies, tú la has hecho, no nosotros. Impide el movimiento de la matriz de tu sierva N, y sana su sufrimiento porque ella sufre atrozmente. Te conjuro matriz, por las nuevas órdenes angelicales y por todas las virtudes celestiales, de retornar a tu lugar con toda calma y toda tranquilidad y que de allí no te muevas y que no le queden molestias a esta sierva de Dios.

Te conjuro matriz por nuestro Señor Jesucristo, que caminó sobre el mar con los pies secos, sanó a los enfermos, que por su sangre somos redimidos, por el cual nuestras heridas son curadas, que por su caución salvados, por El te conjuro a fin de que no dañes a esta sierva de Dios, N, a fin de que no te apoderes de su cabeza, del cuello, de la garganta, del pecho, de las orejas, de los dientes, de los ojos, de la nariz,

de la espalda, de los brazos, de las manos, del corazón, del
estómago, del hígado, de los riñones, de la columna, de los
muslos, de los miembros, del ombligo, de los intestinos, de la
vesícula, de la tibia, de los tobillos, de los pies, de las uñas,
con el fin de que te coloques en el lugar que te designó Dios,
para que esta sierva de Dios, N, esté sana.
Y si te dignas a conceder esto mismo que vive y reina, uno
solo en la trinidad y tres en la unidad, Dios por todos los
siglos de los siglos Amen.

Se describen los órganos con extrema precisión, a fin
de librarlos del poder del demonio. Además, la retórica
expresa y sintetiza la solidez de la instauración religiosa
que revestía al organismo de la Iglesia –por ende al clero
mismo– de un poder supremo inviolable que abarcaba en
este período prácticamente todas las áreas de la sociedad.

Mientras que en esta época la actitud frente a *los poseí-*
dos era más reflexiva, a posteriori sobrevendrá una época
de ejecuciones y torturas colectivas de enfermos mentales
que se consideraban *magos y brujos.*

Además de la cura a través del exorcismo, para las
enfermedades más leves simplemente se colocaba la mano
sobre la cabeza de la persona, acompañando la acción con
una oración religiosa. En otros casos, el vino con que se habían lavado objetos sacros era suministrado y llevaba a que
se vomitara el espíritu diabólico que perturbaba al poseído.
En tanto, las enfermedades mentales como las epidemias
psicopáticas empezaron a difundirse y ponían a prueba la
psicopatología, que comenzó a estructurar elementos de
tortura que fueron sus medios para la llamada *curación.*

Alrededor del siglo XIII, la filosofía llega a grandes
niveles de conocimiento por medio de la obra de Santo
Tomás, y la *Santa* Inquisición creó instituciones para la
enseñanza superior. En este siglo, por primera vez el médico es llamado *doctor* y se crean alrededor de quince
universidades para el estudio de esta disciplina. Se abrieron

hospitales para enfermos mentales, y todavía algunos eran tratados como herejes.

Paralelamente a estos avances de la medicina, la astrología y la alquimia, las posesiones demoníacas y los presagios, impregnaban y se fusionaban con el pensamiento médico. Por ejemplo, Arnaldo de Villanova exponía que era imposible el ejercicio de la Medicina sin la astronomía. La teoría de Aristóteles y sus seguidores árabes comenzaron a tomarse con hostilidad y fueron quemados en forma pública los escritos aristotélicos, de acuerdo con los principios de la Inquisición.

La institución de la *Santa Inquisición* fue creada en el año 1233 por el papa Gregorio IX y reconfirmada veinte años después por el papa Inocencio IV. Se desarrolló durante cuatro siglos, bloqueando autoritariamente la libertad de pensamiento y la independencia de la evolución científica.

En esta época, Federico II es quien introduce el organigrama de la instrucción médica que consistía en cinco años de estudio y un año de residencia en un hospital. Además, se concede permiso cada cinco años a abrir un cadáver para los estudiantes de medicina. No obstante, la astrología y la alquimia alcanzaban niveles populares cada vez más altos.

Si bien el Papa prohibió los estudios de alquimia, no por tal prohibición desaparecieron los alquimistas. En esta evolución, el alquimista adquiría el carácter de mago, por lo tanto, las consecuencias fueron su persecución, tortura y quema en la hoguera.

La astrología fue otra de las disciplinas que se involucró con el pensamiento médico y llegó a consustanciarse con las teorías de los grandes pensadores griegos. Entre los ejemplos, se aseveraba que Marte era el responsable de la melancolía, como también el ataque epiléptico podía aparecer coincidentemente al primer cuarto de luna, etc.

De acuerdo con las creencias médico-psicológicas populares, las brujas eran consideradas la causa de la impotencia y de la pérdida de memoria. La epilepsia era curada recitando un texto de San Mateo; la esterilidad femenina se sanaba fumigando los genitales con leños aromáticos, y el mismo método era utilizado para el histerismo.

En esta época fue cuando se cristalizó con más énfasis la diferencia entre una verdadera enfermedad mental –la *natural*– de otra falsa o *sobrenatural*. En esta dualidad de ópticas, por ejemplo, se podía confirmar o desconfirmar una enfermedad mental tan sólo gritando al oído de un enfermo con convulsiones un versículo de la Biblia. Si se obtenía una respuesta, ésta era la prueba de que era poseído por el demonio –que se aspaventaba por el recitado santo–. Si el paciente no ofrecía manifestación alguna, la enfermedad era natural. No obstante, es factible imaginar a cuál de las dos posiciones se le dio relevancia, teniendo en cuenta una sociedad que segregó los conocimientos médicos clásicos y fue dominada por la Iglesia.

El médico –representado por la figura del clero– diagnosticaba casi siempre la posesión demoníaca frente a los síntomas observables, entrampando al paciente en un callejón sin salida, un verdadero doble vínculo: tanto su pasividad como su agitación eran manifestaciones del diablo.

Los términos *enfermedad del diablo* o *enfermedad de brujos* se introdujeron en el lenguaje común de la población, en donde la mezcla de hierbas, carnes o pieles de cerdos o lobos, agua bendita y rezos católicos, realizados de acuerdo con una fase de la luna, constituían el tratamiento de estos males. Dentro de estos métodos se incluyen también las visitas a las tumbas de santos que poseían poderes curativos. De esta manera, la parálisis de miembros inferiores, cegueras y todo tipo de afecciones funcionales que actualmente se reconocen de etiología psíquica, dada la sugestionabilidad de estos pacientes, eran curadas súbitamente.

Estos criterios acentuaban la marginalidad de los enfermos mentales, puesto que la asociación con los poderes del diablo, en una época impregnada por el pensamiento mágico-religioso, llevaba indefectiblemente a la segregación del *endemoniado*. El pueblo amaba a Dios, pero por otro lado estaba aterrorizado por el diablo (aunque también sentía curiosidad y fascinación, debajo de este supuesto temor).

Por lo general, el tránsito que seguían los pacientes mentales abría un círculo vicioso que comenzaba con las familias que renegaban de los enfermos, expulsándolos de su seno. Los locos terminaban vagando por calles y bosques, viviendo en los establos e incrementando el temor en la población, de cara a sus actitudes y a su deterioro físico y psíquico. Este circuito se cierra con una respuesta violenta de la sociedad frente a tal situación: las reglas de la Inquisición.

Tanto la astronomía como la alquimia fueron consideradas ciencias diabólicas, por ende, el mago, el brujo, el hereje o el psicótico fueron señalados como siervos del diablo.

Hacia la mitad del siglo XV se consolidaron los instrumentos de una legalidad canónica que, sumada a un gran fervor religioso, daba como resultado que la psicología médica se constituya en un problema legal. Por ende, la psiquiatría se sumerge en un oscurantismo aún mayor, con características autoritarias y crueles que terminarán por conformar uno de los períodos más caóticos en la historia de los tratamientos a los alienados.

La Santa Inquisición y la quema pública

La Inquisición es la institución que se encarga de colocar e imponer las reglas, controlar y ejecutar –por medio de la *quema pública*– a todos aquellos que considera herejes. Hasta este período, el trato sobre lo que se diagnosticaba enfermedad mental era ejercido desde una posición de observación cautelosa, y los métodos –si bien no eran científicos– poseían como objetivo la curación. A partir de esta época se permuta el sanar por la acción deliberada de matar, eliminando así lo que se considera un mal para la sociedad. Pecado y enfermedad mental son dos términos que se asocian y correlacionan.

La caza de brujas fue un fenómeno que acaeció en el siglo XV y se divulgó en Europa, principalmente en Escocia, Francia e Italia. Se pensaba que el médico, como tal, no tenía nada que hacer en este tema: todo competía al problema de sofocar y apalear al diablo hasta destruirlo íntegramente.

Los teólogos Johann Sprenger y Heinrich Kraemer fueron los líderes de un movimiento para el exterminio de las brujas avalado por la Iglesia, por la ciencia y por la política, que recibió la aprobación del papa Inocencio VIII el 9 de diciembre de 1484. Fueron ellos los autores de un libro que se constituye en el documento más autorizado y terrible de la época, titulado *Malleus Maleficarum*. La tesis del *Malleus* se utilizó como pilar de la Inquisición y estaba respaldada por la Santa Sede, el cuerpo de profesores de la Facultad de Teología y el rey. Se realizaron 19 ediciones y, a pesar de que puedan parecer pocas, si tenemos en cuenta que la literatura no constituía una de las características del período podremos inferir su popularidad. Su contenido instaura los ingredientes necesarios para construir un doble vínculo. Cualquier movimiento que realizara la víctima se constituía en evidencia de la presencia del demonio, es decir, se debía demostrar de cualquier forma y por cualquier método que ante el menor indicio, detalle o sospecha, el diablo se hallaba en el cuerpo de la víctima.

Por otra parte, los inquisidores procedían con suma violencia en su accionar hacia *el paciente*, más allá de ser violenta la misma ideología de la tesis. Si la práctica era agresiva, es de esperar también la resistencia o la agresión como respuesta, y ésta resultaba prueba suficiente de la posesión diabólica. Por lo tanto, como la profecía que se autocumple, eran los mismos inquisidores quienes diagnosticaban la posesión y quienes colaboraban en su construcción.

El libro está dividido en tres partes:

La primera trata de buscar mediante el razonamiento, la existencia de la brujería y de las brujas. Pero en realidad la prueba con argumentos, no con demostraciones reales, dictaminando que quien no cree en la existencia de las brujas está en un error o es corrupto por la herejía (con lo cual se neutraliza a cualquier opositor al considerarlo hereje o brujo).

La segunda parte se dedica a aclarar *informaciones clínicas*. Describe los distintos tipos de brujos y los diversos métodos para identificarlos (métodos que irreversiblemente tenderán a construir la posesión diabólica).

La tercera parte explica las formas legales con que se examinan y se condenan a las brujas, entre otros detalles. Además, plantea la técnica para liberar a una bruja del diablo y entregarla a la justicia para la ejecución (no sólo se fabrica la reacción rotulada de endemoniada sino que también se sanciona la pena).

En el capítulo anterior hemos planteado la importancia de factores sociales, políticos y económicos que condicionan y favorecen la producción de patología: en ese momento, la Europa cristiana sufría una gran agitación y la Tesis del *Malleus*, también llamado *El martirio de los hechiceros*, fue una reacción contra estos síntomas de gran inestabilidad social.

En este sentido, es importante destacar que no todas las personas acusadas de brujería eran enfermos mentales, ya que los individuos que no compartían la ideología reinante, los que se rebelaban a este tipo de tratamiento, vagabundos, etc., entraban dentro del territorio de los endemoniados. Pero casi todos los enfermos mentales eran considerados brujos, magos, poseídos, etc.

Este modo autoritario de la Iglesia y del Estado crece y se solidifica en la medida que se presentan nuevos esquemas sociales u otros modelos espirituales que pueden amenazar la estabilidad del orden medieval.

> *En esta atmósfera nadie se salvó: hombres, mujeres, niños –de 10, 11 años–, niñas –de 9 o 10– no pudieron huir de la persecución y de la condena* (Summer, en Zilboorg, 1963).

Indudablemente, muchos eran alienados que sufrían ilusiones y alucinaciones, pero a través del *Malleus* se rebatía con extrema seguridad cualquier motivo que intentara demostrar la equivocación de la posesión demoníaca. Todos sus argumentos trataban de acomodar la visión del hecho de acuerdo con sus intereses, o sea, no daba lugar a la incertidumbre. La tesis afirma rotundamente que:

> *Se equivocan aquellos que sostienen que la magia no existe, que es todo producto de la imaginación; que no creen que los diablos existen excepto en la imaginación de los hombres ignorantes y que el hombre atribuya erróneamente los accidentes naturales a cualquier diablo imaginario. Es más, la imaginación de algunos hombres es tan vivaz, que piensan ver figuras o aspectos reales en lo que solamente es el reflejo de sus propios pensamientos, mientras le adjudican apariciones de espíritus malignos o espectros de brujas. Esto es contrario a la verdadera fe, que enseña que ciertos ángeles caídos del cielo son ahora diablos; y nosotros somos constreñidos a reconocer que por la misma naturaleza pueden hacer muchas*

cosas maravillosas que nosotros no podemos. Y aquellos que tientan a realizar similares prodigios perversos son llamados brujas (Malleus Maleficarum, en Zilboorg, 1963).

Parece increíble cómo los dos teólogos destruyen de un plumazo todos los conocimientos adquiridos sobre enfermedades mentales en casi dos mil años de historia. Más aún, sostienen que también las brujas pueden sufrir de ilusiones o alucinaciones. De esta manera se construye la paradoja, puesto que en ningún momento se pone en tela de juicio la brujería, negándole toda posibilidad de existencia a la enfermedad mental.

El problema del diagnóstico diferencial entre lo que se consideraba un fenómeno sobrenatural o una enfermedad natural, es planteado en este libro con argumentos débiles e inconsistentes. Por ejemplo, se atribuyen humores malignos en la sangre o en el estómago, como si esto fuese comprobable a simple vista. Se afirma que si la enfermedad es incurable es provocada por la magia y si es aguda también es debido a la magia: no deja margen para acreditar la enfermedad mental.

Muchos capítulos de este libro describen detalles sexuales que bien podrían constituir un manual de psicopatía sexual o perversión:

Toda la magia deriva de la carne, de la mujer que es insaciable. Véase el libro de proverbios XXX: tres cosas son insaciables, y una cuarta que nunca dice basta: la boca del útero. O sea que para satisfacer la lujuria, se une al diablo (Zilboorg, 1963).

El *Malleus* muestra al fin de cuentas –más allá del horror y de la depravación con que se enfrenta a los pobres alienados– un elemento que evidencia la crisis cultural en ese momento de la historia: el lugar de la mujer en la sociedad con respecto al hombre y la incidencia de los factores religiosos y políticos que monopolizan hegemónicamente todo este período.

La mujer sufrió la máxima descalificación de la historia. Imaginemos a la rotulada como bruja o hechicera con el vestido hecho jirones, herida, con la cabeza y los genitales rasurados, expuesta frente al pueblo, llevada hacia un tribunal de espaldas –para no embrujar al juez–, para después ser quemada ante los ojos del público en la plaza central.

Pero es en el siglo XVI cuando aflora un espíritu de observación hacia el hombre como persona y su naturaleza en un sentido antropológico. Leonardo da Vinci, Miguel Angel, Rafael, Cellini fueron figuras relevantes en el plano de las artes.

Éste fue un período de humanismo donde se desarrollaron investigaciones en anatomía, a través de figuras como Falloppio, que centra sus estudios en el aparato genital femenino. Eustaquio, que descubre el canal que une la boca con el oído medio, y Serveto, que descubre la circulación pulmonar de la sangre (no obstante, fue asesinado en la hoguera en 1553). Fue una época poblada de invenciones, creatividad e inspiración que muestran su condición evolutiva.

Si bien, personajes como Vives, Erasmo, Agrippa, entre otros, investigaron sobre enfermedades mentales, en general, el tema de la alienación mental permaneció en el más profundo oscurantismo. Acerca de los estudios realizados en este aspecto, se mantuvo el eje de descripciones que explicaban los fenómenos observables por medio del demonio. El poder de la Iglesia y de la Santa Inquisición continuó rigiendo sobre la perspectiva psicopatológica descubierta en la antigua Grecia, trastocándola, desvirtuándola y acomodando el hecho observado a sus concepciones.

La contrarreforma acentuó, más aún, la crueldad del proceso. Teólogos, jueces, curas realizaban las persecuciones contra los magos, brujos, hechiceros, etc., y los monjes se ocuparon de sustituir a los médicos, intentando curar las convulsiones, dolencias en diversas partes del cuerpo, diarreas, fiebres leyendo trozos de la Biblia o realizando conjuros.

La abogacía llegó a erigirse como una profesión de mayor autoridad y estatus que la medicina, ya que el libro del *Malleus* formaba parte del Código Penal, con lo cual se evidencia el definitivo alejamiento de la enfermedad mental como patrimonio del ámbito médico. Se podría afirmar que, para esta época, se alcanza el punto cumbre de la negación de los trastornos mentales: directamente se niega su existencia. Por lo tanto, la atmósfera psiquiátrica del siglo XVI era dominada por una psicología demoníaca que impregnaba la mente del médico, filósofo, sacerdote o del hombre común, y no se limitaba solamente al mundo católico.

La Iglesia –como órgano administrativo– se ocupó de sistematizar la tradición demonológica, imponiendo la *justicia*. La Reforma no varió esta misma tradición, incluso cobró vigor con las figuras de Lutero en Alemania, el rey Giácomo en Inglaterra y Calvino en Suiza.

La finalización de las matanzas y persecuciones en Alemania, por ejemplo, concluyó con la decapitación de la *bruja* Anna Maria Schwaegelin, en Memmingen, Baviera, el 30 de marzo de 1775. Pero el punto culminante en Europa fue el 18 de junio de 1782, cuando fue decapitada en la ciudad de Glarus, Suiza, la última bruja –¿loca?–, casi trescientos años después de que la Facultad de Teología aprobara la *obra magna* de los monjes Sprenger y Kraemer. Obra que, como piedra basal de la Inquisición, torturó, decapitó y quemó en nombre de Dios y del orden público a todos aquellos que contradecían tal orden sagrado, del cual los enfermos mentales constituían su máxima trasgresión.

Segregación de humanitaristas y revolucionarios

Generalmente cuando se habla de historia, se habla de hechos. Estos hechos tienen que ver con acontecimientos políticos, movimientos sociales, transformaciones económicas, en síntesis, revoluciones que marcan con gran velocidad un ritmo evolutivo, que ejercen una dinámica en las manifestaciones de la incesante actividad humana.

En comparación, la historia del pensamiento se mueve en forma más lenta y a veces la evolución resulta imperceptible. Para esta época, en el siglo XVI el martirio de las brujas se hacía sonar estrepitosamente y los enfermos mentales pagaban con su sangre la condena de su padecer psíquico. No obstante, es la primera vez que se utiliza la palabra *psicología*, que estaba próxima a nacer como ciencia del comportamiento humano. Indudablemente, el hombre estaba arribando a la primera página en la investigación científica.

Esta orientación, que tiende a la antropología, llevó a ocasionar problemas en la educación y en otras áreas, puesto que al desarrollarse inevitablemente confrontaba métodos vigentes sobre los tratamientos y violaban las concepciones clericales acerca de la locura, generando conflictos con las reglas religiosas sentenciadas por la Inquisición.

No solamente fue el filósofo el especialista en exponer la idea o los ideales de la individualidad. Muchos hombres de otras áreas, principalmente sociales, desenvolvieron estos ideales y decidieron no dejar más este campo a las aserciones dogmáticas. Hasta el punto de ser conscientes de que estaban próximos a la muerte por colocarse en esta posición, y deciden elegir este resultado antes que abandonar su integridad intelectual.

Hubo un hecho, a fines del siglo XVI, que fue un símbolo del conflicto que abrió las puertas a una nueva era científica. Giordano Bruno, monje dominicano miembro de la misma confraternidad religiosa a la cual pertenecían Sprenger y Kraemer, elevó su voz en defensa de la ciencia. De la misma manera, Rabelais –que al mismo tiempo era cura y médico– increpó con su estilo irónico a papas, reyes, monjes, laicos, jueces y burgueses.

En lo que respecta a la psicología, se discutieron diversos temas y se llevaron a cabo investigaciones cuyos métodos implementados fueron la introspección y la observación. Hubo dos orientaciones que cobraron relevancia. La primera consistía en tratar las características o las propiedades de la mente humana como distinta del alma, investigando la causa de estas propiedades y sus funciones en la actividad del cuerpo humano y no del alma. De acuerdo con esta perspectiva, existen tres fuerzas principales que son responsables de todas las reacciones psicológicas: la memoria, la imaginación y la razón.

La segunda orientación se delineó al inicio del siglo XVII, ocupándose de los impulsos, de los instintos, de las emociones y de los afectos. Esto llevó a analizar el problema de la motivación psicológica como determinante de la individualidad del hombre y de su comportamiento social.

El interés se centralizaba en la observación exclusivamente empírica en lo que respecta a una polaridad que oscila en el hombre: el sentimiento y el pensamiento. Por lo tanto, no podía arrojarse ningún fruto científico si el observador no se apartaba de los credos morales y religiosos que imperaban en la época. Se debía tener el coraje necesario para poder observar en sí la naturaleza del hombre, apartándose del patrón cultural de una época en donde imperaba el catolicismo a ultranza, y el castigo por trasgredirlo implicaba la muerte.

Algunos pensadores a lo largo de este período no sólo se destacaron por las ideas innovadoras o por la creatividad de sus teorías, sino por atreverse a confrontar el dogma religioso dominante. Entre ellos, la historia revela el nombre de Juan Luis Vives –nació en Valencia en 1492 y murió en Brujas en 1540– como una figura revolucionaria.

Vives estudia y se interesa a fondo por los problemas de la reforma educativa y por la profundización sobre la conciencia social. Si bien fue uno de los grandes hombres del Renacimiento que vivió las nuevas concepciones sobre la vida, no fue una persona combativa o violenta. Su existencia se caracterizó por lo que él mismo llamó: *el trabajo interior del pensamiento*.

Se constituyó en un difusor de ideas nuevas que se plasmaron en una gran cantidad de obras. Entre las ideas que preconizó se destacó la revalorización de la figura de la mujer. No debe olvidarse que aquellos eran tiempos en los que el *Malleus Maleficarum* era el libro de texto de una edad misógina, en la cual la mujer tenía el doloroso privilegio de ser una bruja en un porcentaje mucho mayor que el que tenía un hombre de ser un hechicero.

Delinea todo un recorrido de pensamiento que tiene que ver con la previsión social: denuncia la bárbara actitud de Alemania, Italia y Francia en relación con la mujer, defendiendo y afirmando sus valores intelectuales y culturales en nuestra civilización. Recomienda que la comunidad busque en su seno sus necesidades y, de esta manera, se anticipa a lo que actualmente se llama planificación de previsión social. Señala, además, que a los hijos de la gente pobre también se les debe proporcionar una educación adecuada:

> *Así como es doloroso para un padre de familia que posee una casa confortable, dejar que alguno de sus familiares tenga la desgracia de estar privado de vestimenta y andar cubierto de andrajos, es además conveniente que el magistrado de una ciudad quiebre ciertas condiciones en las cuales los ciudadanos son duramente angustiados por el hambre y por la desventura* (Rotson Foster, 1922).

Afirma que no solamente los pobres son los únicos desafortunados, también los que sufren de enfermedades físicas y mentales. Pero Vives no se posiciona únicamente en la crítica, sino que trata sobre los métodos y medios que permiten saciar las necesidades vitales de toda esta categoría de enfermos, proponiendo su recuperación en hospitales que puedan abastecer todas estas necesidades.

Entre otras cosas, destaca que la alimentación no deberá calmar el hambre solamente a medias, porque éste es uno de los factores principales en la curación de las personas enfermas física o mentalmente, y reafirma que muchos enfermos empeoran por la falta de alimentación. Recomienda, además, que debe prestarse especial atención al bienestar de la mente y a su curación, *mantenerla sana y racional*. Cuando un hombre con su mente turbada es conducido a un hospital, es necesario primeramente entender si su enfermedad es congénita o se deriva de algún problema para poder trazar su forma de curación.

Es interesante esta visión de Vives, porque –en cierta manera– se constituye en el precursor de la etiología de las enfermedades mentales tanto congénitas como hereditarias. Aquellas que trescientos años después, Sigmund Freud señalaría como neurosis traumáticas, o las patologías derivadas de problemáticas actuales que operan como detonante de factores conflictivos infantiles.

Sobre la curación de los enfermos mentales, muestra una postura que se rebela contra los tratamientos inhumanos que se infligían a los pacientes. Su actitud es netamente humanitaria en el verdadero sentido de la palabra: expresó que en los métodos para curar deben emplearse la máxima solidaridad y comprensión. Recomendaba usar remedios específicos para cada paciente y tomarlos en cuenta en forma individual.

Esta individualización muestra la oposición a una forma colectiva y segregacionista de esa época, donde todos los pacientes eran hacinados, amontonados en lugares cerrados, y los tratamientos aplicados eran de igual trato para todos. Prescribía instrumentar una actitud gentil y placentera en donde no se recibieran órdenes severas, creando un clima de total bienestar.

A pesar de que en muchas oportunidades es necesario usar la fuerza o la violencia, ésta nunca debe ser usada de modo tal que el paciente termine siendo más violento y realice sus descargas agresivas hacia sí mismo y hacia su entorno. Sobre todo, es necesario crear un clima de total tranquilidad para su mente que le permita retornar a la razón y la salud. Pero lo único que Vives no objetó en estos tratamientos fueron las cadenas o la coerción física mediante la fuerza, que todavía eran métodos aprobados e implementados (tengamos en cuenta que esta descripción fue escrita cuarenta años después de la aparición del *Malleus Maleficarum*). Esto resulta un indicador, sin duda, que la voz del progreso científico de la psicología médica resonaba paralelamente a la de Sprenger y Kraemer, pero las prédicas y las leyes de la Inquisición se habían difundido culturalmente en tal medida que llegaron a cubrir las sugerencias científicas que sobre todo preconizaron Vives y sus seguidores.[5]

Un vocabulario adecuado con palabras simples y comunes es el que debe utilizarse en la comunicación con el paciente, salvando el obstáculo que se tenía en esa época de que cierta terminología científica no era precisa.

Fue el primero que llegó a individualizar y a describir la importancia de las asociaciones psicológicas. Si bien no utilizó el término "inconsciente", aclaró que las asociaciones están relacionadas con la memoria y tienen una

---

[5]   Al inicio de la aplicación pragmática de la tesis del *Malleus Maleficarum* hubo convivencia de las concepciones de trastornos mentales, como ya hemos hecho mención, como enfermedades naturales distinguidas de las posesiones diabólicas. En esos comienzos, el hacinamiento de los pacientes era común y hubo convivencia de ambas perspectivas (científica y religiosa). Hasta que, de manera paulatina, el poder de la Iglesia avanzó de manera que tal matrimonio se disolvió, quedando en pie únicamente el punto de vista clerical.

estrecha interrelación con las emociones, que favorecen la recuperación de algunos recuerdos.

Entre otras cosas, señala que el amor está unido al odio, y describe la situación de los celos como el miedo a que le suceda algún acontecimiento positivo a cualquier persona que odiamos. Como así también, el resentimiento que una persona pueda tener por una agresión física es menos violento que aquella que está detrás de un insulto, en otras palabras, un problema afectivo puede generar una reacción emocional más fuerte que uno físico. Desde esta perspectiva, puede considerarse a Vives no sólo como el padre de la psicología moderna empírica, sino que además fue un verdadero precursor de la psicología dinámica del siglo XX.

Casi contemporáneamente a Vives nace Paracelso (1493-1541), uno de los grandes revolucionarios en esta época tan difícil, cuya personalidad se caracterizaba por un temperamento impetuoso e irreductible, que debió enfrentar a las autoridades oficiales del cuerpo de profesores de medicina, secuaces de la escolástica.

Alrededor de los treinta años y después de muchos viajes, Paracelso llegó a ser profesor de medicina en Basilea. A los tres años de su estancia fue instado a dejar la ciudad, por lo que comenzó a vivir una vida de miseria vagando de un lugar a otro. No obstante, continuó su trabajo. Pero pese a su producción científica, no obtuvo permiso para publicar sus escritos, la mayor parte de los cuales aparecieron veinte años después de su muerte.

La contribución que Paracelso hizo a la medicina psicológica no está todavía plenamente valorada. El estilo confuso en sus explicaciones dificulta la comprensión de sus escritos; sus descripciones clínico-antropológicas a veces son inconexas y aparentemente arbitrarias. Además, no resultó un gran maestro en el arte de escribir, por lo tanto, se vio imposibilitado de plasmar sus ideas de manera clara.

Más allá de que su carácter lo llevó a ser polémico, una de sus principales contribuciones es la reivindicación y la preocupación por los enfermos y los pobres, revalorizando la importancia del ser humano.

Para él, los trastornos mentales son enfermedades espirituales, o sea, una *enfermedad natural* de acuerdo con la concepción de la época. Rechazó sin ambigüedad la demonología, atribuyendo la etiología de los disturbios mentales a la temperatura fría o caliente del cuerpo como agente detonante. Pensaba que el exceso de calor producía el estado maniacal y aconsejó, para su tratamiento, sacrificar un dedo del pie o de la mano del paciente, así lograría entrar el aire fresco para reducir la alta temperatura.

Desaprobaba nombrar a santos o diablos como forma de curación en el mal de san Vito, como así tampoco estuvo de acuerdo la hipótesis vigente en la época acerca de la naturaleza sexual del histerismo, y es el primero en la historia de la psicología médica que incorpora el término "inconsciente" en las neurosis.

La voz de Paracelso fue la de un médico. Puntualizar este detalle es importante, puesto que esta profesión no era una ventaja en aquel tiempo ya que la medicina se encontraba aliada al organismo de la Iglesia y no se encontraban médicos capaces de oponerse a la tendencia a la demonología.

Otro de los pensadores revolucionarios de la época fue Cornelio Agrippa (1486-1535). Personaje polémico y difamado en muchas de sus concepciones, murió solo, sin amigos o parientes y en una gran pobreza. Hasta tal punto que, según versa su historia, el único que tenía a su lado era su perro, *Monsieur*, que Agrippa había comprado en París para calentarse los pies.

Numerosos laicos y religiosos ignorantes estaban convencidos de que este perro era el diablo que siempre acompañaba a su dueño, a quien consideraban un mago o un hereje.

Agrippa inició su carrera en la astrología y en la alquimia, inicio común en los alumnos de aquellos tiempos. A
posteriori, se doctoró en leyes y teología, y más tarde en
medicina. Se caracterizó por una vida rica en diferentes
experiencias, por ejemplo, se casó en tres oportunidades,
fue secretario del rey, abogado en la ciudad de Metz, médico en Friburgo e historiógrafo en Lyon. Fue arrestado en
dos oportunidades, gozó de honores imperiales y sufrió el
hambre. Desde su posición, criticó y desdeñó las condenas
de la Inquisición frontalmente, atacando a las máximas
autoridades de la Iglesia y del Estado.

Tres años antes de morir, Agrippa recibió en Bonn a un
estudiante de 17 años cuyo nombre era Johann Weyer. El
futuro discípulo ocupaba sus estudios por primera vez en la
teoría del ocultismo. Releyó todos los escritos de Agrippa,
familiarizándose con las ácidas protestas del maestro contra
el mundo en el cual vivía.

Weyer (1515-1588) era un pensador tranquilo, metódico y de convicciones profundas. Fue un médico seriamente
comprometido con su profesión, hecho que se vio reflejado
en un número notable de observaciones originales. Enfrentó
–en forma contundente– el problema de las enfermedades
mentales, y como era natural e inevitable en la época, comenzó a investigar sobre la demonología y la Inquisición.

Preconizaba fundamentalmente que el deber de un
monje era el de *aprender a curar y no el de aprender a
matar*. Estableció la diferencia entre las brujas y los enve-
nenadores, señalando que existe gente salvaje, hombres y
mujeres que usan, en forma oculta, veneno para matar a
sus enemigos. Estas personas son, según Weyer, criminales
diabólicos que deben ser condenados y no confundirse
con la mayoría de las brujas, que son mujeres inocentes y
enfermas que pueden ser asistidas por un médico para su
curación. Ésta fue una propuesta nueva y revolucionaria
que llevó a monjes y curas a poner en discusión la propia

actitud frente a los comportamientos *extraños*. Reivindicó,
por ende, el derecho y el deber de la medicina a intervenir por medio de métodos racionales que garantizasen la
restitución de la salud de los hechizados.

Además, desmitificó la postura que tenía la sociedad
acerca de los poderes mágicos del diablo sobre objetos,
personas o animales.

En ese tiempo se usaban comúnmente varias drogas
que, según Weyer, en determinadas dosis podían causar
estupor o delirio. Se pregunta hasta qué punto muchas
de las llamadas brujas sufren los efectos retardados de la
aplicación de la atropina, el opio o el hashish. Estudió la
influencia de estas drogas en el organismo, interesándose
en qué sentía y qué pensaba el paciente, como así también
el contenido ideativo, realizando una excelente descripción
sobre las alucinaciones ópticas ocasionadas por el hashish.

Para él, el *espíritu del mal* significa la enfermedad y
utiliza la palabra "tratamiento" o "cura" cuando explica los
esfuerzos del sacerdote que intenta modificar la situación
del endemoniado, es decir, el paciente.

Si bien no dejó un sistema ni ninguna teoría elaborada,
examinó efectivamente los problemas psicopatológicos de su
época con un método empírico basado en la realidad, que
fue revolucionario en la historia de la psicología médica. Por
ejemplo, con respecto a las epidemias de las enfermedades
mentales –tanto agudas como graves–, propuso una forma de
afrontarlas que es sorprendentemente simple. Recomendó
que si se encontraba un grupo de personas rotuladas de en-
demoniadas en un mismo lugar –como es frecuente en los
monasterios y conventos femeninos–, esa necesario separar a
las mujeres y enviar a cada una a la casa de su familia, ya sea de
sus padres o parientes en general. De este modo, podrían ser
seguidas en su tratamiento de una forma más individualizada,
o sea, organizar el trabajo terapéutico según las características
particulares de cada uno de los casos.

Señalaba que existen personas particularmente su-
gestionables que sucumben con mayor frecuencia a las
enfermedades mentales más difundidas. En otras palabras,
Weyer afirmó la existencia del contagio colectivo, y algo que
es fundamental: la necesidad del tratamiento diferencial
de los enfermos mentales.

El hecho de separar a las mujeres y enviarlas nuevamente a sus hogares implica crear una serie de condiciones
específicas para cada una de las enfermas y, a su vez, revela
el humanitarismo en la atención. Este sistema es un giro
copernicano al preconizado por la ley de la época, el *Malleus
Maleficarum*. Recordemos que, además del sadismo, este
tratado ponía el acento sobre los aspectos sexuales de la
magia: una sexualidad perversa ocupaba el puesto central
en el sistema de la psiquiatría demonológica. Frente a esta
posición, Weyer estudió las opiniones de los monjes, los
abogados y otros eruditos, quienes no querían abandonar
estas convicciones erróneas y declaró que toda la sexualidad
diabólica es *una enorme estupidez*.

En el transcurso de su trabajo acumuló una gran cantidad de ejemplos y demostraciones clínicas que representan
un fundamento sólido para una psicopatología descriptiva
completamente nueva para esa época. Pero no unificó
nunca sus descripciones en lo que se podría llamar un
manual sobre las enfermedades mentales.

De acuerdo con todas estas consideraciones, el humanismo de Weyer emerge como un fenómeno que debe
ser tomado no sólo como un episodio significativo en la
historia de la medicina y la enfermedad mental, sino como
un gran progreso en la historia del hombre.

En síntesis, figuras como Paracelso, Vives, Agrippa
y Weyer intentaron representar una visión médica de las
enfermedades mentales, luchando contra las tendencias
a las posesiones demoníacas. Los cuatro murieron en la

miseria y marginados, fruto de las investigaciones contrarias al poder de la Iglesia. Por lo tanto, la segregación y la
condena fue el precio que pagaron los enfermos mentales por ser enfermos, pero también quienes salían en su
defensa. Otra vez la sociedad cobraba sus víctimas para
sostener la estabilidad.

No obstante, después de la muerte de estos humanitaristas, seguía vivo el espíritu del *Malleus Maleficarum*. Y a
pesar de que estos pensadores marcaron fuertes tendencias
opositoras al régimen clerical, no pudieron constituirse
en paradigma puesto que sus ideas sucumbieron frente al
dogma reinante de matar la locura con argumentos falaces.

3. Iluminar la oscuridad vs. La sombra de los locos

El Renacimiento, sangrías y sótanos

El Renacimiento construye una nueva visión del hombre y enciende una potente luz que comienza a alumbrar
el oscurantismo del medioevo. Renueva los conceptos que
propone la tradición clásica que considera al hombre en la
naturaleza como una unidad entera e indivisible.

El siglo XVI abre un campo de conflictos que se desencadenan en el hombre, en el Estado y en la Iglesia, que da
como resultado un estado de confusión en el pensamiento
humano que inicia al siglo XVII. El centro de interés general estaba en el hombre y su relación con la naturaleza,
y viceversa. El hombre no estaba seguro de sí mismo: los
interrogantes, la angustia y la curiosidad eran sensaciones
que lo acosaban.

La conclusión de Copérnico, que afirma que el hombre
no es el centro del Universo, atentó contra el dogma tradicional. Las posiciones teóricas que exponen Copérnico,
Kepler y Galileo tenían profundas raíces en el mundo de

las emociones humanas. Su curiosidad científica, aparentemente inocente, los lleva a proponer como hipótesis que esta Tierra sobre la cual se vive no es el centro de cada cosa: el Sol, la Luna y las estrellas no están en el cielo para servir al hombre (severo ataque al narcisismo humano es el hecho de abandonar la perspectiva antropocéntrica).

Frente a estas perspectivas, el estudioso debe sacrificar su interés científico por la mente humana, que hasta entonces se confundía con el alma. Es así como, en cierta manera, el siglo XVII y la primera parte del XVIII presentan la paradoja: el científico y el médico centran su preocupación en torno a la naturaleza y al hombre. Se abandona el interés por la mente humana, dejándola como objeto de estudio en parte al teólogo –que ya la había reclamado como de su dominio– y en parte a los filósofos iluminados, que eran más numerosos.

El poder de la Inquisición estaba declinando y la Iglesia no poseía el control exclusivo sobre el pensamiento científico. En su ámbito interno, se elevaron voces de protesta contra la tradición de la caza de brujas y contra la crudeza de esos tiempos, generando conflictos que provocaron un paulatino desgaste.

El *cogito* cartesiano fue la auténtica expresión de la época y fundamento del Racionalismo y del Iluminismo que se distinguen en el siglo XVIII. El progreso científico avanzó rápidamente en este siglo: Galvani demostró el pasaje de la corriente eléctrica en los músculos. Lavoisier, la química del gas y la combustión. El termómetro fue perfeccionado por Fahrenheit, y la clasificación botánica, por Linneo. Harvey descubrió la circulación de la sangre.

Esta evolución también alcanzó el campo de la psicología médica. No obstante las investigaciones de Weyer, la enfermedad mental ocupa un puesto secundario en los estudios de medicina y no es tomada en cuenta en los tratados médicos de los grandes clínicos de la época.

Este siglo fue rico en demonopatías, teomanías, estados convulsivos y estupor. Los enfermos mentales abundaban en ciudades y villas, habitaban en prisiones y sótanos, vagaban por las calles para el horror o la diversión de la gente. El médico sólo se limita a señalar su existencia, pero no se dedica al estudio sistematizado de la sintomatología.

Parece ser que en este período la medicina no se interesó por desentramar el fenómeno de la locura, se caracterizaba por los grandes estudios sobre anatomía, pero desconocía los *subterráneos* donde eran encadenados los enfermos mentales. Esta indiferencia hace evidente el temor y el odio manifiesto con respecto a la temática de la enfermedad mental, que trae como consecuencia que la tradición demonológica ejerciera todavía gran presión en la mentalidad del siglo XVII.

Como ejemplo, se observa una ordenanza del año 1628 en la cual se multaba con 500 libras y un castigo corporal a los astrólogos y adivinos. Un edicto de 1682 señala:

> *Toda persona que presuma de adivinar, deberá abandonar inmediatamente el reino, toda práctica supersticiosa debe ser castigada ejemplarmente, según la exigencia del caso, y si se encontraran en el porvenir personas lo bastante malvadas para aunar la superstición a la impiedad y el sacrilegio [...]*
> (Focault, 1976)

La cautela conservadora del médico lo lleva a investigar, centrando su atención en las ciencias biológicas y dejando de lado los conflictos desagradables y aterrorizantes que Weyer había planteado sobre el campo médico, la Iglesia y la ley.

En este sentido, y paradojalmente, el progreso de la medicina clínica se constituyó en un obstáculo para el desarrollo de la psiquiatría. Los médicos de cierta cultura conocían claramente los estudios de Hipócrates sobre la manía, la melancolía y la bilis negra. Pero estas nociones acerca de la etiología de los humores y de clasificaciones diagnósticas no servían en la práctica, puesto que se justificaba cualquier actitud fuera de lo normal, como la seducción del diablo hacia las mujeres que caían en estados de rigidez física o de convulsiones invocando a espíritus u otras visiones sobrenaturales.

A pesar de que Weyer había aconsejado estudiar en forma individual las alteraciones de cada persona, la psiquiatría clínica siguió el principio antiguo de reducir al hombre a un común denominador: considerar a todos los individuos bajo el mismo rango.

Los estudios demonológicos se caracterizaron por la gran observación y descripción clínica, pero este hecho a la vez destaca la enorme gravedad y cantidad de enfermos mentales que había en esa época. Los estados alucinatorios y delirantes son característicos durante este período, los más graves eran *curados* con la sangre o con el fuego. Según atestiguan los escritos de ese período, por ejemplo, en Konigsberg (1636), un hombre que declamaba ser Dios y que todos los ángeles, el diablo y el Hijo de Dios reconocían su poder, fue declarado culpable y le cortaron la lengua, la cabeza y finalmente lo quemaron.

Félix Plater (1536-1614) se dedicó a observar las prisiones y las celdas oscuras en donde eran encerrados los enfermos mentales, clasificándolos en idiotas, deficientes, cretinos, mudos, depresivos y melancólicos. Afirmó también que la causa de estos estados estaba situada en el cerebro, pero siguió consignando que el encadenamiento –que era el método utilizado hasta el momento– era el más adecuado para los pacientes agitados.

Charles Lepois (1563-1633) señaló que el origen del histerismo no se encuentra en el útero sino en el cerebro, afectando tanto a la mujer como al hombre. Doscientos cincuenta años después, Sigmund Freud expone los casos de histeria masculina frente a la Sociedad Vienesa de Medicina,

y obtiene la descalificación y la desaprobación como respuesta, pese que había observado un número notable de
casos de histeria en el hombre. El doctor Bomberger alegó
que lo que había expuesto Freud era increíble. Meynert,
neurólogo y psiquiatra, y profesor de Freud, gentilmente
pero con cierta ironía, lo instó a encontrar un caso de
histeria masculina en Viena y presentarlo a la Sociedad
Vienesa de Medicina.

> *"He tratado de hacerlo" –declaró– "pero los viejos médicos
> en los servicios en los cuales había encontrado los casos, no
> me permitieron observarlos".* Un viejo cirujano le dijo: "Mi
> querido señor, ¿cómo puede sostener semejante tontería?,
> Hysteron significa útero; ¿cómo puede ser histérico un hom-
> bre?"* (Zilboorg, 1963).

En síntesis, en esta época el panorama científico sobre
los disturbios mentales quedó enmarcado en las ópticas
licantrópicas y demonológicas, y la disciplina, las ame-
nazas, las cadenas y los castigos fueron las técnicas del
tratamiento médico.

Así, por ejemplo, se curaba a un maníaco con torturas y
tormentos en un sótano, en vez de utilizar una metodología
coherente con la concepción de que el comportamiento
anormal era una enfermedad.

El descubrimiento de Harvey sobre la circulación de la
sangre fue una conquista dentro del campo de la medicina.
Pero estas investigaciones aplicadas al terreno de la psiquiatría sirvieron para estimular la mayor implementación de la
sangría (desangrar al paciente como método terapéutico).
A propósito, Bonet, que fue uno de los máximos pioneros
de la anatomía patológica, refiere el caso de una joven
enferma de manía que a lo largo de diez días se le aplicó
la sangría en treinta oportunidades y, *con la última gota
de sangre exhaló el último respiro.*

El tratamiento en boga, y que se daba como máximo avance en el territorio de los métodos terapéuticos, fue el de la sangría, purgantes y eméticos que componían el repertorio de la trilogía más utilizada en el abordaje de los alienados. Cualquiera de los tres métodos implicaba la descompresión del cerebro, bajo el supuesto de que la presión interior que se ejercía mediante los fluidos internos sobre el cerebro producía los desórdenes mentales, hacía que estos drenajes sanguíneos y vaciamiento de excrementos o de vómitos se creyeran efectivos para la cura.

En este período nace la neurología como ciencia médica, que explica los síntomas de los disturbios mentales. Por ejemplo, la manía se describe como la acidez de jugos nerviosos y de espíritus animales. La efervescencia de estos jugos, en forma similar a los productos químicos que hierven cuando son mezclados, posibilitan esparcir los espíritus animales a través de las sustancias animales y las innumerables ramificaciones nerviosas que terminan produciendo una perturbación del intelecto. En este caso, el sistema nervioso del enfermo mental se asemeja a un laboratorio, en el cual varios líquidos alterados por fermentos negativos producen efectos sobre la mente y trastornan el equilibrio.

El pensamiento científico arrasaba un paso más con las viejas creencias instauradas por la Inquisición. Resurgieron, entonces, las figuras médicas de Galeno e Hipócrates, retornando a las viejas concepciones de los humores como productores de la enfermedad mental.

Fue Lepois quien investigó el desarrollo de perturbaciones mentales después del parto. Durante el puerperio, algunas mujeres caían en una especie de delirio y atribuyó su causa a la aparición de cierta clase de humores, describiendo esta sintomatología como una entidad clínica diferente.

Realizó una estadística que arrojó como resultado que aproximadamente una parturienta sobre cuatrocientas sufre de trastornos mentales, clasificándolos como *psicosis puerperal* (el término psicosis posparto fue introducido años más tarde).

La evolución de la ciencia médica como la psiquiatría comienza a estudiar y diferenciar la idiocia, el cretinismo, la epilepsia, lesiones cerebrales congénitas y adquiridas, parálisis, etc. En este pasaje, fue confirmándose la antigua tendencia a considerar la enfermedad mental como una alteración del intelecto o de la racionalidad.

Estas patologías fueron explicadas casi exclusivamente como disfunciones intelectuales, y su etiología era producto de anomalías anatómicas o psicológicas. De esta manera, las enfermedades cuyos síntomas eran sobre todo emotivos –como la melancolía y la manía– fueron adscriptas al campo de lo orgánico (perspectiva que en la actualidad sigue vigente).

Durante siglos, los enfermos mentales fueron considerados gente inútil y detestable que venían del mal y eran portadores de maleficios que descargaban sobre las personas. Las nuevas perspectivas que construyó la medicina no resultaban todavía suficientes para bloquear la perpetuación de la tradición demonológica de hostilidad y crueldad hacia los pacientes. Incluso Paracelso reconoce la complejidad del problema y llama *bestias* o *animales* a la gente que padece enfermedades más graves, recomendando su encadenamiento y marginación de la comunidad.

Hasta el momento, la actitud por parte del médico fue más humanitaria que científica. El peso de la curación del enfermo se trasladó de la punición a una forma más intuitiva: apuntaba a la individualización del paciente y a la búsqueda del origen de sus actitudes. En el año 1682, a partir de un requerimiento de Luis XIV, fue cuando se abolió la pena capital para las brujas y magos, casi medio siglo después de la muerte de Weyer.

En conclusión, la forma de enfrentar las enfermedades mentales osciló entre una actitud *humanista y organicista*. Ambas postergaron el punto de vista psicológico: el médico organicista privilegió el estudio de la anatomía y el humanista se basó en la intuición, manteniéndose al margen de una psicología sistematizada.

La introspección del observador, sus sensaciones, las descripciones empíricas de casos particulares, etc., fundamentaron la esencia de la psiquiatría. Pero la psicología filosófica –en cuanto a un análisis descriptivo de las funciones mentales– fue la que liberó la psicología médica de la opresión teológica.

Relacionar la mente del hombre con su cuerpo y con el sistema nervioso central, permite obtener explicaciones racionales –de un perfil científico– acerca de las enfermedades mentales. Se parte de una etiología causal-lineal, buscando los orígenes del desarrollo de conductas extrañas, y se abandona el azar milagroso sobre su aparición.

Los jugos corporales, particularmente la sangre y el cerebro, o el líquido que se retenía en los nervios, son algunos de los factores que se atribuyen como origen de la enfermedad mental, y el método de curación se distingue no sólo por la sangría sino por las transfusiones.

Para que una nueva epistemología se consolide, necesita del reconocimiento del grupo de poder *científico*, que admite que el modelo vigente ya no contesta los interrogantes que plantean las investigaciones. La recuperación y evolución de las ideas médicas, entonces, posee una relación directamente proporcional a la pérdida de poder por parte de la Iglesia y la consecuente ruptura del paradigma demonológico que ella sostenía. Así se fundamentan las bases para un nuevo paradigma de pensamiento: el *racionalismo*, modelo que impregna la mirada del hombre en el próximo siglo, y comienza a decaer definitivamente el dogmatismo teológico imperante.

El Iluminismo entre la pobreza y el encierro

Con el advenimiento del racionalismo y el humanismo –antagónico con el oscurantismo medieval–, el siglo XVIII fue rico en estimulaciones y contrastes de pensamiento, lo que valió considerarlo como la cuna del *Iluminismo*. Fue en este tiempo cuando, si bien se proclamó la importancia de los derechos del hombre, se inventó la guillotina, que vio caer más de una cabeza en este período de la historia.

Con respecto a la enfermedad mental, la medicina se alejó del sadismo demonológico y comenzó a entenderla como un *accidente* en el hombre como persona. En esta época claudicaron los cepos y las cadenas que mantenían al alienado preso a los muros de su celda. Esta abolición se produce simultáneamente en Italia, Inglaterra y Francia, y forma parte, conjuntamente con otros episodios, de lo que los franceses llamaban el *espíritu de filantropía*. Estos otros episodios remiten a experiencias intelectuales, políticas y espirituales que constituyen un tratamiento más liberal y humano de los alienados.

Fue un siglo en el que se desarrolló la tecnología y la industria. Entre otras cosas, se inventó la máquina de vapor y se formó una nueva clase de burguesía constituida por industriales y comerciantes, incidiendo sobre las artes, las ciencias, la política y la economía. Es así como hacen su aparición diversas figuras ilustres que desarrollan nuevas líneas de pensamiento y conforman una nueva cultura.

Por ejemplo, en el ámbito de los estudios de la mente, la psicología científica concebía al hombre como una máquina a la que se le daba vida por los órganos sensoriales, y es Cabanis (1757-1808) –amigo y protector de Pinel– quien investiga acerca de los movimientos del cuerpo decapitado (aprovechando la función de la guillotina). Notó las reacciones parciales reflejas del sistema nervioso, y descubrió que se trata de una actividad independiente de la conciencia e insiste en que no se puede estudiar al individuo en sus partes sin considerarlo un todo. Describió, además, los fenómenos de alucinación y advirtió la importancia de la predisposición orgánica.

Más allá de la medicina clínica, comenzaron a perfilarse nuevos modelos con respecto al tratamiento de los alienados. Por ejemplo, la necesidad de construir hospitales que pudiesen albergar gran cantidad de pacientes. Enfermos que hasta ese momento vagabundeaban por las calles o se veían recluidos en subterráneos sin ningún tipo de aval institucional. No obstante, se seguía apoyando la utilización de las cadenas.

En general, los desarrollos científicos era ambiguos: oscilaban entre la anatomía, la raíz griega y una crudeza semi moralista. En esa época era factible prescribir, frente a un síntoma de alienación, la intimidación al paciente y asustarlo hasta reducirlo a la desesperación.

Es interesante describir las paradojales conclusiones de Johann Reil (1759-1813), que consignaba para el tratamiento una *tortura inocua*, afirmando que su método de curación era *psicológico, legítimo y racional.* Su modelo consistía en arrojar al paciente al agua y asustarlo con el estruendo de cañones. Creía, además, que era útil en algunos pacientes detonar sentimientos de ira, disgusto, angustia y dolor. En el caso de calmar los accesos de excitación, aconsejaba el encierro en una celda *mortalmente silenciosa* y dejarlos hablar solos.

Recomendaba que dentro de los hospitales existiera un teatro especial para los enfermos mentales y que fuesen los mismos empleados del hospital los que ejerciesen roles teatrales de acuerdo con las situaciones. Se representarían diversos papeles, como jueces, acusadores, ángeles del cielo, muertos que salen de la tumba, etc. Algunos podrían recitar un texto, según las necesidades de los pacientes, y de este modo se provocaría una ilusión de la verosimilitud.

En este mismo *teatro psicoterapéutico* se podrían representar, cuando se creyese pertinente, prisiones, lugares de ejecución o salas operatorias. *¿Tortura inocua?*

Pero por otra parte, Reil parece más coherente al describir lo que hoy llamaríamos psiconeurosis, interesándose por la observación introspectiva del paciente y su contenido ideativo. Diagramó cómo debía ser un hospicio para alienados y se opuso al nombre *asilo,* sugiriendo el de *pensión*. Organizó calles, árboles, fuentes, como espíritu de sociabilidad y confraternidad, condiciones básicas para el tratamiento.

Los médicos alemanes se preocuparon más por la psicopatología que los franceses e ingleses, y afirmaron que en el tratamiento de pacientes, la persuasión y el consuelo tienen un valor curativo de la enfermedad mental.

Johann Langermann (1768-1832) fundó el primer hospital para enfermos mentales en Alemania –San Giorgio–, oponiéndose a la crueldad del tratamiento de los alienados en cualquiera de sus versiones. Suprimió toda forma de restricción: abolió la camisa de fuerza y consideró que los pacientes psiquiátricos internados en los hospitales, como cualquier persona que se asiste en un hospital, no debe estar bajo el control de las cadenas.

Tengamos en cuenta que en la Europa de ese período crecía el desarrollo del nacionalismo, de la conciencia social y de la unidad cultural, que se expresan a través de las guerras napoleónicas y la Revolución Francesa. Indudablemente, estos movimientos dejan su huella en el área de la salud mental, y el campo de la psiquiatría se embebe de los caracteres ideológicos y culturales predominantes de este momento.

Se abordan, entonces, los problemas de la reforma de la salud pública, los tratamientos de los enajenados, la modificación de los organigramas hospitalarios y la instrucción psiquiátrica.

Se diferencian las enfermedades mentales orgánicas y funcionales, y esta distinción constituye una vía para resolver el problema de la curación. Es la primera vez que en dieciocho siglos se afirma que fuerzas psicológicas o biológicas pueden producir el trastorno mental, alejándose un paso más de las elucubraciones metafísicas o espirituales.

Frente a la irrupción de nuevas observaciones de entidades clínicas, se hace necesario armar y rotular los cuadros psicopatológicos a través de nuevos conceptos y nociones. Los pensadores se encuentran con la dificultad de expresar estas modernas concepciones (que ya Vives había señalado en el siglo XVI), dado que la utilización de ciertas palabras resultan anticuadas para las actuales definiciones.

El lenguaje, en este sentido, se presenta como un obstáculo: por ejemplo, la palabra *mente* en sí misma presenta una serie de confusos significados metafísicos si pretendemos explicarla desde el punto de vista biológico. Es así como en países como Francia, Alemania e Inglaterra posee dobles significados.

Estos progresos en las observaciones clínicas, las reformas de tratamientos y su sistematización, la creación de cuadros psicopatológicos, llevaron a la invención de los hospitales psiquiátricos.

Gran parte del siglo XVIII se centró en los estudios de diferenciación y clasificación de las enfermedades mentales, de la misma manera que se habían realizado clasificaciones a nivel de enfermedades orgánicas. Se crearon nosografías psiquiátricas cada vez más numerosas, un complejo de signos y síntomas diferenciales que a veces se confundían entre unas y otras patologías.

Las clasificaciones hipocráticas de las enfermedades de manía y melancolía fueron adoptadas sin discusión. En general, los médicos hablaban de melancolía cuando un paciente deliraba mucho tiempo sin presentar fiebre, y atribuían su origen a un malestar de la sangre y a los humores que los antiguos llamaban *cólera negro.*

Paralelamente a esta producción, se introdujeron nuevas formas de tratamiento, uno de los cuales consistía en meter al paciente en el mar y tenerlo bajo el agua hasta que resista, sin sofocarlo.

Otro de los instrumentos nominado *terapéutico* fue ideado por el abuelo de Charles Darwin. Se trataba de una pequeña silla giratoria en la que se sentaba al paciente y se lo hacía girar hasta que le salía sangre por la boca, la nariz, los oídos y perdía el sentido, con la finalidad de *calmar su cerebro,* regresándolo así a la normalidad. En honor a su inventor fue llamada la *silla de Darwin,* atribuyéndosele durante décadas las más exitosas curaciones.

Las formas de tratamiento se entendían y se aplicaban con el verdadero convencimiento, por parte de los médicos, de que eran métodos que devolverían la salud al paciente. Hoy, desde otra mirada, caen más en el ámbito de la tortura y en una cura por medio de la represión y el castigo, elementos clásicos en la tendencia a encauzar, corrigiendo las desviaciones del comportamiento esperado por la sociedad.

En *Breve historia de la psiquiatría* (1962), Ackernecht describe no sólo algunos de estos tratamientos represivos sino también la vigencia de drogas que hacía mucho tiempo que habían dejado de aplicarse:

> *También se aplicaba la castración y las curas por hambre. Antiguas drogas como la Datura y el Alcanfor volvieron a utilizarse, y la recién descubierta Digital se aplicó en cantidad para todo, y por ende, también para las enfermedades mentales.*

Se labraron múltiples hipótesis sobre la etiología de las enfermedades mentales, por el momento todas teóricas, sin que se pudiera comprobar fehacientemente su validez.

Estaban basadas en impresiones clínicas y simplemente en la intuición, y el médico debía presumir que las condiciones por él observadas fueran enfermedades, y sobre la base de esta suposición procedía a darles el nombre.

En este sentido, la constitución de los sistemas no-sológicos es extremadamente dudosa y cobra un grado de relatividad, pero no puede obviarse su importancia histórica. Se describen etiologías por sífilis, alteración de los humores, líquidos nerviosos o por ejemplo, algún tipo de epilepsia de origen sifilítico, que se curaba mediante una metódica suministración de mercurio.

En general, las nosografías tomaron el prototipo de la clasificación botánica de Linneo, que sirvió para su sistematización. Para poder definir estas divisiones de trastornos mentales, debieron aumentarse en cantidad y en nuevas terminologías. Su objetivo era aclarar los cuadros clínicos para facilitarle al médico su observación, pero terminó siendo un obstáculo por la confusión de la terminología. Por ejemplo, *la melancolía* se subdividió en hipocondríaca, tanatofóbica y demonomaníaca.

En síntesis, en el siglo XVIII la organización de los síntomas y su correspondencia con la enfermedad conformó una nueva psicología que concedió al psicopatólogo no sólo la posibilidad de construir nuevos cuadros, sino también de entender los procesos evolutivos de los disturbios mentales.

En este proceso, la mente del hombre fue estudiada por el teólogo, más tarde por el filósofo y posteriormente por el ciudadano preocupado por el bienestar público, o sea, el filántropo. Se pasó de una tradición demonológica –una orientación teológica clerical–, al monopolio del campo de la medicina, y nació la psiquiatría como especialidad.

Mientras que la mirada del estudioso esta puesta en la descripción e investigación, los alienados continúan -como en la antigua Grecia- hacinados en celdas oscuras, amurados por medio de cepos y cadenas, sometidos a las vejaciones de los diversos tratamientos.

En este período, si bien las enfermedades son clasificadas y descritas de acuerdo con su sintomatología, los métodos para abordar el problema de la locura permanecen sin resultados favorables. Los pequeños grandes intentos de algunos pensadores para revertir esta posición sucumben frente a una mayoría predominante.

Resulta extraño el hecho de que hasta fines del siglo XVIII no se hayan construido verdaderos hospitales para enfermos mentales. Hasta ese momento existían algunos lugares donde eran depositados unos pocos *maníacos* o *melancólicos*, pero no un hospital que centrara la atención médica de los alienados. Históricamente, puede aceptarse como el primer hospital psiquiátrico el hospicio de Bedlam, fundado en 1247. En París, el llamado Grange aux Gueux, de cuya pronunciación nace el nombre Bicêtre, sirvió en los primeros tiempos como retiro de los oficiales u hombres mutilados, y hacia 1660 formó parte del Hospital General de París. No obstante, esas instituciones no ofrecían las mejores condiciones para la estancia y curación de los alienados.

Entre tanto, los enajenados eran parias que vagaban por el campo buscando un refugio en los establos o pocilgas. La gente les pegaba, los torturaba, los quemaba y eran objeto de burlas ya sea por un placer sádico o perverso o como reacción frente al temor que les generaba o, tal vez, por el miedo al contagio. Si eran recluidos en cárceles, su lugar estaba al lado de asesinos o delincuentes, presos con cepos y cadenas, y sin la mínima esperanza de ser liberados. Pero la diferencia radica en que al criminal se lo encerraba durante un período que finalizaría con su liberación o ajusticiamiento, mientras que los síntomas del *loco* eran motivos suficientes para condenarlo a una prisión eterna.

Su estado era de total desnutrición y suciedad, flagelados en su cuerpo y revolcados en sus propios excrementos. En los casos en que la comunidad no los rechazaba, se pagaba un billete de entrada para observarlos delirar, gritar o agitarse torpemente, y de esta manera contribuir al salario de los guardianes, que eran carceleros sádicos e ignorantes.

En París existían algunos lugares llamados *Maisons de Santé*, donde el trato hacia los perturbados estaba acompañado de cierto humanitarismo. En términos económicos, estas casas de salud eran extremadamente costosas y fuera de las posibilidades de la mayoría de los pacientes ya que, por lo general, los enfermos mentales están abrumados por una doble condición: su estado de alienación por un lado y la pobreza por el otro. Por ende, los pobres e indigentes –que constituían la gran masa de alienados–, eran excluidos de la consideración humanitaria, de la misma manera que en otra época fueron marginados los magos y las brujas.

En los siglos XVI y XVII, el mundo de la medicina se mueve a través de la indiferencia, de cara a la confrontación del problema social que implica la enfermedad mental. Las pocas figuras que intentaron generar modificaciones en la disciplina psiquiátrica, sucumbieron frente al marco cultural de la época.

Los eventos socioculturales y los conflictos sociales que detonan con la Revolución Francesa tienen una amplia repercusión en toda Europa. Se revela un sentido de responsabilidad del individuo hacia la sociedad y, más especialmente, la responsabilidad de la sociedad sobre cada uno de sus miembros.

Jean Colombier afirmaba que los alienados vagaban por las calles porque no había lugar donde ubicarlos, y los que se encontraban bajo techo eran maltratados, mostrando así la trampa en donde cualquier salida es la entrada en la marginalidad. Señalaba que millares de perturbados eran encerrados en prisiones y que en pocas ocasiones se les suministran medicinas. Tampoco existía discriminación: aquellos que presentaban un estado de confusión pasajero eran colocados al lado de los que poseían patologías profundas, como así también, los *furiosos* junto a los *tranquilos,* algunos eran encadenados y otros permanecían en libertad. El final era la muerte, y era la misma muerte la que parecía ser el único recurso de curación.

Voces similares aparecieron en Alemania y en Italia de la mano de Vicenzo Chiarugi, en donde se reclamaba un tratamiento más humano hacia los alienados, alzándose protestas contra las restricciones brutales de las prisiones. En Inglaterra, Willian Tuke, dedicó sus días a reformar las condiciones en las que vivían y morían los enfermos mentales.

Nuevamente surge el interrogante: ¿cuál es el lugar que la sociedad le otorga al loco? Hasta ahora, el desarrollo de la historia parece describir que la segregación es el puesto firmemente ocupado, sostenido aún más por otro factor: la pobreza. A pesar de que los títulos de los períodos demuestran un giro de 180º en función de cambios –tal es el pasaje del oscurantismo al iluminismo– el castigo de la marginación de la locura se mantiene constante: se permuta la quema pública por el encierro en prisiones.

Pinel y la liberación de las cadenas

La Revolución Francesa fue la vanguardia de un nuevo orden en Europa, y los médicos franceses, por ende, fueron los más destacados en la modificación de la psiquiatría. Es el siglo XVIII cuando se consolida el modelo médico para afirmarse definitivamente en el XIX.

En este período, Philippe Pinel se constituye en la figura más relevante de la medicina europea. Pinel nació en 1745. Se instaló en París 1773, apenas laureado, once años antes de la Revolución Francesa. Llegó a ocupar cargos tan prestigiosos como el de director de los hospitales Bicêtre y Salpêtrière en pleno período de la Revolución. Vivió en París durante 48 años y murió en su puesto de trabajo en 1826, a los 81 años, en el alojamiento que poseía en la Salpêtrière. Fue un hombre sereno, profundamente moral y conservador como iluminado, aunque en el punto culminante de la Revolución adhirió plenamente a los ideales de igualdad y libertad.

Fue autor de diversas publicaciones, y a partir de 1787 comenzó a producir numerosos artículos referidos a las enfermedades mentales, uno de los cuales trataba sobre el suicidio. Su obra más relevante es el *Traitée Médico Philosophique sur l´alienation mentale*, escrito en los primeros años del siglo, en donde refiere que el error de la Medicina es *"no haber prestado atención al tratamiento moral de la alienación"* (Pinel, 1809).

Nuevamente esta época muestra cómo las condiciones del contexto delimitan las construcciones de realidad, es decir, estas condiciones resultan coherentes con las acciones que se desarrollan. Indudablemente, la ideología de la Revolución tiene sus implicancias en el ámbito de la salud y más aún en el área de la salud mental, donde, más allá de la ciencia, existen factores tan determinantes como los socioculturales, políticos y económicos. Por otra parte, ¿cómo hablar de ciencia si no se involucran estos factores?

Pinel asumió su cargo de director del Hospital Bicêtre el 11 de septiembre de 1793 y decidió, en un agudo proceso, suprimir los cepos y las cadenas que apresaban a los enfermos. Una pequeña anécdota resume la ideología y el pensamiento pineleano en los tiempos de la Revolución. París -en pleno fragor revolucionario- proclamaba el lema *fraternidad, libertad e igualdad*, y Pinel es informado de que no podía efectuar su propósito de liberar a los internados sin el permiso de la oficina central y la autorización de la comuna.

Después de algunos días, decide presentarse en el municipio y realizar su requerimiento en persona. El presidente era un tal Couthon, un anciano paralítico apasionado con la idea de defender la Revolución contra todo peligro, quien se dirige a Pinel de esta manera:

> *"[...] cuidado Ud. si me engaña y encubre a los enemigos del pueblo entre sus alienados". Pinel, explica que lo que él exponía a la comuna era la verdad. "Lo veremos" replicó Couthon. Al otro día, él mismo asistió al Bicêtre, e interrogó personalmente a los enfermos mentales, de los cuales lo único que recibió fueron maldiciones y exabruptos, entonces se dirige a Pinel diciéndole: "Ve, ciudadano, ¿no será Ud. también loco, de sacarle las cadenas a estos animales?". La respuesta de Pinel fue simple: "Ciudadano, estoy convencido de que estos enfermos son intratables sólo porque se les priva del aire fresco y de la libertad", y Couthon replicó: "Haga lo que a usted le parece, pero me temo que usted es víctima de su propia presunción"* (Zilboorg, 1941).

En esta escena se observa no sólo la forma y la metodología carcelaria hacia los enajenados, sino también cómo los tratamientos son sustentados por la ideología política y cómo movimientos en esta esfera posibilitan el cambio. En ese momento clave en la historia de Francia se enarbola el bastión de la libertad, entonces: si los ciudadanos son libres, los locos son ciudadanos, por lo tanto, los locos son libres.

Couthon dejó el Bicêtre sin prohibirle a Pinel que ejecutase su decisión. Fue, entonces, cuando Pinel ordenó en principio sacarles las cadenas a un número limitado de pacientes. Uno de ellos era un oficial inglés que había estado preso durante cuarenta años. Conducido al aire libre, al ver el sol exclamó: *¡Qué bello es!* Ninguno osaba acercársele, puesto que anteriormente, en un ataque de furor, había matado a un guardia. A los dos años de ser liberado de las cadenas, se comportó en forma equilibrada y se le permitió dejar el hospital.

Chevigne era soldado de la guardia francesa. De constitución atlética, había estado recluido durante diez años por algunos incidentes debido a su alcoholismo. *"Deme la mano* -le dijo Pinel- *usted es un hombre razonable y si se comporta correctamente trabajará en mi oficina"* (Zilboorg, 1941). Se volvió calmo y dócil.

Otro caso fue un sacerdote convencido de ser Cristo, que alegaba haber soportado la crucifixión durante doce años y cuyos compañeros lo azuzaban diciéndole *"si eres Dios, rompe las cadenas"*, a lo que respondía: *"Golpean a su Dios en vano"* (Zilboorg, 1941). Se curó casi un año después de ser liberado de sus cadenas.

Pero Pinel también fue sospechoso de acoger en su hospital a sacerdotes y fugitivos de Francia que habían retornado en secreto. En una oportunidad, un grupo de personas quisieron atacarlo, y pudo haber sido linchado si no fuese por un paciente -el corpulento Chevigne-, quien reprimió al grupo, que se dispersó inmediatamente.

Posiblemente, este ataque hacia el autor de la liberación no se debía únicamente a tal presunción, sino también por ser el gestor de reinsertar en la sociedad aquello que ella misma margina. Frente a este hecho, es esperable algún tipo de resistencia: es el paciente el que protege el terreno ganado, en cambio, la población se resiste y trata de reconquistar un terreno perdido. En este sentido, la liberación de los *locos* se vive como una amenaza de desorganización social, por lo tanto, se generan ciertos hechos que intentan recobrar la estabilidad aislando los factores de desorden.

Por otra parte, Pinel reorganizó el aparato administrativo del hospital introduciendo el uso de apuntes sobre los casos psiquiátricos a modo de confección de una historia clínica. Se efectúa así un seguimiento individualizado de cada uno de los pacientes que favorece su evolución. Esta metodología se aplica en Alemania y más tarde en Estados Unidos, en donde se sistematiza la confección de casos clínicos con la misma operativa que había recomendado Pinel.

Apenas iniciado su trabajo en el Bicêtre, lo convocaron para administrar el hospital de la Salpêtrière. Allí comenzó a desarticular la antigua organización: ordenó como primer punto despojar de las cadenas y los cepos a los internados. Reorganizó e instruyó al personal puesto que no había enfermeros, ni médicos adiestrados en la atención psiquiátrica.

Todos estos cambios transcurrieron en medio de un fervor revolucionario, pleno de tumultos, crisis sociales, violencia y derramamiento de sangre.

Afirma que el hospital para enfermedades mentales es el lugar donde es factible realizar *el tratamiento moral*, lo que actualmente se llama psicoterapia. Sin estos hospitales resulta imposible desarrollar pruebas, comparar, confrontar y verificar sobre un número suficiente de pacientes, siguiendo los resultados durante cierto tiempo.

Su nosografía fue simple pero clara: clasificaba la manía, la melancolía, la demencia y la idiocia. No estuvo a favor del uso indiscriminado de las drogas y se mostró extremadamente contrario a la sangría e inmersión de los pacientes. Estos métodos, según él, formaban parte del delirio médico y consideraba que era un delirio peor que aquel que sufre el enfermo mental.

La influencia de Pinel, a través de su modo de pensar como representante del Iluminismo, su sentido humanitario y espíritu de lucha, se insertaron en medio de la Revolución Francesa. Sus ideas se extendieron hacia todo el siglo XIX, constituyéndose en una figura clave en la doble historia: aquella que, por una parte, atañe a la especialidad médica de la psiquiatría y, por otra, a la historia de la tentativa de romper con la marginación de los pacientes psiquiátricos.

4. El loco olvidado entre diagnósticos y clasificaciones

El magnetismo y la hipnosis

Anton Mesmer (1734-1815), después de haber investigado el magnetismo animal en Viena, había entrado en la elite médica parisina y encontrado desde los más firmes adeptos a su técnica como también los más enfervorizados opositores. Mesmer *magnetizaba* a la gente, tanto en forma pública como en forma privada, colectiva e individualmente. En este proceso llevaba a las personas a detonar una crisis –o mejor dicho, lo que él llamaba *crisis*– que estaba compuesta por una variedad de ataques singulares de risa, burlas, gritos, contorsiones convulsivas, inconsciencia y *clarividencia*. En general, el público reaccionaba con entusiasmo, como normalmente sucede cuando alguna novedad produce un efecto *milagroso*.

Sostenía que todos los seres humanos están influenciados por las estrellas y que este influjo se ejercita mediante el continuo movimiento de un fluido magnético que llena el universo produciendo cierta armonía y equilibrio. Este flujo, dentro de cada una de las personas, provoca una protección sobre innumerables males. En cambio, su desequilibrio puede generar una infinidad de enfermedades.

El aparato que utilizaba –*el magnetizador*– podía restablecer el equilibrio necesario, adicionándole al paciente una cantidad superior de fluido magnético o descargándolo cuando era excesivo. La terapéutica era realizada en contacto directo con la persona y también a distancia. Él mismo diseñó una máquina llamada Baquet para su investigación. La Baquet, era una construcción sobre la base de espejos y de tubos de hierro que podía ser orientada en varias direcciones.

El procedimiento era el siguiente: la gente se unía en una ronda alrededor de la Baquet, formaba una cadena cerrada tomándose de las manos hasta que aparecía Mesmer con una varilla magnética y daba inicio al tratamiento bajo su dirección, mientras los pacientes eran tocados y acostados cerca del magnetizador.

Una de las más ácidas críticas fue expresada por la Academia de Ciencias, que tuvo como misión evaluar el magnetismo, alegando que el fluido que mencionaba Mesmer no existía, por ende, no podía ser útil. La Academia atribuyó los efectos de reacciones exageradas en los tratamientos públicos a la sensibilidad e imaginación de los pacientes al dejarse impresionar frente al estímulo. En síntesis, consideró que estos resultados eran producidos mediante la sugestión.

El magnetismo alcanzó tal repercusión que el mismo Pinel opinó sobre la técnica. Hasta se realizaron obras de teatro, entre las cuales se destaca una comedia italiana titulada *Los médicos modernos,* un grotesco lleno de ironía y de sarcasmo sobre la acción de Mesmer.

Mesmer murió once años antes que Pinel, en el mismo hospital de la Salpêtrière que el célebre psiquiatra había organizado y en donde Jean Martin Charcot inició sus estudios de hipnotismo, derivación directa del mesmerismo.

En este siglo XVIII, la literatura médica se llenó de datos acerca de las lesiones del cerebro e investigaciones sobre cadáveres, en la que se informaba sobre perturbaciones físicas o mentales, *vapores*, diagnósticos de manía, idiocia, imbecilidad y melancolía. No obstante, todavía era difícil encontrar en estos datos algún concepto claro sobre el tratamiento de los enfermos mentales, que no mucho tiempo antes habían estado vagando por las ciudades y villas al no existir hospitales en número suficiente para recuperarlos.

Es evidente que la medicina se concentró sobre las manifestaciones totalmente desajustadas a lo esperable, lo que hoy llamamos fenómeno psicótico. Pero un elemento a observar es que en el período anterior se nominaba brujas, magos o gente endemoniada a sujetos que poco tenían que ver con la psicosis. Un gran porcentaje de esta masa, que fueron en algún momento quemados en la hoguera, son los que en la actualidad la psiquiatría denomina neuróticos y más específicamente trastornos histéricos.

Tanto a fines del siglo XVIII como en la mayor parte del XIX, los estudios sobre neurosis se relegaron a un segundo plano. La evidencia de esta postergación se observa en la Salpêtrière, donde existía un servicio que se denominaba *Internados no insanos,* compuesto por epilépticos graves, algunos histéricos graves y un número notable de neuróticos con los que la medicina no mantenía ninguna relación. En cierta manera, la neurosis era un diagnóstico que no se había desarrollado claramente en las nosografías, por lo tanto, la psiquiatría no poseía las herramientas suficientes para poder trabajar con esta patología. En general, el mesmerismo se utilizó en aquellos puntos ciegos de la psiquiatría: principalmente en los casos de histeria y en otros *disturbios nerviosos funcionales* que hoy llamaríamos neurosis.

Durante cuarenta años el magnetismo fue practicado y difundido en Francia y en gran parte de Europa por una mayoría de hombres cultos y desinteresados que afirmaban que se trataba de una realidad, si bien el hecho de ridiculizarlo intentó velar sus fines serios.

Su empleo también se extendió como anestésico en las operaciones quirúrgicas. Es así como en 1842, Ward realiza la amputación de una pierna en la que el paciente se encontraba en trance mesmérico. La sociedad de médicos no dio crédito a esta información, alegando una ingenuidad: *el paciente era un impostor.* Con el descubrimiento del éter utilizado como anestesia, la cirugía se liberó de la controversia del magnetismo. Incluso terminó siendo una moda aspirar los pañuelos en los cuales se volcaban unas gotas del fluido, constituyéndose en un juego de salón placentero y aceptado.

Finalmente, la técnica mesmérica desapareció después de más de sesenta años de vicisitudes, entre escándalos, serias investigaciones, intentos terapéuticos y aguerridas oposiciones.

Heredera del magnetismo, la hipnosis comenzó a cobrar adeptos y a difundirse como método de curación de las enfermedades mentales. Liebeault fue un médico venerado por los pobres, que poseían una gran fe en sus tratamientos. Rechazó el dinero que podía obtener de sus pacientes, a quienes curaba a través del hipnotismo. No deseaba, según él, especular económicamente con una nueva técnica que todavía estaba en vías de experimentación.

Alrededor del año 1878, Charcot (1825-1893) inició en París la que fue conocida como Escuela de Hipnosis de la Salpêtrière. Los hospitales de alienados comenzaron a aplicar métodos innovadores, creados y desarrollados fuera del hospital mismo. Este es un hecho de notable importancia histórica, ya que estos nosocomios –que poseían una gran cantidad de psicóticos cuyos tratamientos eran brutales– incorporaron técnicas nuevas con una dosis mayor de humanitarismo.

El hipnotismo fue incorporado paulatinamente. En general, los pacientes eran sostenidos por ayudantes y estaban envueltos en una camisa de fuerza. Debían tener los ojos abiertos y fijar la vista en la luz de una lámpara de magnesio o en el dedo del médico que lo asistía. Si era necesario, el procedimiento continuaba durante horas, mientras que el paciente iba entrando en el estado de sugestión. Al principio, los pacientes frecuentemente gritaban, escupían en la cara del operador, se sacudían, trataban de pegar, hasta que pasaban a un estado de sueño profundo.

Charcot y sus asistentes crearon la escuela llamada Grand Hypnotisme, limitándose al estudio puramente descriptivo de lo que observaban cuando un paciente entraba en trance hipnótico. Diferenciaron tres estados sucesivos: letargo, cataléptico y sonambulismo.

Charcot, que era un neurólogo seriamente preparado y estudioso, afirmaba que no existía posibilidad de simular en la hipnosis. Para demostrarlo, era importante que a los sujetos expuestos al tratamiento previamente le hubiesen sido examinados los signos neurológicos de sus parálisis o de las anestesias. En otras palabras, éste era un método que establecía cuáles eran los cambios que tienen su origen en el cerebro y cuáles en los nervios durante los estados hipnóticos.

En esta investigación extensa y que acumuló gran cantidad de material, se llegó a la conclusión de que estos estados característicos podían ser observados y provocados solamente en aquellas personas que sufrían de histerismo.

El hipnotismo cobró una enorme difusión, desde Francia hacia toda Europa. Neurólogos y psiquiatras de diversos países iban a aprender e investigar sobre el método. Entre ellos encontramos a un joven neuropatólogo que llegó de Viena en 1885: Sigmund Freud, que en menos de quince años se convirtió en un revolucionario sobre las ideas del histerismo y de la psicopatología, creando su propia técnica.

La intuición psicológica de Charcot siempre fue mayor que las opiniones oficiales sobre ciertas reacciones psicológicas. Por ejemplo, acuñó el término *histeroepilepsia,* a raíz de observar que las conductas en la histeria se combinaban con convulsiones y que éstas eran síntoma de la epilepsia.

Paralelamente al avance de la hipnosis, el campo de la cirugía se dedicó a investigar sobre las enfermedades mentales realizando disecciones anatómicas. La Sociedad Médica terminó por aprobar la intervención quirúrgica en alienados. De esta manera, en 1882 se extirpó un ovario para curar el histerismo, así como también se efectuaron castraciones en los casos de histeroepilepsia. En Londres y Viena se intentó extirpar el clítoris o practicarle una cauterización.

Charcot no aprobó este sadismo médico, abocándose solamente a los aspectos psicológicos del histerismo. Señaló la inutilidad de estas operaciones y afirmó que la autosugestión y la imaginación del individuo histérico lo conduce a desarrollar *realizaciones*, o sea, a la formación de síntomas físicos histéricos.

Estadísticas, signos y síntomas

Durante el siglo XIX, y particularmente el XX, el campo de investigación se extendió a la antropología y la sociología. El arte, a través de la literatura y la música, alcanzaron grandes desarrollos. La figura de Charcot era considerada como uno de esos científicos franceses racionalistas posrevolucionarios.

Bernheeim era un psicólogo científico que defendió el principio del impulso irresistible –principio todavía despreciado por la mayor parte de los códigos penales–, que en la actualidad se denomina emoción violenta, como un síntoma involuntario pasajero. Investigó la existencia de efectos involuntarios y de automatismos psicológicos, [6] definiéndolos como actos que están privados de intención y que se imponen a la voluntad de las personas, afectando su relación con el mundo. De esta manera, el autor afronta el problema de la responsabilidad legal de los criminales.

---

[6]   Hoy la neurociencia explica las reacciones que no pasan por el tamiz de la conciencia. Reacciones que exceden el marco de la racionalidad, el pensamiento y los recuerdos. Y es la amígdala la principal causante de tales efectos.

La psiquiatría sale fuera de los muros del hospital: su mirada se ocupa de los individuos que interaccionan en sociedad y no únicamente de los pacientes psicóticos. En el siglo XIX, el médico no debe descender más a las prisiones, los sótanos o los lugares abandonados para estudiar la psicología anormal, ni debe confinarse en un hospital. Ahora las oficinas, los salones, la cocina, las fábricas, las calles y el mismo pueblo ofrecían igualmente material de estudio.

El estigma de la histeria, o sea, las zonas insensibles y anestesiadas del cuerpo, eran perfectamente observadas en el medioevo por un cazador de brujas. Era uno de los signos indudables de la presencia del diablo que se alojaba en estos lugares, debiendo ser detectado para poder ejercer un buen trabajo.

Ahora la medicina toma este signo como un síntoma de enfermedad, creando la entidad de la histeria en las clasificaciones. Puede parecer extraño, pero pasaron más de tres siglos de la afirmación de Weyer acerca de que las brujas eran mujeres enfermas, para llegar a este período en donde el médico comprobó científicamente cuál era el significado de los síntomas de las *brujas*.

Una de las nosologías más conocidas en esta época dividía en siete tipos el histerismo: *hysteria verminosa, chlorótica, amenorrhagia, aleucorrhoea, emthráctica, libidinosa, febricosa.*

Se plantea, entonces, cuál es el tipo de tratamiento que debe aplicarse. Hasta el momento, el médico sólo observaba e investigaba la manifestación de la enfermedad. Resultaba controvertida la hipótesis de que en una autopsia podría observar órganos enfermos, dando a luz el origen de una patología que se expresaba a través de síntomas durante la vida del enfermo. Ya que en la realidad, los histéricos, neuróticos y psicóticos, no morían nunca por su propia enfermedad: generalmente su deceso era por causas naturales y era imposible determinar si el órgano enfermo del cadáver tenía alguna relación con la enfermedad de su mente.

Janet profundizó los estudios del histerismo, recogiendo gran cantidad de datos psicológicos a través de numerosos casos clínicos. Reconoció la importancia de una psicología *automática* de los neuróticos. Además, describe detalladamente estos actos involuntarios.

En la neurosis, Janet diferenció las ideas fijas y recalcó la importancia de los factores inconscientes en la manifestación del histerismo. Si bien utilizó la palabra "inconsciente", adscribiéndole un valor de factor psicológico verdaderamente dinámico, no profundizó más este concepto.

Con el tiempo, la psicoterapia se constituyó en un instrumento de investigación y la fuente de todo aquello que es factible aprender sobre la naturaleza del histerismo y, más tarde, de las otras neurosis.

El interés creciente por los enfermos mentales dio como resultado la construcción de hospitales y clínicas, fundación de institutos, múltiples publicaciones y voluminosos libros sobre argumentos médico-psicológicos. Estos hechos, hacen de la Psiquiatría del siglo XIX un campo complejo en diversidad de aspectos, lleno de actividad, entusiasmo, pero también de polémica.

En este período se destacaron dos discípulos de Pinel: Guillaume Ferrus (1784-1861) y Jean Esquirol (1772-1840).

Ferrus prestó meritorios servicios en el desarrollo de la ergoterapia y la reforma de los asilos psiquiátricos. Antes de ser director del Bicêtre, se dedicó a inspeccionar algunos hospitales psiquiátricos franceses e ingleses. A pesar de que este hecho sucedió casi treinta años después de que Pinel había liberado de las cadenas a los alienados, denunció la insuficiencia de estos hospitales y las pobres condiciones de vida de los enfermos depositados en celdas *húmedas, oscuras y sucias*.

Las ventanas de esas instituciones estaban revestidas por barras de hierro y las camas, amuradas. Algunos pacientes eran asegurados a la cama por medio de grandes anillos de hierro, sólidamente empotrados a la pared, y otros se situaban de pie encadenados a los muros. Todo este clima provocaba, según él, mayor enfermedad: si se trataba de relajar al paciente, con este medio lo único que se lograba era agitarlo.

Criticó la experiencia belga de la Colonia Gheel, donde los pacientes eran destinados a casas de familia de campesinos y trabajaban en la campiña. Describió los hechos de crueldad que había observado en ese sistema, afirmando que la cura se reducía a cero y lo único que poseían los alienados era una libertad dañosa. No obstante, esta experiencia innovadora fue un hecho muy avanzado para la época, ya que no era frecuente la libertad para los pacientes psiquiátricos, y menos el trabajo.

En su experiencia clínica, Ferrus utilizó los purgantes y en algunas ocasiones los estupefacientes, pero fundamentalmente su método de cura se centraba en tratar al paciente como un ser humano (en este siglo XIX, parte de los intereses de la psiquiatría se desarrollan en el área de dirección, organización y administración hospitalaria, el registro de materiales clínicos y principalmente en una atención más humanitaria).

Esquirol fue el primero en utilizar los métodos estadísticos en sus estudios clínicos. Desarrolló una investigación en los hospitales Bicêtre y Salpêtrière en la que determinó que la causa de la alienación dependía de factores psicológicos en una proporción de 409 hombres sobre 1568 y de 560 mujeres sobre 1940.

Esquirol ya había considerado las emociones como una fuente de enfermedad psicológica. No es casualidad que el título de su tesis de láurea trate sobre "las pasiones consideradas como causas, síntomas y medios de cura de

la alienación mental". Conformó, además, una gran nosografía, en donde redefinió viejos términos y aplicó otros
nuevos, otorgándole significados que hasta en la actualidad
se utilizan. Como seguidor de las ideas de Pinel escribió:

> *Los errores de la mente y el tumulto de las pasiones, todo se*
> *reduce a saber manejar el intelecto y las pasiones de los locos,*
> *y a utilizar ordenadamente los medios físicos* (Esquirol, 1927).

Los psiquiatras ingleses y la no restricción

Paralelamente, en esta época, Connolly (1794-1866),
antes de ser nombrado profesor de la Universidad de
Londres, realizó inspecciones en los hospitales psiquiátricos de Inglaterra y se opuso a toda forma de restricción
mecánica. Postulaba que:

> *Las características de tales pacientes incurables dependen*
> *de la manera en que han sido tratados y el tipo de asis-*
> *tencia que se les preste; la mayoría de ellos requiere más*
> *medios de ocupación, más espacio para ejercicios, mejores*
> *oportunidades de recreo que los curables [...] Mientras que*
> *habitualmente se los condena a una prisión sin esperanza*
> (Conolly en Basaglia, 1975).

De esta manera, acuñó el concepto de la *no restricción*,
que consiste en un método persuasivo basado en la bondad, paciencia, confort y limpieza del asilo psiquiátrico.

Observó, además, que los enfermos mentales tienen
planteada una doble demanda frente a la sociedad: la
de superar su enfermedad y salir de su pobreza, involucrando así una dimensión psicosocial y de economía de
clase. Partiendo de esta base, desarrolla un movimiento en
contra de la restricción que se propagó por toda Europa y
en Estados Unidos. Fue en este país donde se realizó un
debate muy acalorado en el que se puso en juego la ideología política dentro de los tratamientos de los pacientes
psiquiátricos:

Los americanos exponían que la falta de restricción podía responder a la idiosincrasia de los europeos, que sanos de mente o no, están habituados a obedecer órdenes, pero no un pueblo como el americano que cree en la libertad, y que, a menos de ser reprimidos a viva fuerza, busca hacer valer sus propios derechos aún en estado de alienación (Zilboorg, 1963).

Este siglo transcurre en la creación de entidades clínicas y la diferenciación de síntomas y signos de cada una. Es una época de gran producción literaria, fundamentalmente de investigaciones sobre nuevas patologías y profundización sobre otras que ya han sido clasificadas.

Evidentemente, Francia fue un país donde el germen de la psiquiatría evolucionó tanto en la producción teórica como en la humanización del tratamiento hacia los alienados. Los psiquiatras franceses estuvieron a la vanguardia en toda Europa como difusores acreditados del conocimiento psiquiátrico. Inglaterra y Francia comenzaron la reforma de los manicomios en forma simultánea: William Tuke y Phillipe Pinel fueron contemporáneos cronológica y psicológicamente.

En general, los profesionales de lengua inglesa dedicaron más energía a la curación de los alienados que a las teorías psicopatológicas, dedicándose a mejorar las condiciones de centenares de enfermos mentales, además de la organización de su vida en el proceso de reinserción social.

En Estados Unidos, el médico no sólo se ocupaba de los enfermos mentales sino también de la administración hospitalaria, instrucción y organización del personal asistente. Esta actitud adquiere un marco de legalidad hacia mediiados de siglo, cuando fue fundada la American Psychiatric Association (1844).

En Inglaterra centraban sus estudios en las condiciones mentales que colocaban al individuo en conflicto con la ley y, a partir de este basamento, se implementó la práctica humanitaria en los hospitales psiquiátricos. Estos esfuerzos

estaban guiados por desencadenantes ideológicos: el derecho a vivir y a ser tratado como un ser humano. Esta nueva
corriente de respeto democrático por el hombre, sea bueno
o malo, sano o enfermo, se expresa en la intención de hacer
que la gente se conduzca con el paciente psiquiátrico con
la misma confianza y sentido de responsabilidad con que
trata a sus pares mentalmente sanos.

En este sentido, la abolición de las cadenas no fue
más que un inicio porque el médico inglés superó estos
requerimientos: suprimió cualquier forma de restricción
corporal convocando al humanitarismo, tal versa el manifiesto de Connolly.

Una de las principales pruebas piloto que se realizaron
fueron los hospitales de *puertas abiertas*. Las habitaciones
de los pacientes y los corredores principales no fueron
cerrados con llave. Los internados pudieron sentirse libres
de moverse en su entorno como lo desearan. El enfermo
mental estaba en igualdad de condiciones con el mismo
psiquiatra.

En los siglos pasados se había puesto en relevancia
la diferencia entre el hombre común y el lunático. Esta
nueva edad se esforzó por demostrar la similitud entre
los dos, en términos de respeto humano. Fue una época
de gran revolución psicológica, ya que al mismo tiempo
que el médico psiquiatra debía comprender al enfermo
mental, debía también identificarse con él. Éste es el trato
característico de la psicología médica que se difundió en
Inglaterra como un verdadero signo de evolución interior.

Esta campaña contra la restricción llevó a intensificar
la necesidad de mayores habilidades en el cuidado del
enfermo mental, que trajo como consecuencia la mejora
de la instrucción del personal de atención. Esto promuevió
inmediatamente la creación de escuelas especiales para
los enfermeros psiquiátricos.

La abolición de la restricción generó una pequeña guerra en el mundo psiquiátrico. Por un lado, los franceses fueron escépticos con respecto a su eficacia, y por otro, los norteamericanos la obstaculizaron de un modo violento. Los debates alcanzaron aproximadamente medio siglo.

Otra importante manifestación de la humanización, fue la evolución de las teorías psiquiátricas médico-legales. La psiquiatría francesa produjo un número notable de argumentos ingeniosos para probar la existencia de locura en una cantidad de actos criminales, e insistió en que la ley no debía presumir de poder punir a un individuo enfermo mental.

En la segunda mitad del siglo fue claro que los psiquiatras ingleses, como así también los franceses, se estaban consolidando en una cultura psiquiátrica más europea como símbolo de unificación. El punto de convergencia de intereses fue el problema del ordenamiento sistemático de casos clínicos: todo el material recolectado exigía un orden.

Se planteaba, entonces, la posibilidad de reducir en forma sintética las características, signos y síntomas observados en los pacientes. Y esto no era solamente una cuestión de orden, sino que comenzaba a entreverse la exigencia de dar nombres claros a numerosas patologías. Obviamente que no se trataba de satisfacer simplemente una tendencia contable, sino de establecer nosografías que trataran de esclarecer, con más precisión, cada uno del repertorio de síntomas que componían una determinada patología.

En este siglo, la psiquiatría investigó, descubrió y amplió la clasificación de enfermedades mentales, pero fue poca la producción en lo que hace a crear nuevos modelos en los tratamientos de los alienados. Algunas voces de humanitarismo resuenan de tanto en tanto y no alcanzan a trastocar la dimensión segregacionista que se sostenía hasta el momento. Desde Pinel hasta la fecha, no se realizaron grandes modificaciones de los sótanos, las anillas y las cadenas.

Es notable cómo –a través del paso del tiempo– los manicomios se formalizan como puestos de asistencia que –a pesar de las propuestas de la no restricción– se rigen por normas represivas, creando paulatinamente un régimen custodial más que curativo y de reinserción social.

En realidad, no se cuestiona la existencia de los hospicios: todos los intentos de mejorar la calidad de atención, o las escasas innovaciones en los tratamientos, o cualquier cambio por menos relevante que parezca, se desarrollan puertas adentro, es decir, *en* los hospitales psiquiátricos. No se piensa el cambio del sistema manicomial, puesto que se venía de una época donde los enajenados deambulaban de aquí para allá, en el estado de más absoluta pobreza y decadencia. El asilo brindaba las posibilidades de otorgarle un lugar –el de la marginación, pero lugar al fin– a la locura.

Tuke, uno de los médicos más ilustres en Inglaterra, manifestó sus ideas sobre la construcción y la organización en los hospitales psiquiátricos. Para él, un *Assylum* es como una especie de lugar sagrado que debía ser utilizado de la misma manera que las personas utilizan cualquier clínica u hospital general. Posiblemente, este criterio llegue a revertir el estigma, todavía ligado al hecho de estar o de haber sido internado en un manicomio.

Propone, en última instancia, un cambio de esta asociación sociocultural que margina: la marca histórica del hecho de haber sido *loco*. Para él, una de las formas de ruptura del estigma es prestigiar el tratamiento. Las formas terapéuticas de abordar a los alienados deben ser tan humanitarias y efectivas que pueda mirarse el manicomio como un *gran templo de salud*.

En esta mitad del siglo, no obstante la naturaleza ideológica y nacionalista, la ciencia europea fue completamente cosmopolita. Desde la Revolución Francesa, Europa promovió una unidad intelectual similar a la del siglo XVI.

Los libros de Paracelso, Vives, Godin, Erasmo o Weyer se leían con igual interés tanto en Basilea como en París; en Valencia como en Londres; en Brujas como en Newremberg. Esquirol era leído tanto por los alemanes como por los ingleses y Tuke por los franceses y alemanes.

La psiquiatría alemana: la nosografía de Kraepelin

Alemania entró en el campo psiquiátrico relativamente más tarde que sus colegas franceses, ingleses e italianos, y debió crear en el mismo tiemp, programas de atención, hospitales, teorías médicopsicológicas, etc., para dar respuesta al problema que planteaba la alienación mental. La historia de la salud mental alemana del 1800 es la historia de la sistematización y el ordenamiento psiquiátrico.

El inicio del siglo se caracterizó por un pensamiento romántico que invadió todas las áreas y, por supuesto, también la psiquiatría tuvo esta influencia. Pero en Alemania planteó una contradicción: se desarrollaron investigaciones basadas en la anatomía y fisiología que no adherían con entusiasmo a las teorías psicológicas que sustentaba el romanticismo. La evolución de estas ideas llegó a tal punto que quedaron definidas dos corrientes: los *organicistas y psicologistas*, generándose entre ellas una gran controversia.

Ambas posiciones, como extremistas, tomaron en cuenta sus propios descubrimientos, descartando cualquiera de los avances de la contraria. Esta lucha de poderes tiñó de confusión los conocimientos, perdiéndose la riqueza de la unión de las dos perspectivas.

Si los psicologistas de la época se dedicaban a realizar un análisis de las enfermedades mentales, caían en especulaciones neoplatónicas o antroposóficas, abandonando la certeza del empirismo médico. Por otra parte, la tendencia organicista por medio de cortes de cerebro y de disección de cadáveres tenía como objetivo hallar las causas que provocaban enfermedad mental. Pero se enfrentaron con la paradoja que en general, como lo hemos señalado anteriormente, los alienados morían por causas naturales que nada tenían que ver con su patología. Acumularon así, una serie de especulaciones teóricas que terminaban oscureciendo la finalidad que intentaban estudiar.

Tanto en una como en otra perspectiva, el médico centraba más su preocupación en la enfermedad mental que en el enfermo y su situación socioeconómica, por ejemplo. Optó por estudiar los cuerpos muertos en vez de los vivos: exploraba cortes cerebrales o analizaba la médula espinal, entre otros órganos, en el intento por comprender la patología mental en sí misma. De esta manera, se construían hipótesis que afirmaban que la ilusión óptica o las alucinaciones eran debidas a una irritación subcortical del cerebro, o la melancolía y la manía eran mutaciones de los vasos sanguíneos o de las células corticales.

Mientras tanto, el enfermo mental era olvidado. Recluido en los hospitales era tomado en cuenta solamente en función de la experimentación y expuesto a ser sometido a métodos de ensayo y error.

En Europa cobraron gran difusión las investigaciones de la psicología y la psiquiatría alemanas, principalmente en Francia y en Inglaterra. El litigio entre los organicistas y psicologistas se disolvió en forma paulatina, y como resultado de esa integración los psiquiatras alemanes se convirtieron en excelentes neurólogos y neuroanatomistas. Por ejemplo, si bien se desarrollaron descripciones clínicas sobre la paranoia (Lasegue, en Francia, describe en 1852 el delirio persecutorio), el estudio fenomenológico de la paranoia fue mérito de la psiquiatría alemana.

Desde el inicio del siglo se acumularon clasificaciones de enfermedades mentales con ayuda de la neurología y otras ramas de la medicina. Si bien se trató de diferenciar entidades de acuerdo con su etiología todavía era confuso el panorama acerca del origen de las psicosis.

En esta época nació la figura más representativa de la psiquiatría alemana. Emil Kraepelin (1855-1926) entró en el campo de la psiquiatría cuando todavía era estudiante de medicina. Se dedicó principalmente a investigar los aspectos fisiológicos de la enfermedad mental: fiebres, traumatismos craneales, etc. Para él, un enfermo mental constituía un simple conjunto de síntomas. En otras palabras, se interesó profundamente por la humanidad pero poco por el hombre.

Esta tendencia de Kraepelin como psiquiatra, hoy considerada como un defecto, fue la característica que lo ayudó a la creación de su gran nosología. Recogió numerosos casos clínicos que no sólo discriminaban el acontecer de la enfermedad, sino también el historial previo al padecimiento y la reacción posterior a la internación hospitalaria.

Su tesis fundamental explicita que la enfermedad mental está preconstituida. Por lo tanto, las palabras "curable" o "incurable" resultan impropias: un paciente podrá retornar a la salud o no, naturalmente, producto de un proceso evolutivo que culmina en la mejoría o el empeoramiento de sus síntomas. De acuerdo con esta perspectiva, existe una ley natural que gobierna las enfermedades mentales y es ésta la que debe ser estudiada por la psiquiatría. Las particularidades de la enfermedad no son incidentales o accidentales.

Europa, principalmente Alemania, se caracterizaba por un gran progreso de la técnica y de la industria. Después de la Guerra Franco-Prusiana se desarrolló una actividad de tipo social y una atmósfera de cooperación nacional masiva, casi desindividualizada, como resultado de la estabilización de la estructura social. El individuo comenzó a estar nuevamente al servicio del Estado, pero las medidas de salud pública lo protegían sólo porque era parte integrante de la comunidad. El espíritu científico del último cuarto del siglo

XIX fue el espíritu de una comunidad altamente socializa-
da, en donde el individuo no fue reducido meramente a
un elemento estadístico. El problema de la alienación se
afrontó de acuerdo con este contexto.

En el 1800 se sustentó la hipótesis de que la enfermedad mental era similar a cualquier enfermedad física.
Por lo tanto, el clínico intentó ajustar los resultados de la
investigación a la convicción de la época. Por otra parte, la
psicología médica debía demostrar que algunas de estas
hipótesis de la medicina clínica eran exactas, con lo cual
generó un desarrollo notable de la nosología psiquiátrica.

Kraepelin estaba convencido de que el origen de cada
enfermedad estaba determinado por un órgano defectuoso,
por la herencia o por cambios metabólicos, endocrinos,
etc. Su sistema es metódico y fundamentado. Tomaba la
siguiente dirección: al enfermo mental se lo internaba *a
la gentil custodia* de un hospital bien organizado, rodeado
de máximo confort, donde el alienado esperaba su destino
de acuerdo con sus condiciones psicológicas y su posición
social y financiera. Aunque este lineamiento optimiza las
condiciones de la atención en el manicomio, no deja de
sostener el juego de la marginación social.

¿Cuál sería el destino del paciente psiquiátrico de
acuerdo con *su posición social y financiera*? Seguramente
pocas posibilidades podría tener ya que, en general, la
pobreza es uno de los elementos con los que más se asocia la locura. Además, resulta discriminatorio: las clases
sociales altas tendrían mayor oportunidad de curarse que
los estratos más bajos de la sociedad.

En esta primera mitad del siglo se trabaja en el campo
de la psicología y de las enfermedades mentales. Se consolidan las bases para que los investigadores examinen, evalúen
y *clasifiquen* un número mayor de pacientes, constituyendo
una mejor organización y metodología más evolucionada.
No obstante, la riqueza de ideas remitía todavía al tiempo

pasado y la terminología aplicada era, en muchos casos, religiosa, metafísica o sentimental.

La industrialización y la socialización de la cultura –principalmente en Alemania– dejaron atrás las orientaciones románticas, lo que condujo a postergar los problemas de intereses más profundos del individuo y de su mente.

Para el romanticismo, el individuo ocupó el centro del campo de observación. Los escritores –en su contemplación romántica– usaban a menudo la única palabra con la cual se podía designar una gran cantidad de fenómenos psicológicos: *pasión*. Este término se utilizaba indistintamente para aludir a sentimientos, fuertes emociones, impulsos espontáneos, afectos, etc., que en la actualidad llamaríamos *instintos*. El Romanticismo tuvo una gran influencia en el campo psiquiátrico alemán, más que en el francés, el inglés o el norteamericano.

En el siglo XIX se había encontrado una respuesta parcial a la reforma y organización hospitalaria, tanto en la formación del personal de enfermeros y de estudiantes de psiquiatría como en la metodología de cura y en el seguimiento post internación. Pero la psiquiatría amplió su radio de influencia al entrar en los tribunales e involucrarse en los problemas médico-legales como parte del proceso judicial.

Las posturas organicistas y psicologistas se debatieron, planteando la necesidad de un concepto unitario en psicología que lleve a considerar al hombre como una *totalidad*. Establecer una unidad psicofísica de la figura del hombre permite acercarse a la hipótesis de que un conflicto psíquico sea la causa de la enfermedad mental. Pero esta idea en este siglo no germina con claridad. La salud mental es concebida como un estado de integridad entre las fuerzas naturales del individuo y sus acciones. Si una fuerza natural es inhibida o frustrada, un sujeto no puede expresarse de modo normal. Así surge la enfermedad.

La arquitectura custodial de los manicomios

En el período comprendido entre los años 1835 y 1840, se debaten en Italia los modelos de manicomios. Se proponen cuáles deben ser los criterios con los cuales los asilos de alienados deben ser construidos y organizados, conjuntamente con algunas iniciativas de modificación del sistema de internación.

El modelo francés es el primero que se coloca en el centro de atención, como atestiguan algunas traducciones publicadas en estos años. Preveía la construcción de asilos medianamente grandes, conformados por un solo edificio de uno o dos pisos, con pocas celdas –que se utilizarían solamente en casos de emergencia– con diferentes secciones que las subdividían de acuerdo con el diagnóstico de los pacientes: furiosos, tranquilos, con tentativa de suicidio, imbéciles, epilépticos, etc.

Este modelo, que otorga cierta concesión a las prácticas segregativas tradicionales, se inspira en una serie de proyectos elaborados por un grupo de arquitectos, de los cuales, el diseño presentado en 1849 por Gualandi (1850) induce a las autoridades de Bolonia a abandonar el viejo Asilo de Santa Orsola. Mostraba solamente una gran construcción en tres pisos, provistas de cortinados internos y capaz de hospedar hasta a 600 alienados.

El significativo criterio de reducir a cero el contacto –incluso visual– con el exterior deviene de Gualandi, que sugirió un abandono parcial en el aislamiento carcelario. Solamente para los pacientes *furiosos* y con tendencias al suicidio recomendaba el uso permanente de la reclusión en celdas, razón por la que este proyecto no delimitó un número notable de celdas. En general, los alienistas franceses sostenían que era suficiente una decena por asilo.

En el plano práctico, la eficacia de estos proyectos fue extremadamente reducida, puesto que era frecuente que los gobiernos tratasen de resolver el problema de la internación de los enfermos mentales readaptando edificios preexistente, que casi siempre eran conventos o viejos monasterios. Uno de los pocos manicomios diseñados especialmente para la función de atención psiquiátrica fue construido en Génova en 1841, cuya arquitectura fue el modelo panóptico, típico de los edificios carcelarios.

El debate sobre los modelos de manicomio se retomó solamente entre los años 1860 y 1870, a partir de la resonancia de la experiencia belga de la colonia Gheel. Los psiquiatras franceses emitieron diversos juicios sobre esta experiencia, manteniendo, en general, una actitud de perplejidad frente a la libertad de los locos, el asilo en casa de familia y el trabajo en el campo. Por ejemplo, Moreau señaló lo positivo con respecto a la metodología, mientras que Pierre de Boismont la descalificó por considerarla extremadamente liberal.

Con respecto a las opiniones italianas, la localidad de Gheel fue visitada en 1838 por Bonacossa, quien expresó que la experiencia más que significativa era un poco *exótica*. Diferente fue el juicio de Biffi, después de su visita a la colonia en 1852. Este psiquiatra Lombardo sorprendió profundamente por lo que había visto y afirmó que Gheel *"[...] es llamada a continuar una vasta escala de experimentación y una gran reforma en la curación de una de las más terribles enfermedades"* (Biffi, 1854).

En los años sucesivos, Biffi, que observó la evolución de las instituciones psiquiátricas en Francia y Alemania, mantuvo el juicio positivo que emitió sobre esa experiencia y lo hizo extensible a toda Bélgica. No queda claro hasta que punto creyó en la posibilidad de repetir de manera generalizada este sistema, trasladando la metodología a otras localidades. En este sentido, muestra sus serias dudas al respecto: por un lado, señala las virtudes de un modelo ideal, y por otro, expresa las condiciones concretas y las dificultades en Italia para adaptarse a este modelo.

En 1862 publicó un ensayo que provocó un impacto considerable entre los psiquiatras italianos por la crudeza de la descripción de los manicomios en este país y la decisión a favor de la asistencia familiar. Además de recomendar la *terapia moral*, que la define como el método de cura que:

> *[...] dejando de lado las brillantes e inútiles estratagemas, las sorpresas y las dialécticas argumentaciones se dirige al corazón del enfermo; toma en cuenta sus dolores; sabe callar a tiempo, dejando que el enfermo se quede en paz y descargue su angustia interna. A su tiempo, a posteriori, busca entretenerlo con las ocupaciones y con distracciones. Cuando él se muestra capaz de tomar en cuenta los consejos y cuando parecen disminuir sus ideas perturbadas, en ese momento lo va persuadiendo* (Biffi, 1854)

La mejor situación para este tipo de tratamiento, según él, no es la del manicomio donde los locos están en *"un contacto desventurado"* con los otros locos. Pero sí resulta positiva la relación que se genera con gente *sana,* como lo pueden ser los integrantes de una familia. Se trata entonces de adoptar el mayor número de alienados a familias preferiblemente campesinas. De esta manera, la colonización sería un recurso para favorecer la remitencia a la salud de los pobres enfermos.

Es obvio que esta exposición creó escepticismo y polémicas en los exponentes de la psiquiatría tradicional. No obstante, la influencia del modelo de la colonización se revela como el preludio de la construcción de los manicomios en pabellones, abandonando la estructura centralizada en un edificio y, asimismo, se sistematiza el método de adaptar a los pacientes a las labores agrícolas.

Años después de esta exposición, el mismo Biffi señaló que la colonización estaba limitada a algunas categorías de enfermos mentales, e instó a abandonar la estructura del manicomio de un solo edificio, describiendo las virtudes de la estructura edilicia diseminada en pabellones separados. Aunque este ensayo de 1862 pecaba de optimista, tiene el mérito de haber introducido en Italia la cura familiar y las colonias agrícolas para los internados en manicomios.

Castiglioni (1856), poseía una concepción sobre la estructura manicomial impregnada por el entusiasmo que le despertó la experiencia belga. Por un lado, se solidarizó con Biffi por las críticas que recibió después de su ensayo sobre la colonización pero, por otro, es autor del proyecto de un manicomio cuya característica central era la de anular la segregación de los pacientes.

Su diseño constaba de pequeños edificios separados por el verde y circundados de un segundo recinto. En estos pequeños pabellones, los internados estaban diferenciados en parte por el tipo de alienación, de acuerdo con los siguientes porcentajes:

- El grupo más consistente era el de los agitados:
- 26% para los hombres
- 40% para las mujeres
- Semiagitados: 17%
- Tranquilos: 15%
- Convalecientes: 2%
- Enfermos: 3%
- Tentativas de suicidio: 4%
- Inmorales y delincuentes: 5%
- Epilépticos: 7%
- Paralíticos y viejos: 7%
- Mujeres jóvenes: 2%

No existía aislamiento en el interior de cada uno de estos servicios. Se debía recurrir a los métodos de contención, y en escasas circunstancias al aislamiento en celdas. El proyecto era coherente con esta propuesta ya que solamente preveía siete celdas cada cien internados. El médico que trabajaba en el servicio tenía como tarea la de organizar la terapia, el trabajo, la jornada del internado, etc.

A este desarrollo se anexó el rechazo que tanto Castiglioni como otros autores expresaron sobre la *no restricción* inglesa. Después de haber visitado él mismo el manicomio de Hanweall, habló de *nobles "reacciones contra las cadenas abominablemente usadas, las cuales traspasan los confines naturales*) (Castiglioni, 1856).

En Italia, análogos son los juicios de Bini, Biffi y Verga, quienes denunciaron irónicamente lo absurdo de la no restricción, puesto que rápidamente pudo llevar a la exageración de este sistema, proclamando la abolición del manicomio. Aproximadamente cien años después, una ley italiana prohíbe la construcción y supresión del sistema manicomial en todo el país.

Superados los residuos resistenciales, el modelo de manicomio en pabellones se generaliza en los últimos diez años del siglo, caracterizando las más significativas iniciativas de construcción de hospitales psiquiátricos. Esta idea del *Cottage System* provocó en Europa amplias repercusiones. Para algunos, el sistema era extralimitado.

En 1864, Tebaldi inspeccionó los principales manicomios europeos por medio del Ministerio de la Instrucción Pública, y llegó a la conclusión de que el uso de los medios de contención podía ser efectivo dentro de los límites propuestos por un médico, pero fundamentalmente no se podía eliminar.

Sobre el uso de la ergoterapia –que constituía el elemento de mayor relieve en este nuevo tipo de organizaciones–, se afirmó la actitud segregacionista tradicional, con lo cual se desaprobaron los elementos innovadores que Biffi parecía contemplar en la colonización.

El problema fue afrontado a posteriori en el Congreso de 1877 de la Sociedad Freniátrica Europea. Los psiquiatras clásicos realizaron una fuerte oposición, temerosos de que las colonias agrícolas y el trabajo generalizado terminaran causando fuentes de desórdenes y falta de control. Se recomendaba que cada iniciativa estuviera sostenida por la discrecionalidad de los directores de los manicomios, y que las innovaciones propuestas no transitaran el camino de la exageración, conduciendo a la involución más que a la evolución de la experiencia.

En el transcurso de veinte años la asistencia familiar se efectuó en una serie de manicomios de toda Europa y, al mismo tiempo, el uso de la ergoterapia se realizó en los manicomios más importantes que se encaminaron como colonias agrícolas.

El sadismo de los tratamientos morales

Numerosas fueron las técnicas de tratamiento *psicoterapéutico* con las que la psiquiatría abordó a los enfermos mentales. Técnicas que estuvieron condicionadas por la cultura de la época a lo largo de los siglos. De esta manera, estos métodos "terapéuticos", cuya finalidad es la curación del paciente, forman parte de la historia de la locura: se han implementado desde los griegos en adelante y han variado desde el más profundo humanitarismo hasta el sadismo más pronunciado. De todos ellos, el aislamiento constituyó la constante en las formas utilizadas.

Ya Esquirol afirmaba que su utilización constituía una *necesidad urgente y absoluta* tanto para el enfermo como para la familia, consolidando la tranquilidad pública. Además de recalcar que era más urgente aplicarlo en las clases sociales bajas o pobres.

El sentido de la segregación se expresa en la unión entre clase social baja y locura, enfundándose bajo el efecto racionalizador de evitar la autolesión y heteroagresión que, más allá de que sea posible y tenga una función protectora hacia el paciente, no deja de ser una práctica de exclusión. Marginalidad que se concreta en los manicomios –como lugares apartados y lejanos de las ciudades– erigidos como templos de la salud mental y cura moral.

Así se desarrolla el sistema *panóptico,* que permite una vigilancia perfecta de los internados y que remeda exactamente la arquitectura vigente de las prisiones:

> *Con este sistema les es posible a los cuáqueros lograr el aislamiento total del internado en celdas, con la única compañía de una Biblia para que sólo por las Sagradas Escrituras se viera obligado el pobre extraviado a arrepentirse y volver, así, al bien común. Más adelante se introducirían los sistemas penitenciarios llamados Auburg y el más conocido de Sing–Sing bajo el principio del trabajo común y aislamiento para dormir* (Setter en Basaglia y otros, 1985).

El método manicomial, tomando el paradigma de la *Maison Royal de Charenton,* prescribía un orden y una organización en la cual el médico poseía un poder omnímodo.

El tratamiento *moral* característico del siglo XIX, si bien propendía a una relación directa entre médico y enfermo, se basaba en una sumisión a ultranza por parte del paciente, relación que generaba sentimientos ambivalentes de temor y respeto. La *intimidación* constituía la base del tratamiento moral, por lo tanto, los métodos coercitivos formaban parte de este sistema.

Todas las formas de tratamiento implementadas en los siglos anteriores –que hoy consideraríamos formas de tortura– tardan en desaparecer como tales. En este siglo, esas formas son sustituidas por otras similares aunque igualmente sádicas.[7] Aunque son justificadas con razones

---

[7]   Estas prácticas violentas no solamente se desarrollaron en la salud mental, sino también en otros campos como, por ejemplo, el educativo. Hasta hace cuarenta años los maestros, frente a una situación de indisciplina, castigaban a sus alumnos con una bofetada, una palmada enérgica en los glúteos, tirándoles el cabello, hasta los golpeaban con el puntero que utilizaban para señalar. Estas formas sádicas, que se sintetizan en la famosa frase *La letra con sangre entra,* eran prácticas intimidantes de extrema crueldad.

científicas, anteponiendo la finalidad de la curación del enfermo, resultan verdaderas agresiones hacia los excluidos.

La forma coercitiva se traduce en métodos de tratamiento que varían según los lugares en donde se implementan. Algunos de los aparatos mecánicos que se han utilizado son:

- **Ruedas giratorias**: *silla de Darwin* –de la que ya hemos hablado– en donde se hace girar al paciente atado a una silla con poleas hasta la desorientación total o pérdida de conciencia, provocándole vómitos o pérdida de sangre por las fosas nasales. Este método llevaba a descomprimir el cerebro de la sangre que lo presionaba o a vomitar los fluidos corporales que *impregnaban* sus nervios, produciendo la locura. De esta manera, el paciente recuperaría su salud.

- **Cajas o armarios**: este aparato consiste en un cubo con una abertura superior en donde el paciente sólo puede conectarse con el exterior a través de su cabeza, el resto de su cuerpo se mantiene dentro. Esta técnica inmovilizaba al paciente en su agitación motora, protegiendo de agresiones su entorno y a él mismo. A la vez, la cabeza afuera posibilitaba tenerlo bajo observación y aplicar cualquier otra terapéutica, por ejemplo, los vomitivos.

- **Máscaras**: confeccionadas en tela, sujetas en la parte posterior de la cabeza a través de cinturones. Evitaban que el paciente se mordiera o gritara en los estados de pavor.

- **Anillas, grilletes y cadenas**: mantenían a los internados sujetos a los muros de la celda o a su cama. Más adelante los grilletes de acero se sustituyeron por bandas de tela o la lactoterapia.[8]

---

[8] En pacientes irritados o agresivos se aplicaba intramuscularmente una dosis de leche en las piernas. El efecto edematoso producía una gran inflamación y dolor que llevaban a la inmovilidad. Razón por la que se cobraba un doble

En síntesis, no sólo se trata de los aparatos que se usaron sino de la forma en que fueron implementados. La sumatoria entre método e intención da como resultado una amplia serie de medidas restrictivas, de las cuales la camisa de fuerza podría considerarse la más ingenua. No obstante, esta metodología infrahumana en la que la psiquiatría se sumergió no fue aceptada por todo el mundo médico.

Recordemos que figuras de esta época –como Conolly, que postuló el método al que llamó *No restricción*– preconizaban la abolición de las formas de control mecánico y exigían la bondad, confort y limpieza, paciencia y atenciones del personal como formas humanas de acercamiento a la salud.

Pero los medios mecánicos fueron sólo una parte de los llamados tratamientos. Igualmente numerosa fue la gama de métodos físicos que intentaron controlar y curar los efectos patológicos de los enfermos mentales.

La neurología explicaba el fenómeno de la locura como la acidez de los jugos nerviosos que se esparcen por las diferentes ramificaciones nerviosas perturbando la razón. Ésta fue la base para el uso de *eméticos* y *purgantes* que irritaban la mucosa gástrica con la finalidad de drenar estos fluidos productores de locura.

Otra tesis que se sostenía en la época era que la sangre ejercía presión sobre el cerebro y provocaba las reacciones de locura. El método de la *sangría*, mediante el cual después varias sesiones se desangraba al paciente, constituyó una de las soluciones terapéuticas, a pesar de que se cobró muchas vidas en su proceso de implementación.

Más allá de los narcóticos, sangrías y purgantes, es curiosa la aplicación de la llamada *cura de asco* creada por Heinroth (1773-1893). En este método se le hacía ingerir

_____

beneficio, el dolor que sufría el paciente y su inmovilización, que provocaba que se quedara en la cama y no subvirtiera el orden de la sala.

al paciente tártaro emético, pero el resultado –el vómi-
to– no era lo más importante, sino la sensación de *asco*
que, según su creador, le permitía al paciente repudiar sus
pensamientos absurdos para dirigir la mente hacia algo
concreto, real y repelente.

También se aplicaron *soluciones irritativas* de la piel
con el objetivo de conducir el flujo sanguíneo hacia otra
dirección y así dejar de dañar el órgano afectado, o sea,
el cerebro), productor de la locura. Jacobi recomendaba:
"[...] aplicar sobre el cuero cabelludo previamente rasurado,
cataplasmas de mostaza que llegaban incluso a producir
necrosis del hueso (Espinosa, en Basaglia, 1975).

Otro método que cobró gran repercusión fue la *hidro-*
terapia, que se aplicó de diferentes formas de acuerdo con
los casos, siendo una técnica calificada como *higiénica* (sin
duda), terapéutica y disciplinaria. La manera más utilizada
fue el *baño de agua caliente,* que consistía en mantener
al paciente durante diez o doce horas en agua caliente,
operación que se repetía durante varios días seguidos. Se
preveía la posibilidad de la aparición de algún accidente
circulatorio, manteniendo la cabeza fría con duchas inter-
mitentes de agua helada.

Tal vez la forma más leve por sus efectos sedativos eran
los baños simples de agua fría de larga duración. Otras técnicas hidroterapéuticas fueron los *baños sorpresa,* en los que
repentinamente se flagelaba a la persona con agua fría. O
los baños de inmersión, en los que se sometía al paciente a
una asfixia deliberada, pero que terminaron suprimiéndose
por las graves consecuencias que se obtuvieron.

No obstante, las duchas frías se generalizaron como
método terapéutico y terminaron conformando –como la
mayoría de los métodos mecánicos o físicos– el arsenal de
formas coercitivas de punición o castigo con que constaba
el tratamiento moral.

La terapéutica a través del trabajo –*la ergoterapia*–, fue un método que alcanzó gran difusión. Desde un comienzo se consideró un instrumento educativo para *moralizar*, o sea, moralizar como objetivo de reinserción y reeducación. Consistía en que el pobre o el paciente mental pudieran educarse o integrarse en el medio social, hasta tal punto que en las instituciones *benéficas o de caridad* eran prácticas obligadas.

En los manicomios, de acuerdo con la concepción del trabajo en este período, se desplegaron numerosas actividades dentro de lo laboral, desde actividades manuales en el hombre, como carpintería, herrería, construcciones, etc., hasta domésticas en las mujeres, como ayudantes de cocina, limpieza, lavandería, etc. Lamentablemente, en forma paulatina en este proceso institucionalizador, los fines terapéuticos se desvirtuaron y se centraron más en el trabajo –en el sentido de la producción– que en el medio para mejorar al paciente al facilitar su reinserción social. La ergoterapia quedó reducida, entonces, a una faz rutinaria y a exclusivo beneficio del asilo, logrando institucionalizar más al paciente y generar un vínculo patológico de dependencia con el hospital.

La única de las tareas que evolucionó fueron las actividades agrícolas, base de la organización de las colonias agrícolas y uno de los instrumentos principales dentro de las comunidades terapéuticas de los años cincuenta.

Comparativamente, debe distinguirse la terapia por medio del trabajo de los otros métodos. Si bien estas formas terapéuticas pueden considerarse instrumentos punitivos, la ergoterapia en el manicomio se convirtió –de acuerdo con cómo fue desarrollada– tanto en una metodología de castigo como también en una forma de tratamiento que rompió con el aislamiento, generó actividad y revalorización en muchos casos, favoreciendo la reinserción.

La utilización de la *música y el teatro* proveyeron posibilidades resocializadoras. Aunque en un principio se
tomamron como actividades recreativas, son los mayores
antecedentes que sostiene la socioterapia, y fundamentalmente se aplicaron en sanatorios privados. Estas actividades
eran, en ese momento, patrimonio de las clases elevadas,
de ahí su mayor desarrollo fuera de los hospitales públicos,
cuya población de internados estaba conformada por clases
sociales de bajos recursos.

5. La constante del manicomio y nuevos abordajes a la locura

La creación del Psicoanálisis

Cuando el siglo XIX llegó a su término, se estaba viviendo un clima de paz internacional. Fue una época de
progresos pacíficos y el mundo parecía estar estabilizado
en un creciente equilibrio cultural conformado por ideas
evolucionistas y de libertad individual.

Las teorías médico-psicológicas se acercan más a
un pasatiempo intelectual que a una búsqueda de soluciones prácticas a los problemas. Por esta causa, las
teorías no cambiaron los métodos de tratamiento, más
aún, ni siquiera trataron de cuestionarlos con el objetivo
de producir modificaciones. No obstante el favoritismo
por las teorías psicológicas, se continuó usando eméticos
y ungüentos para curar a los enfermos mentales, y hasta
algunos organicistas trataban a sus pacientes con un poco
de electricidad estática en confortables instalaciones
hospitalarias.

Los intereses por los instintos humanos generaban
conflictos y despertaban protestas en una sociedad atra-
vesada por una moral rígida. Fue una época en donde la

necesidad de libertad de expresión y la protesta contra la civilización que olvidaba la personalidad humana se expresa a través del arte, la literatura y la ciencia.

La *Genealogía de la moral*, de Nietzsche, traduce un profundo conocimiento intuitivo de la vida humana instintiva, desarrollando antes que Freud una especie de historia de la evolución de los instintos.

En esta época nació Sigmund Freud, una figura que revolucionaría con sus teorías el campo de la psiquiatría y a la misma sociedad vienesa de medicina. Nació el 6 de mayo de 1856 en Freiberg, Moravia, y pasó la mayor parte de sus años en Viena. Murió en Londres en 1939, después de haber sido expulsado de Alemania por el gobierno nazi.

Su primer trabajo en el campo médico se desenvolvió en la neuroanatomía. De allí que sus escritos iniciales trataran acerca de la neuropatología. En el año 1884 investigó la propiedad anestésica de la cocaína para, después de un año, estudiar hipnotismo con Charcot en París.

Desengañado de la electroterapia, se volvió cada vez más adepto a la hipnosis. De esta manera, comenzó a trabajar en colaboración con Josef Breuer, considerado uno de los más reconocidos neurofisiólogos en Viena.

La hipnosis permitía al paciente hablar espontáneamente, descargando numerosas emociones asociadas con fantasías y recuerdos a los que aludía a través del estado hipnótico. Debido a esta descarga de las emociones, el método fue llamado *catártico*. Estos desarrollos significaron el descubrimiento del inconsciente, y fue la primera vez en la historia de la psicología médica que se buscaba la causa de una enfermedad mientras se tendía a remover esta misma causa con la finalidad de que el síntoma de la enfermedad desapareciese.

Con el tiempo, Freud abandonó la hipnosis como técnica terapéutica y se sirvió de otros métodos para evocar las vivencias olvidadas. Es así como observó el papel de la represión en las neurosis y la aparición de los síntomas como satisfacción sustitutiva. La tarea psicoterapéutica tuvo como objetivo el descubrimiento de esas represiones y su liberación por obra de la capacidad del juicio: esta técnica fue llamada *psicoanálisis.*

En su teoría psicoanalítica señaló que la base de toda neurosis son las vivencias sexuales infantiles que más tarde se traducían en fantasías. Reconstruyó en fases la sexualidad infantil, donde la libido –como energía sexual– recorría distintas partes del cuerpo, diferenciando cada una de las etapas en oral, anal, fálica, latencia y genital. Así, observa en sus pacientes profundas perturbaciones sexuales.

Es interesante recordar que cuatro siglos antes –aunque sin aval científico– los demonólogos del medievo habían advertido sobre el rol de los impulsos sexuales. Pero esta afirmación era producto de un contexto donde primaba la ley de la Iglesia, que condenaba cualquier expresión de libertad sexual por mínima que fuera, como pecado en el mejor de los casos y como posesión diabólica en el peor, dentro de los que se incluyen los ataques histéricos.

Freud afirma que en numerosas oportunidades las fantasías inconscientes tienen tal poder que la realidad psíquica aparece más relevante que la realidad material. Cuando la realidad psíquica inconsciente domina el mundo real, se manifiesta la enfermedad mental.

Desde el punto de vista técnico, pasó del método de la *asociación libre* al estudio de los sueños y los actos fallidos, que tenían como finalidad descubrir e interpretar los sucesos acaecidos en cada neurosis.

Investigador incansable, trabajó sobre numerosos casos clínicos, escribió multiplicidad de artículos y elaboró dentro de su teoría conceptos como el de transferencia, complejo de Edipo, complejo de castración, interpretación de los sueños, las pulsiones, el aparato psíquico, etc. Entre sus discípulos, se destacaron ampliamente Carl Jung y Alfred Adler, que más tarde se abrieron de la corriente psicoanalítica y crearon sus propios modelos.

Carl Jung investigó sobre el terreno de las asociaciones y sobre una tipología psicológica. A través de sus especulaciones metafísicas y antropológicas, elaboró construcciones teóricas que consideran al hombre en general y no como individuo en particular. Por otra parte, Alfred Adler reducía todos los fenómenos de la vida mental a la lucha humana por la obtención del poder.

Freud, judío y disidente, en un mundo de psiquiatras fenomenólogos, no obtuvo los mejores reconocimientos ni aprobaciones del mundo médico. En las numerosas oportunidades en que presentó sus estudios recibió las descalificación de los científicos vieneses, que se resistieron a abandonar las viejas concepciones sostenidas hasta el momento.

Todo el campo de la psicopatología fue revolucionado por Freud en ese período y, de esta manera, el hito del psicoanálisis generó un nuevo rumbo en el campo psiquiátrico. Sin embargo, las investigaciones del psicoanálisis no se dedicaron a abordar en profundidad el tema de la psicosis, pero llenaron un vacío teórico sobre un área que la psiquiatría de la época poco se había preocupado: la neurosis. Pero no eran neuróticos los que se encontraban encerrados en los manicomios. Tal vez algunas neurosis obsesivas o histerias graves, pero en su gran mayoría eran psicóticos los que estaban marginados del sistema social. Por lo tanto, si bien el impacto de la teoría psicoanalítica hizo que los psiquiatras redimensionasen su perspectiva hacia el alienado en una óptica más psicológica, los métodos tradicionales todavía continuaban utilizándose.

Lobotomías, insulina, psicofármacos

Hasta aquí recorrimos los distintos períodos históricos en los cuales se han implementado una variada gama de instrumentos considerados terapéuticos (de acuerdo con el contexto de la época) aunque extremadamente sádicos. Hoy, estos mismos instrumentos permiten definir la ambivalencia con la que el saber psiquiátrico abordó sus iniciativas en relación con el enfermo mental.

El pivote de la *cura y custodia* es la antinomia que forma la dualidad clásica del rol que se le asigna al médico psiquiatra en un organigrama hospitalario. Por lo tanto, la utilización de cada una de las metodologías se reviste de esta doble finalidad.

Se pueden observar que en los diferentes acontecimientos de las épocas, tanto en la quema de las brujas, las cadenas y el aislamiento, la lobotomía, como, en muchos casos, el uso de los psicofármacos, poseen el control social como factor común. Pero una de las formas que muestra más alevosamente el control por sobre el paciente es la *lactoterapia*. En cierta manera, fue un método de contención que reemplazó las anillas o grilletes de hierro o tela por una reacción química. Como ya señalamos, consistía en inyectarles leche en las piernas a los enfermos agitados que con otras técnicas resultaba difícil aplacarlos.

Alrededor de 1919 se utilizó como método la *malarioterapia*. En aquella época se consideraba que la esquizofrenia era antagónica a la epilepsia. Como ésta se caracterizaba por las convulsiones, se pensaba que provocándolas en forma artificial se anularían los síntomas psicóticos. Por lo tanto, a través de la inoculación del virus de la malaria se provocaban altos picos febriles que podían detonar en crisis convulsivas.

Paralelamente en Suiza, Klaesi descubrió los efectos de los *barbitúricos hipnosedantes* para inducir el sueño

prolongado en pacientes psicóticos con el objetivo de aplacar la gran excitación motora que los caracteriza.

La *insulinoterapia* logró gran repercusión alrededor de
los años treinta. El método, descubierto por Sakel, provocaba una serie de comas hipoglucémicos administrando
altas dosis de insulina. Fue una técnica terapéutica que
se indicó fundamentalmente en el tratamiento de la es-
quizofreniam y hasta no hace muchos años mantuvo su
vigencia en algunos lugares.

A posteriori, Meduna descubrió el *cardiazol*, droga que
intentó ocupar el lugar de la insulina. Consistía en provocar
estados del tipo del gran mal epiléptico por medio de la
administración endovenosa (sosteniendo como apoyatura
teórica el antagonismo sintomatológico entre epilepsia y
esquizofrenia). Este método dejaó de aplicarse al regis-
trarse hipertensión arterial y alteraciones en la circulación
cerebral en un alto porcentaje de pacientes.

Alrededor de 1935, y durante los siguientes veinte años,
se centraron en la *psicocirugía*, que desarrolló diferentes
intervenciones quirúrgicas como lobotomías, comisuro-
tomías, talamotomías, etc. Estas operaciones fueron muy
criticadas, especialmente por las escuelas dinámicas, y su
campo de desarrollo se vio cada vez más restringido hasta
llegar al total abandono del método.

La lobotomía –inmortalizada en la obra literaria *One
Flew Over the Cuckoo's nest* (*Alguien voló sobre el nido del
cuco*), que fue llevada al cine bajo el título *Atrapado sin
salida*–, consiste en la extirpación de los lóbulos frontales
del cerebro donde se localizan los centros de agresión. Se
implementó en grados mayores de violencia y agitación
motriz, reduciendo al paciente a una condición casi vege-
tativa al bloquearle la mayoría de sus funciones reactivas.

Juntamente con el hito de Pinel y la liberación de los
internados, y los desarrollos del psicoanálisis, se podría considerar como una tercera revolución psiquiátrica la aparición

de los *neurolépticos* en la década de 1950 de la mano de
Delay y Deniker. Como todo descubrimiento, fue blanco de
juicios adversos y desestimaciones desde los más diversos
modelos. Aunque, ciertamente, estas drogas poseen una
acción específica, en general los efectos secundarios pueden
ser manejados por el médico que la administra.

Pero más allá de los resultados de la droga sobre la
química corporal, uno de los efectos colaterales principales,
que no atañen a la acción específica, es que el fármaco
posibilitó que cesaran, en gran parte, la aplicación de los
tratamientos tortuosos de aislamiento y contención mecánica, etc., que sufrían los enfermos mentales. En este sentido,
los psicofármacos rompieron con las cadenas y permitieron
una nueva perspectiva en los tratamientos. Por una parte,
posibilitaron la movilidad física de los pacientes dentro
del hospicio: se abandonó el viejo sistema de reclusión en
celdas para que el internado pudiese deambular al menos
dentro de las instalaciones. Por otra parte, se redujeron los
tiempos de internación, favoreciendo la externalización
del paciente, que continuaba su terapia fuera de los muros
del hospital bajo control médico. Esto quiere decir que se
intensificaba el tratamiento en la faz aguda de su enfermedad para después pasar a una fase de estabilización que
llevaría al retorno de la persona a su hogar.

De esta manera, aparecía el sistema del hospital de día,
que consistía en la asistencia al hospicio una serie de horas,
donde el paciente realizaba diferentes actividades desde
psicoterapia, laborterapia, intercambio con los grupos, etc.

Además, los psicofármacos, al posibilitar el tratamiento ambulatorio, generan un sistema de trabajo fuera del
hospital cuya figura profesional relevante es la del acompañante terapéutico. En general, este rol es desempeñado
por médicos, psicólogos o estudiantes de ambas carreras,
que pasan numerosas horas del día con el paciente, interviniendo *in situ*.

Para que este diseño de abordaje sea efectivo, debe estar sostenido por un equipo de trabajo que no sólo cuente con los avales teóricos, sino también con una ideología que descrea de la atención manicomial. No obstante, al no implementarse bajo la tutela del Estado, la mayoría de estos tratamientos son en forma privada y son costosos, con lo cual solamente las clases adineradas pueden acceder a ellos.

El problema de todo este planteo no es poner en duda la efectividad de una determinada droga, sino cómo se la utiliza. Bajo la ideología segregacionista del hospital psiquiátrico, resulta difícil hablar sobre el alta en la internación, ya que no sólo son los factores médicos los que juzgan si es apropiado o no externalizar, sino los juegos económicos y políticos. Por lo tanto, los psicofármacos en muchas ocasiones se han convertido en lo que vulgarmente dio en llamarse *chaleco químico,* o sea, se permutaron los grilletes y las cadenas por la camisa de fuerza, y la camisa de fuerza por el psicofármaco.

Desde esta perspectiva, es un cambio de formas y no de fondo, puesto que el medicamento implementado de esta manera es un sostenedor más de la marginalidad social del paciente mental.

Dentro de la estructura del manicomio, el psicofármaco también puede ser usado como punición frente al paciente que *no es obediente.* Entonces, ¿que diferencia existe entre el hacinamiento en celdas subterráneas o el hacinamiento interior producido por la química? La prescripción de tranquilizantes, hipnóticos, sedantes, antipsicóticos y antidepresivos resultan efectivos cuando son utilizados con criterio y no de modo abusivo. *El remedio que acompaña al paciente,* como una variable más dentro de un esquema de trabajo que tenga por finalidad la reinserción social con la mejoría subsecuente. Lamentablemente, no son pocas las ocasiones en que este sistema queda en un plano utópico e idealista, ya que en la práctica el uso del fármaco se acerca más a lo restrictivo que a lo terapéutico.

El electroshock: del matadero al manicomio

Quizás el *electroshock* constituya el paradigma de las intervenciones de la psiquiatría institucional, que bajo la inmunidad que le provee el saber científico esconde su función coercitiva. Como señala Thomas Szasz:

> [...] *el objetivo primario de los tratamientos psiquiátricos –ya utilicen como método los fármacos, la electricidad, la cirugía o la contención, y especialmente si son impuestos al paciente sin su consentimiento– es autentificar al sujeto como "paciente", al psiquiatra como "médico" y a la intervención misma como "cura". Los costos de esta ficción son elevados: se requiere, en efecto, el sacrificio del paciente como persona, del psiquiatra en cuanto pensador crítico y agente moral, y del sistema legal en cuanto protector de los ciudadanos contra los abusos del poder estatal* (Szazs en Basaglia, 1977).

La terapia electroconvulsiva es una práctica creada por el médico italiano Ugo Cerletti, que se implementó en psiquiatría hacia fines de la década de 1930. Sus fundamentos se desarrollaron después de haber visitado un *matadero* de Roma. Es ahí donde observó cómo los cerdos tenían convulsiones cuando se les aplicaba una corriente eléctrica de 125 voltios. Esta corriente pasaba a través de sus cráneos y tenía por finalidad, evitar el dolor al ser acuchillados para su faena. Pero si lograban esquivar el cuchillo del matarife, se reanimaban sin que aparentemente sufriesen algún daño a largo plazo.

Su utilización se desarrolló partiendo de la hipótesis de que la esquizofrenia y las convulsiones espontáneas de la epilepsia eran recíprocamente incompatibles. Cerletti pensó que las convulsiones artificiales, inducidas por el pasaje de la corriente eléctrica a través del cerebro, actuarían análogamente como antagonistas de la esquizofrenia.

En un ensayo sobre su descubrimiento, Cerletti dio testimonio minuciosamente de la forma en que llegó a gestar esta metodología:

Vanni me informó que en el matadero de Roma se mataba a los cerdos con corriente eléctrica. Esta información parecía confirmar mis dudas sobre la peligrosidad de la aplicación de la electricidad al hombre. Fui al matadero para observar la supuesta occisión eléctrica y noté que se aplicaba a los cerdos en las sienes tenazas metálicas conectadas a la corriente eléctrica (125 voltios). Apenas se aplicaban estas tenazas los cerdos perdían la conciencia, se ponían rígidos y después, tras algunos segundos, eran presa de convulsiones, exactamente como los perros que nosotros usábamos para nuestros experimentos. Durante el período de pérdida de la conciencia (coma epiléptico) el matarife degollaba y desangraba al animal sin dificultad. No era cierto, por lo tanto, que se matara a los animales con la corriente eléctrica; más bien se la usaba, a sugerencia de la sociedad para la prevención del tratamiento cruel de los animales, para poder matar a los cerdos sin hacerles sufrir.

Me pareció que los cerdos del matadero podían proporcionarme materiales de grandísimo valor para mis experimentos. Me vino además la idea de invertir el procedimiento experimental precedente: mientras en los experimentos con los canes traté de utilizar siempre la mínima cantidad de corriente, suficiente para provocar un acceso sin causar daño al animal, decidí ahora establecer la duración temporal, el voltaje y el método de aplicación de la corriente necesarios para provocar la muerte del animal. La aplicación de la corriente eléctrica se habría hecho, pues, a través del cráneo, en diversas direcciones, y a través del tronco por unos pocos minutos. La primera observación que hice fue que los animales rara vez morían y esto sólo cuando la duración del flujo de corriente eléctrica pasaba por el cuerpo y no por la cabeza. Los animales a los que se aplicaba el tratamiento más severo permanecían rígidos mientras duraba el flujo de la corriente eléctrica y después, tras un violento ataque de convulsiones, se quedaban tiesos sobre un costado durante un lapso de tiempo, a veces de algunos minutos y finalmente trataban de ponerse de patas. Después de muchas tentativas de recuperar las fuerzas, lograban al fin ponerse en patas y dar algunos pasos vacilantes, hasta que estaban en condiciones de escapar del lugar. Estas observaciones me proporcionaron pruebas convincentes del hecho de que una aplicación de corriente de 125 voltios durante algunas décimas de segundo en la cabeza, suficiente para causar un ataque convulsivo completo no implicaba ningún daño.

Llegado a este punto me convencí de que podíamos intentar hacer experimentos sobre seres humanos y di instrucciones a mis asistentes para que estuvieran al acecho de un sujeto adecuado.

El 15 de abril de 1938 el comisario de policía de Roma man-dó a nuestro Instituto un individuo con la siguiente nota de remisión: "S. E., treinta y nueve años, técnico, residente en Milán, arrestado en la estación ferroviaria mientras trataba de subirse a los trenes que partían sin tener boleto. No parece estar en plena posesión de sus facultades mentales y le envío a su hospital para que sea puesto bajo observación [...]". Las condiciones del paciente el 18 de abril eran las siguientes: lúcido, bien orientado. Describe, usando neologismos, ideas delirantes relativas a ser influenciado telepáticamente por interferencias sensoriales; la mímica corresponde al sentido de las palabras; estado de ánimo indiferente al ambiente, reservas afectivas bajas; exámenes físicos y neurológicos ne-gativos; presenta una destacada hipoacusia y cataratas en el ojo izquierdo. Se llegó a un diagnóstico de esquizofrenia sobre la base de su comportamiento pasivo, la incoherencia, las reservas afectivas, las alucinaciones, las ideas delirantes referidas a las influencias que decía sufrir y los neologismos que empleaba.

Fue elegido este sujeto para el primer experimento de convul-siones eléctricamente inducidas sobre el hombre. Se aplicaron dos grandes electrodos en la región fronto-parietal del indivi-duo y decidí empezar con cautela, aplicando una corriente de baja intensidad, 80 voltios, durante 0, 2 segundos. Apenas se indujo la corriente, el paciente reaccionó con un sobresalto y sus músculos se pusieron rígidos; después se desplomó sobre

la cama sin perder conocimiento. Empezó a cantar con voz
clara y después se calmó.
Naturalmente nosotros, que estábamos conduciendo el experi-
mento, estábamos sometidos a una fortísima tensión emotiva
y parecía que ya habíamos corrido un riesgo considerable. No
obstante esto, era evidente para todos que habíamos utilizado
un voltaje demasiado bajo. Se propuso dejar que el paciente
reposase un poco y repetir el experimento al día siguiente.
De improviso el paciente, que evidentemente había seguido
nuestra conversación, dijo, clara y solemnemente, sin mostrar
la falta de articulación en su discurso que había demostrado
hasta entonces: "¡Otra vez no! ¡Es terrible!".
Confieso que una advertencia así de explícita, en aquellas
circunstancias, tan enfática y autoritaria, hecha por una
persona cuya enigmática jerga hasta entonces había sido
tan difícil de comprender, hizo vacilar mi determinación
de continuar con el experimento. Pero fue sólo el temor de
ceder a una idea supersticiosa lo que me hizo decidirme. Se
aplicaron nuevamente los electrodos y suministramos una
descarga de 110 voltios durante 0, 2 segundos (Cerletti, 1956
citado en Szasz en Basaglia y otros, 1981)

Después de este hecho anecdótico, si resulta impac-
tante la utilización de la corriente eléctrica en animales,
más impresionable es su aplicación en los seres humanos
(a pesar de que la técnica se fue sofisticando con el transcurso de las investigaciones hasta llegar a implementarse
anestesia para el tratamiento).

Es interesante señalar que *S. E.* llegó arrestado por la
policía por vagabundo, y en lugar de encarcelarlo fue enviado
como sujeto de prueba a Cerletti. En verdad, Cerletti desobe-
deció las instrucciones del comisario, ya que el paciente fue
enviado al hospital *bajo observación*. Sin duda, esta historia se
acerca más a una obra de Edgard Allan Poe que a la realidad.

La explicación biológica que avala el electroshock
señala a los cambios hormonales y de humor provocados
por el cerebro en un ataque epiléptico que llevan a la formación de una sustancia que Cerletti llamó *acroagoninas*.

Si ésta se inyectaba en el paciente tendría el mismo efecto convulsivo que el electroshock.

Joseph Berke (1981) discrimina algunos efectos colaterales de la aplicación de la terapia electroconvulsiva. En principio, produce una amnesia con respecto a los hechos pasados, no se puede recordar siquiera el motivo del conflicto. Este efecto puede durar días o meses, por lo tanto, ¿se aplicará nuevamente el electroshock?: hay pacientes que han recibido hasta más de 50 electroshocks en su vida. Según Berke, este método le impide al médico ayudar al paciente, puesto que lo instala en un rol de agente de represión social en una interacción deshumanizante. Además, la amnesia sobre los hechos pasados disminuye en el paciente el autoconocimiento y el reconocimiento social durante un largo período, hecho que le impide conectarse con los afectos a través de una comunicación libre y fluida.

Existen consecuencias físicas luego de su aplicación, como fuertes dolores de cabeza y sensaciones de aturdimiento, y antes de que se usaran los fármacos miorrelajantes, no resultaba extraño que se produjese una fractura de columna durante el tratamiento.

Entre los especialistas en Estados Unidos sobre este tipo de tratamiento, Max Fink lo reivindica como una terapia de elección para la depresión clínica con aspectos psicóticos, que resulta incurable a través de otros métodos y que desemboca, en muchos casos, en el suicidio.

En el año 1985, en una conferencia realizada por el Instituto Nacional para la Salud, en Washington, Fink concluye:

> El electroshock es altamente eficaz en la cura de la depresión psicótica, y es superior a los antidepresivos y los neurolépticos usados independientemente, o al menos el efecto es similar a cuando estos fármacos se usan combinados. El ECT es eficaz en pacientes que no han respondido a la aplicación de terapia farmacológica. La duración del efecto terapéutico después de la fase aguda no es clara (citado en revista L'espresso, 1989).

Dos factores llevaron a declinar la aplicación de la terapia electroconvulsiva: por una parte, la introducción de los fármacos psicoactivos en los años cincuenta, y por otra, las ácidas críticas de los movimientos antipsiquiátricos de los años sesenta.

Debe tenerse en cuenta que el electroshock fue creado en Italia el 15 de abril de 1938 y prohibida su aplicación por ley nacional en el mismo país a través de la política de la desinstitucionalización en 1978. Es decir, fue el mismo país el creador y a la vez el detractor del tratamiento.

Fink acusa este tipo de política y el virtual abandono del uso del electroshock de estar basadas sobre la convicción de que la enfermedad mental sea un disturbio social y no biológico o médico. Como representante del modelo de la desinstitucionalización, Franco Rotelli –discípulo directo de Basaglia– responde que, sobre el plano empírico, numerosos autores han descripto que a lo largo de los años la aplicación del electroshock produce daños cerebrales irreparables. Además, considera que es una terapia de extrema violencia a pesar de que se implemente la anestesia.

Nuevamente, con este tipo de terapia sucede el típico fenómeno que desdibuja el objetivo del bienestar. Dentro de las estructura del manicomio, el electroshock pierde su finalidad terapéutica para convertirse, en la interacción con el internado, en una de las pautas de amenaza y castigo. Más allá de que en sí mismo, como método terapéutico, es violento.

Esta clase de reflexiones desembocan en plantear si la misma violencia aplicada al loco del medioevo no se asemeja a la violencia aplicada al enfermo mental del siglo XX. Con lo cual, la historia recrea circularidades isomórficas en donde cambian contextos, situaciones y personajes, como así también técnicas, metodologías y tratamientos para repetir la misma estructura de marginación y agresividad hacia el alienado. Thomas Szasz, señala que:

Ayd (1963) nos hace conocer otro aspecto interesante del primer
electroshock de la historia. Parece que Cerletti tenía la costumbre
de evocar aquella memorable experiencia mientras describía lo
sucedido –escribe Ayd– solía decir: "cuando vi la reacción del
paciente pensé: ¡debería abolirse esto!. Desde aquel momento he
esperado y anhelado que se descubriese un nuevo tratamiento
que sustituyese al electroshock". Pero si Cerletti pensó esto, ¿por
qué se lo guardó para sí? Ni Cerletti, ni ninguno de los otros
defensores del electroshock hablaron nunca en público de la
abolición de esta "cura" (Szasz, en Basaglia y otros, 1981).

Resulta difícil abolir la violencia. Si resulta difícil abortar la violencia marital, familiar, social, aquella que se
observa en el seno de la familia, de padres a hijos, entre
amigos y desconocidos, en las calles y en las cassa, en el
tránsito, entre cónyuges, hacia ancianos, a homosexuales,
a niños, en el trato social, en la delincuencia. Si resulta
utópico bregar por una sociedad que reduzca al mínimo
sus arranques de agresión, en el ámbito de la enfermedad
mental la metodología violenta no hace más que reproducir
y ser coherente con todas estas formas de violencia descriptas. Violencia que se descarga en el paciente, tal como
el martirio de las brujas, porque no es ni más ni menos que
la reiteración de todas las formas violentas, en el intento
de aplacar la sintomatología de la locura.

El auge de la psicoterapia

Durante muchos años el ideal del psiquiatra fue prescindir del término *locura,* palabra que desde el punto de vista
científico está desprovista de sentido, puesto que *perder la*
razón no tiene traducción en la terminología psiquiátrica.
Esta palabra fue muy utilizada en algunas elucubraciones
de clínicos franceses de la mitad del siglo XIX, y parecen más
literarias que científicas. Pero en los primeros años del siglo
XX, indefectiblemente, los modelos nosológicos no permitieron divagaciones, fantasías o especulaciones metafísicas.

Las contribuciones de la psicopatología a través de análisis clínicos y fenomenológicos, tuvieron por objetivo aislar de los disturbios mentales una serie de características como la percepción, la motilidad, la afectividad, la sintomatología, etc. Esta representación posibilitó agrupar cuadros clínicos diferenciales con su respectivo rótulo, en miras a que el médico pudiese en su práctica realizar el diagnóstico. Definitivamente, el concepto *locura* se alejó del vocabulario de la psiquiatría, y solamente conservó su significado en el lenguaje corriente y literario.

Más allá de los cuadros diagnósticos y la capacidad del profesional para determinar cuál era la patología a partir de los signos que observaba en el paciente, en el siglo XX el mundo de la salud mental comenzó a crear nuevos modelos de abordaje terapéutico. La mirada del investigador, entonces, no se redujo simplemente a la observación y clasificación, sino también a explorar de qué manera podía intervenir en su práctica para revertir el proceso patológico.

Los modelos de psicoterapia son construcciones teóricas que conciben los trastornos mentales desde una perspectiva particular. A partir de esta concepción, presentan una serie de herramientas técnicas –coherentes con la línea de pensamiento–, en donde la palabra desempeña un papel relevante en la mejoría del paciente.

Freud constituyó el paradigma del nacimiento de la psicoterapia. Desde los comienzos del siglo XX nacieron y se desarrollaron diferentes escuelas que abordaron la temática de los desequilibrios mentales, investigaron la psicosis, la neurosis y las conflictivas del hombre común, constituyendo líneas de trabajo propias y definidas.

En su obra *Corrientes fundamentales en psicoterapia*, Jürgen Kriz (1985) divide en cuatro los tipos de abordajes psicoterapéuticos, reuniéndolos en psicología profunda, terapia de la conducta, humanistas y sistémicos.

En la psicología profunda se incluye el psicoanálisis, que desde su creación en la Viena victoriana de fines del siglo XIX, obtuvo numerosos aportes que lo enriquecieron. Entre algunas, se destacan las de Melanie Klein (1882-1960) y Jacques Lacan, que implementan la técnica psicoanalítica reactualizándola y acoplándole nuevas particularidades tanto en la teoría como en la práctica. Lacan, a través de los aportes de la lingüística y del estructuralismo; Klein a través de la exploración de las fantasías inconscientes más tempranas relacionadas con el pecho materno.

A su vez, los discípulos principales de Freud generaron su propia producción: Alfred Adler (1870-1937) y su *Psicología individual*, Carl Jung (1875-1961) con la *Terapia analítica*.

Los trabajos con la energía de Wilhelm Reich (1897-1957) constituyen la *vegetoterapia*, que resulta el soporte teórico que da el nacimiento a la *bioenergética* de Alexander Lowen (1910-2008).

Padre, adulto y niño es la tríada secuencial que fundamenta una de las bases de trabajo operativo diseñado por Erick Berne (1910-1970), que se traduce en la línea *transaccional*. También el mismo psicoanálisis se aunó al existencialismo, generando una línea propia de trabajo por medio del *psicoanálisis existencial*, cuya figura representativa es Ludwig Binswanger (1881-1966), quien establece entre 1920 y 1930 una síntesis entre el psicoanálisis, la fenomenología y el existencialismo.

Los abordajes de la terapia de la conducta parten de los primitivos estudios del conductismo que concebían el ambiente como un conjunto de estímulos, y el organismo, una red neural. La conducta era el resultado de la interacción organismo-medio, y el nexo que unía el organismo-respuesta y el ambiente-estímulo era el reflejo.

Los principales fundadores de esta corriente son Ivan Pavlov (1849-1936), que descubrió el *reflejo condicionado*;

la *reflexología* de Vladimir Bechterev (1857-1927); Edward
Thorndike (1874-1949), considerado el precursor de las
teorías del aprendizaje, quien formuló la *ley del efecto*, y
John Watson (1878-1978), protagonista del conductismo
norteamericano.

Se incluyen, además, las teorías norteamericanas del
aprendizaje conductual con sus técnicas operativas, por
ejemplo, *la teoría del automatismo* –estímulo-reacción– de
Clark Hull (1884-1952); Burrhus Skinner (1904- 1990) y *el
condicionamiento operante*; *la teoría de la contigüidad* de
Edwin Guthrie (1886-1959), y Edward Tolman (1886-1959)
con *el aprendizaje latente*. Las modernas técnicas de la terapia de la conducta se desarrollan en las décadas de 1940
y 1950 a través de Joseph Wolpe (1915-1997) y su grupo
sudafricano, y el grupo *Maudsley* de Inglaterra liderado
por Hans Eysenck (1916-1997).

Existen otras variantes de estos abordajes que no responden a la línea tradicional pero que se incluyen en la
terapia de la conducta, como por ejemplo el *cognitivismo*.
En esta perspectiva se encuentran Albert Bandura (1925) y
Arnold Lazarus (1932), quienes introdujeron *el aprendizaje
modelo*, ampliando conceptos básicos de la terapia de la
conducta. Más heterogénea resultó la integración de aspectos cognitivos por parte de Aaron Beck 1921) y Michael
Mahoney (1946-2006). Otras variantes autónomas son la
terapia multimodal de Lazarus y la *racional emotiva* de
Albert Ellis (1913-2007).

En los abordajes humanistas encontramos las matrices
filosóficas en el existencialismo a través de Martin Buber
(1878-1965), Sören Kierkegaard (1813-1855), Friedrich
Nietzche (1844-1900), Gabriel Marcel (1889-1973), Paul
Tillich (1886-1965). En la fenomenología con Edmund
Husserl (1859-1928) y Max Scheler (1874-1938). En el humanismo clásico de Herder (1844-1903) y en el humanismo
socialista de Karl Marx (1818-1883). Principalmente en

Europa, como síntesis de estas corrientes, este abordaje se encuentra fundamentado por el humanismo francés moderno, que se desarrolló en un contexto filosófico y existencialista por obra de Merleau-Ponty (1908-1961), Jean Paul Sartre (1905-1980) y Albert Camus (1913-1960). Las raíces psicológicas llegan hasta la psicología de la Gestalt por medio de la famosa escuela de Berlín representada por Wolfgang Köler (1887-1967), Kurt Koffka (1887-1941), Max Wertheimer (1880-1943) y Kurt Goldstein (1878-1966). Esta escuela identifica el cerebro como productor de procesos mentales mediadores, con capacidad ordenadora de la realidad externa. La percepción parcela la realidad, creando jerarquías de figura y fondo, por lo tanto, la mente no traduce el fenómeno como objeto de la conciencia, sino a través de formas a priori que producen una configuración de la realidad. La Gestalt, entonces, propone la observación como totalidad y no como una descomposición de partes.

Esta concepción es uno de los avales que sostiene la *psicoterapia gestáltica*, creada por Fritz Perls (1893-1970) y que se origina en el existencialismo. Su creador también tomó los aportes del psicoanálisis, técnica que desarrolló en sus comienzos como terapeuta. Afirma que el hombre es un todo homogéneo –cuerpo y mente–, intentando con la dinámica de su modelo desestructurar esa vieja dicotomía.

El diseño de ejercicios *gestálticos* que trabajan con las emociones, los sentimientos y los pensamientos, tienen por objetivo llegar a la toma de consciencia. El paciente mismo debe entender y resolver sus problemas, decía Perls, en el sentido que los ejercicios –bajo la coordinación del terapeuta– lo llevaban a construir sus propias interpretaciones y no recibir únicamente una devolución elaborada por el profesional.

Se incluyen también la terapia del diálogo de Carl Rogers (1902-1987), sobre una dinámica de tiempos cortos,

que pertenece también al grupo de psicoterapias breves con
objetivos limitados. Sólo condicionalmente dos corrientes
pueden incluirse en estos abordajes. Se desarrollaron en
la década de 1930 independientemente del psicoanálisis.
La *logoterapia de* Viktor Frankl (1905-1997) se centra en
el sentido de la existencia humana, y el *psicodrama* de
Jacob Moreno (1889-1974), quien en 1911, a través del
teatro, puso en marcha una técnica en la cual se asocian
cuerpo, palabra y expresión, que actualiza y desbloquea
las conflictivas que aquejan a sus pacientes.

En el abordaje humanista podría incluirse el modelo de
Richard Bandler (1950) y John Grinder (1940), que reúnen
los aportes gestálticos, psicodramáticos, ericsonianos y
sistémicos al crear la *programación neurolingüística*.

Por último, se discriminan los abordajes *sistémicos*
con sus distintas escuelas y técnicas. Resulta interesante
observar que este modelo rompe con la epistemología que
rigió las ciencias clásicas y que, por supuesto, también el
ámbito de la psicoterapia: la linealidad.

La mayoría de los modelos de conocimiento estuvieron
impregnados por una mirada que intentaba justificar los
hechos a través de los procesos de causa y efecto en un
sentido unidireccional. Además, el lenguaje de la ciencia
siempre se tildó de objetivo, sin poner en cuestionamiento
los resultados de la investigación. El observador poseía una
mirada aséptica que no se involucraba en el fenómeno
observado.

Los estudios sobre cibernética y teoría general de los
sistemas, a comienzos de la década de 1960, se llevaron desde
la máquina a los sistemas humanos. Se explora al sujeto *en
relación con*, en sentido interaccional, relegando la mirada
lineal e introspectiva que imperaba en la cultura romántica
del siglo XIX. No obstante, en el siglo XX se recrearon otras
formas alternativas al instrospeccionismo, en las que la psicología se abrió al mundo y al ambiente. Pero estas formas

hablaban de un sujeto individual con capacidad de reflexión y que tenía por presupuesto que la comprensión de lo que le sucedía sería el pasaporte al cambio.

El sentido circular de las acciones humanas permite entender que las conductas de la persona implican las de su interlocutor en una dimensión recursiva. Esto da como resultado no sólo un cambio de epistemología, sino también un observador involucrado en el campo de observación, con lo cual se entra en el terreno de la subjetividad.

Dos grupos llevaron a cabo esta revolución epistemológica. Por un lado se encontraban Gregory Bateson, Jay Haley, John Weakland y William Fry (que estuvo solamente en los comienzos del proyecto) y por otro, Donald Jackson, Jules Riskin, Paul Watzlawick y Virginia Satir, que fundaron el MRI (Mental Research Institute) en Palo Alto. Ambos grupos trabajaron interdisciplinariamente y en conjunto, ya que las diferentes especialidades posibilitaron el enriquecimiento de las perspectivas de análisis. Generaron investigaciones revolucionarias sobre la comunicación en general, el concepto de esquizofrenia y de la psicosis, como así también diseñaron las bases para un modelo de psicoterapia.

Gregory Bateson –cuyos conocimientos provenían de la antropología cultural y la lingüística– y su grupo, tomaron los aportes de la Teoría general de los sistemas -Karl von Bertalanffy (1901-1972)- y la Cibernética -Norbert Wiener (1894-1964) y Julian Bigelow (1913-2003). Más allá de clasificar la comunicación en tres niveles (significado, tipo lógico y aprendizaje), analizar los efectos de las paradojas, los comportamientos de animales y explorar sobre la hipnosis de Milton Erickson, el equipo se dedicó a observar las pautas de transacción esquizofrénica. Entre las hipótesis que plantearon acerca de esta patología, se preguntaban si estas pautas aparecían por la dificultad de diferenciar los tipos lógicos en la comunicación, o sea, distinguir entre lo literal y lo metafórico. Observaron que en la psicosis, en oportunidades se utilizan metáforas concretándolas o el lenguaje literal se metaforiza.

Según el grupo, una persona con esta problemática podría *aprender a aprender*, en un contexto donde esta dificultad fuese adaptativa. Si se comprendía el contexto, se comprenderían los neologismos o nuevas construcciones de sintaxis, etc., por lo tanto, el comportamiento esquizofrénico. Y es la noción de *contexto*, relevante en la perspectiva interaccional.

Si la familia es el contexto básico donde se desarrolla el aprendizaje del ser humano, quiere decir que el sistema familiar de un esquizofrénico fue el que moldeó su conducta peculiar por vía de los particulares segmentos de comunicación que se le han impuesto a su persona. A la vez, venciendo lo que se consideraba en esa época una contaminación –puesto que desde una óptica psicoanalítica se admitía solamente la terapia individual– incorporaron integrantes de la familia al contexto psicoterapéutico.

Descubrieron que en tanto el paciente designado (el psicótico) mejoraba, otro miembro de la familia empeoraba. Así –desde lo que a posteriori se denominó modelo sistémico–, se observó que la familia necesitaba una persona como síntoma. Bateson no sólo encontró pruebas de esta suposición, sino que quedó impresionado por cómo la familia fomentaba y aún exigía que el paciente mostrara un comportamiento irracional. Este mecanismo opuesto al cambio llevó a Don Jackson (1920-1968) a acuñar el término *homeostasis familiar*.

Por último, describieron lo que llamaron doble vínculo en la comunicación del esquizofrénico (concepto que hemos desarrollado en el primer capítulo), constituido por una serie de callejones sin salida en la comunicación, donde a un nivel se puede expresar un requerimiento manifiesto para que en otro nivel se contradiga o anule. Los resultados de este proceso son siempre una respuesta patológica.

Este grupo siguió evolucionando y desarrollando nuevas investigaciones en esta línea de trabajo, generando una nueva perspectiva con respecto al origen de la locura y en la implementación de estrategias y técnicas terapéuticas. La connotación de esquizofrenia dejó, para este modelo, de centralizarse en un integrante del sistema familiar para hacer responsable un contexto interaccional generador de la respuesta psicótica.

A posteriori, estos conceptos formaron el basamento para que Ronald Laing (1927-1989), Aaron Sterson (1923-1999) y David Cooper (1931-1986), cuestionaran la familia, la sociedad y la enfermedad mental, creando el movimiento de la antipsiquiatría contra el segregacionismo del paciente psiquiátrico.

En cierta manera, el grupo de Palo Alto no sólo marcó el nacimiento de un nuevo modelo epistemológico, sino también la ruptura con la tradicional conceptualización del enfermo mental, comprometiendo un sistema familiar que margina aquello que emerge de su propio núcleo.

Aproximadamente para esta época, los primeros intentos de trabajar con familias fueron guiados a través de la técnica psicoanalítica. Desde 1951, Nathan Ackerman (1908-1971) trabajó con familias con niños emocionalmente perturbados. Ya en 1946 Carl Whitaker (1912-1995) realizaba sesiones con esquizofrénicos y su familia en donde incluía su propia personalidad y sus intuiciones, lo cual dificultó el aprendizaje de su modelo. En la década de 1960, Salvador Minuchin (1921) introdujo la terapia familiar en Nueva York y Filadelfia, creando la línea *estructural*.

En Europa también se desarrolló la terapia familiar por medio de Ronald Laing en Inglaterra, Helm Stierlin (1926) en Alemania, o el mítico grupo de Milán, cuya máxima exponente fue Mara Selvini Palazzoli (1916-199), como así también Maurizio Andolfi (1942), quien después de formarse en Estados Unidos fundó junto a su grupo la escuela de Roma.

Todos estos abordajes, elaborados en su mayoría en la segunda mitad del siglo XX, tienen como concepción la posibilidad de clarificar el mundo interno del hombre, favoreciendo de esa manera su integración en la sociedad. Algunas de las investigaciones han logrado resultados efectivos en el abordaje de la psicosis, que aún hoy permanece como patología en la oscuridad, tanto en su etiología como en su posibilidad de curación.

La psicoterapia también se ha incorporado en los organigramas institucionales de los manicomios. Si bien su ideología humanitarista dista extremadamente de la metodología tradicional, no deja de ser un instrumento más de poder que abona la estructura piramidal del asilo psiquiátrico y, por ende, sostiene en forma directa ese lugar marginal que le toca ocupar al paciente mental. Es decir, que desde esta perspectiva el psicoterapeuta en el manicomio es un aliado más dentro del juego de poderes que coadyuvan al sustento y perpetuación de la estructura asilar que hace siglos excluye al enfermo mental.

No obstante, el progreso y la evolución técnica que poseen como objetivo la mayor comprensión del hombre, no llegan a comprender a los más afectados de perturbaciones psíquicas, puesto que mientras el alienado continúa en el hospicio, el profesional mantiene el juego de la marginación.

Por otra parte, el ejercicio de la psicoterapia en forma ambulatoria, es decir, en consultorios particulares, son dirigidas a una clase social que puede acceder económicamente a una consulta. Pero si la unión entre clase social baja y enfermedad mental es directamente proporcional, las clases más dañadas psíquica y económicamente no lograrán nunca alcanzar la salud, ya que su poder adquisitivo restringe y veta la posibilidad de acceder a servicios tal vez más idóneos y efectivos en el tratamiento.

6. De la nave de los locos a los manicomios: una síntesis sociohistórica

La idea de internar pacientes con perturbaciones mentales en hospitales cerrados es una tradición sostenida a lo largo de siglos. Se podría afirmar –después de haber recorrido la historia de la locura–, que en la actualidad obedece a una estructura cliché que no se llega a cuestionar profundamente sino a partir de la década de 1960.

Todo ser humano almacena sus propias estructuras conceptuales a partir de las diversas experiencias que tiene en el transcurso de su vida. Así, construirá su historia, se constituirá en sujeto histórico y estructurará su personalidad, su estilo, sus formas, sus valores y criterios. Estas estructuras o engramas en parte se conforman por saberes adquiridos mediante el método de ensayo y error (Piaget, 1937) que se difunden a través del marco intrafamiliar y sociocultural. De esta manera, la figura del engrama *locura* se asocia –como se ha señalado en capítulos anteriores– a peligrosidad y ha sido objeto de burla, agresión y marginalidad durante siglos.

También durante siglos el manicomio se asocia –como la variable que se convirtió en constante– con la enfermedad mental y su curación, y esta construcción ideacional se arraigó no sólo en el pensamiento técnico-médico, sino también en el resto de la sociedad, constituyendo hoy parte de la sociocultura.

Desde una perspectiva sociopolítica, Michel Foucault señaló que históricamente el lugar que ocupa la locura es el terreno que dejó liberado la lepra como epidemia, a pesar de que después de este flagelo que sufrió la humanidad, las enfermedades venéreas ocuparon en un primer momento este lugar. Por lo tanto, los *leprosarios* constituyeron los lugares de reclusión de los leprosos, en gran parte víctimas de las epidemias de lepra que se produjeron en la Edad

Media como consecuencia de Las Cruzadas. Conservaron su función de lugar destinado al aislamiento geográfico y se reacomodaron para cumplir con la tarea de mantener a buen recaudo los elementos marginales.

O sea, la lepra desaparece como epidemia al final de la Edad Media, y las grandes construcciones destinadas a aislar la enfermedad del resto de la sociedad permanecieron, y serán ocupadas en tiempos posteriores:

> *Desaparecida la lepra, olvidado al leproso, o casi, estas estructuras permanecerán a menudo en los mismos lugares, los juegos de exclusión se repetirán dos o tres siglos más tarde. Los pobres, los vagabundos, los muchachos del correccional y las cabezas alienadas tomarán nuevamente el papel abandonado por el ladrón y veremos qué salvación se espera de esta exclusión, tanto para aquellos que la sufren, como para quienes que los excluyen* (M. Foucault, 1976).

Este lugar de horror, separación y marginalidad, circundado por *lo impuro*, es ocupado por el loco, y este fenómeno de la locura será apresado, por así decirlo, en siglos posteriores, por la observación médica.

Al terminar el siglo XV, estos mismos lugares fueron tomados por las enfermedades venéreas como transición. Sin embargo, no son éstas las que desempeñarán en el mundo clásico el papel que tenía la lepra en el medioevo, puesto que los enfermos de sífilis *de buen o de mal grado* fueron recibidos en los hospitales generales. De esta manera, se disipó la concentración de luéticos en espacios de reclusión. En este mismo siglo XV, la *Nef des Fous* (La Nave de los Locos) era una de las composiciones literarias que navegaba por los canales flamencos. Esta moda consistía en escribir sobre *naves,* con tripulación de héroes o distintos tipos sociales, que se embarcaban en un gran viaje simbólico.

De todas estas novelas, la *Narrenschiff* fue la única de existencia real. Estos barcos transportaban cargamentos de locos hacia otras ciudades, destinados a vivir una vida errante. La ciudad los expulsaba, depositándolos en puertos lejanos, donde se convertirían en vagabundos e ingresando al mundo de la exclusión y la marginalidad. Aquellos elementos intranquilos y perturbadores de la sociedad debían ser separados de su lugar de origen, cuestión de mantener la estabilidad y el orden. *"En ciertas ciudades importantes, lugares de paso, o de mercado, los locos eran llevados por marineros o mercaderes, y así se perdían [...]"* (M. Foucault, 1976).

En este rito se encuentra uno de los orígenes explicativos acerca del nexo entre el agua y la enfermedad mental, lo que años más tarde se constituyó en el método terapéutico de la hidroterapia, con sus piletones, duchas frías, inmersión en agua, etc.

Manifestaciones renacentistas en el arte reproducen las imágenes de la locura en los cuadros de Pieter Brueghel (Die *Dulle Grete*) o *El jardín de las delicias*, de El Bosco, u obras literarias como el *Elogio de la Locura*, de Erasmo, o los poemas de Brant. Hasta la mitad del siglo XVIII, la historia de la locura se confunde con la historia de la marginación y de la pobreza. Incluía a enfermos mentales, vagabundos, mendigos, respecto del ciclo productivo, de la dependencia, de los medios de subsistencia, etc. Es a partir del siglo XVI cuando el aislamiento de personas con afecciones mentales y que producían disturbios sociales llevó a construir centros de reclusión a partir de una sociedad cada vez más organizada.

Las raíces del desarrollo se encuentran entre los siglos XVI y XVII en Europa, en donde se transformaron las relaciones de producción e intercambios feudales en capitalistas. Este profundo proceso de revolución socioeconómica alcanzó otras áreas, intentando definir al hombre como ser social y, a partir de allí, se plantea un nuevo paradigma científico.

El enciclopedista Diderot es quien formula de manera más categórica el contenido esencial de este esfuerzo por alcanzar el mayor grado de orden y coordinación social. Según él, debe apreciarse en particular la composición de *nobleza de ánimo y ruindad, racionalidad y tontería de los hombres*, con el fin de determinar si cada uno de ellos está en capacidad de vivir como ciudadano responsable o no.

En la medida en que se elaboraron nuevas pautas de comportamiento social, el apartamiento de estas mismas normas llevó, en un proceso paulatino, evolutivo y social, a la creación de los *asilos de alienados*. Los orígenes de estos hábitos de selección social que apuntan a la marginación de los desadaptados, se encuentran en la organización socioeconómica de la burguesía que iba surgiendo con la urbanización concomitante. Los grandes flujos migratorios, que se centralizaban en las ciudades importantes, que habían sido despojados de sus estilos habituales de vida y de trabajo, llevaron a construir y reformular nuevas formas de control social, en función de evitar crisis mayores.

> *Desde un principio, el hospital general tuvo como función evitar que la mendicidad y la vagabundería se pudieran convertir en fuentes de desórdenes* (M. Foucault, 1976)

Así, se hace evidente el carácter explícitamente normativo del centro de exclusión. Puede observarse con claridad cuáles eran las principales funciones sociales que cumplía este proceso de marginación: el control represivo de aquellos factores humanos y sociales, potencialmente perturbadores, funciones de vital importancia para las nuevas estructuras sociales y de dominación.

Hasta el momento, son pocos los trabajos históricos encaminados a explicar por qué y en qué magnitud se llevó a cabo el proceso de exclusión de personas (que no podían integrarse a la sociedad) mediante su internación en manicomios. Además, se debe tener en cuenta que existían otros mecanismos de selección y/o exclusión como, por ejemplo, el encierro de vagabundos en talleres y fábricas hasta su ahorcamiento.

En la época clásica comienza lo que se llamó *El Gran Encierro*, donde se aísla a los enfermos mentales en forma total y donde el racionalismo hace de la locura un *error*, ejecutado por Descartes, y el escenario de ejecución es el despertar del mundo burgués. A la vez, la certeza cartesiana produce la desaparición del riesgo que implicaba ser loco: *si yo pienso, no puedo estar loco*. De esta manera, se confirma la diferencia entre cordura y locura, afincando cada vez más la necesidad de marginar a aquellos elementos sociales alejados de la razón que pueden subvertir el orden social.

En el siglo XVII se construyen varios internados, y se podría afirmar que el confinamiento es una creación institucional propia de este siglo. Foucault señala que, como medida económica y de precaución social, este hecho es un invento, puesto que no posee relación alguna con el tipo de encarcelamiento que se practicaba en la Edad Media. O sea, en la historia de la locura, éste es el momento en que se la asocia claramente con la pobreza, con la incapacidad de entrar en el aparato productivo a través del trabajo y con la imposibilidad de integración social. A partir de esto, se constituye en un problema para la sociedad.

Estos hospitales serán construidos para albergar la pobreza y castigar la vagancia. El loco queda asociado a la miseria y, por ende, sufre todas sus alternativas y contradicciones conjugadas a través de los siglos.

La pobreza quedará excluida de cualquier posibilidad de ayuda a través de la caridad. El pobre no es considerado *buen cristiano*, y la internación será el lugar donde los *buenos*, vagabundos y mendigos sumisos, acepten su descanso, en contraposición a los *malos,* que rechazan la internación, oponiéndose al orden establecido.

La ideología que reviste la internación será ética o moral, estableciéndose los parámetros para la reclusión de un sujeto. La locura quedará ligada al estatus de la miseria y la *holgazanería*, confinada en hospitales que tendrán como objetivo eliminar a los antisociales y aquellos miembros de la sociedad que se consideran nocivos.

En el siglo XVIII ha comenzado en Europa el frenesí de la Revolución Industrial, por lo tanto el pobre no tiene posibilidades de insertarse en este aparato de producción. Como resultado, habrá vagos, pordioseros, mendigos y locos, que no pueden o no quieren trabajar y se niegan a participar de todos los beneficios que proporciona esta naciente sociedad. Por otra parte, el pobre de mano de obra barata, de pocos recursos, pero que adhiere a esas reglas de juego, tendrá derecho a escasos beneficios –pero beneficios al fin–.

La vieja asistencia caritativa ha dado lugar a la beneficencia. El Estado –centralista y burocrático– tendrá como una de sus metas la organización social y una de sus tareas será comenzar a alejar a todas aquellas personas que desestructuren la coherencia social, entre ellas, la locura.

Con respecto a los enfermos mentales, a fin del siglo XX comenzó a desplegarse un tipo de práctica más reflexiva cuya observación comenzó a tener una perspectiva médica. Se realizaron las primeras observaciones clínicas del comportamiento de los internados, descripciones sintomatológicas, características y divisiones por patologías, que poco a poco fueron consolidando el pensamiento médico sobre las enfermedades mentales.

En estas condiciones de encierro se concibieron las diferentes patologías mentales, estructuradas por primera vez como tales y se desarrollaron los primeros tratamientos. La figura del médico fue cobrando mayor espacio en la selección para la internación, que hasta ese momento era monopolizada por los juristas y los religiosos, hecho que fue producto de amplias controversias durante años, puesto que los criterios de internación partían de juicios ético-morales.

La práctica de la internación se estructura en otros criterios muy distintos a los médicos. De ningún modo se decreta por decisión médica, ya que depende de un tipo de conciencia diferente. La conciencia práctica que separa, condena y hace desaparecer al demente es necesaria para una concepción política, jurídica y económica determinada, revestida por el papel del individuo en la sociedad (M. Foucault, 1976)

En el proceso, se constituyó la pareja compuesta por el médico y el paciente. La observación llevó a que se elaboraran tantas formas patológicas que la nosografía era cada vez más impotente para abarcarlas. Las curaciones realizadas a través de la excitación o el apaciguamiento, los reconstituyentes o la relajación creaban una extensa gama de posibilidades de tratamiento. De ahí en más, una parte del personal médico que trabajaba en las *casas de custodia* asumió la función de *la razón observadora y nosológica*. Introdujo sobre esa base formas específicas y explicables de tratamiento que cimentaron paulatinamente el significado que la actividad médica tenía en la confrontación con la locura.

De esta manera, la tríada formada por el demente, el psiquiatra y el manicomio se pudo consolidar como una dimensión social firme, y fomentó la plataforma para el desarrollo posterior. En esta tríada, el espacio físico es determinante para comprender a los enfermos mentales y la función de la psiquiatría, ya que esas *islas de la insensatez* se van delimitando geográficamente de una manera muy clara y llegan a constituir una especie de tierra de nadie.

A los ojos de la población, cristaliza el convencimiento de que la locura es doblemente peligrosa. Tanto el sufrimiento psíquico en sí mismo como el ostracismo y la pérdida de la personalidad subsiguiente conducen a percibir la locura como un flagelo de dimensiones avasalladoramente destructivas. En principio, afecta a los individuos, pero pende como una espada de Damocles sobre cada uno de los miembros de la sociedad.

Junto con ello, los métodos coercitivos formaron parte del tratamiento moral y se estructuró todo un sistema represivo, adoptando –según los lugares de implementación– las más variadas formas, desde la camisa de fuerza hasta las cadenas y el aislamiento.

En sus antecedentes, el manicomio sigue fiel a sus orígenes con respecto a la captación de la marginalidad: leprosos, venéreos, vagabundos, delirantes y locos forman una secuencia mortal de exclusión social.

No se puede concluir de manera unívoca por qué se apartó en grandes depósitos a los hombres que no se podían integrar socialmente. Sin embargo, es factible afirmar que la función esencial de esos asilos era retirar de la circulación social a personas que pudieran convertirse en factores de alteración de la estabilidad con el fin de desterrar de la conciencia de la población su existencia misma.

Los hospitales psiquiátricos del siglo XXI siguen conservando esta tradición. La sociedad actual continúa segregando a los desadaptados, a los que no comparten el código del sistema social. Por eso es necesario *embarcarlos* a navegar por los ríos imaginarios de los hospicios y depositarlos en las tierras más alejadas posibles.

SEGUNDA PARTE

EL NAUFRAGIO
DE LA NAVE DE LOS LOCOS

Capítulo III

Una nueva visión de la locura
o abrir las puertas del asilo

Fue así que enloquecí.
Y en mi locura he hallado libertad y seguridad;
la libertad de la soledad y la seguridad de no
ser comprendido, pues quienes nos comprenden
nos esclavizan.
Pero no dejéis que me enorgullezca demasiado
de mi seguridad; ni siquiera el ladrón encarcelado
está a salvo de otro ladrón.

Khalil Gibran

En el capítulo anterior, se recorrió el paradigma manicomial como sinónimo de la marginalidad social del
loco. También se incluyeron algunas figuras que pueden
constituirse en predecesores de las experiencias alternativas
contemporáneas.

Sorano, Weyer, Agrippa, Paracelso, Pinel, entre otros, en
distintos períodos y con diferentes ópticas, introdujeron una
perspectiva más humana en el tratamiento a los alienados.

En este siglo, la posguerra, la década de 1960, el Mayo
del '68 en Francia, fueron algunos contextos que moldearon
emergentes de ideas renovadoras en el área de la salud mental. De esta manera, bajo los principios de la comunidad
terapéutica, se desarticulan y se ponen en crisis las formas
de tratamiento psiquiátrico.

La antipsiquiatría arremete de manera rotunda, diri-
giéndose a una praxis concreta: la creación de experiencias

institucionales que anulen la concepción manicomial. Dos
fueron las principales, cuyo leit motiv *de puertas abiertas*
simbolizaban la cumbre de la no diferencia, la no opresión
y la libertad. Pero algo sucede en el mecanismo de funcio-
namiento social. A pesar de que esas experiencias arrojaron
saldos positivos, se disolvieron o fueron disueltas, fagocitadas
por un verticalismo segregante.

Tal vez este resultado se deba a que se continúa inten-
tando con instituciones alternativas, tal vez sea necesario
de una vez por todas negar la institución. Analizaremos este
proceso en el próximo capítulo.

1. La comunidad terapéutica

La superación de la estructura manicomial tradicional,
como rasgo característico e imprescindible de la Europa
civilizada, se produjo aproximadamente alrededor de los
años cincuenta. Fue sobre todo en los países anglosajo-
nes donde, en aquel entonces, se trató de modificar las
condiciones de encierro de los pacientes psiquiátricos en
comunidades terapéuticas.

La psiquiatría ortodoxa, aquella que trabajaba tras los
muros del asilo, fue criticada por un contexto que reclamaba suprimir la diferencia y crear nuevas experiencias
que posibilitaran una organización y trato horizontal con
el alienado. El producto de ese contexto se concreta en la
figura de la comunidad terapéutica, cuyo sostén teórico e
ideológico se basa en los aportes de Maxwell Jones.

Las primeras elaboraciones de sus investigaciones que
lo llevaron a conformar esta organización, datan de los
primeros años de la década de 1950. A pesar de que ya ha
pasado casi medio siglo, sus ideas revolucionarias siguen
aún hoy vigentes, y sirven de apoyatura para la concepción
de otros modelos.

La concepción de Jones implicó una crítica y renuncia al modelo clásico de atención psiquiátrica, de la cual el manicomio era su mayor exponente. Inventa un tipo de institución en la cual el paciente no se diferencia del médico ni del resto de los operadores técnicos, de lo que emerge una estructura donde el autoritarismo y la verticalidad no tienen cabida. Esto se traduce en acciones: por ejemplo, en la toma de decisiones en forma conjunta, la no distinción jerárquica de roles, el paciente que abandona su pasividad para volverse activo, con tanta responsabilidad como el resto del equipo, etc. En síntesis: la convivencia es absoluta y total.

Este mismo nivel de compromiso en la toma de decisiones va desde las actitudes mínimas hasta los grandes movimientos. No sólo queda en una cuestión de circularidad jerárquica, sino que desde ésta se ejecutan los cambios de realidades. Por ejemplo, puede discutirse hasta las formas de tratamiento, en donde se relega cualquier método *terapéutico* abusivo y drástico. Una vez obtenido el consenso, se procede a su implementación.

La aplicación de este modelo es factible, según Jones, en comunidades de pocas personas. Si la cantidad de pacientes es numerosa, puede subdividirse en grupos menores, ya que el diseño organizacional está planteado en términos de la atención personalizada, que solamente es posible en colectividades pequeñas.

Esta operatoria de trabajo terapéutico se insertó en numerosas clínicas psiquiátricas y muchos de sus postulados fueron el sustrato teórico de otros modelos, como el antipsiquiátrico o el de la desinstitucionalización. Su radio de influencia no se limitó a clínicas psiquiátricas únicamente, sino que también abarcó los centros de asistencia ambulatoria, que si bien no se erigen como comunidades terapéuticas en sentido estricto, adoptan actitudes que condicen con sus principios, modificando sustancialmente la relación paciente/profesional.

La comunidad terapéutica tenía por finalidad la reinserción del sujeto a la sociedad. Para este objetivo, recurría
a la destrucción de dos parámetros que eran condición
de la institución manicomial: permutar el encierro y aislamiento por la libertad, y la rigidez de las reglas por la
flexibilidad. El resultado fue una enorme distensión en el
tratamiento y en los preceptos utilizados hasta entonces,
que articulaban autoritariamente la vida de las personas
asiladas al margen de la sociedad.

A consecuencia de la Segunda Guerra Mundial –como
secuela de la crisis–, durante la fase de reestructuración, en
Inglaterra se cuestionaron modelos políticos y culturales en
cuya solución se trabajó de manera pragmática y sobre la
base de la experiencia colectiva ganada durante la guerra.
Esta mecánica llevó a constituir el Servicio de Salud, que
incluyó el tratamiento terapéutico de los enfermos mentales
a través de la introducción del *Disabled Person Act*. Los pacientes psiquiátricos obtuvieron por primera vez un marco de
condiciones legales de atención, en el cual también se hacía
referencia explícita a programas de asistencia ambulatoria,
que superaban el tradicional aislamiento.

Prácticamente, se percibió el manicomio como una
institución donde deberían hacerse serios esfuerzos para
reincorporar a la sociedad a quienes hasta entonces habían
sido excluidos de ella.

La comunidad terapéutica se propuso como objetivo la
gradual superación de los muros del establecimiento psiquiátrico e impulsar a la sociedad a un diálogo sobre el significado
que tienen los padecimientos psíquicos para el bienestar
común. Sus fundamentos se basaban, principalmente, en
asambleas entre pacientes y profesionales, destruyendo esta
rígida limitación. Las estructuras piramidales adquieren una
notoria horizontalidad y no son cuestionadas ni las nosografías psiquiátricas ni la institución, pero sí sometidas a
una revisión profunda en vistas a superar la situación asilar.

Esto somete a una dura prueba al profesional que, posicionado por arriba del enfermo, se guarecía tras el escritorio y el guardapolvo blanco, distintivo de quién es el sano y quién el loco. Ahora debía exponerse de una forma diferente, el trabajo imponía otras reglas de juego que era sostenido por la no diferencia y el respeto mutuo. Además, introducirse en este juego antagónico con el hospital psiquiátrico, lo obligaba –para poder jugarlo– a cambiar necesariamente su esquema mental acerca de qué es la locura y cuál es el trato que debe realizar a ella.

Como sistema, la comunidad terapéutica fue introducida en diversas clínicas *"como una prometedora posibilidad de superar el manicomio"* (Jones, 1968). Las *puertas abiertas*, como símbolo de libertad, fue el *leit motiv* que desmanteló la *gran encerrona* que sostuvo durante siglos el manicomio.

Mediante la modernización y la humanización de las condiciones de vida en la institución, así como a través del trabajo público bien orientado y el diagrama de actividades que revelaba la interdisciplinariedad de los roles, se trató de desmontar el carácter apodíctico que el manicomio tenía en la conciencia de la población. Se logró, por lo tanto, que la comprensión que había surgido durante la guerra hacia el comportamiento desviado, no cayese en el olvido.

Estos intentos por reestructurar el establecimiento psiquiátrico que se emprendieron durante la posguerra, fueron acogidos por algunas instituciones asesoras internacionales, tales como la Organización Mundial de la Salud (OMS).

En el informe sobre la situación de la salud psíquica en sus países miembro (1953), los expertos de la OMS realizan una recomendación –apoyada sobre la evaluación de las experiencias de remodelación– en el sentido de que las clínicas psiquiátricas deberían trabajar como comunidades terapéuticas, con el fin de preocuparse por la preservación de la individualidad y el respeto del paciente. Es decir, estimular su responsabilidad e iniciativa, y dejar en claro el derecho que poseen los pacientes psiquiátricos a ser dignos de confianza. También se debería asegurar que el paciente estuviese en capacidad de dedicarse a una actividad regular, por medio de la cual pudiera reinsertarse socialmente.

En cuanto a estas perspectivas de reforma institucional, estuvieron dominadas por una pretensión de eficiencia. De manera que estructuralmente las reformas sólo podían aplicarse donde también de hecho era posible una resocialización económica de los internados. O sea, donde los pacientes psiquiátricos pudiesen ser reinsertados sin problemas en el aparato productivo y social.

Por otra parte –para entender mejor la situación sociocultural de la posguerra–, es importante señalar dos aspectos relevantes. En primer lugar, se llevaron a cabo estudios sobre el microuniverso del manicomio, preponderantemente aplicando el *método de la observación participante* (Goffman, 1961). Esos estudios proporcionaron una sólida base testimonial para cuestionar, de manera pública y masiva, las condiciones de vida en los manicomios, tanto desde la perspectiva ética como desde la terapéutica.

En segundo lugar, se realizaron algunas experiencias en la gestión de terapias psicosociales, tendiendo a borrar en el trabajo terapéutico cotidiano las fronteras entre las categorías de normalidad y desviación y, en consecuencia, las jerarquías entre paciente y terapeuta.

En esta ocasión, la opinión pública reaccionó con flexibilidad y permitió que la experiencia a flor de piel con la locura se afianzara de tal manera que el conocimiento obtenido de esta praxis no fuese destruido desde el embrión. Así, por ejemplo, se remarcó la importancia de la comunicación directa y empática que se desarrolla en el tratamiento psiquiátrico, basado fundamentalmente en la comprensión. Se entiende que la situación de crisis es cuando la necesidad de aceptación y comunicación es más intensa, y que debe superarse el habitual nihilismo terapéutico y buscar nuevos rumbos en la práctica psiquiátrica.

En resumen, la comunidad terapéutica se desarrolló en una atmósfera psicocultural de espíritu abierto. Transcurrió paralelamente a una multifacética renovación psiquiátrica. Puede concebirse –desde la perspectiva de la sociología y la psicología social– como un ensayo de transformación global y profunda del manicomio hacia una entidad moderna.

Este proceso señalaría el camino que daría como resultado una institución más eficiente. Sin embargo, no logró introducir cambios sustanciales en la exclusión de personas, puesto que para la reintegración social y laboral de los internados no se contaba con los medios suficientes.

Dentro de los postulados de cambio que desarrolló la comunidad terapéutica, los siguientes ítems podrían considerarse los principales:

- **Su objetivo es la reinserción social**, o sea, desenvolver una experiencia de transición que tendría por finalidad la recuperación de los vínculos sociales del paciente psiquiátrico.
- **Se suprime cualquier forma restrictiva** o de castigo, sustento de la estructura manicomial. Por ende, la represión se permuta por libertad, que permite elegir, decidir y hacer, recuperando la identidad humana.
- **El trato con el internado es humanitario**: el afecto y el contacto son elementos claves.
- **El paciente es identificado por su nombre**, como todo ser humano. Se evita la cosificación, intentando romper la frialdad y distancia profesional/paciente.
- **Puertas abiertas y ventanas sin barrotes**, conjuntamente con un ambiente confortable, se contraponen a la arquitectura custodial de los manicomios tradicionales.

- **Se horizontalizan los juegos jerárquicos** para colocar a pacientes y profesionales en un mismo plano, entendiendo que cualquier integrante del equipo es importante. De esta manera, se desestructura el verticalismo piramidal de la institución psiquiátrica.
- **Flexibilidad de roles**. La rigidez es característica del verticalismo jerárquico: un rol tiene un comienzo y un fin. La plasticidad se intenta, trabajando en forma interdisciplinaria y con conciencia de equipo.
- **Las asambleas comunitarias** que se realizan en una comunidad terapéutica posibilitan la participación de los pacientes, conjuntamente con los técnicos, en la toma de decisiones y en ejecución de acciones. Recuperar la voz es también recuperar una identidad humana.
- **Actividades laborterapéuticas y de ergoterapia,** que permiten el aprendizaje de oficios y poder obtener una rentabilidad que favorezca la reinserción al aparato productivo y social.
- **Actividades lúdicoterapéuticas**, tanto recreativas como artísticas. La pintura y el teatro favorecen la reinserción, la interacción, la posibilidad de expresarse, y son consideradas terapéuticas dentro de este marco.
- **Los espacios verdes y las granjas**, que posibilitan el aire fresco (que en algún momento de la historia reclamaba Pinel para sus internados en la Bicêtre), el contacto con la naturaleza, el aprendizaje del cultivo de la tierra y el cuidado de animales, etc.

Uno de los planteos centrales de la comunidad terapéutica fue que desde sus orígenes formuló una antinomia con el asilo tradicional, estableciendo una ruptura de lo que se erigió como ente de marginalidad y control social. El desarrollo de parámetros abiertos, flexibles y la no restricción fueron bastiones que se preconizaron frente a una sociedad que requería la reclusión de sus locos para regular el equilibrio.

Pero en el plano pragmático, significativamente, los resultados fueron frustrantes en diversas experiencias. Con el paso del tiempo, las comunidades terapéuticas en general, terminaron constituyéndose en instituciones cerradas o cuasi cerradas. O sea, se comenzó con el desarrollo de las propuestas iniciales y en forma paulatina fueron girando en dirección al trato manicomial.

Las razones puntuales pueden ser muchas: desde los juegos de poderes intrainstitucionales, movimientos políticos, tanto en la sociedad como de la comunidad terapéutica, resistencias sociales y del equipo. Hasta motivos económicos, donde la reinserción es imposible, convirtiendo a la comunidad en un pensionado que desvirtúa así su finalidad.

En síntesis, estas razones competen a un interjuego que se influencia recursivamente. Involucra tanto al macrosistema –la sociedad– que desde su seno puede presionar para abolir o impulsar una experiencia innovadora, teniendo en cuenta que la comunidad terapéutica es una institución y, como tal, debe responder a las pautas que la sociedad le marca. Como así también al microcosmos de la organización, en donde las jerarquías llegan a preponderar sobre la circularidad de funciones, efecto que reproduce la dinámica del juego social.

Si la comunidad terapéutica es inventada por un contexto que habla de los derechos humanos, reproduce este parámetro. Y no es para menos, las secuelas de la posguerra fueron la posición contraria al fascismo, erradicando cualquier forma de posición dictatorial y creando una hipersensibilidad a todo lo que fuera mando o poder.

Si después de este primer momento la sociedad retorna, por así decirlo, a una interacción verticalista, no resulta extraño que las experiencias que fueron alternativas en un período dejen de serlo en otro. Parecería ser, entonces, que la institución en sí misma requiere estamentos jerárquicos y sumergirse en juego de poderes oficiales e implícitos, para sostenerse y funcionar de manera *normal.* Léase normal para la época que le toca vivir.

Por lo tanto, la ideología institucionalista y manicomializante, afincada en el saber/poder técnico y en la población en general, avalada por la historia, constituyen el sentido sociocultural que reclama depositar a esos seres humanos que considera provocadores de desorden social.

Resulta interesante reflexionar acerca de este punto: ¿será posible que la única manera de funcionar en el contexto social sea a través de delimitar las diferencias en términos de quién es el que manda y quién acata?

2. La antipsiquiatría

Para comprender con más claridad todos los eventos alternativos al mundo psiquiátrico clásico, es importante tener en cuenta el ámbito contextual en el que se desarrollan. En principio, los años sesenta fueron claves en la ruptura de los parámetros conservadores sustentados hasta el momento. Los primeros movimientos *hippies y bitnies* se revelaron pacíficamente frente a la imperante formalidad estética, ética y filosófica de la época. El arte, las costumbres, la vida cotidiana, se vieron impregnadas de renovación y revisionismo. Por ende, esto también alcanzó al mundo científico.

El mundo de la psiquiatría sufrió los embates de estas nuevas consonantes socioculturales que llevaron a reformular los sistemas de salud, el concepto de locura, las nociones de prevención, el método manicomial, los psiquiatras y su rol, el personal general de asistencia, etc. A su vez, se evidenciaron y explicitaron las contradicciones del sistema sanitario tradicional, como culminación del espacio de transición –de la década de 1950– cuando se elaboró una concepción diferente a la atención asilar.

De esta manera, como reflejo de este contexto, David Cooper responde frente a la pregunta *¿qué es la enfermedad mental?*:

> *La humanidad alienada del loco es inseparable a la contrahumanidad alienante del médico, al igual que las figuras del amo y del esclavo que aparecen en la fenomenología del espíritu de Hegel –ambas se necesitan–, no son nada una sin la otra, y viceversa, el psiquiatra y el loco surgen históricamente como el tipo y el contratipo de la individualidad burguesa* (Cooper, 1986).

Este párrafo condensa la ideología que posibilitó el surgimiento del movimiento antipsiquiátrico inglés, a través de David Cooper, Ronald Laing y Aaron Esterson, con una posición crítica que expresa la modificación de la estructura dialéctica psiquiatra, loco y manicomio.

Existen dos hechos importantes que detonan el nacimiento de esta nueva corriente. Por un lado, nuevas conceptualizaciones que ponen en duda la perpetuación del modelo médico de la psiquiatría que concibe la locura como un producto sociogenético. Y por otro, las serias disfuncionalidades asistenciales de los manicomios que provocan la emergencia de modificar este sistema, aboliéndolo por considerarlo una institución productora de cronificación de patología y de trastornos irreversibles.

La *antipsiquiatría,* como movimiento científico se inició en Gran Bretaña y fue Cooper quien acuño el término. En diversos países surgieron otros grupos que se identificaron con la ideología de sus pares británicos, pero no se rotularon bajo el mismo nombre. No obstante, la concordancia de objetivos, la asociación en sus concepciones y la convergencia de ideologías, los hace portadores de esta misma denominación.

Además, es valioso discriminar –y es obvio– que estos grupos que se revelan frente al pensamiento tradicional psiquiátrico son minoritarios. Así se observan, en países como Italia, España, Francia, Estados Unidos, Alemania, pequeños núcleos que han resonado y tenido un impacto profundo en el pensamiento profesional.

Otra realidad –también obvia–, es que estos grupos minoritarios no fueron acogidos con beneplácito y apoyo por el mundo psiquiátrico que avalaba el asilo como forma de intervención. El rechazo y el menosprecio se hicieron sentir desde el comienzo, tratando de amenguar las posibilidades de cambio que planteaban estos psiquiatras *rebeldes*.

A pesar de las resistencias, el impacto producido en la esfera intelectual y científica fue muy importante, puesto que logró efectivizar –en distintos planos y a costa del descrédito– cambios sustanciales en la relación del enfermo mental y la sociedad.

La antipsiquiatría abre al mundo psiquiátrico una serie de crudos interrogantes que desenmascaran el oscuro velo que revistió a lo largo de los siglos al alienado, su segregación social y el manicomio como vía de solución. Para estos interrogantes hasta el día de hoy, no se ha encontrado respuesta.

Las actitudes radicalizadas de este movimiento operaron como desencadenantes de renovación que llevaron, a través de experiencias alternativas, a evolucionar la anquilosada línea psiquiátrica. Muchos de sus postulados y afirmaciones fueron tildados de agresivos, incoherentes y faltos de lógica. Pero no debe dejarse de reconocer que estos planteos fueron enérgicos y demoledores, porque históricamente tal fue la presión del sistema, que era necesario ejercer una presión mayor para poder lograr un mínimo de efectividad en la praxis. Es así como estas reflexiones llevaron a cuestionamientos cuyas respuestas denotarán muchos esfuerzos y auténticos cambios de actitud.

Sus precursores

Erwing Goffman: estigma y marginación

Erwing Goffman es considerado uno de los precursores más importantes del movimiento antipsiquiátrico. Como psiquiatra, trabajó durante varios años en el Hospital Santa Isabel, en Washington, en donde se dedicó a estudiar la forma de vida de los internados. Llegó a discriminar en el manicomio cómo se desarrollaba la organización del tiempo, la laborterapia, los momentos de esparcimiento, etc.

En función de las relaciones interpersonales, exploró tanto la relación entre pacientes como la relación de éstos con los profesionales, armando un cuadro de interacciones en general. Respecto a los estudios de la vida social de los enfermos, no implementó métodos estadísticos que lo pudieran llevar a cosificar y estandarizar lo que él entendió como inestandarizable: la vida del ser humano. A la vez, estos métodos le hubiesen impedido obtener información sobre el marco contextual organizacional de la vida del paciente.

El libro *Assylums* (1961) es el producto de las investigaciones realizadas por Goffman, donde plantea la problemática del hospicio tomando como marco de referencia la institución totalitaria. En otros términos, describe el manicomio como un lugar de vivienda y trabajo para un gran número de sujetos que se encuentran en la misma situación psicosocial y, que por esta condición, deben permanecer marginados del mundo durante largos períodos, cuya salida se convierte en utopía. En esta vida de reclusión todas las acciones son extremadamente reglamentadas. De manera similar, otras instituciones totalitarias como los cuarteles militares o las cárceles responden al mismo tipo de organización.

Su objetivo se halla centrado en priorizar el estudio de la vida del enfermo por sobre la organización del personal sanitario. No obstante, estudia la diagramación y estilo de la vida clandestina de la institución totalitaria, describiendo los modelos de hospitales psiquiátricos y la planificación del esquema médico tradicional.

Analiza, además, las características de este tipo de institución y discrimina con claridad, los ritos y ceremoniales competentes al universo del segregado, tanto en la fase prehospitalaria como en la hospitalaria propiamente dicha.

Goffman puede ser considerado un investigador certero en sus conceptos, que se ponen de manifiesto en una cantidad de información acerca de la realidad de la vida íntima de los establecimientos psiquiátricos.   Sobre el comportamiento psicótico realiza la siguiente hipótesis:

> *[...] atenta contra lo que podría considerarse el orden público, especialmente una parte del orden público, es decir, el orden que rige el comportamiento de las personas cuando se encuentran físicamente en presencia unas de otras. Gran parte del comportamiento psicótico es, en primer lugar, una incapacidad de conformarse a las reglas de conducta establecidas para la interacción cara a cara: reglas establecidas o, por lo menos, consolidadas por algún grupo que valora, juzga o controla. El comportamiento psicótico, en muchos casos se podría definir como una incorrección situacional. Considerando que muchos síntomas psicóticos son ejemplos de incorrecciones situacionales, debemos preguntarnos si todas las incorrecciones situacionales son ejemplos de síntomas psicóticos* (Goffman, en Forti, 1976).

Plantea que el parámetro de conducta psicótica es establecido a partir de pautas y normas sociales, y que su desviación conforma un cuadro que desde una perspectiva sociológica se describiría como anormal. Por supuesto que éste no es el único tipo de desviación.

En función de los objetivos de la psiquiatría, señala que las personas que se presentan para ser atendidas por un psiquiatra, en general, han llamado la atención del vulgo.

Por lo tanto, lo que los psiquiatras llaman enfermedad mental ha sido previamente denominado por la población como un comportamiento plausible de ser sancionado negativamente. La meta de la psiquiatría, entonces, ha consistido en introducir una perspectiva técnica, pero debería utilizar la comprensión y el tratamiento humanitario en lugar del castigo, o preocuparse por los intereses del segregado en lugar de centralizar su atención en el círculo social que margina, tal vez como un modo de defenderse del diferente.

En su libro *Estigma. La identidad deteriorada* (1963) Goffman describe cómo los griegos señalaban por medio de signos corporales –como cortes o quemaduras– a aquellos que eran considerados criminales, traidores y esclavos. Esta misma discriminación, señala, en la sociedad actual puede referirse a enfermedades, racismo, defectos físicos, condiciones sociales determinadas, clasismo, minusvalía física, etc.

Entre estos numerosos estigmas que, según las épocas, ha creado, recreado y mantenido la sociedad, el estigma de la enfermedad mental ha sido uno de los más arraigados a través del tiempo. Es estudiado por el autor en todas sus facetas, y concluye que ser loco contribuye al *statu quo* del equilibrio social y, a la vez, denuncia un estado de cosas que es preciso superar.

Sostiene que la concepción de que el comportamiento del alienado sea una forma de desviación social se acepta a medias en el ambiente psiquiátrico. Pero lo que no se advierte, es que las pautas biológicas y las pautas sociales son muy diferentes, y los métodos que se desarrollan para analizar las desviaciones de las primeras, en raras oportunidades son adecuados para las segundas.

El primer problema es que los sistemas regulados por normas sociales no son individuos biológicos, sino relaciones, orga-

nizaciones y comunidades; el individuo simplemente sigue o
contraría las reglas, y su relación con cualquier conjunto de
normas que sigue o rechaza, puede ser sumamente compleja,
como veremos, puede llegar a ser un problema más político
que médico.
El segundo problema tiene que ver con el mismo proceso nor-
mativo. El modelo biológico se puede formular en términos
extremadamente simples: desviación, reacción reparadora,
retorno al equilibrio (asociada a la eliminación o a la des-
trucción del agente patógeno); o desorganización, es decir,
destrucción del sistema. Un cuadro realista del conjunto
de reglas sociales es mucho menos ordenado (Goffman, en
Basaglia, 1975).

Según el autor, el sujeto a través de la socialización
incorpora la idea de que ciertas reglas son justas y que está
obligado a sostenerlas, sintiéndose culpable cuando se
aparte de ellas. La respuesta de la sociología al problema de
la pauta y su aceptación, involucra el significado normativo
del término *control social* y de los elementos que competen
a un ciclo correctivo que se pone en juego en caso de que
se sea transgredido. La locura se introduce, entonces, en
la problemática de las conductas desviadas de parámetros
normativos sociales, por lo cual, la marginación sería un
elemento corrector.

Goffman alude a *ofensores y ofendidos* del interjuego social, entre los que transgreden la norma y los damnificados
por esta transgresión. Este interjuego no puede examinarse
separadamente de las relaciones y de la organización, en
tanto no existen actos sociales que no sean coherentes o
mínimamente justificables dentro de determinados contextos. De aquí se hereda la relatividad de las atribuciones
de sentido frente a algunas acciones.

Los delirios de un simple soldado se consideran como derechos para un general; las insinuaciones obscenas de un
hombre hacia una mujer que no conoce son piropos un
poco subidos de color que un marido hace a su mujer; la

circunspección de un paranoico es la forma de proceder muy justificada de miles de agentes secretos (Goffman, en Basaglia, 1975).

Por otra parte, la psiquiatría se expresa por categorías diagnósticas descritas en *poderosas* nosografías. Desde la primera clasificación kraepeliniana, hasta las últimas clasificaciones de la OMS, se constituye un verdadero intento por calificar y cuantificar las enfermedades mentales.

Este intento se revela como un hecho utópico, puesto que resulta muy difícil encajar la realidad del hecho cotidiano en rígidos cuadros clasificatorios que descuidan el contexto. La vida psíquica de un sujeto, se equipara con la de un universo fenoménico que resultaría imposible de abarcar.

La complejidad de gamas sintomatológicas y rasgos caracterológicos conforman numerosos síndromes que difícilmente puedan captarse en su totalidad. Los psiquiatras y clínicos realizaron, como intento de solución, más y más cuadros diagnósticos, complicando aúm más la trama nosográfica.

Algunas corrientes –consideradas las más vigentes en el campo actual de investigación–, intentan abandonar la idea de rotular al paciente a través del diagnóstico para evitar confeccionar profecías autocumplidoras. Por ende, se limitan a la observación de los síntomas analizando su etiología causal o como en los modelos interaccionales que se dirigen a entender el objetivo de los síntomas –el para qué– dentro de un sistema, más que buscar por qué suceden.

En síntesis, lo que Goffman remarca es la importancia del contexto en función de interpretar determinados hechos. La significación deviene del marco de referencia en el cual se desarrolló una acción. Como así también, cabría preguntarse cuál es la teoría del descriptor que califica el hecho como patológico o no.

Thomas Szasz: el mito de la enfermedad mental

El psiquiatra Thomas Szasz emigró a Estados Unidos en la adolescencia. Allí realizó los estudios de medicina y años más tarde se entrenó en psicoanálisis. Además de numerosos artículos y libros publicados, efectuó diferentes investigaciones que se centraron en la crítica hacia la ideología del *imperialismo* psiquiátrico. Entre ellos figuran *El mito de la enfermedad mental, La fabricación de la locura* e *Ideología y enfermedad mental.*

Uno de sus cuestionamientos tiene como blanco los desarrollos que ha hecho la psiquiatría durante siglos para construir sus principales conceptualizaciones. En principio, revisa los estudios acerca de una de las patologías más antiguas: la histeria, y establece un paralelismo con las enfermedades neurológicas. Señala que un conjunto de conductas humanas ante determinadas circunstancias llevó a los freudianos a definir y clasificar como una enfermedad un conjunto de fenómenos que nada tienen que ver con un concepto nosológico, salvo en *cierta apariencia.*

Diferencia la histeria en todas sus manifestaciones, y concluye que al igual que con el resto de las entidades psiquiátricas, la psiquiatría se basa en meras apariencias o en fenómenos circunstanciales. Por lo tanto, ya no es posible afirmar que la histeria es una enfermedad. En síntesis, el *mito* de la histeria da lugar a que se pueda hablar del mito de la enfermedad mental en general.

Cronológicamente, esta postura de Szasz podría considerarse uno de los basamentos del movimiento antipsiquiátrico, puesto que cuestiona las concepciones de los trastornos mentales según parámetros sociológicos y médicos, y abre el camino para desarrollar las actitudes más radicalizadas de esta corriente.

En una conferencia dictada en México sobre *el mito de la enfermedad mental,* otorga su propia definición a la esquizofrenia:

Quisiera darles una pequeña definición –no la tomen dema-
siado en serio, pero tampoco la consideren como un simple
chiste–, mi propia definición de esquizofrenia. Por supuesto,
fue hecha teniendo en mente la situación norteamericana,
pero considero que también puede aplicarse a la situación
de México. Dice así: si uno va a la Iglesia y habla con Dios,
a eso se le llama rezar. Si sale uno de la Iglesia y le dice al
policía de la esquina que Dios ha hablado con uno, eso es
esquizofrenia (Szasz, en Basaglia, 1978)

Esta definición involucra aspectos sociológicos, de los
cuales no se puede prescindir si uno desea entender qué
es la locura. Para comprenderla, es necesario entrar en
un desarrollo de alta complejidad que no debe reducirse
al estudio de un solo aspecto, por ejemplo el biológico,
puesto que se estaría observando la problemática de manera parcial.

Szasz toma como apoyatura para elaborar sus conceptualizaciones el contexto social. Esta visión sociológica le
permite incursionar en los aspectos médico-legales de la
práctica psiquiátrica, entrando en el terreno de las formas
de tratamiento y las acciones coactivas que la psiquiatría
utiliza en su metodología. Para este desarrollo parte de
las condiciones de salud y enfermedad desde el criterio
de la medicina clínica, para después llegar a su objetivo:
la psiquiatría.

Según su criterio, *estar enfermo* y *ser paciente* son dos
variables independientes, plausibles de combinarse de
cuatro maneras. La primera de las variables se define por
si se tiene o no una condición biológica anormal, que da
como resultado estar sano o enfermo. La segunda refiere
a asumir o no el papel de enfermo, con lo cual se puede
ser paciente o no. No obstante, estas diferenciaciones son
el prólogo para que Szasz distinga dos categorías de cómo
se puede ser paciente: tanto en forma voluntaria como
involuntaria.

Las cuatro combinaciones son realizadas en función de los conceptos de salud, enfermedad y rol de paciente, discriminando solamente el rol de paciente voluntario:

1. Un sujeto afectado por una enfermedad –una condición biológica anormal– busca asistencia de un médico. Se considera enfermo y es paciente.
2. La misma situación anterior, con la diferencia de que en este caso no acude a consulta médica. Por lo tanto, está enfermo en el sentido biológico pero no es paciente en el sentido médico.
3. Aquí se incluyen a las personas que son pacientes pero no están enfermas –la persona se queja de cefaleas, dolores musculares, etc.–. O sea, no desarrollan una patología orgánica en sentido biológico. En este grupo están las personas físicamente sanas que simulan el rol de enfermas, por ejemplo, cegueras sorpresivas o parálisis. Szasz señala, que en siglo XVIII esta actitud se conocía como *simulación de la enfermedad*, y gracias a la influencia de Charcot se le llamó histeria.
4. Se trata de personas que no están enfermas y que no asumen el rol de enfermos, por lo tanto, no son pacientes y se consideran *personas sanas*.

A través de estas combinaciones, el autor se introduce en los aspectos del rol de paciente dentro del medio psiquiátrico. Considera, en principio, la enfermedad física como literal o corporal, y una vez que la persona percibe su anomalía acude voluntariamente a un profesional que lo cure. Pero este parámetro se invalida en el caso de la psiquiatría, por la naturaleza metafórica del trastorno mental y el carácter totalitario de la práctica psiquiátrica. En este ámbito, los enfermos mentales son coaccionados a desempeñar el rol de pacientes: *no son pacientes sino prisioneros*, puesto que el rol de paciente supone la aprobación del tratamiento por parte de la persona.

Y en tanto los llamados pacientes psicóticos son diagnosticados y tratados como enfermos, sus diagnósticos y tratamientos ocultan que son, de hecho, prisioneros (Szasz, en Basaglia, 1978)

Considera que las internaciones psiquiátricas involuntarias son *sanciones penales extralegales*, expresadas a través de castigos, encarcelamientos, controles, torturas, etc.

Estos desarrollos sobre la *involuntariedad* de ser paciente ponen sobre el tapete las cuestiones del diagnóstico –tema que es tomado en cuenta por la mayoría de los autores de esta línea–. Y si el diagnóstico psiquiátrico cobra un complejo grado de relatividad, ¿cómo se puede ser paciente si se relativiza el estar enfermo?, ¿es enfermo?, ¿para quién?

Tomemos un ejemplo sencillo. Alguien dice ser Cristo. El psiquiatra dirá que esta persona padece de esquizofrenia. Pero es evidente que tal persona no padece en el sentido habitual de la palabra. Después de todo, no se está quejando de ser Cristo, está presumiendo de serlo. El psiquiatra considera que este paciente tiene un problema. Pero yo digo: no, no es cierto, tiene una solución. Es por esto que resulta tan difícil cambiar la forma de pensar del llamado psicótico. No cuestiona, no duda: ¡Sabe! (Szasz, 1978)

Para Szasz, las disposiciones legales acerca de la internación forzada están basadas en los conceptos de enfermedad mental y peligrosidad que. a la vez, sirven como justificación para la internación, puesto que el paciente sufre una *perturbación mental* y es *peligroso para sí mismo y para los demás.*

En su artículo "¿A quién le sirve la psiquiatría?" (1981) remarca que las personas internadas en un hospital psiquiátrico no sólo pierden su derecho a salir del hospital, sino que en realidad se anulan todos sus derechos civiles. Por ejemplo, son declarados incapaces de administrarse sus propios bienes, ejercer su trabajo, pierden el derecho al voto, a manejar un auto, entre otras cosas. Además, son sometidos a tortuosas curas psiquiátricas para terminar *estigmatizados* fuera del hospital como ex enfermos mentales.

Desde este punto de vista, aun cuando la internación sea voluntaria, constituye una forma velada y siempre potencial de internación coactiva. El hecho mismo, según Szasz, de proteger los derechos civiles del paciente psiquiátrico es ya un *insulto* a sus derechos civiles. El mismo caso se plantea con respecto a los derechos de los esclavos, que resulta una forma de legitimar la distinción legal entre esclavos y hombres libres.

Si como todo ser humano, el loco tiene sus derechos, ¿de qué o de quién habría que preservarlos? Esta *protección* remarca la distinción entre los locos –a quienes se les veda la libertad y la dignidad– de los cuerdos, que gozan de estas condiciones. En este sentido, para Szasz la psiquiatría cumpliría su función de encerrar al *acusado/ alienado*, en nombre de la salud, tutela y curación de la enfermedad mental.

Los creadores de la antipsiquiatría

David Cooper: más allá de la revolución psiquiátrica

El término *antipsiquiatría* fue creado por David Cooper en los polémicos años sesenta, cuando se empezó a gestar el movimiento antipsiquiátricom conjuntamente con R. Laing y A. Esterson. Cooper se caracterizó, por ser más ideólogo que teórico. Mientras que Laing le puso al movimiento los avales del existencialismo y la escuela sistémica.

En general, todos sus escritos abundan en conceptos que marcan una neta posición confrontativa con respecto al tratamiento de la psiquiatría tradicional, teñidos de una definida extracción política de izquierda.

El nombre antipsiquiatría fue utilizado en numerosa bibliografía, creando confusiones y mala interpretación de

lo que verdaderamente significaba. En muchas oportunidades, se homologó la práctica antipsiquiátrica con prácticas psiquiátricas –al mismo decir de Cooper– *liberales y
burguesas*, a través de toda una *romantización* de la locura.

Modificar las condiciones del asilo psiquiátrico, brin-
dando una mejor atención, limpieza, calidad de comida,
etc., y seguir sosteniendo el manicomio como institución
y la locura como el lugar de marginación, no son las condiciones de la concepción antipsiquiátrica.

Las bases técnicas y prácticas de este movimiento fueron desarrolladas en uno de sus primeros libros: *Psiquiatría
y antipsiquiatría* (1986). Según Cooper, existe una dialéctica
que va de la psiquiatría tradicional hasta su negación, pasando por la antipsiquiatría. Esta dialéctica es inseparable
de la lucha de clases. Esto no quiere decir que esta triple
perspectiva no pueda coexistir: de hecho, por ejemplo,
se observa en un país que esté pasando de un régimen
capitalista al socialismo.

La no psiquiatría y la antipsiquiatría formarían parte
de la *revolución social* contra todas las formas de represión
institucional, tanto en la familia, en la mujer y su condición
social, en prisiones, fábricas, empresas, tribunales, etc. Esta
revolución social debe instar a las clases oprimidas a una
revolución política.

De esta manera, puede observarse que la perspectiva
antipsiquiátrica involucra el punto de vista político, social
y económico, que se constituye en un elemento de radical
importancia para el análisis de la enfermedad mental.
Además, resulta el fundamento de la crítica hacia la marginación, opresión, control, castigo del alienado.

En el artículo "La antipsiquiatría desmitificada"
(1979) en respuesta a Giovanni Jervis, Cooper sintetiza los principales postulados que conforman las ideas
antipsiquiátricas:

1. Un combate contra el poder médico, en los hospitales y sectores psiquiátricos, contra la etiqueta del diagnóstico y la práctica del historial secreto.
2. Un combate con miras a bloquear la experiencia del coma de la insulina, el electroshock, las drogas castradoras para el cuerpo y el espíritu, la terapia de grupo forzada y a menudo otras sutiles formas de opresión, etc., con el objetivo del dejar-ser de la experiencia en un entorno humano (para lo que son necesarias la desprofesionalización del personal y su politización).
3. Por supuesto, la lucha contra toda forma de detención obligatoria.
4. Y, naturalmente, la lucha contra la represión sexual, característica de la institución psiquiátrica.
Toda combinación significante de esas acciones es antipsiquiátrica, tanto tiempo como sean eficaces (Jervis, 1979).

La antipsiquiatría es un movimiento de resistencia que enfrenta el poder médico psiquiátrico en las instituciones del Estado y sus sectores. Históricamente, el movimiento ha señalado que el capitalismo industrial perjudicó a una serie de individuos pero, no obstante, la misma estructura social establece una jerarquía en este daño, por lo tanto, hay personas más damnificadas que otras.

La locura fue la piedra basal en la cual la psiquiatría apoyó su sustento, coincidentemente con el nacimiento y afirmación del orden burgués en Occidente. Por lo tanto, su objetivo terapéutico fue capturar al loco y encerrarlo en un manicomio.

Jean Paul Sartre señaló que el orden burgués *–el orden de los justos–* necesitaba inevitablemente proyectar el mal hacia afuera, manifestándose de múltiples maneras, tomando la forma del homosexual, del negro, del loco, del delincuente, del revolucionario, etc. *–el otro–*. La siquiatría, entonces, se convierte en un agente del orden burgués, encargado –a través de mecanismos de represión y castigo– de someter y segregar a aquellos que no entran dentro del juego social. El psiquiatra en este caso encarna la *normalidad* y es él quien decide si se segrega parcial o totalmente al alienado. Pero la segregación es la constante. Laing y Cooper combatieron la psiquiatría tradicional, descubriendo el velo que recubría el intestino del manicomio. Para ellos, lo que la psiquiatría clásica llamaba enfermedades mentales es una falacia, puesto que éstas son ni más ni menos que enfermedades sociales.

Así, la esquizofrenia es considerada como una liberación, como una salida que crea el ser humano para poder vivir una realidad imposible de soportar, y es esta misma realidad la que provoca la alienación. La respuesta esquizofrénica sería el intento de desestructurar esa realidad para poder enfrentar la existencia humana.

La antipsiquiatría basó sus experiencias en las comunidades terapéuticas. Crearon la Philadelphia Association en 1965, cuyo objetivo era crear centros con características de atención personalizada para enfermos mentales. Con idénticos fines, en 1972 se creó la Fundación Arbouns. Los objetivos eran investigar las causas y prevención de los disturbios mentales, como así también mediatizar ayudas económicas a pacientes sin recursos, o sea, la mayoría. En el área docente, se dedicaron a formar profesionales en esta nueva concepción de enfermedad mental, a través de seminarios, reuniones grupales, conferencias, y realizando publicaciones sobre el tema.

Las dos experiencias de mayor repercusión fueron: el *Pabellón 21* de un hospital psiquiátrico de Londres, llevado adelante por David Cooper, y el *Kingsley Hall*, a través de la Philadelphia Association. De esta última experiencia surgió el libro *Viaje a través de la locura*, en el cual Mary Barnes explicaba cómo había curado su esquizofrenia en esta comunidad.

Cooper llevó a la práctica un postulado que invertía el supuesto tradicional de la psiquiatría: *¿No será el hombre* *sano quien verdaderamente está loco?* Para ello, condensó diversas posturas que van desde el marxismo, el psicoanálisis, la filosofía de raíz existencialista, sumada a algunas fuentes de la contracultura occidental de los años sesenta como el budismo zen.

Pero la filosofía sartreana fue uno de los pilares de su modelo e impregna casi todo el contenido del libro *Razón y violencia* (1964), que Cooper realizó con Laing. Propone reconocer la estructura del juego psiquiátrico, que se convierte en parte de un sistema estatal que induce al *conformismo*. Esta tradición científica, compuesta por el diagnóstico, pronóstico y tratamiento, se transformaría en:

> *[...] una operación micropolítica de etiquetamiento, y llega a ser sistemáticamente destruida por la cura psiquiátrica. Esta cura se logra cuando la ex persona se convierte en un obediente robot que deambula en las salas traseras de crónicos de la institución psiquiátrica, o marcha sin ningún sentido humano en la sociedad exterior, a semejanza de todas las demás no personas que mantienen un semblante humanoide y que no conservan la menor capacidad de recordar un mundo de sueños, imágenes y acciones espontáneas largamente olvidado. El psiquiatra burgués triunfa cuando su víctima (paciente) queda reducida al estado miserable y de abandono en el que el propio psiquiatra ha caído* (Cooper, 1986).

El caos sartreano se expresa a través de los textos de Cooper en una perspectiva incisiva y mordaz, desacreditando no sólo las tácticas de la psiquiatría, sino que se expande extramuros para confluir en la estructura social misma.

El antipsiquiatra intentó invertir las reglas del juego psiquiátrico, pero fue mucho más allá: trató de cambiar las reglas del juego social, convirtiendo la antipsiquiatría en el preludio para interrumpir esos juegos.

La *reciprocidad* sería una forma de romper la estructura verticalista de la relación psiquiatra/paciente. Si se desea modificar semejante verticalismo, debería reestructurar¡se el contexto del manicomio que, como toda institución, promueve una actitud paternalista que lleva a la dependencia y el infantilismo. La horizontalidad, por lo tanto, sería la posibilidad de afrontar compromisos y responsabilidades mucho más adultos en la relación con el mundo.

La inversión de estos roles llevaría a constituir cierto equilibrio, mediatizado por una solidaridad bien fundamentada. La antipsiquiatría propondría una apertura de la experiencia y no su clausura. O sea, la condición para que exista esta posibilidad radica en estar con personas que han explorado lo suficiente su propia interioridad y han vivido intensamente su propio dolor.

Para Cooper, la antipsiquiatría *es subversiva y política por su misma naturaleza.* Se avala en función de desestructurar la represión del orden social burgués mediante estilos de conducta no conformistas y, además, porque supone una radical *liberación sexual.*

En *La gramática de la vida* (1986), Cooper remarca, a partir del estudio de la locura –en su postura revolucionaria–, las equivocaciones y los graves defectos de los *sujetos normales,* hasta llegar a una posición de total rechazo de la vida en sociedad.

No pretende dar soluciones para vivir sino insinuar una *gramática,* intentando lograr una experiencia de vida liberada. Llega a la conclusión de que es importante aceptar el riesgo, puesto que una actitud no arriesgada implica sumisión y obediencia a las imposiciones ajenas del orden social establecido, que destruyen a la persona en su vida de relación.

Para él, el término "locura" es ambiguo y distingue diferentes modalidades. Una de ellas es a nivel familiar, la *esquizogénesis,* que se detona por dobles vínculos y en donde una persona es identificada como loca, resultando la portavoz de la patología del grupo –el chivo emisario–. Otra de las locuras que señala es a nivel social. Por ejemplo, el racismo o el sexismo, como guerra abierta o encubierta de la potencia imperialista contra una nación del tercer mundo, como por ejemplo:

> *La misma locura caracterizó al Estado Nazi, donde la elite dominante elaboró un sistema engañoso, según el cual creían que la Tierra era cóncava, y en lo profundo moraban seres sobrehumanos que guiaban a la elite nazi mediante extrañas influencias cósmicas; cualquier otredad que pudiera afirmarse debía ser reprimida, es decir, que los judíos, los gitanos, los esclavos y los pacientes psiquiátricos se utilizaban como material de entrenamiento para la SS* (Cooper, 1986).

Por otra parte, Cooper, de acuerdo con su ideología –que como se observa hasta ahora, va más allá del campo psiquiátrico– recomienda que el antipsiquiatra debe estar dispuesto a abandonar los elementos de seguridad que le provee su estatus profesional.

Debe manejarse con un mínimo necesario, dejando la explotación económica y las situaciones que le proveen estatismo y confort, pero fundamentalmente, debe estar preparado para internarse en su propia locura:

> *[...] quizás incluso hasta el punto de invalidación social, ya que si no lo hace, no estará bien capacitado. La antipsiquiatría es una parte necesaria y urgente de la revolución permanente, de lo contrario, no es nada* (Cooper, 1986)

En *La muerte de la familia* (1986), invalida frontalmente la estructura familiar burguesa por sus características patriarcales y monogámicas. Remarca la función represiva familiar, no sólo por la ideología de la institución, sino por las internalizaciones que realiza en el psiquismo de sus integrantes. La política, el amor y la locura son distintas alternativas para poder ejecutar la liberación individual. De esta manera, una persona podrá desprenderse de su Yo falso al lograr verdaderas *experiencias de vida*.

Afirma que el fracaso de las revoluciones se ha originado porque se pretendió únicamente conquistar el Estado sin proponerse una auténtica transformación de la vida. En este sentido, este libro constituye un verdadero manifiesto político, un texto viviente y candente que expresa los movimientos sociales y el revisionismo de los años sesenta.

En su libro *Psiquiatría y antipsiquiatría* (1985), intenta analizar cuidadosamente el rótulo de esquizofrenia, tomando esa conducta inmersa en un contexto y explora cómo se llegó a elaborar ese rótulo, quién es el que rotula y cuál es el significado, tanto para el rotulador como para el rotulado.

Ácidamente y con su estilo provocador, arremete contra los tratamientos que la sociedad –no únicamente el mundo psiquiátrico– ejecuta hacia los enfermos mentales:

> *Pero los nazis gasearon a decenas de millares de pacientes mentales, y otras decenas de millares tienen en el Reino Unido sus cerebros quirúrgicamente mutilados o molidos por aplicaciones de electroshocks y, sobre todo, sus personalidades sistemáticamente deformadas por la institucionalización psiquiátrica. ¿Cómo pueden esos hechos tan concretos basarse en una ausencia, en una negación: la no locura compulsiva de los sanos?*

Así, atribuye a la sociedad y a la familia como la matriz social, la culpabilidad de engendrar los procesos de alienación: desde el nacimiento hasta la muerte vivimos encasillados.

> *Desde la matriz, pasamos al nacer, al casillero de la familia, desde la cual avanzamos hacia el casillero de la escuela. Cuando dejamos la escuela, estamos tan condicionados y habituados al encasillamiento, que en adelante nosotros mismos erigimos nuestro casillero o prisión, hasta que, finalmente consolados, nos introducen en el ataúd o en el horno crematorio* (Cooper, 1985)

El hombre transita su existencia en este proceso alienante, en donde la violencia es la constante, en el sentido de una acción que carcome la libertad de una persona sobre la libertad de otra. En esta actitud corrosiva de la libertad, al esquizofrénico rotulado se le atribuyen gratuitamente actos extravagantes y es objeto de burla reiterada. Es objeto de la violencia de los otros –llámense sociedad o institución psiquiátrica–, que proporcionan las bases para su *invalidación*. La estructura social, entonces, crea el manicomio que reproduce las peculiaridades enfermantes de la familia.

La violencia encuentra su más clara manifestación en el manicomio a través de la *institucionalización* del enfermo mental, trampa que Basaglia condensara en la frase, "*la violencia de la institución o la institución de la violencia*".

El experimento de la Villa 21

Cooper asume la dirección de uno de los servicios de un gran manicomio ubicado al noroeste de Londres, de 2000 camas aproximadamente, e intenta poner en práctica todos los postulados ideológicos y concepciones teóricas de la antipsiquiatría.

Desarrolla esta experiencia –a la que llamó Villa 21- desde enero de 1962 hasta 1966, y basó su esfuerzo en tres necesidades principales:

- En principio, la necesidad de que adolescentes esquizofrénicos que padecían su primer episodio no ingresaran en pabellones en donde la mayoría de los pacientes eran crónicos.
- En segundo lugar, la importancia de investigar la interacción familiar y grupal en la esquizofrenia.
- Por último, la urgencia por establecer un lugar autónomo fuera del contexto del manicomio.

La Villa 21 se convirtió en una pequeña comunidad dentro de un gran pabellón del hospital psiquiátrico. Cooper pensó que estas pequeñas unidades para el tratamiento de enfermos mentales podrían llegar a erigirse como método terapéutico de mejores resultados.

Esta experiencia sostuvo los principios de la comunidad terapéutica de Maxwel Jones, por lo tanto, la libertad y la horizontalidad de los roles fueron elementos básicos de esta praxis. Se desarrolló con una población de veinte pacientes, entre 15 y 30 años, cuyo 70% tenía un diagnóstico de esquizofrenia y el resto estaba rotulado como *desorden de la personalidad* o *crisis emotivas de la adolescencia*. No obstante, en la medida que la investigación avanzó, se puso la mira sólo en pacientes que hubiesen tenido episodios psicóticos.

La comunidad estaba dividida en grupos *programados* y *espontáneos*. Entre los primeros se destacan los siguientes:

- **El encuentro cotidiano comunitario:** se realizaba de 9:45 a 10:15 de la mañana. Esta reunión estaba conformada por el personal de servicio y los pacientes, en donde se discutían los problemas relativos al funcionamiento del lugar.

- **Dos grupos terapéuticos:** cada uno de ellos constituidos por la mitad de los pacientes. Estas reuniones grupales se efectuaban de las 10:30 a las 11:30, con la asistencia de un médico y una enfermera en modo permanente.

- **Dos grupos de trabajo**: se reunían de 14:00 a 16:30, uno de ellos con un terapeuta ocupacional y el otro con un enfermero. Cada grupo poseía un objetivo determinado y su tarea consistía en la fabricación de juguetes o en la decoración de interiores.

- **Reuniones de personal**: se realizaban diariamente y de manera informal antes de la reunión comunitaria y antes de la reunión vespertina. Una vez por semana se agrupaban los enfermeros y cabos de los dos turnos con los médicos y los terapeutas ocupacionales, reviendo el funcionamiento de la Unidad. Otro encuentro semanal era destinado a convocar a todo el personal durante una hora.

Los grupos espontáneos se daban cita a cualquier hora
-tanto del día como de la noche- y se discutían diferentes
temas, desde un programa de televisión, hasta el *acting* de
un paciente. En todas las ocasiones en que se realizaban
esas reuniones, el personal debía tener conocimiento a
través de una persona que informara sobre los hechos
discutidos. Además, en toda la experiencia se abandonaron
los métodos enérgicos de control: trató de evitarse la contención química por medio de sedantes o tranquilizantes
y la aplicación del electroshock. Pero Cooper (1985) se
encarga de aclarar que:

> *Esto no significa que a un paciente perturbado nunca se le*
> *deban dar tranquilizantes, sino simplemente que tanto el*
> *médico como el paciente deben saber con claridad lo que se*
> *está haciendo. Esto ocurre pocas veces.*

Como resultado de la inutilización de métodos de
coerción, los pacientes adoptaron una posición más comprometida y de mayor iniciativa. Se levantaban de sus
camas, estaban activos, participaban de las reuniones,
incluso en aquellos casos en que pasaban la mayor parte
del día acostados y sumergidos en una profunda abulia.

Se reformularon las actividades de terapia ocupacional
que se desarrollaban en el hospital psiquiátrico, muchas
de las cuales eran banales o rudimentarias, razón para que
los pacientes de elevada capacidad intelectual reacciona-
ran con desagrado al realizar tareas tan sencillas como
el armado de juguetes. En función de esto, se visitaron
fábricas y locales como posibilidad de desempeñar tareas
más *realistas*, pero no se logró nada efectivo. No obstante,
se llegó a la conclusión de que las únicas tareas realistas
para estas personas, estaban fuera del hospital y no dentro.

Durante los cuatro años de existencia de este pabellón,
se eliminaron de forma paulatina los elementos destructivos
de la vida manicomial, fundamentalmente las jerarquías

entre pacientes y personal, como así también el rótulo nosográfico sobre el enfermo mental.

Uno de los planteos más críticos fue la cuestión de los pagos al personal del equipo. En numerosas ocasiones, se observaba que un enfermero ayudante o un paciente poseían mayores cualidades para la atención de los miembros de la comunidad que un profesional de alta jerarquía. Se preguntaron, entonces, por qué –en el organigrama hospitalario– este último recibía un honorario superior al de los enfermeros o aquellos pacientes capacitados. Se horizontalizaban así, cada vez más, las relaciones jerárquicas intrahospitalarias.

Por otra parte, las discusiones grupales que reunían al personal, a visitantes de la unidad y a los mismos pacientes, reforzaron estos criterios de igualitarismo con el paciente y humanizaron los roles de cada uno de los integrantes institucionales.

Si se implementó alguna prohibición fue la de diferenciar como *enfermo* al miembro de la familia que estaba internado. Se trató de perfilar su rol de víctima: como aquel que se sacrifica en forma personal para que el resto de los integrantes de la familia puedan vivir relativamente sin culpa. Bajo esta premisa, se proyectó ayudar al paciente en su organización para su futura vida independiente, cuando abandonara la comunidad.

Muchos de estos arreglos fallaron y el paciente terminó retornando a la unidad. Cooper señala, que esto se debió a *circunstancias que están más allá de nuestro control inmediato*, puesto que excede a la institución misma y compete a la organización de la sociedad y a los criterios sociales para recibir y acoger a un enfermo mental.

Una de las soluciones alternativas que se desarrollaron, fueron las viviendas en la comunidad en donde algunos pacientes convivían en pequeños grupos. Al cabo de algún tiempo de funcionamiento, la vida institucional comenzó a cambiar paulatinamente. Las normas y pautas impuestas desde el asilo –incuestionables y aceptadas implícitamente por sus integrantes– fueron mostrándose carentes de significado e ineficaces, hasta el punto de abandonarse la implementación de cualquiera de esas reglas preestablecidas.

Las distinciones entre técnicos y pacientes fueron desapareciendo casi totalmente. Este hecho generó desavenencias, desde el punto de vista administrativo e ideológico, con el manicomio general –la *Villa 21* era solamente un pabellón dentro del hospital psiquiátrico–, que entorpecieron el progreso de la experiencia.

Este experimento sacó a la luz los límites del cambio institucional, en confrontación con la institución psiquiátrica de estructura conservadora. Cooper afirma, como conclusión, que para que una unidad de este tipo se desarrolle, crezca y genere proyecto, debe tener lugar fuera de los confines de la institución psiquiátrica. De esta manera, el trabajo del personal en ese servicio se desenvolverá en forma libre de una estructura de dominación con categorías piramidales, jerárquicas y *paternalistas.*

Una experiencia del género debe convertirse en un lugar donde los integrantes eligen escapar a la *invalidación* que los somete la sociedad, por lo tanto, una unidad antipsiquiátrica debe estar ubicada en la ciudad *fuera* del ámbito del hospital psiquiátrico.

Los resultados que arrojó podrían considerarse exitosos, puesto que los 42 pacientes considerados esquizofrénicos (20 hombres y 22 mujeres) fueron dados de alta antes de llegar al año de su ingreso. Debe tenerse en cuenta que desde su admisión no se implementó ninguna de las terapéuticas tradicionales, y menos el electroshock. La estancia promedio fue de tres meses. El 17% fue readmitido antes de un año de su salida. Treinta y tres pacientes dados de alta fueron a vivir a su hogar. Los restantes se alojaron en pensiones u otros lugares. De los siete pacientes reinternados, cuatro habían vivido en su hogar y tres separados de su familia. Treinta y dos pacientes dados de alta consiguieron empleo, y veintiséis trabajaron durante todo el año posterior a su alta.

No se establecieron diferencias en estos resultados en lo que respecta a los sexos.

Pacientes reinternados / altas

	Altas	Reinternados	Porcentaje de reinternados
Hombres	20	2	10
Mujeres	22	5	23
Totales	42	7	17

No obstante, en relación con los logros no podemos solamente remitirnos a la estadística, ya que los resultados obtenidos fueron muy superiores –más allá de lo cuantitativo– a los tratamientos tradicionales.

Cooper (1985), sintetizó los principios con los que instrumentó el método de estudio familiar, grupal y de tratamiento del sujeto considerado esquizofrénico:

1. *Clarificación y desmontaje sistemáticos de las pautas de comunicación que consideramos esquizógenas dentro de la familia.*
2. *Clarificación y desmontaje similares de las pautas de comunicación esquizógenas entre pacientes y entre personal y pacientes.*
3. *Continuidad del trabajo personal con la familia durante y después de la estada del paciente en el hospital.*
4. *No se empleó ninguno de los tratamientos mediante shocks, ni tampoco las lobotomías. Los pacientes recibieron dosis de tranquilizantes relativamente pequeñas. Por ejemplo, ningún paciente varón recibió más del*

equivalente de 300 mg de clorpromazina, y al 25% de los internados no se le administraron tranquilizantes en absoluto. Menos del 50% de las mujeres y del 15% de los hombres recibieron tranquilizantes durante el período ulterior a la internación.

En síntesis, esta experiencia es reveladora del mecanismo iatrogénico del manicomio tradicional. Pone en evidencia el método represivo implementado a través de los fármacos y de la atención del personal –y de la institución misma–, factores que manifiestan la violencia con que opera la psiquiatría institucional. Violencia que se refleja en la respuesta violenta y en la exaltación de muchos pacientes, para después ser acusados de peligrosos. El rótulo de *peligroso* –para sí mismo y para los demás–, en este sentido, conformaría el resultado en el cual la sociedad acusa a aquel que ella misma produce.

A partir de la obra de Cooper, quedan delineados dos puntos claves dentro del movimiento antipsiquiátrico. Por un lado, la crítica hacia la concepción del modelo médico de la psicosis, fundamentalmente la esquizofrenia. Y por otro, la discusión y oposición hacia el sistema asistencial que desarrollan los asilos psiquiátricos, cuya modalidad es totalmente alienante.

Ronald Laing: esquizofrenia, familia y presión social

Dentro de la línea antipsiquiátrica, la figura del psiquiatra inglés Ronald Laing se destaca no solo porque aportó numerosas investigaciones, sino por la procreación de sus ideas y de nuevas líneas de pensamiento.

Laing nació en Glasgow en 1927. En 1951 se recibió de médico, obteniendo su título de psiquiatra años más tarde en la Universidad de Londres. Fue psiquiatra del ejército inglés en el período comprendido entre 1951 a 1953. Durante los tres años siguientes, se desempeñó en la misma función en el Hospital Psiquiátrico de Glasgow, donde realizó múltiples observaciones sobre las conductas de esquizofrénicos crónicos.

Desde el año 1956 hasta 1957 trabajó en la prestigiosa Tavistock Clinic y en el Tavistock Institute of Human Relations. A posteriori, fue investigador del Institute of Schizophrenia and Family Research Unite y de 1962 a 1965, dirigió la Langham Clinic for Psychiatry.

El pensamiento de Laing oscila entre fuentes de conocimiento y teorías muy variadas, que van desde el psicoanálisis hasta una sólida formación existencial y fenomenológica. A pesar de que no pretende aplicar directamente las concepciones fenomenológicas existenciales, utiliza como basamento teórico las ideas de Heidegger, Sartre y Jaspers.

Así también, sus escritos se sostienen a partir del modelo sistémico, en donde expresa claramente el sentido interaccional de la relación con el mundo, sus entramados de conflicto y la condición de la familia como matriz productora de los síntomas esquizofrénicos.

En su primera obra –considerada como un *clásico* en sus escritos–, *The divided self* (*El Yo dividido*, 1980), manifiesta los fundamentos fenomenológico-existenciales en la comprensión de la psicosis y en la relación con el paciente en cuanto a persona. Señala al respecto:

> *Cuando el otro es un paciente, la fenomenología existencial se convierte en el intento de reconstruir la manera que el paciente tiene de ser él mismo en su mundo, aunque en la relación terapéutica, el enfoque puede dirigirse sólo a la manera que tiene el paciente de ser–conmigo* (R. Laing, 1980)

Muchos pacientes, afirma, asisten al psiquiatra con un determinado conflicto que puede expresarse por medio de una multiplicidad de síntomas diferentes. Por ejemplo, desde un problema localizado como la dificultad de subir a un ascensor, hasta una situación muy difusa como *estoy deprimido y no sé por qué.* Sin embargo, no reviste importancia cuán localizada o difusa pueda ser la perturbación inicial, se sabe que el paciente –intencional o inintencionalmente– está sujetando su existencia –todo su ser-en-el-mundo– al tratamiento.

Recopila en este libro una serie de casos diagnosticados de esquizofrenia, minuciosamente descriptos y analizados. La profundidad del pensamiento filosófico del existencialismo, aunado a un estilo que raya con lo poético, le confieren la particularidad de recrear la enfermedad mental desde una perspectiva diferente a la psiquiatría tradicional.

Si bien sus cuadros clínicos contienen los aspectos que revela la psicopatología clásica, desestructura la rotulación nosográfica y logra compenetrarse con el mundo interno del hombre alienado y sus formas de reacción interaccional. Toma en cuenta los factores orgánicos y constitucionales, pero trata –por medio de la óptica existencial– de obtener una teoría comprensiva de la esquizofrenia.

En esta línea, critica severamente las concepciones de Kraepelin. Analiza su obra sobre una serie de casos clínicos, discute y objeta las observaciones e intervenciones que plantea el creador de una de las primeras nosografías psiquiátricas más trascendentes.

Más allá de esta discordancia, sostiene que tras el nombre de esquizofrenia se han volcado, a través de los años, gran cantidad de datos que conforman los síntomas de esta enfermedad –a modo de *bolsa de gatos*– adjudicando el rótulo sin haberse llegado a especificar y objetivar claramente el síndrome. Una nueva concepción es la que surge de estas reflexiones, desestructurando el pensamiento vigente acerca de esta patología. Apelará, no sólo a los recursos de la teoría, sino a las herramientas nacidas de la praxis, observación y reinterpretación de las acciones de los enfermos mentales.

En la condición esquizoide, explora la constitución del Yo interior. Manifiesta que existe una persistente escisión entre el Yo y el cuerpo: lo que un sujeto considera como su verdadero Yo es experienciado en mayor o menor medida como separado del cuerpo y la experiencia, y acciones corporales pasan a conformar el sistema de un falso Yo.

En el relato de sus casos estudia –para comprender el proceso de la enfermedad– las relaciones interaccionales familiares que engendran y coadyuvan a la evolución de los síntomas en la esquizofrenia. Considera esa enfermedad como un conjunto de rasgos característicos expresados a través de actitudes que se presentan en contextos claramente delimitados. En este primer eslabón de su pensamiento, la esquizofrenia como entidad nosológica no puede discutirse. Pero se verá en obras posteriores que esta conceptualización ha evolucionado hasta llegar a no admitirla como enfermedad, alejándose definitivamente de la concepción clásica.

En su libro *El cuestionamiento de la familia* (1971), Laing analiza la estructura de la familia en su condición de matriz de formación de la personalidad de cada uno de sus integrantes. Esta función del sistema familiar es criticada por el autor, acusándola de generar patología, pero, a la vez, plantea las posibilidades de intervenir terapéuticamente. En forma capciosa, uno de los primeros interrogantes que plantea es *"¿qué es y cómo es la familia?"*, señalando que la primera familia en la cual se interesó, fue la suya: *"Aún hoy sé menos sobre ella que sobre muchas otras. Es típico"*.

De este análisis de la familia se desprende, en su búsqueda de los orígenes de la esquizofrenia, el intento por establecer la relación entre los actos que son llamados *incoherentes* y el contexto en que se desarrollan. Aquí, Laing muestra la influencia del modelo de Palo Alto en su teoría: el contexto como significador de las acciones.

En su libro *Esquizofrenia y presión social* (1981), parte de la hipótesis de que si se atribuyen a una persona una serie de características psicóticas, esta inducción hacia el rol de esquizofrénica podría generar –por sí misma– el comportamiento anormal. El circuito finaliza cuando ingresa en un hospital psiquiátrico e inmediatamente los profesionales interpretan sus conductas, diagnosticándolas como *síntomas de esquizofrenia*, condiciones suficientes para el pasaporte a su internación. Como evidencia de este proceso, propone la siguiente prueba:

Experimento:
- *Tomar un grupo de personas normales, grupo N (según criterios acordados).*
- *Tratarles como esquizofrénicos.*
- *Tomar un grupo de esquizofrénicos "incipientes", grupo X (según criterios acordados).*
- *Tratarlos como normales.*

Predicción:
- *Muchos del grupo N comenzarán a dar muestras de los criterios acordados de esquizofrenia.*
- *Muchos del grupo X comenzarán a dar muestras de los inconfundibles criterios de normalidad.*

Experimento:
- *Tomar un grupo de esquizofrénicos "incipientes".*
1. *Tratarles según el papel asignado.*
2. *Tratarles como a uno mismo.*

Predicción:
En (1.-) la "sintomatología" de esquizofrenia será mucho mayor.
En (2.-) la sintomatología se verá muy disminuida (Laing, 1981).

De acuerdo con este planteo, Laing afirma que más que *predicciones* las que concluye en los experimentos son *postdicciones*, puesto que son el resultado de investigar este tipo de premisas comunicacionales en los últimos quince años.

Otro de sus libros –que forman parte de los clásicos de la década de 1960– es *Self and others* (1961) (*El yo y los otros*, 1974), donde se centraliza más profundamente en la influencia de las relaciones familiares que detonan el comportamiento esquizofrénico. Toma como punto de partida el análisis del concepto de fantasía, que desde el psicoanálisis se ha difundido hasta ser adoptado por el pensamiento psiquiátrico general y que, según él, desempeña una gestión relevante en el dinamismo evolutivo hacia la constitución de la esquizofrenia.

Las fantasías se desarrollan en las relaciones intra y extra familiares, conformando la imagen que cada uno elabora de sí mismo y de los demás. Por lo tanto, las imágenes en cada integrante de la familia pueden poseer divergencias y convergencias entre sí.

Todo el tiempo se atribuyen actos, intenciones y experiencias entre las personas e indagar acerca de quién atribuye qué a quién, cuándo, por qué y cómo es una ciencia por sí misma que permite descifrar los juegos de la interacción. Siempre en las relaciones interpersonales, se detonan fantasías que constituyen presupuestos que no coinciden, en muchas oportunidades, con la realidad del otro.

> *Quien investiga la experiencia de otro, únicamente puede darse cuenta directa de su propia experiencia de ese otro, no puede percibir directamente la experiencia del otro del mismo mundo. No puede ver a través de los ojos del otro, ni oír a través de los oídos del otro. [...] Todo lo que uno capta, siente, intuye, etc. del otro, vincula la inferencia de la propia experiencia del otro con la experiencia de éste con uno mismo* (Laing, 1974).

Indudablemente, en este párrafo Laing revela lo que se encuentra detrás de la utopía de creer en la objetividad, otorgándole un giro constructivista a u observación para afirmar que entre fantasía, experiencia y realidad existe una relación que no siempre es cercana.

Los conceptos de introyección, proyección y pasaje al acto, desde la perspectiva psicoanalítica, han posibilitado comprender los fenómenos que suceden en las relaciones interpersonales, que sirven para explicar las fantasías que –en el contacto con la realidad– desempeñan un rol importantísimo. El *fingimiento o la simulación* y la *elusión* son dos mecanismos que representan las formas de contactarse con el mundo y que conforman estilos de respuestas particulares en las interacciones.

El concepto de *elusión* es una creación de Laing (1974), que lo define como:

> *Una relación en la que se finge uno a sí mismo, que se aleja del propio Yo original; después, se finge que se regresa de este fingimiento, de suerte que parezca que se ha llegado de nuevo al punto de partida.*

En este libro acude a fuentes de diferentes modelos teóricos que van desde el psicoanálisis, el existencialismo, hasta el modelo sistémico. Entre otras cosas, analiza los efectos de los tipos de comunicación que son generadores de patología. Se basa en los estudios de Bateson e implementa el concepto de *Double Bind*, estudiando principalmente la relación madre-hijo, en donde la víctima es colocada en una situación insostenible cuya única salida es la respuesta incoherente.

> *Una madre va a visitar a su hijo que acaba de recuperarse de un colapso mental. A medida que él avanza hacia ella*
> *a) la madre abre los brazos para que él la abrace y/o para abrazarlo.*
> *c) A medida que el hijo se acerca, ella se hiela y se pone tensa.*
> *d) El se detiene, indeciso.*
> *e) Ella le dice: "¿No quieres darle un beso a mamita?", y viendo que permanece sin decidirse*
> *f) Agrega: "Pero cariño, no debes temer a tus sentimientos"*
> (Laing, 1974).

Observa, como en este ejemplo, la confusión de niveles lógicos: por un lado, la invitación cálida de acercamiento a través de lo verbal. Pero en el nivel analógico, la actitud que denota la tensión y congelamiento la contradicen. La madre teme entrar en una relación más profunda con él, pero no puede explicitarlo. La respuesta del hijo es hacia lo implícito, a lo no dicho.

Una persona expuesta permanentemente a este tipo de vínculo –como hemos analizado en el primer capítulo–, tendrá dificultad para manejarse a distintos niveles lógicos y se deduce de él el comportamiento esquizofrénico.

Para Laing, este mecanismo del doble vínculo es uno de los procesos más comunes en el desencadenamiento de la psicosis. No obstante, señala otras formas de generar violencia y patología en las relaciones familiares. Por ejemplo, las actitudes de reproche, dependencia, descalificación, desconfirmación, etc., atentan contra el equilibrio familiar, creando tensiones, ansiedad y represión, convirtiendo el seno familiar en una estructura despótica y totalitaria. De esta forma, el hospital psiquiátrico corona como esquizofrénico a la víctima –el chivo expiatorio– de la patología familiar, acentuando así la marginación familiar y social.

Estos desarrollos sirvieron fundamentalmente para sostener los pilares del pensamiento antipsiquiátrico. Se abandona el concepto clásico de esquizofrenia, explicándolo como una reacción frente a situaciones que se repiten y perpetúan a través del tiempo. Así, la víctima elabora actitudes que la psiquiatría clásica estigmatizará bajo el rótulo de esquizofrenia.

Tal vez uno de los planteos más radicales que establece Laing es la posibilidad de comprender los síntomas esquizofrénicos. Toma los aportes de Jaspers acerca de lo comprensible, lo incomprensible y la noción de empatía, en función de entender al otro, partiendo del parámetro de las propias vivencias personales. Desde esta perspectiva, el lenguaje esquizofrénico sería incomprensible.

Este desarrollo carecería de sentido para la antipsiquiatría. Las reacciones esquizofrénicas serían comprensibles desde el punto de vista psicosocial, y cada una de las actitudes psicóticas sería un intento de comunicación entre el paciente y los otros. Este lenguaje evidenciaría la patología vincular, haciéndose necesaria la codificación para encontrar el origen en la perturbación interaccional. Esta hipótesis, que deviene de los primeros desarrollos sistémicos, constituye uno de los ejes más importantes de la línea antipsiquiátrica.

En las obras *The Facts of Life* (1976) (*Las cosas de la vida*, 1977), *Knots* (1970) (*Nudos*, 1973) o *Los locos y los cuerdos* (1980), Laing aúna toda la riqueza de sus múltiples estudios. Analiza la esquizofrenia, la familia y hechos sociales del género de la marginación, feminismo, drogadicción, etc., tomando los aportes del budismo zen para construir una ideología definida como no segregacionista, antimanicomial y comprometida con la comprensión del ser humano.

Nudos es un libro poético que describe las dinámicas complejas e íntimas de la familia y de los individuos. Propone la comprensión de la degradación de los vínculos familiares, planteando los intereses, deseos y situaciones de egoísmo que complican la trama de la evolución. Los nudos representarían, en este caso, esas situaciones de bloqueo y de obstaculización.

Cada una de los textos desenmascara la alta complejidad de las relaciones humanas, como por ejemplo:

Si no sé que no sé
Creo que sé
Si no sé que sé
Creo que no sé

Juan sufre
al pensar
que Juana cree que él la hace sufrir
porque (él) sufre

al pensar
que ella piensa que él la
está haciendo sufrir
al hacerla sentir culpable
de hacerlo sufrir
porque (ella) piensa
que él la hace sufrir
porque (él) sufre
al pensar
que ella piensa que él la hace sufrir
el hecho de que...
un principio sin fin (R. Laing, 1970)

El Kingsley Hall: locos en las calles de Londres

Uno de los objetivos de la Philadelphia Association fue la creación de centros que pudiesen *sostener* a los enfermos mentales. La idea era que en estos lugares se pudiesen gestionar aportes económicos, investigar y difundir los resultados para –desde la praxis– recrear nuevas concepciones sobre salud y enfermedad.

El Kingsley Hall fue el proyecto de mayor envergadura que subvencionó la Asociación y generó múltiples resistencias en la opinión pública, principalmente del vecindario que no podía tolerar la existencia de *locos* entre ellos.

Esta experiencia se desarrolló desde junio de 1965 hasta 1970, en un edificio de tres pisos con más de setenta años de antigüedad ubicado en un barrio obrero en el East End de Londres. Tenía una capacidad de alojamiento para aproximadamente trece personas en habitaciones individuales. Además, poseía un vestíbulo en planta baja, comedor, sala para reuniones, sala para juegos, dos cocinas. Otras tres habitaciones eran destinadas para salas de meditación, cuarto oscuro para revelado de fotografías y capilla, y, por último, una gran terraza con jardín.

Este viejo edificio estaba cargado de historia, tanto social como política: se había utilizado como centro comunitario, en donde se realizaron reuniones con distintas finalidades y centro de asistencia social y de culto. Mahatma Gandhi se alojó en el Kingsley Hall cuando visitó Londres en 1931, y compartió la habitación con una cabra, de la cual se alimentaba.

El programa se fundamentó sobre las bases teórico/pragmáticas de la comunidad terapéutica de Maxwel Jones. Se constituyó –en todos los aspectos– en una *verdadera* comunidad, en donde convivieron pacientes, médicos y enfermeros, sin ninguna distinción de roles y en forma totalmente igualitaria en sus condiciones de vida. No existía ningún tipo de restricción y/o limitación en las acciones.

En lo que duró la experiencia, pasaron por sus instalaciones 113 personas, en el período que va del 1 de junio de 1965 hasta noviembre de 1968, en lapsos que van de una semana a tres meses, de las cuales:

- 75 eran hombres y 38 mujeres.
- 5 rondaban entre los 16 y los 19 años.
- 69 entre los 20 y 29 años.
- 28 entre los 30 y 39 años.
- 11 superaban esa edad.

De todos ellos, 43 no habían sido nunca calificados como enfermos mentales y de los 70 restantes, alrededor de 39 habían estado internados en hospitales psiquiátricos. Durante la residencia, sólo 11 personas fueron internadas en manicomios y 3 directamente fueron llevados desde el Kingsley Hall.

Se realizaron cursos y conferencias, sobre la nueva actitud que debía tomar la psiquiatría en el trabajo terapéutico. Versaban acerca de antipsiquiatría, fenomenología, perspectivas sociológicas y formas de tratamientos. Se desarrollaron, además, talleres de pintura, escultura, teatro, danza, meditación, etc.

Así, este centro se convirtió en un bastión de la contracultura en donde se reunieron poetas, bailarines, actores de teatro experimental, fotógrafos, dirigentes de movimientos sociopolíticos, sociólogos de la *New Lefts*. En síntesis, toda la gente de vanguardia utilizó la comunidad como un lugar abierto a la expresión.

Algunos de sus fundadores vivieron allí entre en los años 1965-1966, como Ronald Laing, Leon Redler, Jerome Liss, Joseph Berke, entre otros. Muchos de los residentes estudiaban o trabajaban, y retornaban a la comunidad por la noche. El punto de reunión era la cena (siempre que alguno deseara prepararla), momento en el que las duraderas conversaciones se acompañaban de un marco afectivo importante.

El contexto de la comunidad estaba inmerso en un clima de total libertad, por lo tanto, no existía ningún tipo de reglamentación, ni normas, ni pautas que rigiesen la vida social estatutariamente. Las discusiones sobre las conductas de los demás no poseían límites.

Tampoco se estipularon horarios de almuerzo o cena. La gente podía levantarse a la hora que desease. No obstante, la elasticidad de esta estructura llevó a crear en forma positiva roles y reglas que nacen de la *espontaneidad* del sistema. De esta manera, se genera naturalmente un ordenamiento de la vida comunitaria, en contraposición con la rigidez de pautas preestablecidas e indiscutibles de la institución psiquiátrica tradicional.

En las comunidades terapéuticas, las diferentes funciones surgen de acuerdo con las necesidades que se presentan y, consecuentemente, según la disponibilidad del compromiso personal que se configure de acuerdo con las situaciones. Esta elasticidad de funciones se contrapone a la verticalización jerárquica institucional que constituye estamentos de poder, convocando a la opresión piramidal clásica: los de más alto rango presionan a los siguientes, hasta llegar a las bases.

Laing aclara que en la comunidad existen reglas, pero no existe ninguna regla en contra de las reglas. La única norma acerca de ellas es que las reglas se abran al análisis crítico y a la discusión para, de esta forma, corroer un efecto institucional. Además, esta concepción posee un efecto terapéutico, puesto que en los estudios sobre las familias de esquizofrénicos se observa la rigidez de las pautas del sistema de interacción, que ante cualquier crisis tiende a refortalecerlas y hacerlas cada vez más rígidas. Estas familias confunden a sus hijos, creando normas que prohíben tomar conciencia de otras normas.

Una vez que la persona sale de un vínculo familiar cohercitivo, un contexto permisivo y no censurador generaría salud en la persona. Si su camino se continuara hacia la entrada en una institución tradicional, reinstauraría el mismo tipo de relación patológica.

En el Kingsley Hall estaba abierta la elección: tanto si un individuo deseaba estar controlado por un terapeuta, si quería compartir su habitación, hasta la decisión de tomar psicofármacos, etc. De manera similar se manejaba la situación económica. Por ejemplo, si uno de los integrantes era subsidiado por la Asistencia Nacional de la Salud podía vivir cierto tiempo sin pagar, puesto que la comunidad poseía un *fondo común* de dinero para saldar todos los gastos de calefacción, electricidad, reparaciones, etc. No se forzó a nadie a trabajar y, en general, todos pagaban su parte de alquiler al fondo comunitario.

Ésta es una praxis diametralmente opuesta a la rigidez manicomial. En el asilo psiquiátrico se preestablecen las horas de sueño, la cantidad y clase de comidas (que por supuesto difieren de las del personal) y el resto de las actividades, desde la laborterapéuticas hasta las lúdicas.

Este tipo de experiencias comunitarias colocan sobre el escenario las incompatibilidades de la misma sociedad: desestructura el clásico sistema de marginación, intentando incorporar a la gran masa de *locos* al resto social. Pero no logran su objetivo fácilmente, puesto que implica una lucha contra la resistencia del grupo social que no admite dentro de su seno lo que presupone perturbador, lo que puede desestabilizarlo, lo que muestra su propia incoherencia.

A pesar de este presupuesto, en el desarrollo de estas experiencias no se comprueban que los enfermos mentales alteren el orden o produzcan graves daños a la gente *normal*. Más aún, existe mayor cantidad de incidentes entre los sujetos normales que entre los pacientes psiquiátricos. Morton Schatzman comenta algunas anécdotas sobre las agresiones hacia la comunidad del Kingsley Hall durante su estadía:

> *A las once y media un viernes por la noche, cuatro hombres que habían estado bebiendo en un bar cercano entraron en el edificio gritando que todos nosotros éramos unos "necios", "adictos", "delincuentes" y "perversos", que apestábamos y estábamos profanando el templo de una comunidad con nuestro "indecente" comportamiento. Una señora en una tienda del barrio nos llamó "una pandilla de miserables y homosexuales". Los niños del barrio continuaban con la costumbre francesa del siglo dieciocho de visitar el asilo los fines de semana para ver a las personas allí internadas: entraban en el edificio con frecuencia, dándose por invitados únicamente para echar un vistazo y reírse. Los chicos, tirando piedras, rompieron las ventanas que daban a la calle tantas veces que decidimos helarnos de frío un invierno antes que gastar dinero reparándolas otra vez. Los niños arrancaron el timbre de la entrada, hicieron pedazos la puerta con un hacha y varias veces pusieron excrementos de perro en el suelo del vestíbulo en la planta baja* (Schatzman, en Basaglia, 1972).

Todos estos actos descriptos por Schatzman señalan la violencia de la sociedad hacia los enfermos mentales, que no sólo se ejecuta a través de acciones concretas sino también por la misma estigmatización y segregación. Sin embargo, paradojalmente, la óptica social emparienta cualquier acto violento con la locura, asociándose la figura del loco con peligrosidad.

Pero el autor también señala las actitudes anormales de los integrantes de la Comunidad que afectaron la relación con el vecindario, confirmando el ideario social del peligro que implica convivir con pacientes mentales. No obstante, por bizarras que resulten las conductas, están lejos de la agresión:

> Cuando los residentes se comportan de maneras que se consideran extrañas alarman a algunas personas que viven fuera del edificio. Un hombre de veintiocho años que vivía en el Kingsley Hall se paseaba por los bares y cafés del vecindario y sin decir ni una sola palabra a nadie recogía los vasos de las mesas y del mostrador, se bebía el contenido y salía. Si habían dejado abierta la puerta de alguna casa, entraba, se sentaba en una silla del cuarto de estar hasta que alguien de la casa le veía. Entonces se levantaba y se iba tranquilamente. Nunca amenazó ni tocó a nadie, pero enervaba a la gente. Se le acercaban en la calle para aconsejarle espontáneamente que se encontraría mejor en una clínica. Un residente no dejaba dormir a la gente de la casa de al lado por la noche porque ponía el tocadiscos tan alto como podía. Sentía su cuerpo entumecido y, si ponía la música muy alta, encontraba que podía revitalizarlo. No quería molestar a nadie; cuando los vecinos se quejaron, paró y se excusó [Schatzman, en Laing, 1972).

En numerosas ocasiones, la Comunidad del Kinsley Hall trató de revertir esta aversión del vecindario hacia las personas que vivían en el edificio. Se organizaron reuniones con los vecinos con la intención de integrarlos y compenetrarlos con la experiencia, pero hubo poca repercusión. Algunas situaciones favorecieron el intercambio, por ejemplo, la utilización del vestíbulo de planta baja para reuniones de un club de ancianos y de jóvenes. Este mismo espacio se alquiló también para el desarrollo de clases de danza.

Los residentes del Kingsley Hall solicitaron unirse a las personas que podrían beneficiar o beneficiarse con la experiencia. De esta manera, se logró un equilibrio entre las necesidades de todos los integrantes: unos se ocuparon de la organización financiera, otros de limpiar baños o cocinas, otros de abonar impuestos. Mientras que algunos pudieron dedicarse a reflexionar, *viajar* hacia su propio interior y descubrirse, pero todos trabajaron en sus tareas alternativamente, formando la ecología de la comunidad.

Viaje a través de la locura

En 1971 se publicó *Viaje a través de la locura*, el relato de Mary Barnes, escrito conjuntamente con el psiquiatra Joseph Berke. Barnes, afectada de esquizofrenia, describe las vivencias de su estadía en el Kingsley Hall, donde experimentó un *viaje regresivo* para después retornar y encontrar su curación.

Ella trabajaba como jefa de enfermeras en una sala de un hospital general. Se destacaba por ser una persona organizada, rígida y extremadamente eficiente en su trabajo. Según sus propios comentarios, se había *perdido* a sí misma y necesitaba volver al punto en donde se perdió. Únicamente al regresar a ese punto de su historia podría reencontrarse con ella nuevamente y de esta manera vivir una vida *auténtica*.

Al comienzo de su ingreso en la Comunidad, mantuvo su trabajo en el hospital ya que quedaba a una hora de viaje del Kingsley Hall. Cuando retornaba, se rasgaba las ropas, se desnudaba, se acostaba en un colchón en el piso y perdía el control de sus esfínteres en el transcurso de la noche, para al otro día –previo baño– recomenzar sus tareas en el hospital.

Desarrolló este proceso durante algunas semanas, hasta que decidió involucrarse de lleno en la experiencia. Escribió una carta al director del hospital para pedir licencia y comenzó así por propia convicción su regresión en el Kingsley Hall.

Llegó al límite de necesitar alimentarse a través de un biberón cada dos o tres horas. Se bañaba en sus propios excrementos y adelgazó varios kilos. Deseaba entregar su cuerpo, transformarlo en algo transparente para ver como entraban los alimentos y salían los excrementos. Por momentos, su cuerpo estaba muy frío, como si se estuviese aproximando a la muerte física. Según Laing, si se permite efectuar tal proceso, deben afrontarse los riesgos del caso: ya sea una muerte física o un sentido simbólico de muerte.

Barnes esparcía sus excrementos y orines, ensuciaba las paredes, daba vueltas por la casa haciendo ruidos. La gente se turnaba para alimentarla y darle la leche, ya que no admitía alimentos sólidos. También pasó inmóvil en su cama por diversos períodos, con los ojos cerrados, sintiendo estar en el seno materno.

Después de esta situación de crisis, llegó el período de *renacimiento*, referido por Laing como *neogénesis*. Éste es un proceso de regreso al momento evolutivo actual y que le llevó cinco semanas. Cada día maduraba un poco más y llevaba una vida más organizada.

En su etapa de regresión, esparcía los excrementos realizando diseños en la pared de su habitación. Después de su renacimiento comenzó a pintar óleos, actividad que no había realizado nunca, aunque todavía utilizaba los dedos. Se convirtió en una pintora exitosa, razón por la cual realizó exposiciones y sus cuadros se vendieron con relativa facilidad. Escribió poemas y narraciones cortas, como *El viaje a través de la locura* y El árbol hueco, obras que cobraron repercusión.

Existen numerosos testimonios de integrantes de esta Comunidad que en mayor o menor medida realizaron este viaje interior. Han logrado en su restitución una mayor comprensión de sí mismos y de los demás, mejorando notablemente su calidad de vida.

El Kingsley Hall terminó su tiempo de vida en mayo de 1970, cuando culminaron los cinco años que la Philadelphia Association tenía como contrato de locación del edificio. Algunas personas residentes en esta Comunidad desarrollaron la misma experiencia en dos casas con otra gente y se planificó fundar nuevas comunidades.

Éste es uno de los problemas que se plantean con estas experiencias alternativas: mientras que el gran monstruo de la institución manicomial subsista, cualquier movimiento opositor minoritario expresado por las comunidades terapéuticas será devorado, otorgando prevalencia al manicomio, que opera como condición absoluta en el tratamiento del paciente psiquiátrico.

Los problemas financieros que puedan presentarse para sostener una posición alternativa o ciertos movimientos políticos, como así también la misma aversión social, son factores boicoteadores de la posibilidad de cambio.

El manicomio tiene su sólido lugar avalado por el Estado, con un recorte presupuestario que tiene la finalidad de mantenerlo con la aprobación de la sociedad. Además, con sus siglos de historia a cuestas, está demasiado instaurado en el ideario social y sistematizado en las planificaciones de la salud pública como para suprimirlo de los estándares y *demolerlo* tan fácilmente.

Capítulo IV

La libertad de la locura
o la ruptura de la segregación

Si la salida es por la puerta,
¿por qué nadie utiliza ese método?

Confucio

En relación con las nuevas concepciones acerca de la locura, en este capítulo describiremos el modelo de la desinstitucionalización psiquiátrica desarrollado en sus cimientos en las ciudades de Gorizia y Trieste, y en la actualidad expandido por toda Italia.

Su historia comienza en la década de 1960, cuando el desarrollo económico en Italia registró una tendencia ascendente, mientras que se abrieron múltiples puntos de vista en el campo sociocultural, llevando a la discusión diferentes problemáticas sociales.

Este clima sociopolítico de transformaciones tuvo también en su radio de influencia la salud mental. Se produjo un profundo cuestionamiento político de las condiciones jurídicas de los pacientes en particular y de la atención sociosanitaria en general, vigente hasta ese momento en el ámbito psiquiátrico. Se desarrolló toda una organización que tenía por finalidad abolir el manicomio y todas las metodologías inherentes a él. Bajo el rótulo de la desinstitucionalización psiquiátrica, Franco Basaglia, su mentor, junto con un equipo de trabajo llevaron a cabo semejante empresa.

El proceso de destrucción del sistema manicomial tuvo tal repercusión social, que como corolario condujo al Parlamento italiano, en 1978, a la constitución de la ley 180 que suprime las leyes de internación forzada, represión, segregación y confinamiento de los enfermos mentales en clínicas psiquiátricas y manicomios, creando una nueva red de atención. Estas acciones llevaron a la completa destrucción del hospital psiquiátrico –como espacio cerrado, forzado e institucionalizante–, cesando una fuerza amenazante de la cual el enfermo mental sólo podía salvarse huyendo.

Se desestructuró, entonces, el juego de la segregación social del loco, recuperando una identidad perdida: el ser humano.

1. Franco Basaglia: una vida para los locos

Hablar de desinstitucionalización psiquiátrica es sinónimo de Franco Basaglia. El desarrollo de esta corriente, su concepción e ideología fueron el producto de numerosas investigaciones y de un fuerte grado de operatividad efectiva que su mentor desplegó.

Basaglia nació en Venecia en 1924 y murió en 1980 a los 56 años. En 1949 se recibió de médico en la Universidad de Padua, para después especializarse en neurología. En 1958 obtuvo en esa misma universidad la cátedra de libre docencia en psiquiatría, donde exitosamente divulgó sus ideas innovadoras sobre la reforma del manicomio y una concepción diferente acerca de los enfermos mentales.

Tres años después, en 1961, asumió la dirección del Hospital Psiquiátrico de Gorizia, iniciando su obra de desestructuración de la psiquiatría institucional. El recuento de esta experiencia fue expresado en su libro *L'Istituzione Negata* (1968) y fue el primer punto firme en su acción política, social y científica contra los viejos esquemas interpretativos y terapéuticos de lo que se consideraba la *desviación de la normalidad.*

En 1964, Basaglia fue llamado a formar parte de la Royal Society of Medicine en Gran Bretaña y a realizar una serie de trabajos científicos para el Centro Nacional de Investigaciones. Colaboró, además, en el Community Mental Health Center de Nueva York y obró como consultor permanente de la organización de la comunidad terapéutica del Dowstate Medical Center en Estados Unidos.

En 1969 culminó su experiencia en Gorizia. Pasó a coordinar el Hospital Psiquiátrico de Colorno (Parma), donde permaneció hasta el verano de 1971. En ese entonces, recibió el mandato para dirigir el Hospital Psiquiátrico de San Giovanni en la provincia de Trieste.

Allí comenzó un notable proceso de cambio, que significó la abolición de la estructura manicomial. En noviembre de ese mismo año abrió los primeros servicios del Hospital de San Giovanni y en enero de 1973 inició los trabajos de transformación de los dormitorios públicos.

Un mes después, los internados desarrollaron trabajos con un grupo de artistas triestinos, creando el Laboratorio P. Construyeron una gran escultura de cartón piedra, llamada *Marcocavallo* (El caballo Marco), que en poco tiempo se erigió como el símbolo total de la experiencia, representando la libertad y la caída de la opresión del enfermo mental.

En aquel período, Basaglia fue nombrado responsable para toda Italia de los estudios psiquiátricos conducidos por la Organización Mundial de la Salud (OMS). Al mismo tiempo, sostuvo una gran deliberación que dio como resultado la constitución del rol de *huésped* como figura de transición del internado psiquiátrico en vías hacia la reinserción social. De esta manera, un centenar de internados de la institución triestina, readquirieron su estatus de ciudadanos, y en el mes de octubre la OMS declaró a Trieste zona piloto.

En 1974 se creó la Organización Psiquiatría
Democrática, de la que Basaglia formó parte del Comité
Promotor, en donde se difundió la praxis del proceso de
desinstitucionalización. A través de ella se desarrollaron y
publicaron numerosos trabajos científicos impregnados de
ideología y de nuevos aportes dentro de la salud mental.

Un año después, Basaglia inició una experiencia de
rehabilitación de pacientes psiquiátricos, en Villa Fulcis,
en la localidad de Belluno. En la primavera de ese mismo
año, se constituyeron en Muggia, Barcola y Aurisina los
primeros centros de salud mental. El verano siguiente se
creó la Escuela Materno Estatal en el ex Hospital Psiquiátrico
de San Giovanni, en el lugar donde funcionaba el servicio
para agitados.

Entre los actos atrevidos e inusuales que realizó por
medio de la nueva experiencia, voló con cien pacientes
por los cielos de Trieste sobre un jet puesto a disposición
por la Asociación de Turismo Italiana (ATI).

En 1977, el presidente de la provincia de Trieste,
Michelle Zanetti, anunció la clausura del hospital psiquiátrico y presentó el proyecto de reestructuración del manicomio de San Giovanni. Ocho meses después se celebró
en Trieste el primer *Reseau* Internacional de Psiquiatría,
que se desarrolló bajo la tienda de un circo. En esa circuns-
tancia, Basaglia fue atacado violentamente por partidos
autonomistas y por sectores conservadores de la psiquiatría.
Finalmente, en junio de 1978 el Parlamento Italiano estableció la ley 180, que suprimió la utilización del manicomio
como método terapéutico. En 1979 fue transferido a Roma
para continuar la dirección de salud mental.

Durante su vida, además de las acciones innovadoras
en la práctica concreta, escribió numerosos artículos y
estudios monográficos en el campo de la psiquiatría social, la crítica institucional y psicopatología. Algunos de
ellos los redactó con su esposa, la diputada Franca Ongaro

Basaglia, como *Morire di Classe* (1969), en donde realiza una compilación fotográfica de las imágenes caóticas del manicomio, adjuntando párrafos y escritos de diferentes autores.

Además, escribió la presentación de dos obras que fueron reveladoras en aquellos años de revolución psiquiátrica: *Assylums*, de Goffman, en 1961, y *Social Psychiatry in practice* de Maxwell Jones, en 1968. En *Che cos'è la psichiatria?* (1968) (*¿Qué es la psiquiatría?*, 1977), Basaglia, junto con una serie de profesionales que transitan en la misma ideología, pone al descubierto la estructura de poder que sostiene la atención manicomial. Observa sus implicaciones sociales y políticas, tomando como punto de partida al hospicio como lugar de reclusión y castigo. De esta manera, enfrenta una batalla con el objetivo de una reforma asistencial y sanitaria que convoque a una modificación del sistema asilar.

En *Maggioranza deviante* (1971) (*La mayoría marginada*, 1973) confronta radicalmente la marginación, tanto del enfermo mental como del grupo de segregados en general. Pone sobre el tapete el problema de las cárceles, su organización y su función social, homologando las cárceles y los manicomios como lugares de anulación de la persona, antítesis de la reinserción. Describe los grupos de hippies, ancianos, niños, enfermos y estudiantes que, por definición, se alejan del grupo social que decide, ya que se encuentran en la periferia de la sociedad capitalista, distantes de la minoría que detenta el poder. Esta *ideología de la diferencia*, según Basaglia, es lo que separará marcadamente los conceptos de salud y enfermedad, como los de norma y desviación.

Crimini di pace (1975) (*Los crímenes de la paz, 1977*) reúne a autores de la talla de Foucault, Castel, Szasz, Laing, Goffman y otros. Fundamentalmente, desarrolla cómo el saber se monopoliza ideológicamente por medio de la técnica y la ciencia, traduciéndose en poder. Se constituye así (el saber) en un agente de opresión que se concretiza en la figura de funcionarios de instituciones violentas. Este libro recalca el objetivo que posee la ideología como instrumento de coerción del sistema social. O sea, estos escritos van más allá del sistema manicomial, dirigiendo la mirada a la sociedad misma, de la cual el manicomio y la opresión contra el enfermo mental es sólo una parte.

En *Psiquiatría, antipsiquiatría y orden manicomial* (1985), como así también en *Razón, locura y sociedad* (1978), conjuntamente con otros autores, expresa su línea de pensamiento, planteando las convergencias y divergencias con la antipsiquiatría y siempre negando el manicomio como recurso de abordaje hacia la enfermedad mental.

Esta última obra es la reproducción de un congreso realizado en México en julio de 1975. Basaglia expresa, con lenguaje claro, estilo irónico y aguerrido, las contradicciones del sistema manicomial, calificándolo como una institución violenta, engendradora de violencia y opresiva hacia sus integrantes. En esta disertación plantea la subversión más radical de la institución psiquiátrica, que realizó desde la experiencia de Gorizia en adelante.

En su empresa, Basaglia no sólo desarrolló una postura teórica, sino que de verdad llevó a la práctica una revolución técnica, parcialmente inspirada en las teorizaciones de Sartre y de Gramsci. No trató únicamente de reformar las relaciones internas en el manicomio: intentó revertir las reglas de juego que imperaban en las relaciones de éste con el exterior. Articuló entonces, las instancias sociopolíticas, económicas e ideológicas que condicionaban y definían ese *statu quo*.

Sin duda, Basaglia fue un luchador nato. Para desarrollar esta experiencia de subvertir el orden social, debió batallar contra el acoso, la incomprensión y la persecución, expresado a través de las más ácidas críticas de núcleos conservadores y de la sociedad en general, que no soportaban un manifiesto tan crudo y *desenfadado* que pudiera quebrantar su equilibrio.

En 1972 publicó *¿Psiquiatría o ideología de la locura?*, en el que analizó la psiquiatría institucional y cómo realizar una asistencia psiquiátrica en una línea antiinstitucional. Describió el poder del diagnóstico, los juegos de poder entre médico y enfermo y la noción de complementariedad entre ambos, quebrando así, el verticalismo, ubicando al médico como prestador de un servicio hacia el enfermo mental. Desarrolló también los principios de la comunidad terapéutica, que aplicó como base de la desinstitucionalización. Concluyó categóricamente que el enfermo mental debe enfrentar una doble problemática: su propia enfermedad y la marginación.

Por último, toda su línea de pensamiento –que condensa la mayoría de sus escritos–, se inscribe en dos volúmenes llamados *Basaglia Scritti, vol. I 1961-1967 y vol. II 1968–1980*k compilado por Franca Ongaro Basaglia y publicado en 1982.

Entre los tantos viajes que realizó difundiendo sus ideas innovadoras, llegó a Sudamérica. En la Argentina recorrió numerosos hospicios y denunció el sistema carcelario de éstos.

Su trabajo piloto en Gorizia demostró que aún a los crónicos se los puede convertir en personas a través del diálogo grupal, de la tarea en equipo, del rescate de la historia personal y de la dignidad. Ayudarlo a rescatar su proyecto de vida.

Durante el "demencial" recorrido (pues íbamos de manicomio en manicomio) vimos juntos escenas dignas de campos de concentración, los sótanos sin sol del Moyano, los zombies de la Colonia Oliva (Córdoba), los mendigos del Manicomio Nacional de Asunción, los negros vegetalizados en Río de Janeiro.

Basaglia volvió por Sudamérica y trabajó mucho en Brasil. Viajaba y denunciaba, era un "psiquiatra de barricada",

atacaba, demolía los muros manicomiales con sus propues-
tas nuevas, y desnudaba los resortes del poder psiquiátrico,
ligado al sistema de opresión político (A. Moffat, en *El pe-*
riodista, 1987).

En 1980, cuando falleció, el mundo psiquiátrico europeo quedó conmocionado, no solamente por lo temprano
de su muerte, sino por la producción que había dejado
como legado a la humanidad. Las fotos de los diarios italianos muestran la bruma veneciana que acompañaban
sus restos camino al cementerio.

Paradojalmente, y tal vez por ironía del destino, la
causa de su muerte fue un tumor en el órgano que más
defendió a lo largo de su vida: el cerebro.

2. Gorizia: del manicomio
a la comunidad terapéutica

La nueva organización de la atención psiquiátrica
comenzó en el norte de Italia y tuvo como escenario el
manicomio de Gorizia, una provincia italiana de la región
del Friuli, Venecia, Julia, que posee alrededor de 140.000
habitantes. Se considera la ciudad precursora, ya que desde
1961 fue la primera en iniciar en actos concretos el proceso
desinstitucionalizador.

Se abandonaron las discusiones metafísicas sobre la
esencia de la locura, como es frecuente entre los profesionales, para discutir abiertamente en el plano pragmático, sobre
las condiciones existentes en el hospital psiquiátrico. Por lo
tanto, se centralizó el interés en trabajar por la mejora de la
calidad de vida de los internados, cuestionándose el papel
y el significado del personal especializado de la institución.

Franco Basaglia asumió la dirección del Hospital
Psiquiátrico de Gorizia y desarrolló una planificación que
tenía por finalidad reinsertar en la sociedad a los segregados

con el rótulo de enfermos mentales. Con ello, la praxis de exclusión sufrió una notable distensión, estableciéndose una comunicación permanente entre *el interior y el exterior*. Este objetivo, estuvo basado en la implementación de las conceptualizaciones de la comunidad terapéutica.

Pero Basaglia no se conformó con aplicar solamente estos criterios de horizontalidad, puertas abiertas y reinserción social entre otros, sino que fue más allá: su finalidad fue *la abolición del manicomio*.

Para romper con la estructura manicomial, se debía cambiar radicalmente la impronta sociocultural sobre la concepción de la locura -*qué es un loco*-. Si se negaba el hospicio, en gran medida se perdería el sentido de la marginación, puesto que al no existir un espacio de confinamiento, no existiría esa división *afuera/adentro*.

El manicomio de Gorizia estaba compuesto por enfermos de diferentes nacionalidades -húngaros, eslovenos, austríacos e italianos-, fenómeno bastante común por ser un lugar fronterizo y por encontrarse geográficamente en un punto neurálgico de Europa.

Estos testigos presenciales de la vida dentro de la institución manicomial comenzaron a dirigirse a la opinión pública. Pusieron al descubierto, entre otras cosas, los ritos absurdos de un orden estancado, por medio de los cuales se sometía a los internados a un horario represivo previsto hasta en sus mínimos detalles.

> *Anteriormente aquí estábamos prácticamente encarcelados, vivíamos tras rejas y eso no era lo peor: en la sala de espera nos hacinábamos hasta unos 80 hombres [...] ni siquiera a los servicios sanitarios podíamos ir solos. Y luego, a las cinco de la tarde se servía la cena, y después inmediatamente a los dormitorios, incluso en verano, cuando todavía quedaban unas tres horas más de sol [...] A menudo yo salía al aire libre, a respirar un poco, pero siempre llegaba de inmediato alguien para encerrarme otra vez* (Vascon, en Basaglia, 1975).

Los compartimentos estancos en el interior del manicomio, como el aislamiento progresivo de los pacientes, la masificación destructora de la identidad, el mantenimiento de la barrera jerárquica entre médicos, personal de servicio e internados, etc., pudo ser desmontada lentamente a través de un trabajo conjunto de todos los afectados por la organización hospitalaria. Podría afirmarse que para lograr sus objetivos, Basaglia fue, ante todo, un gran estratega.

Uno de los primeros pasos desarrollados en este proceso fue lo que se denominó la *humanización del rol*. En esta dirección reorganizó el plantel técnico y profesional que lo rodeaba: *capturó* médicos nuevos que no estaban impregnados por la cultura institucionalizante manicomial. Por otra parte, revalorizó el rol del enfermero psiquiátrico, tan descalificado en el escalafón jerárquico de la institución psiquiátrica clásica.

Desarrolló una tarea descentralizante en la atención, que se contrapone a la asistencia centralizadora del hospicio, que monopoliza todas las áreas del universo del paciente, ejerciendo una labor centrípeta que bloquea cualquier posibilidad de contacto con el exterior.

Se implementaron visitas domiciliarias a las familias de los internados –con los internados–, recuperando la comunicación y el intercambio con sus vínculos afectivos primarios. Este acto no sólo benefició al paciente por su salida al exterior, generando un proceso paulatino de reinserción, sino que también sirvió para evaluar si ese vínculo era el más apropiado para su salud. Además, estas acciones cobraron sus efectos en el personal que redefinió su posición a partir de conocer que atrás del rótulo o el número existía un ser humano que vive, siente, piensa, sufre y posee un mundo afectivo. De esta manera, se destruye uno de los principales eventos que sostiene la institución psiquiátrica: la *rotulación* y la *cosificación* que conlleva el trato desafectivo y la desconfirmación como ser humano, resultados que se permutan por el humanitarismo y la solidaridad en una interacción horizontal.

Testimonios de pacientes y personal descriptos en *L'istituzione negata* (1968) (*La institución negada*, 1972) dan ejemplos acerca de estas modificaciones. En principio, se mejoraron las relaciones interpersonales. Los internados se volvieron mucho más comunicativos, en contraposición con su reclusión en servicios cerrados, donde se mostraban introvertidos e ensimismados.

Cuando empezó a desarrollarse la apertura, los pacientes sentían la necesidad de abandonar las instalaciones en grupos de dos y tres personas. Surgía de esta manera el deseo de estar acompañados, manifestándose las primeras conversaciones entre ellos y estableciendo los primeros lazos de relaciones sociales.

La comunidad de Gorizia estaba compuesta de un gran parque arbolado con nueve pabellones de dos pisos cada uno. Poseía, además, una iglesia y una granja, y una porción de las murallas del hospital convergen con la frontera entre Italia y la ex Yugoslavia. En aquellos momentos estaban internados alrededor de quinientos enfermos. Trabajaban ciento cincuenta enfermeros, nueve médicos, una psicóloga, un cura, algunas monjas, asistentes sociales y voluntarios, que conformaban el organigrama de esta comunidad.

Se eliminó la política del guardapolvo gris o blanco para evitar esa miserable diferenciación entre *sano* y *loco*. Cada uno puede vestir como quiera, según sus posibilidades y sus preferencias. Además, se modificó el cartel de *prohibida la entrada* por el de invitar a efectuar una visita al establecimiento. Las rejas permanecían siempre abiertas y, entre las alamedas del parque, había un bar a 300 metros de la entrada.

No había enfermos agitados o violentos. Al no existir medios de coerción como rejas, ataduras, camisas de fuerza, electroshocks, o un trato social represivo, la ansiedad disminuía notablemente, disminuyendo también las reacciones de agresión, puesto que ésta surge como respuesta a la violencia institucional. La hipótesis que se sostenía era que si los medios de la institución no son violentos se generarán respuestas acordes a esta interacción.

Posiblemente un visitante se desorientase al no tener los parámetros tradicionales que le marcan con quién puede relacionarse –por lo menos a simple vista–. Es así como se establecieron nuevas formas de intercambio entre los internados, los cuidadores, los médicos y *los de afuera*.

Otro de los principales elementos estratégicos dentro de esta planificación fue el desarrollo de asambleas generales. En esos espacios se amplió la comprensión sobre el significado existencial que había tenido la rígida organización del manicomio. Gracias a la comunicación establecida con la sociedad exterior, logró romperse el cerco de silencio que hasta ese momento rodeaba los internados en su *aislamiento absoluto*.

La asamblea general de la comunidad reunía, todas las mañanas, tanto a pacientes, médicos, enfermeros como asistentes sociales, y las sillas se disonían en semicírculo. El cónclave constituyó un acto espontáneo –no era obligatorio–, en donde todos se mezclan con todos.

Vascon (1974), describía que en las asambleas se observaban las típicas reacciones de todas las reuniones públicas. Los más extravertidos se sentaban en las primeras filas, los líderes se situaban en puestos claves en el semicírculo. En otro ángulo –protegidos por una pared sin apertura ya que el resto tiene ventanas y puertas– se sentaban los enfermos más retrógrados o aquellos cuya participación tenía una actitud mucho más crítica en relación con la asamblea. Dos o tres enfermos la presidían por turno y eran responsables de la conducta de los integrantes, mostrando sus dotes y recursos dialécticos como coordinadores de la reunión. En ocasiones sucedía que algún paciente en crisis quería tomar ese lugar, y si bien se le señalaba la equivocación en su actitud, se lo reprendía desde un trato social humano *normal*, y no desde la coacción jerárquica manicomial.

En el plano de lo económico se realizaron modestísimos aportes cedidos por la administración del hospital, que los enfermos percibían cada semana. Además, las salidas se homologaban con la posibilidad de contacto con el exterior y constituían una fuente de distracción que rompía la monotonía de la vida hospitalaria. Estos planteos financieros y lúdicos fueron también discutidos en las reuniones, fundamentando la toma de decisiones con respecto a frecuencia de salidas, tipos de encuentros, aumentos de salarios, etc. Se desarrollaron más de cincuenta reuniones semanales. No todas estuvieron conformadas por las mismas personas, lo que permitió que el intercambio generado fuese mucho mayor.

El día comenzaba a las 8:30, con una primera reunión constituida por enfermeros, asistentes sociales y médicos. De 9:00 a 10:00, los médicos visitaban los pabellones y a las 10:00 se iniciaba la asamblea general que duraba una hora y cuarto. A las 11:15, médicos, asistentes sociales, enfermeros, y los líderes de los enfermos, discutían el resultado de la asamblea. A las 13:30, una vez por semana, los enfermeros se reunían en el cambio de turno. Por la tarde, se realizaban asambleas en los pabellones propiamente dichos, las reuniones de médicos y del comité.

Según Basaglia, las asambleas poseían una doble significación: por un lado ofrecerle al enfermo una multiplicidad de alternativas –trabajar, no trabajar, discutir temas de interés, realizar otras actividades, etc.–. Por otro, constituía un baremo para chequear cómo estaba cada uno de los integrantes de la comunidad, por ejemplo: que un paciente participase en estas asambleas revelaría que su

espontaneidad en el contacto social estaba lo suficiente-
mente elevada, ya que aceptaba la interacción con los otros.

Pero, fundamentalmente, las asambleas expresaban
el espacio de la recuperación de la palabra en el paciente,
que no era ni más ni menos que recuperar la identidad
como ser humano. No era psicoterapia de grupo, puesto
que no había obligación de asistencia ni de participación,
no se interpretaban y no eran coordinadas por profesionales médicos. Lo que se intentaba era que la vida de la
comunidad no estuviese regida por la inteligencia médica,
sino que fuese el resultado del compromiso de cada uno
de los integrantes que la componían. Por ende, no siempre
los médicos participaban en estas reuniones –lo mismo
sucedía con los enfermeros–.

El paralelismo y la horizontalidad del juego dialéctico
médico/enfermero/paciente, se expresaba en este tipo de
reuniones, donde no se ponían en juego estos roles que
implicaban, en una institución clásica, un estatus y un
poder determinados.

Basaglia consideraba que estas reuniones eran el motor
de la comunidad, puesto que constituían la ocasión para
que los miembros se encontrasen y se confrontasen. El
hecho de que un enfermo tuviese una función diferente
a la de un médico o un enfermero, era motivo suficiente
para discutir el tema de manera crítica.

De esta discusión surge la revisión de los lugares que
cada uno ocupa en el sistema, que constituyen la polari-
zación excluyente y excluido. La confrontación de estos
dos discursos permite la horizontalidad, desestructurando
la complementariedad dialéctica amo-esclavo, ya que en
el manicomio se silencia la diferencia y el *no dicho* no se
cuestiona.

Todos estos esfuerzos para revertir la institución psiquiátrica sólo se lograron a través de la superación paulatina
de las contradicciones que intestinamente se hallaban en

el manicomio. La praxis de la exclusión implementada hasta entonces había afectado hondamente a todos los participantes.

En los intentos por dar de alta a pacientes que tenían veinte años o más de marginación en asilos, se observa claramente la profundidad de estas contradicciones. Por ejemplo, la salida del microcosmos del manicomio a la sociedad exterior no podía realizarse mediante un simple acto burocrático. Más bien, la maduración personal de esa separación/liberación sólo sería factible a través de la creación de un nuevo vínculo entre la sociedad *exterior* y el segregado. Este proceso dependía, por una parte, de la concienciación personal de cada ex internado, sobre lo que implica su reinserción social. Por otra, de un recambio profundo del imaginario de la población acerca de concebir *qué y quién es un enfermo mental.*

La posibilidad de cambio de una estructura de salud mental solamente se logra por medio de un viraje de la perspectiva sociocultural de ambos. Por esta razón, los efectos de la *humanización de la institución* no se anclaron entre el marco de sus cuatro paredes, sino que tuvieron una amplia y variada receptividad en la opinión pública.

Se trató de instaurar una sensibilidad duradera en la cultura psicosocial a los problemas que atañían a los pacientes psiquiátricos. Los medios de información no sólo se abocaron, como es usual, a difundir el aspecto sensacionalista y difamatorio de los hechos –cosa que sucedió y que generó obstáculos en el proceso–, sino también a percibir a los afectados como parte integrante de la sociedad en general.

> De hecho, la situación del enfermo mental en Italia es escandalosa: es el único enfermo que no tiene derecho a ser enfermo, puesto que está calificado como "peligroso para sí mismo y para los demás, objeto de escándalo público". Luego lo ponemos entre rejas y, para olvidar su problema, lo trans-

formamos –según expresión de una enferma de Gorizia– en
un simple "paquete", es decir, lo convertimos en un hombre
objeto librado a los caprichos de la suerte: si tiene dinero,
pasando a través del dédalo de las clínicas evitará el estigma
en su partida judicial, y si no lo tiene, terminará en el ghetto
de los excluidos (Vascon, en Basaglia, 1974).

Quienes participaron en la transformación del Hospital
Psiquiátrico de Gorizia descubrieron –en este cambio del
cliché de la locura–, que los manicomios en Italia no constituían solamente *islas de lo irracional,* coercitivamente
reglamentadas dentro de una geografía rigurosa, sino que
deberían considerarse como colonias caídas en el olvido
de la sociedad civilizada.

En el sombrío ámbito de los proscritos en esas instituciones, se mezclaban de una forma paradigmática las
fronteras entre la pobreza y la desviación psíquica, el in-
fortunio personal y la condena institucionalizada. No se
descubría más que miseria humana, que se potenciaba
por el anexo de la violencia estructural y la soledad. A
todo esto, habría que agregarle que al igual que en una
isla de desterrados, la sociedad prácticamente no estaba
en capacidad de reincorporar nuevamente a los excluidos,
a través del trabajo en el ciclo productivo. Eran los marginados mismos quienes tenían que preocuparse por su
reinserción social, puesto que nadie lo haría por ellos. No
obstante, esto también se constituía en una tarea utópica
ya que la sociedad no aceptaba emplear en cualquier oficio
o tarea a ex pacientes psiquiátricos.

Incluso en abril de 1967, Basaglia describía el marco
de condiciones existentes en Italia, afirmando que todavía
la sociedad se mantenía inhibida por un *escepticismo y una*
desidia totalmente injustificados. Afirmaba que esta actitud
se podría explicar por la situación socioeconómica, puesto
que el sistema social italiano se encontraba lejos del pleno
empleo. Por ende, no existía la menor preocupación por

rehabilitar a pacientes psiquiátricos, puesto que no pueden ser absorbidos por una sociedad que no ha resuelto la problemática de las vacantes laborales ni siquiera para sus miembros sanos.

A partir de conocer las posibilidades de externación, en relación con los factores socioeconómicos y la difusión de una nueva concepción del enfermo mental, en Gorizia se desarrolló un proceso de transformaciones radicales que Pirella (1974) califica como una negación de la institución tradicional:

> *Al negar la ideología de la violencia, el médico niega su práctica. De hecho, quiere sacar a la opresión de la sombra donde se disimula. Empieza por utilizar su poder para rechazar la violencia física y la reclusión en el espacio restringido de la celda, de los refectorios y de los servicios. Inicia así su empresa de negación.*
>
> *Negar la reclusión es rechazar al mismo tiempo el mandato social [...]. El rechazo de la ideología unido a la negación de la realidad de la violencia, lleva a tomar conciencia de lo que no hay que hacer y a discernir, en la situación concreta, lo que debe ser negado.*
>
> *La negación no implica referencia a un "positivo" que serviría de modelo, sino el simple rechazo de la perpetuación de la institución y el intento de cambiarla poniéndola continuamente en crisis* (Pirilla, en Basaglia, 1974).

La negación de la institución implica el permanente cuestionamiento de los roles y normas que son los bastiones que la sostienen. Es por esto que Pirella enfrenta la problemática institucional, sometiéndola a la crisis, como preludio de su ruptura. El autor puntualiza una serie de contradicciones que forman parte de la estructura del manicomio:

- La autoridad: tomando como referencia el poder, da como resultado la opresión, la violencia y el autoritarismo.

- La norma: que rigidiza, pautando y regimentando horarios, conductas y la vida manicomial en general.
- Los enfermos como hospitalizados: la comunidad tilda al paciente psiquiátrico como irresponsable y peligroso, y a través del manicomio encuentra la posibilidad de control.
- Médicos y enfermeros: también revelan juegos de poder, constituyendo dos castas que poseen intereses específicos y problemas comunes.

Estas cuatro contradicciones no posibilitan el emergente de recursos sanos que permitan introducir una concepción de salud mental diferente. Negar la institución psiquiátrica sugiere rechazarlas y recuestionar permanentemente estos estamentos rígidos instaurados a través de los siglos.

Este acto de negación sistemática concierne no sólo al rol tradicional del médico (que de este modo se apropia del poder en primera persona), sino a los roles del enfermero y del enfermo. Lo negado, en definitiva, es el valor atribuido al rol del "buen enfermo", es decir al siervo dócil y siempre disponible, a los roles del enfermo embrutecido y del enfermero jefe autoritario. La negación y el desenmascaramiento de la violencia conducen de este modo a negar radicalmente la institución como lugar donde uno nunca puede ser dueño de su propia persona (Pirilla en Basaglia, 1974).

Llevó toda una década crear condiciones más humanas y una nueva actitud para el trato de los marginados y de los enfermos mentales, consensuadas tanto por el personal psiquiátrico como por la población en general.

En su sentido más amplio, las nuevas experiencias en la labor con pacientes psiquiátricos ofrecieron la base concreta para una profunda discusión política y científica sobre el significado de conceptos como aislamiento, normalidad, desviación, sufrimiento psíquico, adaptación, etc., que hasta la actualidad se mantienen en cuestionamiento.

Esta interacción entre la sociedad en general y la nueva práctica psiquiátrica condujo a la transformación del medio sociocultural:

1) En principio, porque la población integró en su percepción consciente la problemática del manicomio y de sus internados. Dejó de excluirla de su campo de visión de las cosas, dejó de negar lo evidente.

2) Por otra parte, porque quienes trabajan en las actividades psiquiátricas, extrajeron de su nueva práctica la convicción de que la mayoría de los pacientes internados podían volver a incorporarse a la sociedad. Aun cuando para ello se hiciese necesario crear condiciones ambulatorias para atenderlos y poder asegurarles la satisfacción de sus necesidades básicas.

Se tornó absurda, entonces, la permanencia de pacientes en el manicomio, una vez que las condiciones materiales del exterior hicieron posible su salida después de diez años de esfuerzos de reinserción. En 1961, en el manicomio de Gorizia había más de 600 pacientes. Diez años más tarde, todavía permanecían allí 440 personas, la mayoría de las cuales no había podido externarse por la exclusiva razón de que no encontraban posibilidades de vivir fuera de la institución.

Los operadores y la administración general se habían comprometido en la tarea, sobre el acuerdo cada vez mayor de la población para conformar una comunidad terapéutica. Pero la administración general no pudo ni quiso echarse sobre los hombros el riesgo de disolver el establecimiento. Se negó resueltamente a proporcionar los medios para sustituir la institución a través de clínicas ambulantes, costear viviendas conformando *grupos departamentos* y responsabilizarse por la atención permanente en los casos de pacientes que requiriesen todavía un tratamiento ambulatorio prolongado.

Esta controversia no logro solucionarse, por lo que en 1972 se produjo un conflicto entre la administración general y el personal de la planta de la clínica, lo que llevó irreversiblemente a la suspensión del trabajo conjunto. La administración nombró un nuevo personal de planta y trató de mantener el *statu quo*.

Basaglia renunció a su dirección, realizando un alegato más político que científico, declarando que todos los pacientes del Hospital Psiquiátrico de Gorizia estaban sanos, pero que no estaban dadas las condiciones socioeconómicas para lograr ser reinsertados en la red social.

Los operadores, inmersos en este nuevo tipo de praxis antiinstitucional, encontraron oportunidades de aplicar su experiencia en otros lugares de Italia. De esta manera, los hechos acumulados en Gorizia sobre el nuevo trato con los asilados y con la población, pronto se difundieron en todo el norte de Italia.

Como consecuencia de ello, el significado tanto social como médico de la institución manicomial fue cuestionado. Mediante un diálogo permanente con la sociedad, se puso también en duda el carácter supuestamente inevitable del proceso de exclusión social de los pacientes mentales.

3. Trieste y la desinstitucionalización psiquiátrica

Este movimiento psiquiátrico de proporciones ha llevado a un valioso desarrollo en función de abolir la marginalidad del enfermo mental y promover su reinserción social. Desde 1980, Trieste se convirtió en la primera provincia del norte de Italia en sustituir totalmente el manicomio, creando un sistema alternativo de atención psicosocial. Vale decir, que en la actualidad esta ciudad/provincia ofrece un panorama de atención socio-sanitaria en el que no se involucra al hospital psiquiátrico como constante resolutiva del abordaje a la enfermedad mental.

Muchas otras provincias del norte de Italia han podido entretanto superar el imperativo cultural y social del manicomio, pero la situación de Trieste reviste aquí un valor de ejemplo histórico. La provincia italiana de Trieste posee alrededor de 300.000 habitantes sobre una superficie de 211, 3 km. Está ubicada al noreste de Italia, en la región fronteriza con la ex Yugoslavia, sobre el mar Adriático. En las últimas décadas, el desarrollo de Trieste ha estado determinado por dos acontecimientos de gran importancia. El primero se refiere a su situación geográfica.

En tiempos pasados, la provincia mantuvo estrechas relaciones con Austria. A través de su azarosa historia y por su condición de localidad fronteriza, ha constituido una población impregnada por diversos ámbitos culturales. Por ejemplo, la minoría eslovena que la compone es muy importante (aproximadamente 12%), como así también los pequeños núcleos alemanes, austríacos y balcánicos.

Después de la Segunda Guerra Mundial soportó una fuerte inmigración debido al éxodo de poblaciones istrianas provenientes de la ex Yugoslavia, debido a que en la zona fronteriza del lado yugoslavo, una gran parte de su población es italiana. En este punto de intersección de países se ha gestado un desarrollo sociocultural peculiar, seguramente de importancia, al considerarse la cuestión del aislamiento y la marginación de los pacientes mentales en la sociedad de Trieste.

El segundo acontecimiento se refiere a la historia y al desarrollo de la provincia. Durante la época de los Habsburgo, Trieste gozó del estatus de ser un puerto importante de Austria. De manera que tanto la vida comercial como la cultural pudieron desenvolverse sobre una base sólida con el prestigio de una de las culturas más avanzadas de Europa.

Después de la Segunda Guerra Mundial, Trieste perdió
esa relevancia y se convirtió en un puerto más del estado italiano, que prácticamente se encuentra rodeado por
mar. Pero a la vez, recibió aproximadamente unos 200.000
inmigrantes de otras partes de Europa, de los cuales permanecieron finalmente 60.000 en la ciudad, constituyendo
parte de la población permanente.

La composición sociocultural de Trieste es muy compleja. Tal como se ha mencionado, los eslovenos constituyen
el grupo minoritario de mayor importancia, que habitan la
región desde hace ya varios siglos. A ello hay que agregar la
fuerte inmigración proveniente de otros lugares de Europa.
Esta mezcla sociocultural podría ser sobre la base de la
hipótesis que fundamentaría la tolerancia de la población
frente a las diversas formas de vida, hábitos y costumbres
sociales. Así como para explicar la diversidad religiosa,
puesto que los tres grupos principales (católicos, protes-
tantes y judíos) están repartidos casi en igual proporción.

Pero esa tolerancia con la que se maneja la diversidad
sociocultural, posiblemente tenga que ver, entre otras cosas, con una tradición del ideario ilustrado de la provincia. Sin embargo, las condiciones económicas de la zona
pueden considerarse no tan desarrolladas y algo precarias.
La declinación económica coincide con una disminución
demográfica: de una población de 310.000 habitantes en
1971, se llegó a una población de 260.000 habitantes en
1981. Este decremento demográfico se produce, en parte,
por la emigración de gente joven en la búsqueda de ubi-
cación laboral.

En abril de 1983, aproximadamente el 30% de la población estaba empleada, en tanto que el 43% ya se encontraba
jubilada (es importante señalar el notable porcentaje de
ancianos en la provincia).

La mayoría de las posibilidades de trabajo se encontraban en el llamado sector terciario –comercio, servicios,

seguros, bancos, etc.–. El sector industrial padece una fuerte contracción. El número de ancianos que viven solos es bastante elevado. Sin embargo, por medio de las iniciativas de autoayuda y autogestión en los distintos vecindarios, muchos de los momentos conflictivos que puedan acaecer se resuelven de manera no burocrática. Se mantiene así, para los ancianos, una forma de reinserción sociocultural, y no como en la mayoría de las sociedades en las cuales la clase pasiva se ve relegada a un segundo plano con respecto a las restantes.

En síntesis: puede parecer hasta paradojal que en una ciudad/provincia como Trieste se implemente un cambio radical en el trato social con la locura, precisamente en tiempos de declinación de su poder económico. Pero quizás haya sido justamente este proceso de control de recursos lo que ha impulsado a buscar nuevas soluciones más concordantes con las condiciones sociopolíticas y socioculturales de la región en la etapa histórica de la década de 1970 en adelante.

Qué significa desinstitucionalizar

Los mentores del proceso han creado el concepto de *desinstitucionalización* (*de-istituzionalizzazione*) para significar el proceso de superación del hospital psiquiátrico. Pero desinstitucionalizar no implica solamente abolir el manicomio. Suprimir la institución psiquiátrica es tan sólo una parte del proceso, tal vez esa parte concreta, la que se corporiza con los muros segregantes, la que manifiesta explícitamente el encierro. Pero tras lo manifiesto, se oculta la ideología y la teoría de la actuación, y éstos son los factores adonde este modelo dirige sus críticas y contrapone su teoría.

La desinstitucionalización psiquiátrica –como movimiento y concepción– quiere decir efectuar la ruptura de la estructura jerárquica y piramidal que consolida una organización manicomial tradicional.

En el hospital psiquiátrico, los roles y las diversas funciones que se desarrollan en su estructura recorren un perímetro concreto y limitado. Son roles fijos y rígidos que sirven al sostén de los diferentes estratos que componen la pirámide. Estos roles constituyen una sinergia de mandos que se potencian de un estamento a otro en la medida que se asciende en la pirámide, e implica a un juego complementario de poderes de un estrato por sobre otro en la medida que se desciende.

Los principios de la comunidad terapéutica fueron los que adoptó la ideología basagliana en el comienzo de la puesta en marcha del proceso. Los roles fijos y rígidos de la institución clásica fueron transformados en plásticos y permeables.

Pero la negación de la institución consiste en no crear una nueva institución. Los roles son cuestionados y recuestionados en forma permanente para evitar construir (en el devenir de la experiencia) una nueva estratificación institucional.

El movimiento de la desinstitucionalización llevó como antecedente el riesgo de la constitución de las comunidades terapéuticas que comenzaron con el bastión de *las puertas abiertas* para terminar en el fracaso. Ya sea porque se transformaron en hospicios tradicionales, o por la anulación de la experiencia al no obtener un respaldo estatal o gubernamental que la avalara.

Desinstitucionalizar, entonces, quiere decir horizontalizar estos roles que, verticalizados en el manicomio, descargan su opresión y su peso sobre el último de los eslabones de esta cadena: el paciente psiquiátrico. Implica, además, cercenar cualquier posibilidad de represión, violencia y castigo, tal como el electroshock, la aplicación de fármacos con finalidad punitoria o el maltrato relacional, etc. –elementos comunes en el hospital psiquiátrico–. Significa respetar los derechos del enfermo mental, pero va más allá: determina el respeto por el otro como ser humano, reconociendo en el paciente psiquiátrico su condición humana con todo lo que ello implica.

Por lo tanto, el modelo suprime el rótulo diagnóstico indiscriminado, descubriendo que detrás de este cartel que el sistema manicomial estampa en la frente del enfermo, existe un ser humano que sufre, siente dolor, o posee una familia, que realiza actividades, en síntesis: vive.

Una de las críticas más comunes (tal vez contestatarias pero a la vez superficiales e ingenuas), ha sido la de describir al movimiento desinstitucionalizador como creador de otra institución. Precisamente, el modelo consiste en no constituir una institución. Con este objetivo, una serie de variables aseguran la no creación de una otra institución:

- La no utilización del manicomio, o sea, la negación de la institución.
- El constante trabajo interdisciplinario.
- El intento de una horizontalidad permanente.
- El cuestionamiento ininterrumpido de cada uno de los roles desempeñados.
- La repulsa por las reglas represivas hacia el enfermo mental.
- El juicio crítico hacia las pautas y reglas que sostienen la organización.

La Desinstitucionalización llevada a la práctica constituye un proceso arduo que comienza con el reconocimiento del derecho de ciudadanía del enfermo. Ese reconocimiento significa acceso a todos los derechos sociales.

El proceso de transformación del hospital psiquiátrico tiende a hacer emerger y atribuir valores a la diferencia. Se debe reconocer a la persona y su historia, y no la historia de la enfermedad y de las instituciones que la atendieron.

Las necesidades de la persona y no las necesidades de reproducción de la institución. La capacidad, los afectos y sentimientos de las personas y no la incapacidad y los límites de la patología.

Solamente de esta manera, los servicios pueden establecer relaciones de reciprocidad con los ciudadanos pacientes, negociando una relación terapéutica sobre la base de paridad. Se reduce en definitiva, la verticalización jerárquica que impone la distancia.

A partir de estas premisas, Giuseppe Dell´Acqua (1995) individualiza algunos criterios para valorar el trabajo de transformación, buscando definir una perspectiva de la desinstitucionalización. Remarca la importancia de la dimensión del contexto del trabajo psiquiátrico. Aunque trabajar en la ciudad y no dentro del manicomio, no necesariamente implica un indicador de desinstitucionalización.

El trabajo en el contexto puede asumir una valencia de transformación de orden científico, ético y político si se desarrolla el conocimiento sobre los mecanismos de construcción de la demanda psiquiátrica, si se opera un control sobre éstos o si reconoce el montaje institucional de la crisis, enfermedad y cronicidad. También, si se toma una actitud de curiosidad y búsqueda sobre la cultura y la historia del contexto. Si se participa en las problemáticas de mayor alarma social. Si se interviene con el fin de determinar la perspectiva administrativa y política del cambio para la salud mental.

La presencia de los servicios en el contexto, afina la capacidad de intervención con la capacidad de prevenir, modular e interactuar con los mecanismos que determinan la enfermedad, la crisis o la cronicidad.

La responsabilidad es otro de los criterios. La responsabilidad institucional toma cuerpo en el hospital psiquiátrico, como respuesta de la psiquiatría al mandato de control social. Para realizar este control, es necesario objetivar al otro. Los psiquiatras, ciertamente, han aprendido a asumir este tipo de responsabilidad.

Desde el perfil de la responsabilidad institucional se puede rotular de salvaje la desinstitucionalización, que desconoce el mandato de control social como elemento fundante de la psiquiatría.

La redefinición en la práctica del ejercicio de la responsabilidad, en cambio, puede construir servicios capaces de pivotar entre el control social y la función terapéutica. La sola presencia del servicio en el contexto, constituye una suerte de responsabilidad objetiva que nace de la interacción y presencia con los usuarios, la historia y los conflictos del contexto mismo. Es posible, así, constituir actitudes, refinar metodologías para intervenir sobre los nudos institucionales más duros: el orden público, las sanciones, el tribunal, la cárcel, el manicomio judicial, etc.

El último criterio que señala Dell´Acqua es el *hacerse cargo*, mediante asumir la relación con el paciente y su problemática. Desde este criterio, puede pensarse cuáles deben ser los lugares de atención al usuario, o sea, ¿en dónde los servicios se hacen cargo y afrontan su responsabilidad? Los lugares oficiales de atención ya no son los lugares que ofrecía el manicomio.

La respuesta a esta pregunta es que los lugares no son solamente los propuestos por definición: diagnóstico y cura, las comunidades residenciales, el centro de salud mental. Cualquier lugar puede ser terapéutico y determinar relaciones terapéuticas.

El lugar de *hacerse cargo* es un lugar a imaginar, construir y definir. Puede ser el lugar de la relación con el servicio, el grupo de trabajo y el usuario, sus familiares, sus vecinos de casa. Tomar a cargo a las personas no sólo es su patología, implica la valorización de múltiples recursos como los amigos, acompañadores, voluntarios, operadores, con la subjetividad puesta en juego.

La riqueza y cualidad de los recursos es un recorrido estrictamente conectado a la producción del cambio y a la capacidad de reconocer una cuota siempre más amplia de libertad, interdependencia e identidad.

Otros indicadores para valorar la Desinstitucionalización pueden ser la escucha, la historia de la persona, la atención de la narración que posibilita encontrarle un sentido, valorando las singularidades de su experiencia.

A través de los binomios como simplificación-complejidad, crisis-cronicidad, totalidad-subjetividad, operadores profesionales y nuevos sujetos (operadores naturales, familiares), trabajo individual y de grupo, rehabilitación y emancipación es el trabajo que se intenta cotidianamente realizar sosteniendo así la labor de desinstitucionalizar.

La historia de la destrucción del manicomio

Los primeros diez años fueron los más álgidos del proceso de desinstitucionalización. En ese período se recorren los distintos pasos que llevan al pasaje del hospital psiquiátrico a los servicios territoriales, culminando con la completa clausura del manicomio. A grandes rasgos. se observarán algunos hechos significativos de esta nueva organización. Debe tenerse en cuenta que es una propuesta difícil, dada la rápida evolución y la presencia de múltiples factores importantes que se produjeron en un contexto político y social de progresivo crecimiento.

A la espalda de los datos y las cifras, es necesario imaginar también un trabajo de constante compromiso de todos los participantes. Tanto en la transformación del hospital psiquiátrico como en las informaciones hacia la comunidad, situaciones solidarias, conflictos con las autoridades administrativas, sanitarias, políticas y sindicales, con la justicia, la magistratura y las fuerzas del orden.

1971-1975: la transformación del hospicio de San Giovanni

En esta etapa se desarrolla una intensa actividad organizativa. Se reclutan nuevos operadores[9] y se subdivide al hospital en cinco sectores, dependientes de cinco equipos formados por diversas figuras, tanto profesionales (enfermeros, psiquiatras, asistentes sociales, asistentes sanitarios, psicólogos, sociólogos), como no profesionales.

La presencia de figuras no profesionales será una constante característica en esta experiencia. Del extranjero y de la misma Italia, llegan a Trieste estudiantes de diferentes profesiones, artistas, personas solidarias etc., que cumplirán el rol de voluntarios.

La apertura de los servicios y de las celdas, es concomitante con una intensa actividad de asambleas y de grupos en la ciudad y en los respectivos servicios. Se realizan asambleas generales de ideología comunitaria, en las cuales participan (teniendo como antecedente la experiencia de Gorizia), tanto los enfermos mentales como los operadores de salud mental.

Se desarrollan intensas discusiones sobre el sentido y el significado de la institución. Por ejemplo, sobre la llamada *pedagogía institucional* y el antecedente de la experiencia de Gorizia, como una comunidad terapéutica en el interior del manicomio. Pero en el Hospicio de Trieste, pronto se deshecha la posibilidad de crear una Comunidad Terapéutica: no se desea constituir una nueva institución. Los esfuerzos, más bien se concentran en la creación de una atención alternativa para la región, que pueda paulatinamente anular las funciones del manicomio tradicional.

---

[9] En el modelo, son llamados operadores al personal encargado de trabajo en salud mental, compuesto tanto por profesionales como por no profesionales.

A menudo, surgen fuertes discrepancias entre los diversos actores del proceso (internados, enfermeros, médicos, etc.), en relación con la forma que debe adoptar el proyecto de reestructuración en su conjunto o en relación con el tiempo en que pueda consolidarse.

Estas diferencias se dirimen mediante una discusión abierta y explícita, sumado al esfuerzo colectivo por crear contactos externos. De esta manera, se fractura la división estricta de afuera/adentro, elemento clave de marginalidad y diferencia.

El éxito principal de esta etapa residió en la restitución al internado de los derechos civiles, la *cittadinanza* (ciudadanía) que implica:

> *[...] la revisión del estatuto de internación (transformación del internado forzado en voluntario), revocación de la internación definitiva y creación de la figura del huésped. Paralelamente se revisan las actividades terapéuticas (supresión de la ergoterapia y creación de una cooperativa de trabajadores, ruptura de la lógica de servicios y creación de una unidad comunitaria más pequeña y de una unidad de viviendas autónomas. Se discute la tutela y la reintegración del enfermo, etc.)* (Gallio, 1983: 22).

Si bien la mayor parte de las actividades se realizaron en el interior del manicomio, la tendencia a incorporar al resto de la población fue uno de los objetivos centrales del proceso.

Con esta finalidad, poco a poco se fueron restableciendo los contactos con los parientes más cercanos de los pacientes. y éstos a su vez salieron a la ciudad. Se intentó también tramitar su reinserción laboral. De esta manera, se fortaleció el trabajo para que los pacientes dados de alta pudieran reincorporarse a sus tareas y tener una vivienda.

La ciudad comenzó a tener un espacio dentro de la institución y se abrió el manicomio a la opinión pública. Dentro del hospital psiquiátrico en proceso de transformación, nacieron y se impulsaron gran variedad de iniciativas culturales.

La ciudad entró en el manicomio en numerosas ocasiones. Se invitó a la población a que participara en la vida cultural de los internados: se organizaron conjuntamente fiestas, conciertos, se escenificaron piezas de teatro. Debemos tener en cuenta que la incorporación del nuevo plantel de operadores –que no estaban impregnados por la antigua sistematización manicomial– favoreció y aceleró el proceso de transformación. A la vez, esta acción fue también una liberación para los enfermeros del manicomio. Dada sus condiciones de trabajo carcelarias, ellos también fueron depositarios de la opresión del sistema, reproduciendo ideológicamente su jerarquía sobre los enfermos.

Este fue un período en el cual la *humanización del rol* fue clave. La simple salida con el objetivo de conocer a las familias de los enfermos llevó a que los profesionales cambiasen sustancialmente la perspectiva del rótulo *esquizofrénico, agitado, maníaco*, por el reconocimiento de la faz humana que se encontraba tras él. El eslogan de este período fue *la libertad es terapéutica*.

El gran escenario a transformar fue el Hospital Psiquiátrico de San Giovanni. Inaugurado en 1907 por la administración austrohúngara, estaba enclavado en un amplio parque cercano a la ciudad. Como hospital, ofrecía una imagen ordenada y eficiente del mejor nivel de prestación, comparativamente con otros manicomios europeos de la época.

A fines 1971, Franco Basaglia es llamado por la administración provincial democristiana de la ciudad para dirigirlo.

Inicia su labor de transformación, que llevará –a través de una apertura cada vez más intensa con la ciudad– al vaciamiento de las salas del psiquiátrico y a la constitución de servicios territoriales de salud mental. Por ejemplo, en 1971 el número de pacientes era de 1.058, cuya mayoría eran internados obligados (830), y los restantes 228 realizaban

una internación voluntaria. En ese momento, todavía regía
una modificación de la ley de 1904, aprobada en 1968, que
permitía al paciente internarse voluntariamente y también
aceptar el tratamiento una vez internado en forma obligada.

El equipo del Hospital Psiquiátrico estaba conformado en esos momentos por 13 médicos, 336 enfermeros y
3 asistentes sociales. Con la nueva dirección se anexaron
10 médicos, becarios y un número notable de estudiantes
y de operadores voluntarios, con un progresivo aumento
del número de los asistentes sociales (hasta 16), sin que
variara durante años la cantidad de enfermeros.

El aumento del *staff* del personal médico y paramé-
dico del manicomio se hace posible sobre la base de una
planificación técnica que preveía la proyección del hospital
mismo hacia el territorio, con una subdivisión del grupo
de trabajo en cinco equipos (después llegó a siete) para
diversas zonas.

En el interior del Hospital Psiquiátrico los internados son agrupados en pabellones, teniendo en cuenta su
zona de residencia y postergando la vieja concepción de
reunirlos de acuerdo con las características diagnósticas
o conductales. Análogamente, la rígida división de salas
por sexo fue sustituida por servicios mixtos.

En el transcurso de los dos primeros años de trabajo,
se abrieron todos los servicios y se eliminanron todos los
medios de contención como las celdas de aislamiento y las
camas con redes. Desde el comienzo del proceso también
se suprimieron las terapias de shock (insulinoterapia y
electroshock). Conjuntamente con las salas mixtas, se consolidaron pequeños grupos de pacientes que, utilizando
departamentos o espacios disponibles en el interior del
hospital, dieron vida a las primeras *casas de familia*.

Estos grupos-departamento representan el primer
núcleo de vida autónoma para el paciente. Allí disponen de
espacios propios y personales en donde pueden desarrollar

todas las actividades de un ser humano integrado socialmente, desde hacer una compra hasta cocinar.

Los enfermeros –presentes solamente en las horas diur-
nas–, comienzan a establecer una relación con los pacientes
y con su propio trabajo, sustancialmente diferente al de la
vida de las salas cerradas. Asumen progresivamente compromisos de gestión directa y de autonomía operativa que
posibilita una participación desvinculada e independiente
de la jerarquía institucional. Los grupos-departamento,
como nueva experiencia en el Hospital Psiquiátrico, re-
presentarán desde 1975 en adelante el modelo sobre el
cual se constituirán los departamentos para ex pacientes
en el territorio urbano.

El trabajo fuera de los muros

Como consecuencia de la división de pacientes de
acuerdo con la zona donde residían, cada grupo de trabajo
se ocupó tanto de los viejos internados como de los nuevos. Confeccionó programas para desenvolver tareas fuera
de los muros del hospital, que le permitiesen al paciente
reinsertarse una vez dimitido, previniendo una posterior
internación.

La relación terapéutica que se instauró con el paciente
pudo proseguir en el tiempo. La continuidad terapéutica
entendida como conocimiento recíproco y la familiaridad
en el vínculo, constituyó un elemento que resultó útil tanto
para el internado como para el operador y fue de notable
importancia para la formación del grupo de trabajo.

El trabajo externo, que se desenvolvió inicialmente
de manera voluntaria por los enfermeros, paramédicos
y médicos, se estructurará paulatinamente mucho mejor
con el transcurso de los años, sentando las bases de lo que
será la labor del servicio territorial.

Las *puertas abiertas* de los grupos-departamento y
el trabajo externo representaron motivos de conflicto y

contradicciones en el grupo de enfermeros y médicos. Se deliberó sobre las reivindicaciones salariales, conectadas con el reconocimiento de una función de mayor profesionalidad, además de tomar en cuenta los problemas concernientes a los riesgos y responsabilidades en la gestión con el paciente. Estos problemas formaron parte del mismo trabajo de transformación y representaron, frecuentemente, ocasiones de confrontar la experiencia y plantear nuevas ideas para el cambio de las condiciones de vida y de trabajo.

La labor de rehabilitación y de progresiva clausura de los servicios tendió a responder a las necesidades concretas de los internados. Se reconstruyó la historia e identidad del paciente y, como parte de esta reconstrucción, se tendió a restituir su derecho a poseer objetos, vestimentas personales y dinero.

De la misma manera, la posibilidad de obtener una pensión laboral y/o social a través del uso del subsidio, se manifestó como un hecho concreto de sostén para la persona. El subsidio que se utilizó anteriormente, como una miserable ayuda después de la internación manicomial y de escasa relevancia en el planteo de la administración de los servicios, llegó a ser un capítulo de notable importancia en el proceso.

La progresiva permutación de los gastos del ex manicomio hacia gastos directamente aprovechables por el usuario, señaló la tendencia que el grupo de trabajo persiguió en el transcurso de estos años. Esto ocasionó en varias oportunidades enfrentamientos cerrados y difíciles con la administración. El uso del dinero de los subsidios tenía no sólo el significado de mejorar las condiciones de vida del paciente, sino que constituyó un instrumento terapéutico que estimuló la autonomía y la posibilidad de reinserción en el interior del tejido social. Desde este aspecto, los subsidios abandonaron la condición de una simple dádiva, para convertirse en verdaderos subsidios de salud. Brindaron al paciente oportunidades de desarrollo de proyectos personales y el reingreso en el aparato productivo como consumidor.

La creación de cooperativas

Una de las cuestiones que llevaba aparejada la transformación de la atención manicomial era el problema del trabajo, puesto que la aversión y el temor de la comunidad en aceptar en empleos a los enfermos mentales era una de las constantes del proceso. Por otra parte, el trabajo es uno de los medios que provee un marco de socialización, que posibilita la reinserción en la vida cotidiana entrando en el aparato productivo como sujeto partícipe.

La ergoterapia, que ha tenido históricamente un valor de activar los recursos de los internados, ha tomado en el recorrido de los años la función de explotar sus capacidades laborales. En general, los pacientes eran ocupados en tareas útiles para la institución, fomentando la persistencia de una relación dependiente y perdiendo de hecho, la potencia terapéutica que tenía por finalidad. En este punto, llegaría a ser terapéutico no sólo ofrecer una posibilidad de trabajo real, sino estimular el desarrollo de una organización laboral que tuviese en cuenta la capacidad y los límites individuales.

En 1973 nació una cooperativa que asoció en un primer momento a todos aquellos pacientes que realizaban la ergoterapia en el Hospital Psiquiátrico. Estos pacientes que se desempeñaban en tareas de limpieza, tareas manuales pequeñas, en la cocina o en los servicios, después de algunas deliberaciones llegaron a obtener por parte de la administración del hospital una remuneración por estas tareas. En consecuencia, se garantizó un salario por contrato nacional, con la categoría de *personal de limpieza*.

Actualmente, la cooperativa contrata los trabajos de limpieza de todos los servicios de salud mental, de locales públicos y privados de la ciudad, como así también del parque del ex Hospital Psiquiátrico. Posee alrededor de 130 trabajadores, entre los cuales se encuentran ex pacientes y trabajadores que nunca sufrieron perturbaciones mentales, sin que se establezca ninguna diferencia.

Representa, conjuntamente con otras cooperativas que se fueron desarrollando a posteriori, un instrumento útil para la reinserción laboral y una dúctil oportunidad para que numerosos pacientes de los servicios puedan realizar trabajos retribuidos, aunque sea por breves períodos.

Además, otros datos nos aportan momentos históricos, en los cuales se consolidaron fuentes de trabajo por medio de asociaciones cooperativas. Por ejemplo, con la apertura del hospital y la movilización social, política y económica que esto implica, se ocuparon pabellones a partir del vaciamiento. Los operadores de salud mental aunaron a todas estas personas *liberadas* en una cooperativa con la finalidad de crear nuevos recursos.

A la vez, se incorporaron discapacitados a muchos tipos de trabajo. Mientras tanto, se desarrollaron conciertos, actividades teatrales, talleres artísticos, generando un permanente intercambio entre el afuera y el adentro. Se creó así el campo propicio para difundir que la locura no es peligrosa para el ingreso en un empleo.

En la cooperativa Il Posto della Fragole, una de las primeras en constituirse en Trieste, surgió de las necesidades de los protagonistas en el proceso de desinstitucionalización, en donde los jóvenes y los ex internados fueron los más beneficiados. La cooperativa abrió un bar dentro del ex manicomio, construyó un velero –*Califo*–, utilizado por los centros de salud mental y diversas actividades de carpintería, pintura, etc. Para llevarla a cabo, debieron convencer a la administración que el costo de la propuesta era el equivalente a una cierta cantidad de camas que se *cerraban*. Parte de los fondos que recibía se utilizaban para capacitar a los usuarios jóvenes en los distintos trabajos. Para esto, muchos enfermeros, que además de este rol trabajaban en otros oficios, desempeñaban la función de maestros.

En este período, las cooperativas eran pequeñas unidades productivas y terapéuticas. Actualmente estos entes poseen una pensión, dos negocios, un taller, un restaurante, una sociedad de servicios, y tratan de utilizar tanto los recursos de la actividad privada como los de la estatal.

Los talleres, la fiesta, las vacaciones

La apertura de los servicios y del parque del hospital determinó un compromiso progresivo de la población. El atelier de pintura para pacientes se había tornado abúlico, dada la repetición y la monotonía de las propuestas, y se había perdido la motivación de sus integrantes. Estas tareas, que conllevaban el aislamiento y la soledad, se sustituyeron por numerosas situaciones de trabajo colectivo. Tuvieron por objetivo incrementar y estrechar las relaciones dentro/fuera del hospital, incrementando la comunicación con la total participación de la comunidad. No obstante, debió afrontarse la natural desconfianza de la gente: los miedos, las críticas y los prejuicios.

En marzo de 1973, en la primera sala vacía, pacientes actores, profesionales, pintores, escultores, enfermeros, médicos, estudiantes, y ciudadanos comunes pusieron en actividad en dos meses un gran taller. Se reconstruyó en un clima de juego la historia de los pacientes. Se dramatizó y se fabricó en el transcurso de ese tiempo un gran caballo azul: *Marco cavallo* (caballo Marco).[10]

---

[10] De acuerdo con la comunicación personal, con algunos testigos presenciales y partícipes del evento, el caballo Marco tiraba del carro que

El caballo Marco abrió simbólicamente un cortejo festivo compuesto aproximadamente por 600 pacientes que, por primera vez, salieron todos juntos a la ciudad, llevando su fiesta a una escuela primaria. La acción de realizar una fiesta y poner en marcha un taller de escultura constituyó un momento de debate y de discusión.

La salida del caballo, después de largas asambleas entre médicos, enfermeros, pacientes y artistas, fue la ocasión para denunciar la miseria de los hospitales psiquiátricos, el retraso de la ley en vigencia, las condiciones de trabajo de los enfermeros y, sobre todo, la falta de perspectivas reales para aquellos pacientes que pudiesen vivir en sociedad. La simbólica salida del caballo inició el camino a la salida real. Se difundió por medio de un estilo de trabajo que utilizó los instrumentos propios del arte y de las comunicaciones de masa, el conocimiento del estado de los internados y el compromiso social para modificarlo.

En este tiempo, se realizaron salidas hacia localidades marítimas o de montaña con pequeños grupos de pacientes, enfermeros, médicos y voluntarios. Fue un período caracterizado como un fértil momento de rehabilitación, que se concretó en la construcción de una gran villa en la montaña, capaz de hospedar hasta cincuenta pacientes.

A lo largo de dos años, numerosos usuarios tomaron vacaciones en lapsos que van desde dos semanas a dos meses, rompiendo su relación inerte y crónica con el manicomio. Pacientes recluidos en el Hospital Psiquiátrico durante quince o veinte años gozaron por primera vez del aire fresco y la libertad de los paisajes y la diversión.

Para muchos, el período de vacaciones fue el campo de preparación para la vida fuera del manicomio. El retorno de esas salidas a la montaña significaron una dimisión,

---

pasaba por cada uno de los servicios del viejo psiquiátrico, recogiendo la ropa blanca para lavar.

así como también el inicio de una relación nueva con los centros de salud mental y con los grupos-apartamento que se iban constituyendo.

Más allá del significado terapéutico de estos acontecimientos, es importante subrayar que la propuesta de proyectos similares financiados por la administración del hospital determinó un compromiso directo de todo el aparato administrativo y burocrático de la autoridad sanitaria local en el cambio de la gestión del dinero. Cuanto más crecieron los niveles de autonomía personal y se redujo la dependencia con la institución, tanto más se evidenció la reconversión de los gastos, en el sentido de una directa y eficaz intervención sobre las condiciones de vida del paciente. En la práctica, se reveló cuándo la respuesta a las necesidades del paciente era terapéutica y cuándo era posible ampliar el campo terapéutico a la intervención en sujetos que no están dentro del planteo psiquiátrico.

La figura del huésped

En 1972 se creó dentro del Hospital Psiquiátrico la figura del huésped. Los *huéspedes* eran personas que, dimitidas del hospital y con potenciales capacidades de vivir en la comunidad, no encontraban soluciones adecuadas para desarrollar su vida fuera de éste.

La introducción de este nuevo estatus de pacientes, aprobado por la misma administración, llevó a una serie de conflictos que debieron afrontarse en el transcurso de los primeros cinco años. En primer lugar, el huésped no tenía la necesidad de tratamiento psiquiátrico y menos de internación. Su permanencia en el manicomio denunciaba manifiestamente la falta de recursos apropiados para vivir en sociedad. Vivienda, servicios sociales y de salud, trabajo rentado eran elementos que mostraban que el Hospital Psiquiátrico mismo era prácticamente el lugar destinado a contener esos problemas no resueltos.

Por lo tanto, el huésped gozó de todos los derechos y oportunidades de ciudadano corriente. Tenía la libertad de entrar y salir del manicomio como así también de manejar su propio dinero. Podía trabajar en las cooperativas, alquilar casas públicas y constituirse, de algún modo, en un problema dentro del orden social, del cual los administradores de la ciudad debían hacerse cargo.

En la ciudad se presentó con todos sus derechos de ciudadano, pero con todos los signos y las faltas del enfermo psiquiátrico: esto determinó en un primer momento una notable movilización en la población y en los directores del orden público. ¿Pero cómo deben comportarse las personas con los huéspedes? Si vivía en el hospital era un enfermo y, como tal, debía ser controlado y fuertemente limitado en sus acciones. Si no era un enfermo era un perturbador y, como tal, se lo aísla –a pesar de que las circunstancias y la incomprensión de la gente lo conducen a desempeñar ese rol–. Por consiguiente, ¿quién es el huésped?

Esta pregunta rebalsó la inquietud en la ciudad, entre la gente, en los periódicos, la magistratura, la policía, etc. La respuesta a este cuestionamiento, poblado de conflictos y tensiones, encontró lentamente una definición. Se consideró al huésped no como un sujeto signado por una enfermedad y estigmatizado, sino como una persona que con mucho esfuerzo expuso sus exigencias y su necesidad de vivir junto a los otros.

Resultó significativo que la burocracia del Ministerio del Interior aceptara estas soluciones. Indicó como único instrumento de control y registro el dato de que el huésped pernoctase en el hospital, adoptando la misma modalidad con otros huéspedes que habitaban en albergues.

Además, no sólo su figura es problemática para la sociedad, sino también en el interior del Hospital Psiquiátrico. Su presencia determinó infinitos conflictos, pero se colocó como estímulo al crecimiento de la relación entre el paciente y todo el personal de asistencia.

El huésped, fuera de la relación de tutela y sumisión que establecía la internación, se proponía, como ciudadano, en paridad de derechos con el enfermero y el médico, que todavía se hacían cargo de su cura. Esos profesionales, sin el poder que poseían sobre el paciente, eran constreñidos a recorrer nuevos caminos para garantizar la relación y convertirla en efectiva.

En numerosas oportunidades, las necesidades del huésped se contrastaron con la organización y los tiempos de trabajo del enfermero y el médico. Generaron conflictos y dinámicas dramáticas, pero ricas en elementos innovadores y de aprendizaje de un nuevo estilo de vida para los pacientes y los operadores.

Pero el problema del huésped, como otros conflictos que se presentaron, no sólo evidenció la riqueza de contradicciones y de estímulos al cambio. Mostró claramente el cambio concreto de la vida del paciente, de la organización y de la sociedad.

La modificación de las relaciones comenzó a manifestarse cuando el grupo de trabajo (psiquiatras, enfermeros, psicólogos, asistentes sociales, voluntarios, etc.), ciudadanos comunes, administradores, magistrados, rectores del orden público, fueron *tocados* en sus funciones respectivas y en su propia modalidad de gestión.

Al finalizar el año 1975, la cantidad de integrantes del Hospital Psiquiátrico era de 656, de los cuales 403 eran huéspedes. Los grupos de trabajo –después de estos cinco años–, estaban capacitados para afrontar el problema de la enfermedad mental en el exterior del hospital.

1976-1981: cerrar el asilo
y abrir los centros de salud mental

A principios de 1977 se anunció una conferencia sobre el proyecto de la clausura del Hospital Psiquiátrico. De esta manera, se abrió un período de transición organizativa. En esta fase, la municipalidad logró impulsar *un welfare de emergencia* (bienestar de emergencia), que valorizó las prácticas realizadas hasta el momento.

La transformación se desarrolló fuera de la institución manicomial: se desplegó entre el hospital –que se vacía progresivamente a ritmo vertiginoso– y la nueva organización de los servicios territoriales que absorbió y organizó este vaciamiento. Mientras el trabajo se efectuó sobre la emergencia de los problemas cotidianos y la búsqueda de soluciones alternativas al manicomio, la crisis de la identidad institucional llegó al punto culminante entre una institución que dejó de ser y una organización todavía no reconocida y legitimada.

La salida hacia la ciudad significó poner a prueba coaliciones políticas y administrativas que condujeron a los operadores a aliarse con la población y con otros sujetos institucionales o sociales.

El *welfare* de emergencia no sólo aceptó esta forma de atención psiquiátrica, sino que también valoró correctamente las ventajas económicas del nuevo desarrollo. Con la aprobación expresa de la municipalidad, se reestructuró la distribución del presupuesto destinado a la psiquiatría, de manera que la mayor parte de los recursos quedaron a disposición de los servicios sectoriales. A pesar de ello, hubo que enfrentar grandes dificultades en el proceso de reintegración de los internados, por ejemplo, encontrar vivienda.

La posibilidad de encontrar alojamiento para los internados dimitidos llegó a ser una tarea muy difícil. La solicitud para ocupar casas deshabitadas de propiedad municipal sólo fue aceptada después de una prolongada pugna entre los pacientes y el personal de la institución, por una parte, y la oficina municipal de la vivienda por la otra.

Es interesante señalar que en este enfrentamiento, la población del municipio se puso del lado de los antiguos internados del Hospital Psiquiátrico de San Giovanni, manifestando una activa solidaridad frente a sus demandas.

La tensión se incrementó debido a una denuncia por la ocupación de un edificio (la Casa del Marinaio, 1978). Esta ocupación terminó con la intervención de la policía, después de haberse provocado una ruptura en el grupo de los operadores. Pero a la vez, signó un reforzamiento de la alianza con la ciudad y el punto más alto de la crisis institucional.

El hecho de que la población en general se hubiese involucrado en los esfuerzos por superar el manicomio, debe observarse como uno de los primeros puntos del cambio sociocultural en Trieste. Las nuevas experiencias en la relación –sin el asilo psiquiátrico– con las personas de comportamiento disímil condujeron políticamente más allá de las fronteras de Trieste a una nueva forma legal: la ley 180.

Si bien esa ley difícilmente se podía poner en práctica de inmediato en toda Italia (dada la falta de recursos humanos y materiales necesarios para ello), en el norte del país significó la adecuada sanción legal a un proceso sistemático de reestructuración que ya estaba en marcha. No obstante, la ley no se implementó como correspondía –como ley nacional– cn toda Italia, puesto que entraba en contradicción con diversos grupos políticos, (principalmente de extrema derecha). En muchos casos, fueron estas agrupaciones las que boicotearon su implementación, sosteniendo irreversiblemente la institución manicomial.

Éste fue un período lleno de creatividad e iniciativa, que más allá de hacer frente a la desinstitucionalización del internado reveló también la miseria social, individualizando los lugares y las condiciones que eran tierra de cultivo de la enfermedad mental.

El trabajo en el exterior del ex manicomio comoenzó a encontrar una dimensión operativa más concreta con el descubrimiento de espacios que llegaron a ser sede del trabajo sobre el contexto. Entre 1975 y 1977 se abrieron en la ciudad los primeros seis centros de salud mental. La modalidad operativa en esta fase fue diferente en relación con las diversas posibilidades de espacio y de operadores.

Los objetivos de este período eran, principalmente, activar los recursos para la salida de los pacientes internados en el hospital, evitando la reentrada de aquellos que ya habían conseguido externarse. El desarrollo del trabajo en los centros de salud mental constituyó uno de los momentos más críticos de las tareas de transformación. Los enfermeros debieron desempeñar sus funciones en predios nuevos sin la seguridad de los servicios manicomiales, en una relación más directa y más comprometida.

Esto también trajo mayores dificultades en la resolución de problemas del paciente y con él, resultado del hábito coercitivo y distante que se mantenía durante la existencia del hospicio. Nacieron contrastes, rechazos, bloqueos.

Los enfermeros requerían una calificación diferente, y en relación con ésta exigían una retribución monetaria que tuviese en cuenta su nueva capacidad operativa. Entre estos años fueron numerosos los momentos de tensión. La intervención de las organizaciones sindicales y de los enfermeros, además de una relación intensa y conflictiva entre médicos y administradores, produjo la creación de un curso de calificación. Se alcanzó de esta manera un nivel de honorarios equilibrado con respecto al de los enfermeros profesionales del Hospital General, como también garantías y tutelas de acuerdo con la nueva actividad territorial.

En 1977, con seis centros territoriales en actividad, los internados en el Hospital Psiquiátrico eran 436, de los cuales 346 eran huéspedes.

El servicio de guardia psiquiátrica

En este período todos los servicios han perdido las características y funciones del manicomio. El servicio de admisión era el único que mantenía su actividad, tanto para apoyar la labor de los servicios territoriales todavía incapacitados de cubrir todo el arco de necesidades como también para internar a pacientes enviados por internación forzada.

Con el objetivo de redimensionar la internación, en 1977 se inició un servicio de guardia de 24 horas que desarrolló consultas psiquiátricas en el Pronto Soccorso (Servicio de Emergencia) del Hospital General.

El Pronto Soccorso ha sido en la ciudad de Trieste el punto de máxima convergencia de la demanda psiquiátrica aguda. La presencia en este lugar de un psiquiatra y dos enfermeros que inmediatamente entraban en contacto con el paciente llegó a producir en breve tiempo una ruptura de la internación forzada.

En la práctica, fue posible ofrecer al paciente en crisis una primera intervención de contención y apoyo frente a su angustia, además del respaldo psicofarmacológico. También estar acompañado para desarrollar su tratamiento en el centro de salud que correspondía a su localidad de residencia, y el seguimiento ambulatorio al retornar a su casa, después de haberse establecido un programa terapéutico inicial. Todas estas prácticas se realizaron bajo el marco de una internación *no forzada* que se estableció en la guardia de emergencia por medio de un contrato, a veces largo y difícil, pero siempre útil y rico de significado progresista.

Fue el momento de un gradual y lento pasaje de todas las funciones del hospital a los servicios territoriales. Fue también el momento más agudo de contraste entre la opinión pública y el aparato administrativo. Se tendió a cambiar el estatuto y la identidad social del enfermo mental. No obstante, los grupos que consideraron que la experiencia no era válida esperaron el momento oportuno para avalar su posición boicoteando su normal desarrollo.

Cualquier retraso del equipo en la intervención en crisis, como cualquier disturbio provocado por un paciente en la comunidad, fue enfatizado por los medios de información y los políticos como una señal inequívoca del error de llevar a cabo el proyecto. Resultó la evidencia de la amenaza de tranquilidad del orden social.

El pasaje de funciones que monopolizaba el hospital siquiátrico a los servicios territoriales de salud mental impusieron un severo esfuerzo por parte del aparato burocrático y administrativo en la tentativa por adecuarse a la nueva modalidad. Fueron variadas las oportunidades en donde la resistencia y la oposición de este sector parecían insuperables y representaban los obstáculos más serios de traspasar.

En esta fase, y sólo en ésta, se registró un aumento de los gastos correspondientes a la organización. Esto se debió a que en esta etapa de transición se sostuvo un doble modelo. Por una parte, persistían las modalidades de estructura de tipo hospitalario que tendían a desaparecer y, por otra, el modelo territorial alternativo todavía no funciona a pleno régimen. En los años sucesivos se verificará una reducción real de los gastos totales, con un aumento para subsidios y una reducción en los gastos para el personal, para la gestión y para los fármacos.

	Personal	Gestión	Fármacos	Subsidios
1970	2.150.112.000	612.289.000	100.000.000	38.000.000
1975	2.986.797.000	1.487.691.000	135.000.000	133.560.000
1978	5.280.000.000	2.141.000.000	88.000.000	271.000.000
1983	7.801.000.000	1.990.000.000	162.000.000	1.160.000.000

Con la entrada en vigencia de la nueva ley de 1978, los integrantes del Hospital Psiquiátrico eran 423, todos con el estatuto de huéspedes y el servicio de admisión con aproximadamente 30 camas continuará funcionando hasta 1980. Prácticamente es en ese año cuando se alcanzó una adecuada organización de los Centros de Salud Mental (CSM). Se cerró el servicio de admisión, sustituyéndose por el servicio de Emergencias Psiquiátricas del Hospital General, con ocho camas que ampliaban sus funciones. Ese centro operó en guardia permanente, con la presencia rotativa del plantel médico de todos los servicios territoriales. Se constituyó un plantel profesional estable compuesto por un psiquiatra responsable del servicio y 17 enfermeros.

Las camas sirvieron exclusivamente para aquellos pacientes que podían llegar durante las horas vespertinas o nocturnas y para algunos que habían sido transferidos de servicios médicos generales. Cada paciente, en el arco máximo de 24 horas, era enviado al Centro de Salud Mental que le correspondía.

La creación del nuevo circuito psiquiátrico

En septiembre de 1980, una deliberación de la administración certificó la transformación psiquiátrica, sancionando el final de las funciones del manicomio de San Giovanni. Paralelamente, se desarrolló un programa de recomposición del área física del Hospital Psiquiátrico.

Actualmente, la reconversión de muchos servicios ya ha sido efectuada. Funciona una escuela materna estatal para 90 niños, un instituto profesional para aproximadamente 100 estudiantes, un gimnasio, un bar, un taller de pintura y de teatro, una peluquería, y la Universidad local ha adquirido cuatro servicios para transformarlos en oficinas.

El espacio del liberado manicomio se recicló progresivamente como un interesante *laboratorio,* en el cual diversas exigencias y necesidades, en especial de la población más joven, buscan coexistir y evolucionar. Muchos espacios son utilizados por grupos musicales, cooperativas agrícolas para jóvenes pacientes, ex detenidos y ex drogadependientes. En muchas oportunidades, el parque del hospital es utilizado como sede de manifestaciones culturales, artísticas y musicales, principalmente por el grupo de teatro.

En 1981 se abrió el séptimo y último Centro de Salud Mental en la zona donde funcionaba el Hospital Psiquiátrico. Se ocupó de un sector de población compuesto por aproximadamente 15.000 habitantes y por residentes huéspedes del hospital mismo, que eran 235. De estos últimos, 40 eran enfermos con una edad superior a los 75 años, que eran hospedados en una enfermería con dos médicos, un asistente social y 40 enfermeros; 118 estaban en 17 grupos-departamento, 65 en cuatro casas-albergue y 12 eran discapacitados graves, que vivían en un grupo-departamento con intensa actividad de rehabilitación.

En 1982, siempre en el área del ex Hospital Psiquiátrico, nació el servicio de drogadependencia, cuyos operadores y usuarios desarrollaron una labor conjunta con los Servicios de Salud Mental. La organización del centro correspondía al organigrama de atención general de la nueva red psiquiátrica.

Los Centros de Salud Mental que se crearon en el inicio eran siete[11] en total y funcionaban las 24 horas en atención permanente de una población promedio de 40.000 habitantes. Conjuntamente con 22 grupos-departamento en la ciudad y 17 en el área del ex manicomio para aproximadamente 220 personas, constituyen el nuevo circuito alternativo psiquiátrico.

El trabajo desenvuelto en los siete centros del territorio era de constante intercambio con la ciudad, lo que hacía que la demanda de ayuda o asistencia se canalizase más rápidamente. Debe tenerse en cuenta que en la cuidad

---

[11]   De acuerdo con los datos de 1998, son cinco las zonas en las que se divide la atención socio-sanitaria. Por lo tanto, han variado la cantidad de centros (véase más adelante el organigrama de atención en la actualidad).

de Trieste no existían clínicas privadas, ni tampoco era floreciente la actividad privada de psiquiatras o psicoterapeutas. Diferente era la relevancia que poseía la Clínica Psiquiátrica Universitaria, que estaba compuesta por 40 camas y desplegaba una actividad ambulatoria.

La relación establecida en los últimos años entre esa clínica y el servicio territorial se desarrolló en un plano de colaboración. Se gestionó un intercambio en donde los internados de la clínica eran seleccionados por la guardia de Emergencia Psiquiátrica, así como también llegaban pacientes dimitidos de la clínica a los servicios territoriales.

Existía, no obstante, una diferencia muy marcada en la tipología del usuario, tanto de la clínica como de los servicios. Generalmente, a la clínica llegaban pacientes de origen social de la burguesía media y con patologías psiquiátricas no severas. La internación media de cada paciente oscilbaa en los 17 días, mientras que el período de internación en los CSM era de alrededor de 6 días. Este pequeño dato evidencia un estilo de trabajo y características operativas sustancialmente diferentes.

Además, los comportamientos y sintomatologías observados en la primera relación del paciente con el hospital psiquiátrico se fueron modificado progresiva y gradualmente. Sobre todo porque se había disuelto el miedo que usualmente manifestaba ante los sistemas de internación muy burocráticos, impersonales y violentos.

Los tratamientos sanitarios obligatorios previstos por la nueva ley, como consecuencia de este estilo de trabajo, llevaron a que se realizaran solamente 18 en toda la ciudad desde mayo de 1978 hasta abril de 1984 (tengamos en cuenta que Trieste posee aproximadamente 300.000 habitantes). Este resultado era la señal de una real presencia del servicio y de la posibilidad práctica de reducir hasta hacer desaparecer los elementos considerados peligrosos asociados con la locura y la incomprensión por parte de la sociedad acerca del problema de la enfermedad mental.

USL TRIESTINA N° 1
SERVICIO DE SALUD MENTAL
ACTIVIDAD DEL AÑO 1983

Centro	Pernoctar en Centro	Servicio de comedor	Visitas ambulatorias	Visitas domiciliarias	Grupos, apartamentos y N° de usuarios	Médicos	Asistente social	Enfermeros
San Vito	2.452	31.274	2.950	5.302	23	4	3	28
Della Guardia	2.276	26.467	7.372	4.356	2	4	2	27
Barcola	2.360	29.749	5.500	3.832	23	3	2	24
Via Gambini	2.657	19.158	5.654	4.967	25	3	3	44
Domio	2.152	17.694	3.095	2.935	11	3	2	26
Aurisina	2.237	9.048	3.456	3.912	9	3	2	19
San Giovanni	1.508	24.112	3.546	3.964	*	4	2	23
	15.642	157.502	31.573	29.208	22 93	24	16	191

Otro dato significativo que se redujo fue el número de suicidios. En 1967 Trieste tenía una cifra elevada de suicidios: 57 casos. En los últimos diez años esta cantidad disminuyó, estabilizándose en torno a 20 casos al año.

La necesidad impuesta de la continuidad terapéutica con el paciente, de la presencia de los operadores en cada momento de la demanda psiquiátrica, ha llevado a la asunción y resolución gradual de los problemas, que en la época anterior fueron considerados difíciles e irresolubles.

El servicio psiquiátrico en cárcel

En 1980, el nuevo servicio psiquiátrico se extiendió a las cárceles con la autorización del Ministerio de Justicia. El trabajo fue hecho por dos psiquiatras, dos enfermeros y dos psicólogos, que se ocupaban principalmente de pacientes con problemas judiciales.

El objetivo fue activar intervenciones, tanto en los servicios territoriales y en los operadores de cárceles como en los jueces para evitar la internación de este tipo de pacientes en hospitales psiquiátricos judiciales.

En el transcurso de cinco años de trabajo penitenciario, a través de una relación cada vez más articulada con los jueces, fue posible reducir a cero el envío de ciudadanos de Trieste al manicomio judicial. Simultáneamente, estas acciones alcanzaron a todos los pacientes que todavía estaban internados en él. Estos resultados demostraron que en el proceso de desinstitucionalización, la peligrosidad perdía cada vez más su significado. En particular, el nexo de causalidad entre peligrosidad y enfermedad mental fue progresiva y paulatinamente disuelto.

Esas conclusiones, como las del limitado uso del tratamiento obligatorio, no son una hipótesis abstracta de trabajo: son el fruto concreto de la praxis desenvuelta por los servicios, que constantemente están atravesados por múltiples y complejas demandas de ayuda. Los operadores no esperan un enfermo peligroso (si bien es cierto que puede existir en ciertas circunstancias). Descentralizan su labor asistiendo a un usuario en su propia casa, lo encuentran en lugares donde él frecuenta, en los bares, en las calles y, en muchas oportunidades, con la policía.

Esto quiere decir que es factible que alguno de los pacientes pueda ser peligroso en contextos particulares. El encuentro con los operadores puede resultar violento. Pero si se hace frente a las crisis y las personas que la padecen no son abandonadas ni encerradas, la peligrosidad desaparece de hecho, para dejar campo abierto a otro tipo de programa terapéutico.

Talleres de pintura, música y teatro

En los servicios vaciados del ex Hospital Psiquiátrico de San Giovanni, se desarrollan los talleres de pintura, música y teatro. Ellos tienen sus raíces en la práctica de desinstitucionalización, representando en algún sentido la continuidad misma.

Todos los operadores que actualmente trabajan en los talleres son los que directa o indirectamente han participado del proceso del desmantelamiento del manicomio y de la constitución de los Centros de Salud Mental. La apertura progresiva de los espacios manicomiales ha permitido, aún físicamente, la apropiación de este territorio para crear la experiencia.

Este contexto reúne hoy en un trabajo cotidiano a artistas, voluntarios, artesanos, jóvenes, desocupados, presos en situación de semilibertad, usuarios y operadores de los diversos servicios. Representa un momento de construcción de nuevas situaciones de vida por medio de la red institucional, demostrando la posibilidad de cambio en las relaciones entre los diversos roles.

Fundamentalmente, no se prefigura la aplicación del arte-terapia como un valor proyectivo del dibujo, del psicodrama o la musicoterapia. No se trata de encapsular técnicas artísticas para adaptarlas a nuevos y modernos módulos de psicoterapia, ni se limita a la *salida al exterior* o a la catarsis como *liberación del problema,* a través de su representación. Las técnicas artísticas se utilizan como una ocasión para valorizar e intercambiar los recursos subjetivos de cada uno de los participantes. Es así como en el arte, los operadores parten de la realidad de la vida cotidiana, de las necesidades y dificultades, y de todos los elementos que se gestan por medio de los procesos creativos.

La finalidad de los talleres se insertó en un proyecto general de reconversión del manicomio de San Giovanni, sin descuidar la posibilidad de una integración cada vez más orgánica de estas estructuras a la vida de la ciudad.

La apuesta es, entonces, usar y poner en discusión los espacios de teatro, música y pintura a la medida del hombre aquejado por la enfermedad mental. Pero lejos de la discriminación, tomándolo como ciudadano común a través de una práctica cotidiana de transformación de la realidad, que pone las bases de un modo nuevo y diferente de producir salud a través de la producción de cultura.

La ausencia de un programa didáctico-terapéutico rígidamente predeterminado, trata de dar espacio a una situación elástica que modifique las reglas técnicas para hacer emerger una lógica de la creatividad como función de bienestar. Un ámbito así pensado y construido propone una óptica de ruptura de la separación entre sano y enfermo, transformándose en un espacio que de ningún modo está destinado únicamente a la enfermedad y su cura. Sus límites se dilatan, favoreciendo la no diferencia, la prevención y la producción de la salud.

Esta actividad concebida de esta manera permite superar terapias obsoletas (ergoterapia, ludoterapia), devolviendo la dignidad en la reinserción en los mecanismos de intercambio social.

El grupo de teatro desarrolló y actualmente desarrolla una gran actividad. En numerosas oportunidades se tomó el patio central del ex manicomio como el escenario para diferentes obras. Operadores, ex pacientes, gente común comparten los roles en la misma compañía. Pero el perímetro del escenario no quedó reducido al ex Hospital Psiquiátrico, se trasladó fuera de los muros, ocupando plazas y teatros de la ciudad.

Así, la sociedad pudo observar a los que estaban dentro de ese microcosmos caótico del manicomio. A la vez, se logró comprobar que los locos no son tan locos, como también romper con la clásica asociación entre locura y peligrosidad.

Este taller tuvo una fuerte incidencia desde los primeros momentos de la desinstitucionalización. Se constituyó en una de las vías de acceso para transgredir los límites del asilo, favoreciendo y acelerando la reintegración social. De la misma manera, el grupo de pintura y escultura implementa el espacio del arte como posibilidad de capitalizar todo ese tiempo muerto que dejaban las actividades del antiguo manicomio.

También fue este taller el que ocupó un lugar relevante en este proceso de abolición manicomial. Entre sus integrantes, artistas, ex pacientes y operadores, construyeron a *Marco cavallo,* que se erigió como el símbolo de la liberación.

Los grupos de arte tienen como objetivo explorar y ampliar la creatividad, potenciando los recursos de cada una de las personas que participan. Se recupera, así, la valorización perdida por la segregación que sostiene la marginalidad. Es una posibilidad de encontrar un sentido a la propia existencia no sólo por el arte en sí mismo sino por el proceso de intercambio social que se genera.

El rol de voluntario

El voluntario fue una función creada cuando comenzó la operación de desmantelamiento manicomial. El rol nace a partir de la concepción de que no sólo hace falta personal especializado (técnico), llámese médicos, enfermeros, psicólogos, psiquiatras, etc., para abordar la compleja trama del trabajo social desinstitucionalizador.

El engrama por el cual se entiende qué o quien es enfermo mental no es sólo patrimonio del pensamiento técnico, sino que forma parte de una asociación sociocultural. Por lo tanto, para convocar a la reinserción social del alienado hará falta un cambio de este cliché sociocultural, que es el que manifiesta (implícita o explícitamente) la resistencia a tal integración.

Desde este punto de partida, para lograr el objetivo no fue necesario únicamente el personal especializado, sino todos aquellos que pensaran de acuerdo con la lógica del modelo y que, desde su lugar, pudieran contribuir a modificar esa distinción social. Es así como los voluntarios no respondían a los roles clásicos del aparato hospitalario: profesores de teatro y estudiantes, ceramistas, escultores, pintores, ayudaron creando escuelas y lugares de aprendizaje.

También estudiantes y profesores de educación física que trabajaban con grupos de pacientes en el gimnasio del ex manicomio. Arquitectos que modificaron estructuras edilicias y colaboraron en las cooperativas y que se dedicaban a tareas de reparación de casas y apartamentos. Además, personas sin oficios específicos que colaboraron en función de tareas terapéuticas, o personas con oficios como carpinteros, costureras, albañiles, etc.

Del mismo modo, psicólogos, asistentes sociales, estudiantes de ambas carreras, médicos, enfermeros, etc., que se adentraron en la nueva modalidad de trabajo y que no estaban impregnados de la lógica manicomial.

Este último detalle fue de suma importancia al comienzo de la experiencia. Basaglia se rodeó de personal efectivo y de voluntarios jóvenes que no estuvieran involucrados dentro del trabajo del manicomio. Por lo tanto, estas personas no se habían contaminado con el tradicional réquiem opresivo del hospital psiquiátrico y estaban más *limpias* para introyectar esta nueva alternativa.

La necesidad de incrementar el personal en aquellos comienzos de la experiencia, más cuando no se contaba con grandes recursos económicos –aunque con el tiempo muchos de los voluntarios fueron rentados–, favoreció la incursión en este nuevo rol. De esta manera, se multiplicó y expandió el trabajo con el usuario a otras áreas no específicas, pero no por eso menos terapéuticas.

El voluntario cumplió un rol clave para abrir la experiencia, dinamizando las gestiones de trabajo. Abrir la experiencia fue también la posibilidad de que otros sectores de población no técnica se comprometieran en la tarea y defendieran un modelo antisegregacionista.

Desde aquel momento hasta la actualidad, llegan voluntarios de distintas partes del mundo, tanto de Europa, América y de la misma Italia, a vivir y trabajar en la experiencia. La Unidad Sanitaria Local les proporciona alojamiento, almuerzo y cena en los comedores correspondientes a los Centros de Salud Mental, a cambio de desarrollar el trabajo y aprehender las herramientas de la labor interdisciplinaria.

Los estudiantes o profesionales son destinados a distintos centros según los requerimientos y las necesidades de cada uno, y se integran al equipo, así como también a la reunión de discusión de casos y gestiones. En general, el tiempo promedio de la estadía es de un mes. Algunos voluntarios cuya estancia es más prolongada son rentados en sus trabajos y otros han terminado integrándose al equipo definitivamente y viven en Trieste.

En la mayoría de los casos los salarios son particulares, a cargo de la familia del usuario en función de acompañamientos terapéuticos. En pocas ocasiones los pagos que reciben provienen de la Unidad Sanitaria Local, que es la que comanda la organización general del trabajo.

Es de destacar que el voluntario extranjero es un excelente crítico y defensor de la experiencia, generando, con su integración temporaria en el equipo, nuevas fuerzas o elementos creativos. Aunque en muchas ocasiones, por las dificultades idiomáticas o de resistencia a la experiencia, puede llegar a entorpecer u obstaculizar el trabajo interdisciplinario.

El enfermero psiquiátrico

Dentro del organigrama tradicional de un manicomio, el enfermero ocupa uno de los lugares más descalificados, por así decirlo, del sistema. En la pirámide institucional es uno de los que recibe con mayor carga la opresión jerárquica. Además, está obligado a realizar las tareas más desagradables y dificultosas en la atención hacia el paciente, como bañarlo, limpiarlo si no posee control de esfínteres, etc.

El enfermero psiquiátrico es quien mantiene el contacto cotidiano con el paciente a través de una gran cantidad de horas de trabajo. Es el que más lo conoce ya que establece una relación cercana a diario. Inversamente, médicos, psiquiatras, psicólogos, etc., cuyos horarios son más reducidos, se involucran en menor grado en el universo particular de cada internado.

No obstante, este *guerrero de trinchera* no recibe en el manicomio el reconocimiento ni la valoración que su operativa merece. Por el contrario, él también se presta a este juego dialéctico descalificante: ubicándose en el lugar de aprendiz cuando al servicio llegan enfermeros diplomados universitarios o médicos jóvenes. En realidad, este juego podría construirse a la inversa. Tanto los enfermeros

diplomados como los médicos noveles deberían realizar su
práctica de aprendizaje consultando permanentemente a
los enfermeros *viejos,* quienes poseen una gran experiencia
en el trabajo con el paciente.

Los enfermeros tienen un arsenal de técnicas y estrategias, a veces netamente intuitivas y provistas por la labor
cotidiana, que abrevian caminos para arribar rápidamente
a los resultados.

Roger Gentis (1980) explicita, tal vez de manera extre-
mista, las relaciones de poder en la estructura manicomial
con respecto al punto de inserción del enfermero psiquiátrico en la pirámide jerárquica:

> *Los enfermeros psiquiátricos no tienen a ningún subalterno,*
> *ellos son los subalternos de todo el mundo, porque por debajo*
> *suyo no hay nadie más que los enfermos, pero esto es otra*
> *cosa, éstos no tienen clase, no pertenecen a ninguna casta,*
> *no son realmente hombres. Hasta no hace mucho tiempo, los*
> *enfermeros de los manicomios eran los verdaderos proletarios,*
> *los últimos entre los hombres, los condenados de la tierra.*

El enfermero psiquiátrico, llamado por Gentis *el señor*
músculos, oprimido y no reconocido, vivió la experiencia
triestina como una liberación. Cuando se gestó la *huma-*
nización del rol, en función de las visitas domiciliarias
que llevaron a establecer una relación más humana en el
vínculo enfermero-paciente, también esta táctica llevó a
abrir los muros del manicomio a un trabajo de contacto
con la población.

Este movimiento no sólo provocó la liberación de los
locos, sino también una *desopresión* de la clase de los enfermeros, rejerarquizando su rol. A partir de instrumentar
este nuevo modelo, la palabra de los enfermeros cobró un
nuevo valor en forma paralela con la voz del resto de los
profesionales e interviniendo notablemente en la organización de proyectos y en la diagramación de directivas.

En una reunión con enfermeros que trabajaron un promedio de 15 a 25 años en el Hospital Psiquiátrico, se recogieron datos que aclaran cuál fue su vivencia personal en el trabajo en el manicomio, comparativamente con la inserción de ellos en el nuevo modelo:

En principio, el Hospital Psiquiátrico estaba dividido en servicios, cada uno nomenclado a través de letras, por ejemplo: C (ancianos), M (agitados), etc. El paciente pasaba a un *recibidor*, que era una enfermería en donde se les practicaban exámenes de rutina y eran clasificados. *Siempre era lo mismo*, por ejemplo, a los alcohólicos se les aplicaba una solución desintoxicante durante un mes y se marchaban a su casa.

Los enfermos estaban divididos en forma interna en *buenos* y *malos*, de acuerdo con el grado de colaboración y de simpatía con el personal. Los buenos eran seguidos por algún enfermero y realizaban ergoterapia, trabajando en la huerta, confeccionando colchones, haciendo labores de carpintería o lavandería. De esta manera, eran mejor tratados y se los premiaba con un cigarrillo o una gaseosa.

La producción resultante no era comercializada afuera, sino para uso interno. En esa época había gran cantidad de internados debido a que las familias *arrojaban* al enfermo al manicomio y se olvidaban de él. Allí *vivía como un pájaro encerrado*, lo bañaban, le daban de comer, no poseía ninguna autonomía.

El invierno era problemático para estos pacientes ya que se pasaban largas horas en las habitaciones grandes y muy frías de los servicios, mientras que en verano podían utilizar el jardín, disfrutar del sol y pasear.

Una de las únicas ventajas que los enfermeros observan del proceso anterior es que se realizaban los exámenes correspondientes de sangre, orina y se efectuaban radiografías, etc. Actualmente, no se efectúan estos exámenes rutinarios y muchas veces es problemático. Por ejemplo, si un paciente hipocondríaco poseía alguna patología orgánica real, podía ser comprobada leyendo su ficha clínica.

En el manicomio, los turnos estaban compuestos por tres enfermeros que trabajaban aproximadamente con 80 a 350 pacientes. Podían estar sentados todo el turno de ocho horas rodeados de pacientes sin ningún tipo de diversión, sin televisión ni espacios lúdicos, etc. Cenaban a las 19:30 y no se utilizaban cuchillos (que se guardaban bajo llave), pero sí tenedor y cuchara. Allí culminaba el día. El baño general era efectuado los días sábados.

El trabajo de los enfermeros se focalizaba en la lavandería, baño de pacientes, aplicación de electroshock, limpieza de paredes y ventanas, ayuda en la cocina, hacer las camas con los pacientes, administración de fármacos e inyecciones.

En los turnos de guardia nocturna era obligatorio fichar con el reloj automático cada media hora. Este recurso representaba el control extremo con el que el aparato socio-sanitario oprimía a los enfermeros para certificar su vigilia. En muchas ocasiones, los más audaces mezclaban el tabaco de un cigarrillo con algodón y buscaban algún paciente con quien tuvieran un contacto más cercano para que se encargara de separar las hebras de tabaco de las de algodón. Culminada la tarea, que duraba aproximadamente de 20 a 30 minutos, el paciente despertaba al enfermero, que de esta manera fichaba su tarjeta, y éste le entregaba el tabaco como premio.

> *A veces realizábamos turnos que nos llevaban seis noches, y dos días debíamos quedarnos adentro de nuestra casa por cualquier emergencia* (Gianni Cósolo, comunicación personal, 1986).

Estas acciones demuestran el efecto de la rigidez institucional que lleva a juegos maquiavélicos y perversos entre los distintos estamentos del sistema.

Por otra parte, en el cambio de turno se controlaba la cantidad de pacientes. Se revisaban minuciosamente las ventanas, cuidando de que estuviesen celosamente cerradas. A las 18:00 el servicio finalizaba su actividad y prácticamente quedaba todo en penumbras. En general, había una extrema limpieza –herencia de la mentalidad austríaca–. Usualmente, el manicomio estaba rodeado por un parque con flores y si bien había una división estricta, esta cultura convocaba a que se tuviera una mayor relación con el paciente. Por ejemplo, se lo llevaba a misa, a realizar un paseo, a ir a una función de teatro, etc.

La cultura austríaca se caracterizaba por la autodisciplina y el respeto por la persona, y esto constituía diferencias muy marcadas con el resto de los hospicios de Italia. En este manicomio llegaban a tratarse pacientes de Yugoslavia, puesto que allí únicamente se trabajaba con ergoterapia.

Con respecto a los métodos terapéuticos de contención, cuando no se podía manejar a los enfermos agitados en la cama, existía una habitación grande en donde se los colocaba solos y únicamente se les daba de comer. Diariamente, se les cambiaba el colchón sucio por los excrementos y recién después de la crisis, se los llevaba a una cama normal en el servicio.

Otro de los métodos era la *cama jaula*, con rejas alrededor. El electroshock, en realidad, fue poco usado, no así la insulinoterapia, en donde se inyectaba agua azucarada que aumentaba el azúcar en sangre y de esta manera, se provocaba un shock en el paciente.

No se usaban camisas de fuerza y solamente se utilizaba un modelo que trababa los brazos en la espalda para proteger a los que se autolesionaban, como por ejemplo, lastimarse o arrancarse los dientes. En el viejo asilo de San Giovanni se barajaban algunas hipótesis sobre la posibilidad de que la gente enfermase mentalmente. Una de ellas era que en la zona de Istria se formaban matrimonios consanguíneos.

Por otra parte, también los enfermeros eran los encargados de resolver las situaciones que conllevaban la muerte de alguno de los internados:

Los muertos eran lavados por el más nuevo de los enfermeros, que además se dedicaba a llamar al cura, a informar a la familia y al médico de cabecera (Gianni Cósolo, comunicación personal, 1986).

Tenían la prohibición de revisar la historia clínica de los pacientes y no podían discutir un caso con el médico, solamente *el caposala* (enfermero jefe) informaba al médico de todo lo que sucedía en el servicio. La escala jerárquica era la siguiente: médico, enfermero jefe, enfermero y enfermo.

La opresión del antiguo régimen hospitalario obligaba a acciones sobrehumanas en función del cumplimiento de las normas: Por ejemplo, si el plantel de enfermeros estaba compuesto por cinco y uno faltaba por enfermedad, el último que llegaba debía cubrir el turno siguiente. En una oportunidad, uno de los enfermeros tuvo que realizar 32 horas seguidas de guardia por esta situación.

En general las vacaciones no podían programarse y dependían de la iniciativa del enfermero jefe, *era un régimen militar, una cárcel*. La apertura del manicomio y el cambio de organización llevó a los enfermeros a modificar diametralmente su gestión de diálogo con el paciente y con la institución. Estas expresiones de los enfermeros del equipo de la Unidad Sanitaria Local sintetizan la magnitud de ese cambio:

Antes éramos un número, éramos como jornaleros. Ahora soy una persona que puede expresar sus ideas. Yo viví el cambio llorando, porque era libre, no sólo por los pacientes, sino por mis colegas también (Bruno Marusi, comunicación personal, 1986).

La ley 180: abolir el manicomio y su sistema

La organización desarrollada en la praxis de la desinstitucionalización, poblada de esfuerzos, logros y saboteos obtuvo su corolario. El resultado de la paulatina ruptura del asilo psiquiátrico generó que en el año 1978 la nueva red de atención en salud mental se investiera de un marco legal. El Parlamento italiano sancionó la ley 180, también llamada Ley Basaglia en honor a su mentor.

De esta manera, la ley ponía los límites normativos a nivel nacional a una práctica innovadora que dejaba atrás una vieja ley de 1904 que decretaba, entre otras cosas, la custodia de los pacientes psiquiátricos, rotulándolos de peligrosos de escándalo público. Ese mismo año, la ley 833, que contiene a la primera, amplía las disposiciones. La ley prohíbe, fundamentalmente, la implementación del método manicomial y su sistema represivo en toda Italia. Más allá de la legalidad, estas leyes reivindicaron la figura del alienado en la recuperación de sus derechos civiles y llevaron a la ruptura de su exclusión social.

En Italia la ley sobre los manicomios y los alienados nacida en 1904 dio forma jurídica a los abusos y la violencia, tal vez peores que aquellos que fueron perpetrados en el pasado. La ley 36 de 1904 fue la primera ley nacional de la psiquiatría. Se titulaba *Disposiciones y reglamentos sobre manicomios y alienados* y fue completada por un reglamento de ejecución en 1909.

Era una ley de orden público que colocaba en primer plano la protección de la comunidad social, o sea, protegía a la sociedad de los alienados:

> *Deben ser custodiados y curados en el manicomio, las personas afectadas por cualquier causa de alienación mental cuando sean peligrosos para sí y para los otros y riesgosos de escándalo público.*

La internación en el manicomio se efectuaba bajo la certificación de un médico y la ordenanza de una autoridad. Dentro de los quince días (período de observación), el director del manicomio debía transmitirle un informe al procurador de la República. Dentro de los treinta días, la persona debía ser dimitida y sometida a una *internación definitiva* con la pérdida de los derechos civiles. El cese eventual (hecho utópico) de la internación definitiva estaba vinculado a un certificado de cura que era responsabilidad del director del manicomio, a menos que la familia no *retirase al alienado* con autorización del tribunal.

La psiquiatría estaba administrada por cada provincia, que debía poseer su propio hospital psiquiátrico. Si la internación era requerida por el paciente, el tratamiento se desenvolvía bajo las mismas reglas rígidas.

Con la ley 431 del 18 de marzo de 1968 (ley Mariotti) se reglamentaba la internación voluntaria, siempre en el hospital psiquiátrico. Fue la posibilidad de transformar la internación forzada en voluntaria, previo consenso del paciente. La ley preveía algunas modificaciones organizativas que tendían a equiparar el hospital psiquiátrico con los hospitales generales, e instituía actividades posmanicomiales en los centros de higiene mental.

La respuesta tan esperada a todos los problemas que generaba la internación en manicomios llega con la ley 180 del 13 de mayo de 1978 y con la ley 833 del 23 de diciembre del mismo año sobre *la Institución del Servicio Sanitario Nacional*, que contiene a la primera.

En lo que compete a la psiquiatría, la nueva ley elimina las normas de la ley del año 1904. Establece que las internaciones deben ser efectuadas en los hospitales generales (un cierto número de camas destinadas a psiquiatría en los hospitales generales de la zona) y confía la gestión de internación y tratamiento a los servicios de salud mental del territorio.

Entre otras cosas, la ley fija los criterios para el tratamiento sanitario obligatorio en el área psiquiátrica. Señala
que sólo puede ser efectuado, después de haber comproba-
do la ineficacia de otras modalidades de curación, cuando
las alteraciones psíquicas requieran intervenciones terapéuticas urgentes o, en fin, cuando el paciente no acepte
la internación voluntaria.

El tratamiento es liberado de la fórmula criminalizante
(tanto del Código Penal, como de la Seguridad Pública y
del Tribunal) y es confiado a figuras civiles como el médico
o el intendente.

La ley 833 prohíbe nuevas internaciones en hospitales
psiquiátricos así como también impide la construcción
de nuevas estructuras destinadas a la psiquiatría asilar.
Consiente que los hospitales psiquiátricos pueden aceptar,
solamente como voluntarios, a aquellos pacientes que ya
han estado internados al menos una vez. De esta manera,
hace frente a la presencia de numerosas personas que llevan
muchos años de internación, que están impedidos de movimiento o postrados en el manicomio, y a la incapacidad
de la estructura civil de recibir a todos estos internados.

No obstante, tomando en cuenta ciertos límites y pen-
sando que la ley 833 se pudo presentar de alguna manera
en forma precipitada (por la no preparación e inadecuación
de las estructuras hospitalarias), indudablemente signa
un paso determinante hacia la definitiva desaparición de
los manicomios.

La ley 180 del 13 de mayo de 1978 (como señalamos,
después insertada en la ley de *Institución del Servicio
Sanitario Nacional* 833 del 23 de diciembre de 1978) en
síntesis, establece que:

El derecho a la salud de la persona (no la peligrosidad
y el escándalo público) es la base del tratamiento sanitario en la psiquiatría. Es de norma voluntaria y efectuado

como prevención y rehabilitación, en los establecimientos y servicios extrahospitalarios operantes en el territorio.

Si todavía persisten *alteraciones psíquicas tales que requieren intervenciones terapéuticas urgentes* y si han resultado ineficaces todas las tentativas en tal sentido, persistiendo la no aceptación del tratamiento por parte del sujeto, puede exigirse el tratamiento sanitario obligatorio. Si fuese necesario con internación hospitalaria, en los Servicios de Diagnosis y Cura instituidos en los hospitales generales.

La propuesta, realizada por un médico y convalidada por otro médico del servicio público, es enviada al síndico que debe convalidarla y avisar al juez tutelar, que es la autoridad de control sobre los derechos del paciente. Después de una semana el tratamiento debe proseguirse con una indicación acerca de la duración aproximada. Pero en el mismo tratamiento sanitario forzado, se busca el consenso del paciente, y le son garantizados los derechos de libre comunicación y de recursos contra el tratamiento.

En los hospitales psiquiátricos, se prohíbe la internación de algún nuevo caso. Se conceden derogaciones (renovadas por algunos años) y admisiones de pacientes que ya estaban internados antes de la vigencia de la nueva ley. Gradualmente, los manicomios terminan constituyéndose en estructuras inútiles.

Ésta es una ley-matriz donde se insertan las leyes regionales, y bajo el plano sanitario nacional promueve:

> *[...] los criterios y la dirección a los cuáles debe referirse la legislación regional para la organización de los servicios fundamentales y el organigrama del personal, [...] las normas generales para la erogación de prestaciones sanitarias, los índices y los estándares nacionales, que deben asumirse entre la repartición del fondo sanitario nacional y la regiones.* (ley 180 del 13 de mayo de 1978)

Las leyes regionales nacen con graves retardos, en modo fragmentario y a menudo contradictorio, respecto a la ley nacional, mientras que la Organización Sanitaria Nacional casi no es desarrollada y su financiamiento no resulta adecuado.

La ley 72 del 23 de diciembre de 1980 de la región del Friuli-Venezia-Giulia, representa una excepción y se convierte en un modelo de actuación concreta de la ley nacional.

Muchas de sus indicaciones forman parte del actual proyecto Objetivo Salud Mental, finalmente aprobado en abril de 1994. Este proyecto precisa cuáles deben ser las estructuras y los servicios del Departamento de Salud Mental y fija los estándares de financiación.

1981 a la actualidad: continuidad y evolución del sistema[12]

Este período consiste en la ampliación y el reforzamiento de una red más articulada de los servicios que conducen al manicomio hacia una organización alternativa. En los primeros meses de 1980 se clausuró la oficina de admisión del Hospital Psiquiátrico como la última parte de la antigua institución que todavía funcionaba, si bien en forma muy modificada. La clausura definitiva del Hospital Psiquiátrico se consolidó mediante una actividad ambulatoria e ininterrumpida. O sea, los CSM trabajaban 24 por 24 horas, y por medio del establecimiento de una guardia

---

[12]   Datos extraídos de los siguientes artículos: Guseppe Dell`Acqua "Trieste 20 años después: de la crítica a las instituciones de la psiquiatría a las instituciones de la salud mental", y del documento oficial del Departamento de Salud Mental de la Hacienda para los Servicios Sanitarios de Trieste. Los datos de la organización son hasta 1996. Pero debemos tener en cuenta que el movimiento desinstitucionalizador requiere de la crítica y el cuestionamiento permanente de su estructura con el objetivo de no institucionalizar. Esto quiere decir que a posteriori se han realizado algunos cambios en actividades y ajustes en forma parcial de su organización. De todas maneras, esto no altera su matriz ideológica y teórica.

psiquiátrica o servicio de emergencia permanente dentro del Hospital General.

La transformación de la atención psicosocial se realizó a través de la transferencia legalmente reconocida de las obligaciones psiquiátricas y las prerrogativas asistenciales a los CSM en cada región que corresponde cada centro. En la práctica, la atención territorial se complementó mediante la habilitación de camas (un promedio de ocho por centro), para los casos en que fuese necesaria una atención intensiva pasajera.

La curva de las prestaciones alternativas a la internación abarcó mayor cantidad de ámbitos y de sujetos. Es así como se establece relación con otras instituciones como el Hospital Civil y las cárceles, configurando una red estable. Esta fase provocó una nueva tensión en la práctica entre un modelo descentralizado de prestaciones –que se acerque lo más posible a la demanda de los servicios– y la necesidad de continuar incidiendo estratégicamente sobre los usuarios y sus requerimientos.

Al comparar la situación en la que se encuentra actualmente la atención psiquiátrica con la que prevalecía en 1973, se puede constatar que el número de camas para pacientes psiquiátricos ha disminuido en 1.400, de las cuales 1.200 correspondían al antiguo Hospital Psiquiátrico y 200 al Sanatorio Neurológico. El desmantelamiento de las camas del manicomio se efectuó gradualmente y fue esta misma institución la que respaldó la atención psiquiátrica ambulatoria en los seis sectores. Por esta razón, sólo se lo puede considerar concluido en 1980, una vez que comenzó a funcionar el último Centro de Salud Mental.

En 1981, la nueva red de Servicios Psiquiátricos había tomado forma. La estructura administrativa del Hospital Psiquiátrico fue sustituida por el Departamento de Salud Mental que, desde el punto de vista operativo, garantiza la organización de toda la red de servicios que dependen de este organismo. Cualquier ciudadano puede asistir a la Dirección del Departamento para realizar propuestas, iniciativas o plantear problemas.

El DSM está compuesto por:

a) Cinco Servicios de Salud Mental de zona, denominados Centros de Salud Mental.

b) Un Servicio Residencial y Diurno de Habilitación y Rehabilitación Social (conectado con las cooperativas).

c) Un Servicio Hospitalario de Diagnóstico y Cura.

En la actualidad, el parque del viejo manicomio hospeda poco menos de 100 personas, de las cuales 70 se nuclean en grupos de 10 a 15 en un único servicio geriátrico que acoge a personas mayores de 65 años con graves patologías físicas. Notablemente, hace diez años que en el servicio no se han internado más pacientes.

De los 22 edificios que constituían el Hospital Psiquiátrico, algunos son utilizados por el Servicio de Salud Mental como sedes de talleres de alfabetización, oficinas administrativas, oficinas de cooperativas, etc. Otros predios fueron destinados a entes públicos o privados, como escuelas, universidades, oficinas, etc. El parque es atravesado por un moderado tránsito automovilístico y, progresivamente, se está integrando al diseño urbanístico de la ciudad.

A) Los Centros de Salud Mental

Los Centros de Salud Mental actúan sobre una población de 258.000 habitantes (Trieste ha disminuido demográficamente en los últimos veinte años). En 1992, los grupos de trabajo y las respectivas áreas de intervención fueron reducidos a cinco. Esta reducción se debió tanto a la disminución de la población como a la progresiva reducción del personal, conjuntamente con una organización más adecuada de los recursos y estructuras de servicio.

Además de una más precisa definición de los procesos
terapéuticos y programas rehabilitativos.

Los CSM se definen como centros ambulatorios ac-
cesibles al público desde las 8:00 a las 20:00 los siete días
a la semana. En las horas nocturnas, dos enfermeros y
un médico de guardia domiciliaria asisten a los usuarios
en crisis que pernoctan en el Centro. Son atendidos por
personal especializado que está constituido por un plantel
medio de aproximadamente 20 a 25 enfermeros psiquiátricos, 4 o 5 médicos, 2 asistentes sociales, un psicólogo,
un médico primario (coordinador) y un grupo alternativo
de voluntarios por Centro.

Los CSM son la estructura fundamental para la atención psiquiátrica del territorio, e integran una red de atención geográficamente articulada. Atienden una proporción
que va de los 20.000 a los 45.000 habitantes, puesto que
cada centro abarca un perímetro determinado de la provincia. Anualmente se realiza un promedio de 6.000 visitas
domiciliarias a las personas que lo requieran.

Operan de acuerdo con los siguientes objetivos:
1. Presencia activa actuación sobre la demanda: con la
   finalidad de evitar la lista de espera en la urgencia y
   filtros burocráticos, promoviendo la modalidad de
   hacerse cargo en el lugar de vida de la persona.
2. Continuidad terapéutica: referida a la relación del
   equipo y el usuario y a la continuidad de las prestaciones, de acuerdo con la necesidad de tratamiento en
   la unidad de prevención, asistencia y rehabilitación.

La actividad del Centro de Salud Mental se centraliza
principalmente en acoger las demandas de asistencia de las
personas adultas del territorio. Por lo general, la relación
con el Centro se resuelve en pocas consultas dentro del
año, en otras oportunidades puede durar largos períodos,
incluso toda la vida.

Los CSM, coordinan la propia acción sobre el territorio con los servicios sanitarios públicos, con los cuales desarrolla relaciones de colaboración, interconsultas y orientación, en el ámbito del distrito sanitario y fuera de éste. Los servicios comprometidos son los consultorios familiares, servicios para la infancia y la adolescencia de carácter médico, psicológico y psicopedagógico, SERT (toxicodependencia), alcohología, área de discapacitados, medicina de base, guardia médica, hospitales generales.

Colabora además con los servicios sociales del municipio, provincia y Ministerio de Justicia. Efectúa también intervenciones en las instituciones judiciales, por ejemplo, los hospitales psiquiátricos judiciales. Las múltiples actividades y prestaciones de los Centros pueden sintetizarse de esta manera:

Hospitalidad nocturna: se realiza en un tiempo variable. Puede ir desde una noche a algunas semanas. En los casos de extrema gravedad, el usuario puede estar en el Centro pocos meses. En general, se ronda en una media de diez días.

En cada zona se encuentran disponibles, 8 camas, 4 para hombres y 4 para mujeres. La hospitalidad nocturna es utilizada como respuesta a las crisis para los períodos en los que existe la necesidad de ofrecer protección, tutela, ayuda y una útil distancia, ya sea para el usuario como para su familia.

También es factible implementar la internación en el Centro, para efectuar el tratamiento sanitario obligatorio.

Hospitalidad diurna: se realiza por algunas horas o por la jornada entera. La hospitalidad diurna consiste en estimular la participación en actividades grupales de tipo recreativo o de orientación. Tiene por finalidad ejercer una temporánea protección o tutela, favorecer la distancia con el grupo familiar y como consecuencia, alentar a la familia a hacerse cargo de la situación. A la vez, otro de los objetivos es el seguimiento de la terapia psicofarmacológica y la posibilidad de encontrar amigos, ampliando el radio social, como así también desarrollar actividades formativas.

Visitas ambulatorias: se desenvuelven diferentes visitas. Por ejemplo, la primera consulta y el diseño de los objetivos. Intercambio de noticias y pareceres con el usuario y/o con sus familiares. Además, se observan los programas terapéuticos y control de la terapia farmacológica. Consejos e intervenciones en las situaciones de crisis, certificados médicos y sanitarios especializados.

Visitas domiciliarias: se programan con antelación o por demanda de los usuarios. Es útil, entre otras cosas, para conocer sus condiciones de vida y habitat. También para realizar intervenciones en crisis y control de la terapia psicofarmacológica. Para acompañar al usuario a la casa, al hospital, a oficinas públicas, etc.

Trabajo terapéutico con la familia: son encuentros programados con los miembros de la familia del usuario. Se verifican y se discuten las dinámicas interaccionales y conflictos con la intención de favorecer el mayor conocimiento y participación, efectuando posibles cambios en dirección a la salud.

Trabajo terapéutico individual: consisten en encuentros programados y repetidos, con el objetivo de profundizar los problemas personales, la historia y condiciones de vida. Facilitar el emergente de otros puntos de vista, ofrecer nuevos caminos de aprendizaje, reafirmaciones personales y producir una mayor comprensión del propio padecimiento.

Trabajo terapéutico grupal: son encuentros programados entre varias personas, con la finalidad de confrontar problemas comunes, asumir mayor conciencia de los conflictos, reforzarse el conocimiento recíproco.

También organizarse y organizar el tiempo libre, construir y ampliar la red social. Encuentros análogos son propuestos a los familiares con la finalidad de mejorar su propio conocimiento acerca de la enfermedad, aumentando la capacidad de autovaloración, además de construir y ampliar las relaciones.

Intervenciones que activen la red social extrafamiliar: con la finalidad de recuperar personas significativas para la persona, como amigos, colegas, compañeros de trabajo, colegas, vecinos, etc. Estas intervenciones tiene por objetivo, el compromiso terapéutico de contención y reintegración social después de la crisis.

Rehabilitación: consisten en intervenciones directas o indirectas para activar los recursos, programas, espacios, sujetos, inteligencia, profesionalidad, etc. Útiles para la formación laboral, la inserción productiva, mantenimiento de habilidades sociales y profesionales, para el acceso a la información y la cultura. Se operan a través de los siguientes instrumentos, por ejemplo, la red de las cooperativas finalizadas, los empleados, la escuela, las actividades deportivas y recreativas, los subsidios, los grupos juveniles y de autoayuda.

Intervenciones socio sanitarias: el Centro busca por vía directa procurar el natural sostén del usuario y su familia mediante subsidios económicos, ofertas de consultas y acompañamiento en situaciones de crisis. Estas acciones se desarrollan en interrelación con otros entes e institutos que poseen la misma finalidad (IACP, tribunales, fundaciones, INPS pensiones, oficinas de colocaciones). Además se encarga de las gestiones y administración del patrimonio.

Grupo-departamentos: el Centro activa y supervisa grupos *Familiares*, constituidos por pacientes necesitados de un espacio protegido o semiprotegido, y/o de un espacio residencial comunitario en función del mantenimiento o aprendizaje de habilidades sociales, de capacidad para desarrollar relaciones, o del reforzamiento de los propios derechos sociales.

Consultas: se establecen relaciones de consultas con los servicios hospitalarios, donde están internados usuarios que se encuentran en tratamiento paralelamente en el Centro. También para pacientes que no son asistidos por el Centro, pero que el servicio sanitario requiere una profundización del diagnóstico y de terapia específica. La consulta está dirigida, además, para las personas detenidas en las cárceles que manifiestan problemas psíquicos.

Teléfono: por vía telefónica se realizan citas para consultas, entrevistas, controles de tratamientos, consejos en casos de emergencias, etc.

B) Servicio residencial y diurno de habilitación, rehabilitación e integración social

Este servicio coordina las estructuras de las funciones de formación, habilitación y rehabilitación a favor de los usuarios en relación con los CSM y otros servicios del Departamento de Salud Mental. El servicio articula sus intervenciones en lugares diferenciados y se organiza en estructuras residenciales, Centros diurnos y Cooperativas.

1. En las estructuras residenciales, el objetivo de rehabilitación se desarrolla a través de una atención individualizada, basada en la continuidad terapéutica en el ámbito de un alojamiento parcial o totalmente asistido por operadores.

Se distinguen los grupos residenciales de carácter social, que hospedan a usuarios de los CSM –algunos de los cuales fueron pacientes del Hospital Psiquiátrico–, con una reducida capacidad de vida autónoma. Son usuarios que necesitan sobre todo un soporte para la actividad de la vida

cotidiana, puesto que poseen desventajas para el sostén
de la vida comunitaria, en particular por la discapacidad
a partir de su patología. La actividad de los operadores es
sólo diurna o continua. Los huéspedes son diferenciados
en relación con los diversos niveles de autonomía. Los
huéspedes en sí mismos constituyen un importante recurso.

También hay grupos residenciales terapéuticos-re-
habilitativos, en donde se hospedan usuarios con problemas relevantes de salud mental o ausencia o patología de
la red familiar o social y aquellos usuarios con elevada
discapacidad.

En todos los grupos residenciales, los objetivos de
trabajo están referidos al aprendizaje de algunos elementos básicos: asistencia de sí mismo, del propio ambiente,
independencia en la vida cotidiana, contactos sociales y
reconstrucción de la racionalidad familiar, aprendizaje de
la capacidad de convivencia social, etc.

Estos elementos se mediatizan a través de la farmacología, psicoterapia, relaciones, etc., como así también
actividades pedagógicas y de sostén social. Los grupos
residenciales mantienen un fuerte contacto con el contexto
social en el cual son insertados. Se organizan en función
de una economía de *casa*, ya sea en lo que remite a su
estructura (espacios, arreglos, etc.), como en referencia a
la funcionalidad de sus huéspedes.

Los servicios esenciales de limpieza, cocina, lavandería
deben corresponderse con la actividad de participación
de los huéspedes en las gestiones de la vida cotidiana de
la residencia. En las residencias operan enfermeros, asistentes sociales y sanitarios (con funciones principalmente
de coordinación), operadores contratados privadamente,
acompañadores y voluntarios.

En el complejo de San Giovanni existen actualmente
12 comunidades de alojamiento para un total de 113 huéspedes: 3 son grupos residenciales de carácter rehabilitativo

con la presencia de operadores 24 por 24 horas que hospedan a 16 usuarios jóvenes. Además, 9 grupos residenciales
de carácter social, que hospedan a 97 pacientes de los 1.100
que en su tiempo estaban internados en el manicomio de
Trieste. De éstos, 3 operan una asistencia las 24 horas, dada
la tipología de los usuarios (35 huéspedes). En los otros 6,
la asistencia es activa sobre uno o dos turnos, en relación
con los diferentes niveles de autonomía de los pacientes.

En esa estructura la actividad se remite a las personas
con larga historia de institucionalización, por lo tanto muy
anciana, frecuentemente con bajos niveles de autonomía.
El 15% de los casos poseen incontinencia de esfínteres e
implican una actividad que se desarrolla en la *cama del
usuario*, como actividad de rehabilitación o socialización.

También existen estructuras residenciales en la ciudad.
Se han constituido –en el curso de años– veinte casas-
familia que poseen tanto un carácter sanitario como social.
Actualmente hospedan alrededor de 79 usuarios. En tales
estructuras, la dinámica de los operadores en ciertos casos es sólo diurna, en otros, diurna y nocturna. Implican
una atención individualizada, basada en la continuidad
terapéutico-rehabilitativa para los usuarios con una red
sociofamiliar ausente o no terapéutica.

2. Centros diurnos: Complejo de San Giovanni Politécnico
Como señalábamos anteriormente, quince años atrás
se estructuraban los talleres de arte como una evolución
natural de la desinstitucionalización iniciada por Basaglia.
De la extensa experiencia de rehabilitación y socialización,
actividades de tiempo libre y promoción de las actividades
artísticas surgen los talleres como lugares en donde se activa
la creatividad y la cultura. En ellos además se interviene
pedagógicamente mediante una elevada calidad de prestaciones dirigidas a usuarios que estuvieron internados en el
manicomio y que actualmente son asistidos por los CSM.

De esta manera, se ha constituido en el complejo de San Giovanni el Centro Diurno de Rehabilitación *Politécnico* que comprende el taller de teatro, de pintura, gráfica y cerámica, de serigrafía, de marcos, de música, de informática, club juvenil *Spazio blu*, un curso de 150 horas, una escuela de alfabetización, además de la organización de numerosas iniciativas lúdicas, deportivas, etc.

Los talleres son frecuentados por 130 usuarios que no se encuentran en grado de insertarse en una actividad laboral. Usuarios que necesitan de programas individuales con la finalidad de estimular y potenciar la capacidad cognitiva, expresiva y emocional, de cara a su integración social.

Las actividades son coordinadas por una psicóloga, operadores voluntarios, acompañadores, operadores profesionales de varias disciplinas, como maestros de arte, actores, fisioterapeutas y terapistas ocupacionales.

El trabajo de los operadores consiste en colegir las actividades con la necesidad y las problemáticas individuales de cada sujeto, insertar al usuario en el grupo, también de soporte en las situaciones de crisis. Esta modalidad pedagógica en un ambiente artístico –diferente a la sanitaria– permite la valoración de los recursos de la persona mediante una actividad integradora que funciona para los usuarios de los Centros y los ciudadanos en general.

Con el fin de producir integración social, las actividades del Politécnico favorecen la participación de todos los miembros de la sociedad. Realiza programas de escolarización estructurados a través de cursos de alfabetización para pacientes adultos con regresiones o discapacidad psíquica (alrededor de treinta personas). Los alumnos son subdivididos en tres secciones de XIV Círculo Didáctico de Trieste, coordinados por maestros designados por el Ministerio de Educación.

Para las situaciones particularmente difíciles se estructuran programas con el apoyo de otros operadores en una visión multidisciplinaria del problema. También participan del curso de alfabetización pacientes del CEST (Instituto para discapacitados) y de los servicios municipales territoriales para pacientes discapacitados.

Con el Ministerio de Educación se organizan cursos de 150 horas para diplomarse en la escuela media. Están dirigidos a jóvenes expulsados de la escuela obligatoria que provienen de áreas marginales. La componen alrededor de treinta personas de los CSM, del servicio de toxicodependientes y jóvenes en riesgo. Para los participantes, la posibilidad de obtener el diploma de escuela media puede representar el primer paso hacia una actividad de reinserción laboral.

3. Cooperativas

Actualmente son cinco las cooperativas que forman parte del Departamento de Salud Mental. La primera Cooperativa, Il posto delle fragole, fue fundada en el año 1979 con el objetivo de generar oportunidades de trabajo, actividades, formación profesional y socialización para personas con enfermedades, discapacidad y marginación.

Desarrolló las primeras acciones como la organización de un bar, fiestas y conciertos, y algunos trabajos simples como el de chofer o albañilería. Gradualmente y con la ayuda del Departamento de Salud Mental, el SERT y proyectos experimentales del Fondo Social Europeo se estructuró la cooperativa, especializándose en gestiones de ejercicio público. Actualmente coordina un pequeño negocio de carteras, un local de estética y peinados, un restaurante, un hotel que está abierto todo el año y un bar en el interior del parque de San Giovanni.

La Cooperativa Agrícola Monte San Pantaleone nació en 1979 para actividades agrícolas, insertando en la labor a personas del Servicio de Discapacitados. En 1985 inició la actividad de jardinería, que evolucionó progresivamente y que desarrolla en la actualidad actividades tanto para entes privados como para los públicos. Se presenta como una dinámica de empresa, organizada con técnicos calificados.

Los esfuerzos actuales están destinados a consolidar la actividad de jardinería, elevando el perfil profesional, aumentando el mercado de clientes y creando una red de colaboración con profesionales que operan en los diferentes sectores. La cooperativa proyecta además la creación de un vivero en el interior del parque de San Giovanni.

La Cooperativa Social Lavoratori Uniti Franco Basaglia fue fundada en 1973, en el inicio del proceso de transformación del Hospital Psiquiátrico para abolir la ergoterapia y atribuir una mayor dignidad a los pacientes internados que desarrollaban diversas actividades de manutención en los servicios. Desde aquel momento, la cooperativa ha modificado notablemente sus características, centrando su trabajo en el exterior del manicomio y ampliando cada vez más su radio de acción.

Las actividades más remunerativas son todavía las de manutención y limpieza. Los sectores de actividad de la cooperativas son la manutención y limpieza de oficinas públicas, residencias geriátricas, residencias asistenciales, etc., trabajos de cargas y descargas para transportes urbanos en general, servicios de camareros para servicios públicos, servicio de atención legal, restauración de muebles, servicio de lavandería y administración y secretaría.

La Cooperativa La Collina, se fundó en 1988 y comprende actividades como, por ejemplo, el Teatro Velemir Dugina, que es una escuela teatral y de puesta en escena de espectáculos. Se fundó en el año 1983 como taller de arte de la asociación cultural Franco Basaglia. Se desarrollaron diversas obras representadas con éxito ya sea en Trieste como en otras ciudades italianas y del exterior. El ZIP, un estudio fotográfico y gráfico dotado de artefactos profesionales. Está en grado de adoptar compromisos profesionales externos públicos y privados (servicios fotográficos para funciones teatrales, el municipio de Trieste, escuelas estatales elementales y maternales, Centros de Salud Mental).

Posee una radio –Fragola–, una estación radial comunitaria que transmite las 24 horas en la ciudad y la provincia de Trieste. También posee un estudio de video dotado de artefactos profesionales compatibles con los sistemas de las mejores emisoras televisivas (RAI), y se encarga de proyectos y refacciones (Hill), además se diseñaron arreglos sobre entes públicos y privados (centros culturales, CSM, stand de ferias, negocios, departamentos).

Por último, la cooperativa CREA, que se fundó en el año 1992. El objetivo de sus actividades responde al trabajo de construcción, restauración y manutención de edificios y afines, proyecto y elaboración gráfica.

C) Servicio de diagnóstico y cura

Es un servicio ubicado en el Hospital Mayor de Trieste, dentro del departamento de emergencias. Está dotado de 8 camas y abierto a la atención las 24 horas.

Absorbe las funciones de guardia de emergencia, consultas de servicio hospitalario y de filtro hacia los Servicios de Salud Mental territoriales. En la práctica, un tercio de las personas que asisten al Servicio Psiquiátrico Hospitalario resuelve rápidamente su problema y es reenviado a su casa y/o se aconseja tomar contacto con el médico de familia. Otro tercio de las personas muestra necesidad de asistencia psiquiátrica –en grado individual o familiar–, por el CSM con el cual toma contacto. La parte restante señala un sufrimiento psiquiátrico más grave, con un funcionamiento más comprometido y problemas relacionales. De consecuencia es trasladado luego de haber recibido la primera asistencia y orientación diagnóstica al CSM del área urbana de proveniencia.

Las personas pertenecientes a este tercer grupo se quedan en observación en el servicio hospitalario solamente si asisten en horas nocturnas. A la mañana siguiente serán enviadas a su centro de competencia. Esta mecánica, de normal funcionamiento, hace que el servicio siempre se encuentre parcialmente vacío. Las internaciones de tratamiento sanitario obligatorio (TSO) son raramente efectuadas en el servicio hospitalario. y en general son los Centros de Salud Mental los que desenvuelven esa tarea.

El servicio está coordinado por un psiquiatra responsable, y trabajan por turnos todos los psiquiatras del los servicios territoriales. El momento de internación hospitalaria, está encuadrado siempre en una continuidad de intervención territorial, efectuada por el Centro de Salud Mental que corresponde. De esta manera, se evita que se constituya en una acción separada del proceso.

Son, entonces, los CSM los que gestionan y controlan directamente las internaciones de los usuarios de competencia territorial, estableciendo lo más rápidamente posible la transferencia de éstos a la sede del Centro. El servicio de *Diagnosi e cura* es, por ende, un espacio a disposición de los equipos de los Centros (y no viceversa).

Con respecto al grupo de profesionales que trabajan en el DSM, el staff médico está compuesto actualmente por 25 psiquiatras, contra 10 que componían el equipo cn 1971. Hay un total de 180 enfermeros, en comparación con los 460 de 1971. Los psicólogos son 10 y los asistentes sociales, 9, mientras que en el viejo hospital existían solamente dos. A estas cifras se le deben adjuntar alrededor de 50 jóvenes operadores que cumplen funciones de acompañamientos terapéuticos, educadores, etc. Estos operadores provienen de una cooperativa social, que se ha desarrollado paralelamente al trabajo de transformación. Esta cooperativa mantiene relaciones estrechas con la administración sanitaria, gestionando entre otras cosas, programas de rehabilitación.

El número de personas que solicitan asistencia a los servicios en el transcurso del año está en el orden del 10 por mil de la población. No está valorado el recurso de las estructuras privadas, tampoco se encuentra muy desarrollado el sector de la psiquiatría particular.

No se comprobaron fenómenos de transititucionalización, si se excluye la posibilidad de internación (en servicios de medicina general y geriatría) de personas ancianas con enfermedades orgánicas y trastornos mentales concomitantes.

Análogamente a la década de 1980, se ha desarrollado el servicio para tóxicodependientes (SERT), que elabora programas específicos para personas con problemas de dependencia al alcohol y drogas ilegales. Muchos de estos programas se desenvuelven en colaboración con los Servicios de Salud Mental (cooperativas, trabajadores, tiempo libre, deportes, etc.). Mientras que en el pasado, el Hospital Psiquiátrico representaba el punto terminal de descarga para este tipo de problemas.

Es importante señalar que, más allá de la disminución de la densidad demográfica de Trieste, existe un aumento del porcentaje de la población anciana: alrededor de un 20% de la población tiene más de 65 años. Los servicios territoriales desarrollan la atención de problemas psicogeriátricos, mediante consultas y asistencia, en conexión con los servicios de los hospitales generales, las casas de reposo y los institutos para ancianos.

En una valoración retrospectiva –de los últimos 15 años– algunos indicadores muy significativos se han estabilizado. Por ejemplo, el número de internaciones obligatorias –que en 1977 alcanzaba la cifra de 117 y se ha estabilizado en una media de 10 TSO por año (alrededor de 4 cada 10.000 habitantes, según el año 1978).

La exigua cifra de internaciones obligatorias, podría paradojalmente significar abandono, en cambio, el caso de esta nueva red representa el resultado más relevante de la presencia activa e integrada de los servicios en el territorio.

Las personas asistidas no provienen solamente de las clases con desventaja social o marginales, como por regla sucedía en el manicomio (alrededor del 97% provenía de clases bajas), sino que toca de manera transversal a todas las clases sociales. Por otra parte, es importante la disminución del número de pacientes enviados por los Tribunales (luego de la pericia psiquiátrica) al manicomio judicial. Solamente 15 pacientes en el año 1977 y 25 en el curso de los últimos 16 años.

Es común que se tome como parámetro del funcionamiento de los Servicios de Salud Mental al número de suicidios. Este indicador no resulta del todo claro, en tanto se observa que frecuentemente el suicidio representa un epifenómeno de otras disfunciones o áreas de sufrimiento del tejido social. Todavía muchas de las investigaciones que se realizan en la ciudad de Trieste se dirigen a medir y analizar este fenómeno. Ya sea porque Trieste representa un área de especial interés epidemiológico en función del fenómeno suicidio por su andamiaje más medio europeo que italiano. O por la particularidad de la falta de hospital psiquiátrico. La cifras de suicidios por año, elevado respecto a la media nacional, se ha mantenido constante (alrededor de 20 cada 100.000 habitantes por año) en el curso de los últimos 20 años (1971-1991).

Luego de la apertura del Hospital Psiquiátrico, no se ha corroborado un aumento de la criminalidad colegida con la patología mental, a pesar de que el imaginario colectivo sobre la locura podría suponer lo contrario.

Episodios aislados –como siempre, fuertemente subrayados por la prensa– no son estadísticamente significativos si se confrontan con los últimos 20 años o se comparan con otras áreas urbanas de Europa o Estados Unidos, que continúan conservando el hospital psiquiátrico.

La cantidad de enfermos crónicos producida por los procesos de internación y por el uso rutinario del ingreso hospitalario, ha declinado a partir de las intervenciones terapéuticas en el territorio. Numerosas investigaciones sobre este tema demuestran una diferencia importante a favor de la recuperación, especialmente en pacientes graves (esquizofrenia) que antes de 1970 sufrían largas internaciones en el manicomio y ahora toman contacto con los servicios territoriales.

Se redujo el número de internaciones y recaídas, como así también el tiempo de internación. Se aumentaron y diversificaron las oportunidades terapéuticas, en términos de espacio y de tiempo, de especificidad de programas y de activación del compromiso de la red familiar y social. Tampoco se registran exigencias de la familia a favor de la internación del paciente. Además, se aumentaron los cursos de formación y habilitación profesional. En el año 1971, el manicomio era el único lugar de trabajo. En 1992 se pueden contar 62 lugares de trabajo, por ejemplo, los Centros de Salud Mental, guardia psiquiátrica, cooperativas, grupos-departamento, etc.

Al intentar definir un perfil del actual paciente asistido largamente por los Servicios de Salud Mental, se encuentra un sujeto principalmente de sexo masculino, entre los 25 a 45 años de edad, con graves patologías del tenor de psicosis esquizofrénica que ha conservado sus habilidades sociales y mantiene una red de relaciones familiares y sociales apenas por debajo de la norma. Este tipo de usuario utiliza los Servicios de Salud Mental, y conserva una relación terapéutica y no problemática.

Se abolieron definitivamente las terapias de shock y de contención. Contemporáneamente, los gastos de los psicofármacos han disminuido alrededor del 50% respecto de los gastos históricos del Hospital Psiquiátrico en 1971.

El indicador que describe de la mejor manera, la organización territorial de los Servicios, es *hacerse cargo* de la crisis y su evolución. Numerosas investigaciones epidemiológicas valoran la manera no burocrática de afrontar la crisis, en donde el recurso de la internación resulta inútil. De esta manera, se favorecen más rápidamente las condiciones de equilibrio, disminuyendo el potencial de la recaída. La crisis resta como un evento en la historia de la persona, activando los recursos de cambio.

Se entiende que el estilo operativo de un servicio territorial posee una orientación social y se distancia del clásico modelo clínico. Esta forma de trabajo se concretiza en colocar el servicio a disposición del paciente, a acogerlo fuera de filtros burocráticos y estamentos rígidos, valorizando su relación social y habilidades personales más que sus síntomas. Tampoco se trata de definir diagnósticos exhaustivos o tiempos estrictos de internación, sino a prestar la máxima atención a la asistencia, al proyecto de vida y mantener una elevada calidad de sus espacios (limpieza y orden de su hábitat, alimentación, etc.).

En el curso de los últimos 5 años, se estructuraron en forma estable dos programas, en los que los usuarios son protagonistas.

El primero son los grupos de autoayuda –Centro de Jóvenes– dirigidos por jóvenes asociados a clubes. Poseen sede propia fuera del Departamento dc Salud Mental. Este programa se ha llamado emblemáticamente Fuori Centro (Afuera del Centro). El grupo está compuesto por estudiantes o extranjeros que realizan la experiencia del voluntariado y por jóvenes perteneciente a grupos musicales, de solidaridad, ecologistas, etc. También se integran adolescentes con experiencias de vida particularmente difíciles, con graves problemas personales o que no poseen un contexto *vivible*, realizando una experiencia de convivencia diferente.

Se han constituido tres Centros: el Fuori Centro de Vía Manzoni, el Club Zip y el Spazio Blu Giovani. Desarrollan actividades variadas, como la organización de partidos de fútbol, excursiones ecológicas, encuentros gastronómicos, de poesía y música, grupos arqueológicos en la ciudad Vieja, conciertos, bailes, talleres de literatura, etc.

Y en segundo lugar, un programa de información y organización de ayuda recíproca para familiares. Un Centro de Salud Mental para mujeres, que fundamenta su actividad y su planificación sobre la valoración de la diferencia de género. El Centro Donne de Salud Mental es un punto de referencia para los tratamientos psicoterapéuticos, rehabilitaciones y emancipación, exclusivamente de mujeres. Pertenece al organigrama de la red de servicios, y además resulta un lugar de encuentro de todas las mujeres de la ciudad en torno a temas culturales, sociales, políticos, de espectáculos, etc.

Estos programas, juntamente con el fuerte desarrollo de las cooperativas sociales (empresa social), otorgan el sentido de la participación y del nuevo protagonismo de los usuarios de los servicios.

Las empresas sociales, grupos de autoayuda, participación de los familiares, Centro de Mujeres, constituyen los indicadores que más claramente muestran la dinámica de los servicios y de los operadores, en dirección a constituir una nueva red para la atención de la salud mental

En síntesis, los principios operativos de la reforma psiquiátrica en Trieste son:

1. El corrimiento total de intervenir terapéuticamente en el Hospital hacia la comunidad.
2. El desplazamiento del centro de interés sobre la enfermedad hacia la persona y su discapacidad social.
3. La dimensión territorial de una acción colectiva organizada (un equipo por área).
4. La dimensión práctico-afectiva de la acción.

5. El desplazamiento de la acción individual a una acción colectiva que involucra al paciente y su contexto.
6. La búsqueda de un cuerpo de derecho formal, normas jurídicas y administrativas, en defensa de los derechos del usuario.
7. La activación de políticas sociales ante la reproducción social del paciente (casa, trabajo, alimentación, etc.)
8. La articulación con la instancia político-administrativa.

Muchas de las acciones del Departamento de Salud Mental colocan su atención en valores no habituales, que se han desarrollado en las siguientes actividades:

- Fiestas, salidas, visitas en el mar y montaña, en Italia y en el exterior.
- Reuniones, encuentros públicos, asambleas dentro de los centros y fuera de los servicios.
- Erogación de subsidios en dinero (750 millones al año), atendiendo a las necesidades elementales.
- Formación laboral mediante diversos proyectos.
- Alimentación para más de 500 usuarios al año.
- Búsqueda de casas y preparación habitacional.
- Desarrollo del voluntariado. Miles de voluntarios de Italia y el exterior han cumplido funciones en los últimos 20 años.
- Formación recurrente de todos los operadores.
- Actividades de formación para los familiares de los usuarios.
- La *puerta abierta*. Intensa en sentido literal, si bien en algunas situaciones es necesario limitar la libertad de movimiento. Se realiza a través de personas, nunca por medio de contenciones represivas como muros, espacios cerrados, etc. Intensa además porque se producen múltiples intercambios sociales, transparencia de los vínculos, libre circulación y control, democracia de las relaciones, transversalidad de las decisiones, etc.

Por otra parte, el Departamento de Salud Mental establece controles de calidad de servicio mediante un organismo de revisión y verificación de la calidad de la cura y la asistencia (VRQ). Consiste en una serie de procedimientos tendientes a ofrecer a los usuarios de un servicio sanitario o social las mejores garantías de atención.

Los principios en que se basa la VRQ son:

- Explicitación de los criterios de calidad de Servicio.
- Monitoreo de la calidad efectiva.
- Identificación de los principales problemas que reducen la calidad.
- Introducción de las correcciones en el caso de detectar escasa calidad.
- El compromiso más amplio del personal en el procedimiento.
- El trabajo grupal.

Para desarrollar estas acciones se vale de dos organismos: la Comisión de Mejoramiento Continuo de la Calidad (MCQ), compuesta por operadores de distintas disciplinas profesionales, y un grupo de trabajo con proyectos y objetivos específicos. Está compuesto por diversos profesionales que trabajan sobre áreas problemáticas de importancia.

Toda la información elaborada por ambos grupos es comunicada a los operadores de modo de poner en práctica las modificaciones, establecer compromisos y discusiones acerca de la realidad del servicio.

En lo que respecta al sistema informativo de los Servicios de Salud Mental, está centrado en un registro psiquiátrico que responde a las exigencias, tanto administrativas como al análisis estadístico y epidemiológico sobre los usuarios. Esa información se reúne sobre el libro diario de cada Centro de Salud Mental y se ingresa en una base de datos computarizada.

El sistema informativo registra además de datos demográficos las siguientes prestaciones: internaciones, hospital de día, visitas especializadas ambulatorias y domiciliarias, visitas de enfermería ambulatorias y domiciliarias, psicoterapia individual, familiar y de grupo, tratamiento psicofarmacológico, intervenciones socioasistenciales, actividades recreativas, rehabilitativas, acompañamientos, intervenciones en la cooperativa, reclamos de recursos a entes públicos, activación de recursos de otros servicios, consultas psiquiátricas externas. Desde el año 1993 se compilan en detalle las prestaciones de los huéspedes de las estructuras residenciales.

Por otra parte, el Servicio Sanitario Nacional posee un organismo llamado Centro de Estudios de la Región Friuli Venecia Giulia, apoyado por la USL de Trieste, coordinado por el director de los servicios psiquiátricos. Desarrolla actividades de investigación, formación profesional, estudio sobre la organización y educación sanitaria en el campo de la salud mental. Es un organismo reconocido por La Organización Mundial de la Salud (OMS) como órgano de colaboración para la investigación en el ámbito específico.

Se encuentra respaldado por relaciones con organismos nacionales e internacionales, gubernamentales y universitarios. Entre las colaboraciones internacionales, mantiene relaciones con Argentina, Brasil, la ex Yugoslavia, Grecia, España, Suecia y República Dominicana. Entre las numerosas actividades que desarrolla, mantiene relaciones con el Instituto de Farmacología, Instituto Jurídico, Instituto de Historia e Instituto de Filosofía de la Universidad de Trieste, Instituto Regional de Investigación de la OMS, Universidad de Sheffield, London School of Economics and Political Sciences, Ecole des Hautes Etudes de la Universidad de París, entre otras instituciones.

En 1988 realizó un intercambio de 250 operadores con los servicios psiquiátricos de Estocolmo. Desde 1989 se convirtió en el centro guía de la Iniciativa de Sostén de las Personas Discapacitadas por Enfermedad Mental de la OMS, conjuntamente con otros centros de Holanda, Australia, Escocia y Canadá. Desde el mismo año, ha publicado revistas y libros acerca de las investigaciones y artículos relacionados con la temática psiquiátrica.

Participa de proyectos, como un programa de asistencia técnica en los Servicios de Salud Mental de la República Argentina, un curso de especialización para enfermeros profesionales, programas de salud mental para Colombia y de formación de operadores en Lubjana, etc.

Actualmente, la Dirección de Salud Mental lleva adelante el servicio en cárcel. La acción territorial no solamente se limitó a las prestaciones de los usuarios comunes, sino también intenta prevenir el trastorno psíquico en las personas que se encuentran detenidas. Además, se proporcionó ayuda económica y legal, y se estructuraron programas de sostén social a la salida de la cárcel, como también el uso de alternativas a la detención (semilibertad, trabajo externo, etc.), ofreciendo mediante las cooperativas, ocasiones de formación y trabajo.

El Servicio de Cárcel ha logrado, entre otras cosas, acordar con los magistrados la posibilidad de arrestos domiciliarios –dependiendo de los Centros de Salud Mental–, realizando programas terapéuticos y rehabilitativos. Los médicos han practicado más de 300 pericias y consultas técnicas en el ámbito penal y civil, mientras otros operadores están presentes en los tribunales de menores.

Existe una intensa actividad de reinserción social que compromete a los operadores de servicio y a las cooperativas, etc. Se mantienen estrechas relaciones con otros servicios (Servicio Social de Adultos, Servicio de Menores, Servicio Social del Municipio de Trieste, etc.). Realiza, además, estudios con el Instituto Jurídico y de Derecho Penal de la Universidad, organizando congresos y seminarios tanto en el campo civil como en el penal.

Por último, se desarrollan programas de intervención a los familiares de usuarios con trastornos mentales. El Departamento de Salud Mental promueve desde el año 1987 oportunidades de información y participación de la familia en el trabajo en los servicios, construyendo una red de ayuda recíproca entre familiares. Esta iniciativa nace de la necesidad de afrontar, mediante programas estructurados, los problemas emocionales y diversas conflictivas que genera en el grupo familiar (principalmente en los padres) un integrante afectado por trastornos mentales.

Los encuentros entre familiares y operadores intentan desarrollar el conocimiento, confrontación y discusión para obtener pequeños cambios en la familia y en el servicio. Intentan, además, mejorar el conocimiento en torno al trastorno psíquico, favoreciendo la confrontación sobre las creencias y el imaginario de la irracionalidad. Este programa genera un aumento del conocimiento de la familia acerca del trastorno mental, reduce el estrés, ansiedad y tensión del sistema, refuerza la red social familiar y activa al grupo a la defensa de los derechos fundamentales de la persona afectada por el trastorno y su familia.

La participación de los padres en estos programas es absolutamente necesaria para mejorar el trabajo terapéutico rehabilitativo. Los encuentros son organizados quincenalmente por el Centro de Salud Mental y se define como un espacio de reflexión, profundización y ayuda. Por otra parte, el Departamento de Salud Mental dicta un curso informativo que dura de 8 a 10 semanas, en el cual se realizan cuestionarios de valoraciones y autovaloraciones. El curso está dedicado solamente a los padres del usuario, y eventualmente se permite el ingreso de otro miembro de la familia.

El problema de los costos[13]

Una de las objeciones más comunes, cuando se critica este modelo alternativo al manicomio, es que los gastos que supone son muy superiores al sostén de la estructura institucional. Sin embargo, la política de deshospitalización no sólo no representa un agravio en los gastos, sino una relativa reducción y racionalización de éstos.

Este hecho, si bien se confirma a nivel regional, también sucede un fenómeno similar en contextos específicos muy diferentes al italiano. Por ejemplo, el modelo holandés del Servicio Obstétrico Público Descentralizado. En tal contexto, se cambió la vieja lógica del servicio de parto que se realizaba en las casas particulares (reservado para la gente de escasos recursos), o en el hospital (para aquellos que económicamente podían acceder). El objetivo primordial consistió en recuperar la valorización de la dimensión humana en la prestación asistencial.

Para aclarar estos términos, podríamos señalar que la política de descentralización y humanización del servicio implica una *racionalización de los gastos, pero no el recorte de gastos implica una humanización del servicio.*

Es factible reflexionar acerca de la necesidad de abatir las barreras institucionales que separan cada día de la vida de las personas. Barreras que separan la enfermedad, la muerte y la vejez, que hoy se ven marginadas cada una en sus respectivas instituciones. La política administrativa del *no incremento* (o directamente la reducción) de los gastos, en el curso de una transformación y descentralización, depende de algunos factores.

---

[13] Conclusión de la investigación realizada por Augusto Debernardi, Lorenzo Torresini, Mauro Trebiciani, integrantes del movimiento de desinstitucionalización triestino, 1982.

Por ejemplo, en la reducción de los gastos generales para la gestión de una estructura como el manicomio, se observa la reducción de los gastos para los fármacos. Pero también la reducción de los gastos para alimentos, lavandería, cocina, limpieza y para todos aquellos servicios generales conectados con la existencia.

El concepto mismo de la estructura centralizada implica inevitablemente malgastar o manejar de manera inadecuada los presupuestos. Por ejemplo, la dispersión de la ropa blanca, [14] repetición de los exámenes ya realizados, alargamiento de los tiempos de internación por radiografías y por fines de semana, etc., con grave daño para la economía de la institución. Además, irónica y paradojalmente, esto se realiza con el objetivo del *bienestar* del internado.[15]

El modelo descentralizado es más flexible a las necesidades del servicio y evita innumerables malgastos automatizados, además de adaptarse más elásticamente a la medida del hombre.

Otro de los factores de control de los gastos consiste en el no incremento del personal en la institución. Este factor implica una condición precisa a respetar: que sea completa la reconversión de la institución en un servicio territorial. Por ende, la creación de servicios territoriales con un equipo paralelo al ya existente en la institución aumenta los gastos. Sin tener en cuenta el hecho que, en este caso, un servicio territorial pone en riesgo su funcionamiento más en el

---

[14] En Trieste, inicialmente, la lavandería central restituía la ropa blanca lavada sin tener en cuenta a quién correspondía cada una de las prendas, o sea, no poseía una atención personalizada que tuviese en cuenta a sus respectivos propietarios. En muchas ocasiones se recibían efectos personales que no eran de la propiedad, y viceversa. En efecto, para la personalización de la distribución se requería un contrato diferente.

[15] La neurosis institucional no es sólo un problema psiquiátrico. Es una noción muy difundida que del hospital se sale más enfermo que con la enfermedad que se entra.

sentido de incrementar los diagnósticos de enfermedad
y realizar internaciones que en el sentido de reinsertar,
rehabilitar o prevenir los mecanismos marginantes.

La descentralización de los servicios comprende –
inevitablemente y por su misma naturaleza– una sucesiva
pérdida de las características y de los aspectos custodiales,
transformándolos en un servicio portador de seguridad,
confianza y asistencia. Frente a esta posibilidad, la población se entregará más espontáneamente si posee la
necesidad de curación y cada vez menos será necesaria
la intervención de tipo obligatoria.

En muchas oportunidades se sostiene que la alternativa al control da como resultado el abandono. O que
las alternativas a la prestación con régimen hospitalario
sea una prestación negligente o decadente. Ya en el año
1968, el gobernador de California, Ronald Reagan, tuvo
la oportunidad de realizar una política de ahorro basada
en la reducción de los grandes manicomios, pero sin promover una asistencia paralela territorial que sustituyese
estas instituciones.

> *Tal política, largamente desarrollada hasta la East Coast*
> *(Costa Este) y abordada a posteriori en Europa, se proponía*
> *simplemente reconducir a los ex internados a su miseria origi-*
> *naria, reinsertándolos de tal manera a la sociedad en el total*
> *abandono y sin el menor respaldo social* (Debernardi, 1982).

En Nueva York, 30.000 se convirtieron en vagabundos
dimitidos del manicomio, que vagaban desesperados por las
calles. Se trata, evidentemente, de una acepción abstracta
y mistificada del concepto de *libertad*, en cuanto a una
forma de exclusión del mundo librecambista productivo.
Esta acepción se asocia al concepto de libertad –totalmente privado de garantías sociales– vigente en la ideología
industrial de los estados del norte. Esta política lleva al
trabajador a deteriorarse en la búsqueda de integrarse al

mercado laboral y al empresario a abandonar *libremente* al trabajador abatido.

Acepción, que con la guerra del sur y su estructura agrícola, se confronta paradojalmente con la práctica de la esclavitud, que en el fondo preveía una suerte de asistencia de vida en el ámbito de la empresa patriarcal, a cambio de la pérdida de la libertad (Debernardi, 1982).

Entre estos dos extremos opuestos y deshumanizados de control y de abandono, existe una posibilidad que consiste en la gradual transformación en sentido descentralizante. Agudizando la intervención de sostén, de mediación con la comunidad, (familia, consorcios, trabajos, etc. con apertura a la discusión), persona por persona, con acciones que tengan en cuenta la medida del sujeto y del servicio.

Este movimiento que lleva a una transformación no significa simplemente abatir la institución en nombre de un ahorro y a expensas del sufrimiento de la gente. Esta descentralización lleva a una relación mucho más directa con las personas. Esto significa –en términos administrativos– la utilización de los mismos gastos que estaban dispersos y malgastados por la institución a favor directamente de la gente. De este mismo modo, las personas son ayudadas y convertidas en sujetos activos y productivos.

En Trieste, la objetiva reducción en el uso de los fármacos, lejos de ser un hecho casual está ligada a una transformación radical en la filosofía del acercamiento con la persona que sufre. Es el resultado de una voluntad precisa y sostenida de una política de contención, en la erogación y en la prescripción farmacológica. Esto es posible debido a una atenta personalización en la prescripción y por el desarrollo de una alternativa de acercamiento humano, psicológico y existencial.

Uno de los motivos de la crisis de la asistencia depende de la capacidad de transformar la vieja estructura

hospitalaria sustituyéndola por un eficiente servicio territorial. Pero esto depende, a su vez, de la capacidad por
parte de los operadores de poner en práctica una nueva
concepción de la propia profesionalidad, que se alíe con
los usuarios y las masas populares en general.

Muchos son los motivos históricos e ideológicos que
llevan a definir esta realidad. Debe permutarse una ideología médica que actúa sobre la enfermedad, por un lugar
de una nueva conciencia preventiva-territorial.

El sistema administrativo responde a una concepción
aseguradora –en cambio de asistencial–, intereses de tipo
comercial (clientes) con que se rige el sistema piramidal
propio de *la catedral de la asistencia.* Otro de los motivos
es el sostén del modelo piramidal, que se basa en el temor
a la pérdida de control de la pirámide en cuestión. Además,
los sabotajes de cada tipo de intervención de *defensa social*
(prevención), por temor a una politización pragmática
(sobre las cosas vistas o vividas) de los trabajadores y de
los usuarios de los servicios.

La experiencia de descentralización posee dos puntos
de presión: por un lado, la necesidad de ajustarse a los
presupuestos económicos objetivos, que impiden genera-
lizar o extender la reforma. Y por el otro, la necesidad de
descomprimir económicamente tanto como sea posible
a la clase más débil.

No obstante, el cambio hacia una ruptura del manicomio y de todo lo que su sistema implica, remite a una
modificación ideológica y cognitiva acerca de la locura
más que a una cuestión de recursos económicos. Tal se
observa en los indicadores que a lo largo del proceso han
demostrado la mejora de la calidad de atención con una
notable reducción de los gastos.

Capítulo V

Acciones para la inserción social de la locura

y ahora que habéis roto el muro con
vuestra cabeza, ¿qué haréis en la
celda de al lado?

S. J. Lec., *New Unkempt Thoughts*

En este capítulo desarrollaremos algunos ejemplos y reflexiones que devienen del ejercicio del modelo en acción desinstitucionalizador.[16]

El primero es un usuario del Centro de Salud Mental San Vito, un caso rotulado como "difícil", en donde se sintetizan todos los pasos del proceso de evolución del trabajo psico y socioterapéutico. El segundo es el seguimiento de un usuario atendido en el mismo Centro, en donde se transcribe la información del libro diario, matriz de las estrategias e intervenciones de los operadores.

---

[16]   La descripción de cada uno se basa en algunas de las experiencias vivenciales del autor, principalmente en dos períodos: nueve meses de 1986 como coordinador del grupo de voluntarios y dos meses de 1989. Además de numerosos viajes realizados durante nueve años, período en el que se desenvolvió el proceso de la investigación.

Algunas reflexiones y cuestionamientos

Es importante introducir las dudas y traducirlas en reflexiones y preguntas con el fin de ampliar la perspectiva personal acerca de este modelo, que bien podría calificarse de atrevido y desafiante de estructuras tan afincadas en el ámbito de la salud mental, como de hecho es el hospital psiquiátrico.

Todo modelo terapéutico posee ciertas herramientas técnicas. Sin embargo, el uso de estrategias y técnicas terapéuticas dentro del sistema no se aplican. Más aún, casi se podría afirmar que se está en contra.

Esta posición resta de la secuela de los primeros tiempos de la desinstitucionalización, donde se extralimitaban las posiciones ideológicas y las pautas de acción. Por ende, se hiper-horizontalizaban la relaciones con el usuario, de manera tal que el uso de cualquier técnica era señalado como un juego de poder en donde el profesional manipulaba asimétricamente el vínculo.

En aquel contexto histórico, fue necesario suprimir técnicas en función de la transición hacia desinstitucionalizar. En la actualidad, se continúa la lucha por la no marginación, puesto que cada día este sistema se instaura más en el ideario social, cabe preguntarse: ¿éste no sería un buen momento para introducir líneas psicoterapéuticas?

Las estrategias facilitarían las intervenciones tanto individuales, en el trabajo con la familia, en las relaciones laborales, en el equipo interdisciplinario, en la labor grupal como en las interacciones de grupos-departamento, reduciendo los tiempos de gestión, acercando más el vínculo y favoreciendo el bienestar.

En algunos historiales clínicos, como parte de la tarea investigativa, se observa que frente al mismo nivel de sintomatología, el equipo respondía con el mismo tipo de intervención. Este más de lo mismo da como resultado la producción de igual o mayor sintomatología, cronificando la relación profesional-usuario y la patología en sí misma. Tan sólo un quiebre de las soluciones intentadas o la inserción de otra pauta en el aparato cognitivo podrían haber logrado ahorro en tiempo, mejoría en los resultados y descompresión del equipo de cara a la frustración que implica la ineficacia en una acción de la asistencia.

Si debiera encuadrarse el modelo en una línea determinada, el modelo puede definirse de corte social, que revela excelencia en el diseño de asistencia y de trabajo en equipo: asistencia de urgencia, trabajo familiar, aspectos legales, búsqueda laboral, recursos de vivienda, subsidios, etc.

Pero como señalamos, al no intervenir técnicamente en los coloquios, terminan convirtiéndose en conversaciones comunes (podrían constituirse en conversaciones comunes con estrategias, que las transformarían en terapéuticas) que enllentecen el proceso de mejoría.

Sería interesante incorporarle al modelo la enseñanza de técnicas psicoterapéuticas en las escuelas de formación tanto de médicos, enfermeros, psicólogos, asistentes sociales y de todos los operadores en general. De esta manera, el modelo se completa, pasando de ser netamente social para convertirse un accionar psicosocial.

Una de las críticas más ácidas se refiere a la gran aplicación de psicofármacos en los usuarios. Desde esta perspectiva, se observa cómo la famosa *camisa de fuerza* es reemplazada por el llamado *chaleco químico*. Sin embargo, esta observación es errónea.

En principio, es indudable que los avances de la farmacología –bien utilizada, que significa aplicar la correcta dosis, previo análisis de la influencia de droga en sangre, por ejemplo– le facilitaron al modelo, en gran medida, la externalización del usuario. Los antiguos crónicos internados en manicomios se convirtieron en ambulatorios gracias al efecto de la medicación sobre su sintomatología.

En este sentido, los psicofármacos produjeron un gran avance y la desinstitucionalización pudo lograrse en parte gracias a su uso.

La utilización de sedativos, antipsicóticos, etc., dentro de una estructura asilar, es parte de las reglas severas que coartan el crecimiento personal, puesto que además de alentar la verticalidad se implementan como punición. En este sentido, la droga es homologable a la camisa de fuerza. Otra cosa es entender el psicofármaco como acompañante terapéutico de un proceso que conlleve la libertad personal. O sea, que insertado en la planificación del modelo, su finalidad se erige como complemento de una acción que ayude al proceso ambulatorio del usuario. Permite, además, resolver problemas de urgencia, disminuyendo la sintomatología y destrabando obstáculos en el proceso terapéutico.

Por lo tanto, la sumatoria de la interrelación de diversos factores como la escucha, la asistencia social, la intervención familiar y social, los psicofármacos, etc., son los ejes que soportan el trabajo con el usuario psiquiátrico.

Otra pregunta surge cuando se analizan las leyes. Después de sancionada la ley nacional 180 y 833, ¿el programa fue implementado en todo el país? En principio, el modelo se constituyó en ley nacional, con lo cual *debería* aplicarse en toda Italia. La realidad indica que no es así. Una repetida frase de Basaglia señala que para hablar de Psiquiatría debemos hablar de política y, si bien éste no ha sido el objetivo de la investigación, recurriremos a este argumento para respondernos la pregunta.

El movimiento de la desinstitucionalización fue propulsado por partidos políticos de corte socialista y ecologistas. Por lo tanto, ciudades como Gorizia, Parma, Arezzo, Trieste, fueron líderes en practicar lo que la ley preveía (fundamentalmente la abolición del sistema manicomial y su sustitución por el alternativo), impulsadas por la predominancias de estos partidos. En otras como Torino, Milano, Roma, la ruptura fue parcial, conviviendo el nuevo modelo con el hospital psiquiátrico en paulatina reducción, evidencia de la resistencia social que hace eco en los partidos políticos dominantes en la zona.

En algunas provincias del sur de Italia, el nivel de resistencia al cambio fue mucho mayor –contra la ley se siguió sustentando el manicomio–. El auge de partidos de derecha boicotearon la correcta implementación de la ley. El ejemplo típico del saboteo de la experiencia consiste en cerrar el hospicio y no crear la estructura alternativa de atención. El resultado será el deambular de los pacientes –sin dinero y sin casa, etc.– transformándose en vagabundos.

Seguramente se generarán altercados callejeros, tal vez por falta de medicación o provocación social. Éstos serán elementos suficientes para que la prensa, los partidos opositores y hasta los mismos pacientes (que empeoraron sus condiciones) reclamen a viva voz la apertura del asilo psiquiátrico. No obstante, en 1998 ha vencido el plazo para que todas las provincias desarrollen la nueva planificación sociosanitaria. Por lo tanto, lo anterior ya es historia.

Más allá del enfermo mental, si la segregación social es la reguladora de la homeostasis del sistema, es interesante cómo dentro del grupo marginal se producen *entradas y salidas en su inventario*. Un claro ejemplo, son los homosexuales que siempre vivieron ocultándose, imposibilitados de tener una vida libre y de una completa inserción.

El castigo, la cárcel, el rechazo fueron algunas de las actitudes que la sociedad proveyó a quien perteneciese a esta *casta*. Además, en los glosarios psicopatológicos se incluía la homosexualidad dentro del grupo de las perversiones, o sea, también el pensamiento técnico suministraba los elementos suficientes para remarcar su rótulo.

Actualmente, esto tiene cada vez menos vigencia. Las personas que *poseen una sexualidad diferente*, se encuentran prácticamente aceptadas por la sociedad. Defienden sus derechos mediante asociaciones, se incluyen laboralmente, forman pareja y avanzan cada vez mas en su inserción social.

El término "homosexual" ha perdido su tinte patológico y la sociedad no la condena y medianamente acepta el juego de la diferencia. En este sentido, la sociedad ha evolucionado. Pero en esta dirección se contrapone –de ahí la manutención del acto segregativo como posibilidad de equilibrio– la actitud social para con las personas mayores.

Antiguamente, el anciano compartía las actividades con la familia, poseía amistades con quien disfrutar su tiempo de ocio, sus opiniones tenían el peso de la experiencia y la sabiduría. Actualmente, se lo posterga más que integrarlo en la dinámica familiar y consecuentemente en lo social. La solución que otorga la familia (para sí misma, no para el anciano) es la internación en una clínica geriátrica. Evidencia de esto es la proliferación de ellas en los últimos diez años, considerándose un negocio brillante. Bruto pago por haber existido: la vejez se incluye en la exclusión social.

Es evidente que el acto segregacionista deambula por diferentes contextos y períodos históricos, creando castas marginales, algunas más rígidas que otras, algunas más afincadas que otras. Éstas le permiten a la sociedad seguir funcionando.

Otro punto a reflexionar, focaliza la mirada en el bienestar. La noción de bienestar con la desinstitucionalización posee un doble beneficiario. Por una parte, el usuario. La atención con que es tomado en cuenta, los parámetros de seguridad que adquiere, su valorización y reconocimiento, y el contacto humano le generan el respaldo necesario, desde la asistencia de urgencia hasta el seguimiento.

Por otra parte, el bienestar de la sociedad. Creando una red de servicios ambulatorios que aseguran la atención

24 por 24 horas. Además de la atención a las demandas y los interrogantes de los individuos y familias frente a la irrupción de la patología.

Tanto en uno como en otro, se crea una noción de protección y seguridad social. Se ejerce una acción de compromiso en la que están involucrados todos los que conformen el entorno próximo al usuario. Por lo tanto, la adopción de responsabilidades compete tanto a la familia, al cuerpo técnico como a la sociedad misma.

Es factible, entonces, traspolar este modelo a otros contextos. Es posible su traslado, pero existen una serie de variables a tomar en cuenta. En principio, el modelo de Basaglia fue creado en un período comprendido en los años 1961-1970, esto significa un clima social, político y económico específico de ese momento. Además, fue diseñado bajo ciertas condiciones, pautas, reglas, costumbres, en síntesis, un contexto sociocultural delimitado, que compete a un país como Italia y en la localidad de Trieste, en ese período.

O sea, el modelo se moldeó adaptativamente para ese contexto, y es imposible evaluar la efectividad de sus resultados si es aplicado en otros lugares. La variable contexto es el elemento principal a tomar en cuenta para realizar tal traspolación.

Para desarrollar el modelo en otras partes del mundo, es necesario analizar el modelo desde dos perspectivas. La primera está conformada por un tronco central, compuesto por las bases ideológicas, sociales y científicas de la concepción de la locura. De allí surge la estructura socio-sanitaria matriz, que da forma a un organigrama de atención que va desde la creación de un cuerpo técnico, el espacio físico, horarios, actividades, etc. La segunda, son todas las variables contextuales para poner en marcha ese tronco estructural; es este punto del que depende el grado de efectividad.

Basaglia construyó una planificación que fue desarrollándose de acuerdo con los patrones interactivos de ese contexto específico. Se pudieron ejecutar ciertas acciones, que estaban delimitadas por la diagramación, pero el éxito o el fracaso dependió de la reacción del medio, para –a posteriori–, corregir o no esta acción, lo que nos remite al contexto. Por ejemplo, el modelo psicoanalítico desarrollado en Viena a comienzos del siglo XX, no se hubiese podido trasladar a ninguna otra parte del planeta puesto que resultaría impensable aplicarlo en Buenos Aires en el año 2010. Su efectividad depende de cómo se adecua a los patrones que rigen en ese momento. De la misma manera, sería imposible traspolar el modelo sistémico de Palo Alto de 1960 a la Barcelona de 1998.

En síntesis, es factible la implementación del modelo, siempre y cuando se tenga en cuenta la ecuación entre la estructura del modelo y las características del contexto en que se va a aplicar.

Una de las preguntas más frecuentes remite a conocer cómo opera el sistema con aquellas personas con serias afecciones físicas y de gran deterioro psíquico. Por ejemplo, el caso de personas con alguna malformación física que le impide trasladarse o con un profundo deterioro psíquico del grado de las demencias o autismo, o también aquellas con retrasos evolutivos en su esfera intelectual, del tipo de las oligofrenias y que no tuviesen familiares o que a la familia le resulte muy dificultoso su cuidado.

El modelo da respuesta a estos casos, mediante un servicio en el ex manicomio de San Giovanni que habilita la entrada de este tipo de usuarios, en función de la imposibilidad de su externación. Esta compuesto por alrededor de 16 pacientes que poseen las características antedichas.

Estos pacientes constituyen un callejón sin salida para el modelo, puesto que no es factible la opción ambulatoria, por lo tanto, se bloquea la reinserción. Este servicio es

llevado adelante por un grupo de operadores que desarrollan tareas muy dificultosas dado la gravedad de los casos.

Una pregunta lícita lleva a cuestionar si es factible
que no existan juegos de poderes en el movimiento. Esta
pregunta podría ser respondida de diferentes maneras.

No, desde la ideología del movimiento. La desinstitucionalización no admite juegos de poderes, en el sentido de
una construcción jerárquica y verticalista, de lo contrario
estamos hablando de institución.

Sí, porque los juegos de poder son inherentes a la
vida del ser humano y a la constitución de todo sistema.
Por lo tanto, en el plano pragmático se producen alianzas,
coaliciones, competencia, celos, rivalidades, etc., pero
estas interacciones y sentimientos, suceden en todas las
relaciones de los grupos humanos. Por otra parte, existe
cierta ambigüedad con respecto al poder del rol. Si bien,
ideológicamente, el trato entre el personal técnico y de éste
hacia el usuario es horizontal, el peso cultural de la imagen
del médico se hace sentir frente a la toma de decisiones
por sobre otros profesionales.

Éste también es objetivo del proceso de cambio.
Paulatinamente, en la medida que se afirma la experiencia, la modificación de este imaginario es cada vez mayor.
No olvidemos que desde la Antigua Grecia (excepto en el
medioevo), el médico siempre ocupó un lugar de privilegio dentro de la estructura social. Modificar este cliché en
tan solo 30 años –desde que comenzó Basaglia–, resulta
utópico. Ésta es una de las razones por la cual Basaglia
se reunió en sus comienzos con médicos jóvenes que no
estaban impregnados por la política manicomial. Fue una
manera de lograr redefinir su rol desde otra perspectiva

Por último, es importante cuestionar si en los lugares
donde se aplicó el modelo se logró romper con la marginación: ¿hasta que punto se realizaron cambios culturales
profundos con respecto al supuesto locura/segregación?

El término "locura" (como toda palabra) está investido por un significado determinado por la cultura del cual proviene. Estas atribuciones de sentido difieren en relación con los contextos socioculturales. El término "locura" –en la sociedad occidental– si bien ha sufrido modificaciones a lo largo de la historia, fruto de los avances y retrocesos científicos, se ha constituido como cliché en el ideario social, relacionándose con peligrosidad y violencia.

La instauración de este engrama cognitivo se encuentra afianzado por siglos de historia que se han encargado de reafirmar ese significado en los hechos. O sea, la conducta esperable siempre es anómala, con lo cual el contexto colaborará tendenciosamente a provocar su emergencia, confirmando así el significado a priori. Para el paciente es un verdadero callejón sin salida.

Esta *profecía que se autocumple*, involucra tanto al pensamiento científico y técnico, entrevistas clínicas, diagnósticos, tratamientos, como a toda la sociedad no compenetrada con la estructura psiquiátrica. De esta manera, surge el manicomio como término asociado a "locura", término que sugiere solución. También esta palabra en sí misma, se inserta en el imaginario colectivo, otorgándose como única vía de salud de cara a la locura.

Como hemos visto, los intentos de solución mediante el método tradicional hacia el bienestar del ser humano padeciente dan como resultado el fracaso. Sin embargo, el cliché del manicomio se sostiene. Nos resta pensar que si no es solución para el paciente psiquiátrico, la sociedad es la que se encuentra favorecida. Resuelve sus miedos a la locura protegiéndose a través del hospicio: miedo a la agresión, la violencia, la muerte.

Así, se gatilla el mecanismo de la segregación en la familia y en la sociedad. Desestructurar este engrama compete a la ruptura de un mecanismo muy complejo y demasiado rígido para creer que la experiencia triestina lo ha logrado. Quizá se necesiten muchos años de perpetuidad de la experiencia para que la población de Trieste logre definitivamente atribuir un nuevo sentido del término "locura" y su asociación con el manicomio.

Tal vez las nuevas generaciones que no conocieron la existencia del hospicio, pero sí la nueva sistematización, asocien la palabra "locura" sin los elementos persecutorios tradicionales y puedan acercarse al *loco* desde una visión más humanitaria. Es factible que no cuestionen el manicomio porque tal vez no exista dentro de las variables de curación. Ese cambio cultural está en transición.

Como iniciativa de cambio, posiblemente tenga más que ver con una voluntad política que con una cambio de ideología cultural. Pero esto no desmerece la intencionalidad, ni el intento de transformación de aquellas (podemos hablar en pasado) caóticas condiciones a las que era sometido el paciente psiquiátrico.

En definitiva, el modelo podría conceptualizarse como multimodal, abordando al paciente psiquiátrico desde diferentes puntos que convergen en una labor interdisciinaria:

- *Labor psiquiátrica:* a efectos de realizar un correcto diagnóstico, no con fines de rotular sino con el objetivo de desarrollar un correcto tratamiento.
- *Labor psicofarmacológica:* implementación de análisis de efectos de droga en sangre, con la finalidad de que la medicación *acompañe*, que sea un medio y no el fin.
- *Terapia familiar:* trabajar descentralizando al paciente identificado. Acentuar la responsabilidad del grupo. Reformular o redefinir la patología. Modificación del sistema.
- *Terapia individual:* del paciente sintomático, creando un espacio de apertura y trabajando conjuntamente con la terapia familiar.

- *Asistencia social:* búsqueda de elementos alternativos a la situación actual, nueva vivienda, subsidio, búsqueda laboral, etc.

Todos estos puntos deben implementarse en un organigrama de salud desinstitucionalizante, donde prime la horizontalidad profesional-usuario, el concepto de interdisciplinariedad, y sea el objetivo fundamental el bienestar del ser humano.

Edoardo: el regreso de la regresión

Después de revisar y describir la experiencia en un Centro de Salud Mental, ahondaremos en el trabajo psicosocial más específico: la labor con el usuario.

Para este fin, se narrará el proceso del trabajo en equipo con un usuario en particular.[17] En aquellos momentos, yo coordinaba el grupo de residentes de la experiencia de desinstitucionalización psiquiátrica, una experiencia pionera en donde no se utiliza el manicomio como fórmula del trabajo con la enfermedad mental. Tampoco ninguna de las reglas opresivas que imperan en el asilo psiquiátrico, es decir, el electroshock, el shock insulínico, los psicofármacos como punitivos y la opresión institucional.

En Trieste, los pacientes psiquiátricos viven en sus casas o en lo que da en llamarse grupos-apartamento supervisados por un asistente social, un médico o un psicólogo. Se abastecen económicamente con subsidios del Estado.

Entre tantos pacientes, el *caso Edoardo* fue una de las más notables experiencias. No sólo porque muestra diferentes tópicos estratégicos en la psicoterapia, sino también

---

[17] El diseño de la experiencia está contado en primera persona porque el autor fue partícipe directo de la atención.

por el desenvolvimiento de la organización innovadora y por el afecto y el compromiso que se impone fuertemente en la tarea. El ejemplo es un recuento de múltiples técnicas que hacen que el cuerpo del profesional y del paciente, el espacio físico y el movimiento, se acoplen en un todo sinérgico y potente.

Las técnicas psicoterapéuticas –tanto sistémicas como psicodramáticas–, la labor interdisciplinaria, la función y el objetivo social, y el afecto en la operatividad fueron cuatro elementos claves del trabajo, que aunados permitieron cumplir la finalidad de la tarea: recuperar y valorar la vida de un ser humano.

El hombre que no termina nunca

Edoardo era un hombre de 54 años, técnico en radio y televisión. Vivía a dos calles del Centro de Salud Mental del barrio San Vito, en una de las partes más antiguas de la ciudad de Trieste. Él siempre vivió en esta ciudad. Su padre murió cuando era aún joven y su madre, hace unos pocos años. Pero Edoardo no se resignaba a esta muerte.

Ése era mi primer día de trabajo como voluntario en el Centro. Era muy joven y estaba terminando de cursar mi primer doctorado en psicología, me había recibido hacía poco en España de director de psicodrama y estaba haciendo mis prácticas de investigación de tesis en Italia.

Edoardo era considerado un paciente muy *difícil* para los integrantes del Centro. El equipo profesional se hallaba demasiado contaminado por la frustración generada por los diferentes intentos infructuosos hacia su mejoría y apostó, una vez más, a que tal vez un integrante nuevo, extranjero y menos influenciado por los fracasos podría obtener resultados más alentadores. A propósito de estos antecedentes, solicité al equipo que no me relataran nada de su historia, así no me vería impregnado negativamente y podría realizar un primer encuentro en donde fuese yo quien recortase mi propia perspectiva.

De esta manera, después de la reunión de las 14:00 en el Centro de Salud Mental –espacio donde se intercambiaba información del cambio de turno– el director, un enfermero psiquiátrico y yo nos dirigimos a la casa de Edoardo. En el camino tuvieron la cautela (o la ligereza) de anticiparme –acrecentando mis expectativas pero también mis temores– que en esos ocho años de trabajo con el paciente solamente en algunos cortos períodos había logrado salir de su hogar, y al menos en una oportunidad el seguimiento de un voluntario brasileño había sido el corolario del mejor período.

Además, para desafiarme en la nueva tarea y casi provocativamente, se encargaron de comentarme que un año atrás, cuando la dirección del Centro se encontraba en manos de otro profesional, fue la última vez que intentaron visitarlo, y había sido el mismo director quien se había encargado de la tarea. Esa situación fue una de las tentativas más frustrantes, puesto que el médico fue recibido por Edoardo con una lluvia de excrementos arrojados con un balde y lanzados con bastante agresividad. Incidente en el cual debieron intervenir los *carabinieri*, y la salida de Edoardo para una eventual internación de emergencia fue bastante dificultosa.

Con este panorama, sumado a las fantasías que yo había construido a esta altura de la conversación en esas dos calles que unían el Centro con la casa de Edoardo, subimos al 4º piso, donde estaba su casa. Era un edificio antiguo de pisos altos y sin ascensor, por lo que estábamos agitados cuando llegamos a su puerta. Un agujero –que oficiaba de mirilla– dejaba entrever un corredor que terminaba en una puerta de doble hoja cerrada. También se veían una serie de puertas laterales que después supe que eran las entradas al baño, la cocina, un pequeño cuarto y un living. Un olor hediondo, mezcla de humedad, humo de cigarrillos, encierro, excrementos y suciedad, salía por ese agujero, del que yo no podía dejar de meter la nariz impulsado por la curiosidad.

Como el timbre no funcionaba, los golpes en la puerta se repitieron una y otra vez, hasta que apareció un hombre alto, muy alto (*que no terminaba nunca*), delgado, casi desnutrido, de cabello blanco y despeinado, vestido con una camiseta de breteles que alguna vez fue blanca y un pantalón pijama con sendos lamparones de mugre. Arrastraba su pijama al son del chancleteo de unas sandalias de invierno, a pesar que nos hallábamos casi en verano.

Primero husmeó por la prefabricada mirilla e intentó entreabrirla. Cuando nos vio, su actitud fue de rechazo absoluto. El médico y el enfermero le pidieron permiso para entrar, pero él respondió con un portazo, aunque el médico ya había interpuesto su zapato entre el marco y la puerta. Hubo gritos, insultos y forcejeando la puerta entre los tres, finalmente logramos ingresar a su departamento. Tuvimos que atropellar a Edoardo, que se resistía a la invasión. El médico y el enfermero pugnaban cuerpo a cuerpo, y en medio de semejante disputa, entre palabrotas y empujones, pudimos penetrar en lo que era el living de su casa que, precisamente no cumplía funciones de living sino que oficiaba de dormitorio.

Frente a frente era aún más alto de lo que pensaba. Su estado personal era lamentable: sucio, maloliente, encorvado. Aunque debimos reconocer que su figura escondía algún dejo de gallardía juvenil. Su casa, también era la imagen del caos. Los muebles estaban correctamente ubicados y cubiertos de objetos inservibles y llenos de polvo. En medio del living-dormitorio se diseñaba un sendero que recreaba a los costados montañas de basura: botellas, bolsas, diarios, tierra, cacerolas con restos de comida en mal estado (que no sólo apestaban sino que había por doquier una gran cantidad de moho y hongos), entre otras minucias.

Al final de este camino dantesco se encontraba su cama vestida con sábanas percudidas, grises por la suciedad y con restos de excrementos. La cama tenía el elástico roto a la altura de su espalda, cosa que explicaba su posición encorvada. Al lado de la cama había una mesa de luz antigua donde se apoyaba una radio a pilas y cuatro o cinco paquetes de cigarrillos cortos y sin filtro –*Alfa*, los cigarrillos italianos más baratos–, y un cenicero rebosante de colillas. Mientras que en un costado, entre la mesa de luz y la cama, se encontraba un balde hasta la mitad lleno de esputos. Debo reconocer que era la primera vez que observaba semejante cuadro bizarro, que provocaba en mí como en mis eventuales compañeros una gran sensación de compasión y asco.

Las ventanas de la habitación estaban cerradas al estilo de Trieste. En la ciudad sopla un viento con una potencia de 150 km por hora. La *Bora*, terror de los triestinos, obliga a tener persianas y doble ventana para evitar las filtraciones de aire, que en invierno, con las bajas temperaturas, se hace insoportable. También entendí por qué algunas calles en subida tienen pasamanos laterales.

Parecía que hacía mucho tiempo que estas ventanas estaban cerradas y mantenían en penumbras la habitación. Cuando intenté abrir los picaportes de las ventanas para tener luz natural y aire fresco, me di cuenta de que se habían endurecido y estaban trabados. Mientras que me hallaba concentrado en mi faena, Edoardo intentaba frenar mis intenciones. No me tocaba, pero sus protestas y gritos eran enérgicos. Cuando logramos abrirlas, el sol era como el castigo para sus ojos, razón por la que los insultos se multiplicaron. En cierta manera, en esos momentos yo justificaba las reacciones del paciente: él se encontraba en la máxima relajación y nosotros irrumpíamos por la fuerza como un ejército que realiza un allanamiento.

Edoardo conocía a mis dos acompañantes que, cuando me presentaron, crearon en él una reacción hosca que no fue de gran beneplácito. Balbuceó algunas palabrotas resignadamente y se dedicó a continuar frenando nuestras iniciativas.

Acto seguido, su bronca fue mayor cuando se le propuso que viniese a nuestro Centro para almorzar. Con ambivalencias y contradicciones, mascullando improperios, aceptó a regañadientes, pero quedamos sorprendidos en el momento que extrajo de un armario empolvado *su afeitadora eléctrica* y comenzó a rasurar su barba y ponerse elegante para la ocasión. Edoardo había comenzado a envolverme en paradojas: era tan incoherente que prestase atención a su barba crecida, en el marco de la suciedad y el desorden en el que habitaba.

Mientras continuaba su tarea muy concentrado, sentado en su *aposento de príncipe en decadencia*, el director del Centro apareció en escena con una serie de bolsas de residuos –grandes y negras– y dijo: *"Comencemos a trabajar... a ver, usted, psicólogo argentino, así se comienza el trabajo en Trieste, aquí se inicia el trabajo social de un operador en salud mental.* Yo lo miraba boquiabierto, puesto que nunca había pensado que la salud mental podía pasar por este tipo de gestión. Es decir, trabajar terapéuticamente con el paciente era hacer psicoterapia, indicarle o guiarlo en sus acciones, contenerlo, pero me resultaba insólito que tuviese que limpiar su casa y nada menos que *esta casa.* Conclusión: durante esa hora que duró nuestra visita los tres recogimos aproximadamente 14 bolsas de basura. Reconozco que la sensación de repugnancia y hasta algunas arcadas, nos acompañaron en la tarea.

Durante todo ese tiempo, Edoardo nos miraba atónito sentado en su cama luego de rasurarse su barba. Solamente se levantó para intentar frenar nuestras acciones. En tres o cuatro oportunidades, se interponía entre nosotros para regañarnos cuando en el afán de limpiar cambiábamos de lugar algunos de los objetos que se encontraban arriba de los muebles: "*¡Dejen esta máquina acá!, ¡No toquen esto!, Coloquen el jarrón aquí*". Intentaba denodadamente colocarnos límites, como el sometido que trata de resistirse al ejército invasor que arrasaba con sus posesiones.

Poco a poco comenzó a cambiarse. Recogió un pantalón arrugado y una camisa inmunda, una especie de uniforme que siempre utilizaba para realizar las compras. Cuando estábamos los cuatro preparados, bajamos las bolsas de basura a la puerta del edificio y nos llevamos a Edoardo al Centro.

Bañarse: una empresa imposible

En el Centro de San Vito fue donde, dentro del cuadro de rechazo constante, se mostró más dócil. Frente a su pasividad estuve directivo, sin darle opciones de elección o dándole falsas alternativas: "*Te bañas con la ducha o con la bañera con agua calentita*". Aceptó, contra su voluntad, hacer algo que, supongo, le resultaba casi imposible: bañarse. Mientras se llenaba la bañera, le pedí a una enfermera que me proporcionara alguna ropa limpia. Cada Centro de salud posee una reserva de ropa que llega a través de las donaciones.

Junto con toallas y jabón y un par de guantes de látex que ayudaron a la tarea, un enfermero y yo nos abocamos a semejante empresa. Edoardo no sólo estaba sucio, sino que tenía escaras en el torso al estar mucho tiempo acostado, además de la sensibilidad de su piel, su extrema delgadez y una blancura lapidaria. Una vez dentro de la bañera, se mostró más resignado que dócil.

Después del baño se solicitó un menú más al restaurante que depende del Centro. Este restaurante abastece en sus instalaciones a los afiliados a la Unidad Sanitaria Local, tanto profesionales como pacientes, y de acuerdo con la cantidad de internados de emergencia trae los almuerzos o cenas correspondientes. Lo acompañé en la comida y almorzamos en silencio y casi sin mirarnos. Luego decidió volver a su casa, era demasiada salida para un primer día. Nuestro primer contacto fue el silencio, un silencio de ausencia, Edoardo estaba cabizbajo, reticente al vínculo, temeroso y rechazante.

El tema Edoardo fue discutido en la reunión de las 14:00, donde se encontraba reunido casi todo el personal. ¿Qué debía hacerse? Estaba catalogado como *paciente difícil* y, además, se anexaban algunos datos de su historia significativos: su padre murió cuando él aún era muy joven (alrededor de 20 años). Vivió todo el tiempo con su madre, que trabajaba como costurera, siempre en el domicilio que ahora habitaba. Tenía con su madre una relación de dependencia simbiótica, dado que ella era muy sobreprotectora y él se comportaba casi como un niño indefenso. Estudió una tecnicatura en radio y televisión, y realizó algunos trabajos como electricista. Su madre había muerto hacía diez años; desde entonces, Edoardo desarrolló un proceso involutivo con conductas regresivas muy marcadas. A pesar de no tener antecedentes psiquiátricos, se aisló totalmente y sucumbió en el más profundo desasosiego y soledad: no quería ver a nadie, rechazaba o ignoraba a la gente y no aceptaba ningún tipo de ayuda.

El equipo decidió, entonces, –ya que lo había iniciado– que llevara adelante el trabajo terapéutico con Edoardo. Se prescribió que intentase verlo todos los días, más bien rescatarlo de las *fauces* de su casa, y que se reforzase el tratamiento con una medicación leve (Halopidol de acción prolongada inyectable, una ampolla mensual). Era mi primer caso en Trieste (cuando coordiné el grupo de voluntarios ya había visto más de cincuenta) y me sentía expectante. Era extraño para mí salir del contexto del consultorio e intervenir terapéuticamente en la calle o en las plazas, en el domicilio de la persona, con la familia en el propio hábitat. Era una tarea novedosa y desafiante.

A la mañana siguiente, en compañía de un enfermero psiquiátrico, decidimos que la primera acción era limpiar y ordenar medianamente la casa de Edoardo. Deberíamos estabilizarlo y equilibrarlo desde diferentes aspectos de su vida. Si entendíamos que la casa era el mundo interno de la persona, poner orden en ella era una manera de colocar información nueva desde su marco pragmático. De forma paralela, trabajaríamos con él cognitiva y emocionalmente, pero las acciones concretas en este tipo de trabajo a la *intemperie* sin la referencia del consultorio serían las protagonistas del tratamiento.

Fuimos a su departamento nuevamente, llamamos, y después de un largo rato nos encontramos con el mismo panorama del día anterior: insultos, sonidos guturales de bronca y el rechazo a dejarnos entrar. pero con una función más directiva, abrimos las ventanas y coordinamos la operación de limpieza y la salida posterior. Si bien no colaboró con las tareas de limpieza, lentamente volvió a tomar su afeitadora eléctrica, se sentó en la cama y comenzó a rasurarse al saber que volvería a ir al Centro de salud.

Comencé a darme cuenta de que Edoardo hablaba con la mirada. Por una parte, se mostraba complacido de que lo atendieran y lo cuidaran (aunque nunca lo iban a cuidar como lo hacía su madre), pero por otra sentía bronca de que le *desordenaran* tan invasivamente su lugar, su desorden interno o como él había podido ordenar las piezas del rompecabezas de su vida. Pero al vernos actuar, se resignaba, aceptaba, se sometía y se rebelaba al mismo tiempo.

Pude, esta vez, observar mejor la estructura de su casa. Además del living- dormitorio, había un cuarto grande con dos camas, una cocina comedor y un pequeño cuarto con llave donde guardaba todas sus cosas de electricidad. Había una habitación contigua al living a la que Edoardo no nos dejó entrar, y un lugar al que nosotros mismos nos prohibimos ingresar dado el olor insoportable y la suciedad: el baño.

El diálogo de silencios

Nuevamente nos fuimos con Edoardo al Centro, no sin antes retirar las 22 bolsas de residuos que recogimos, con lo cual su casa parecía hasta más grande. Dentro del Centro de Salud se iniciaría lo que con el tiempo se transformó en parte de la rutina en el trabajo con él: la ducha y las consecuentes conductas resistentes, cambiarse la ropa, el almuerzo juntos, el regresó a su casa sin indicio alguno de desear compañía. Mientras estaba en su casa, la forma de comunicación verbal de Edoardo era a través de los insultos; en el centro propiamente dicho o la calle, su respuesta era sólo silencio.

De aquí en más, en las reuniones vespertinas el tema Edoardo siempre ocupó un espacio en la información, transmisión y discusión de la operativa. El equipo me alentaba con connotaciones positivas acerca de lo que yo no sentía como progreso o progresos diminutos. Mi ansiedad no me permitía tomar en cuenta los pequeños y lentos logros en la interacción con él. En este corto e intenso tiempo de relación, para mí y para los profesionales del Centro, Edoardo era una total incógnita en su pronóstico. Nadie se atrevía a aventurar si sería factible modificar su situación.

Al tercer día alrededor de la 10:00 de la mañana y después de trabajar en el Centro, hice mi visita a la casa de Edoardo, pero esta vez solo. Subí las escaleras y golpeé la puerta discretamente y con cierto temor puesto que todavía pensaba en los raptos de agresión de Edoardo y los excrementos que le arrojó al otro director. Tenía la fantasía de que algún día me abriese la puerta y arrojara sobre mí el balde con esputos que se hallaba al costado de su cama. Mientras fantaseaba, vi un ojo que me observaba por el agujero de la puerta. La abrió sin recibirme, no me saludó, pegó media vuelta y caminó hacia el fondo del zaguán, y mascullando su bronca con actitud resignada (pero no sometida) abrió el cajón de la cómoda, sacó la afeitadora y comenzó a afeitarse.

Mientras él se ocupaba de su aspecto, me dediqué, a pesar de que me observaba contrariado, a abrir las ventanas y a pasar disimuladamente revista a su casa. Fue en ese momento cuando me di cuenta de que tenía la estufa encendida a pesar de que era verano. Entendí, entonces, que Edoardo había creado un microclima oscuro y tibio, que juntamente con la rotura del elástico de su cama, que lo obligaba a dormir en forma fetal, además del deficiente control de esfínteres y la cantidad de gaseosas que ingería, completaba el cuadro de una regresión perfecta. Fuimos juntos al Centro y después del baño no comimos en el comedor del Centro: sino que dimos un pequeño paseo hasta el restaurante para almorzar juntos y luego lo acompañé a su casa.

Todo transcurría en silencio, solamente algunas intervenciones mías en un italiano rudimentario que no obtenían respuesta. Edoardo me escudriñaba desconfiadamente, a veces me decía *sí o no* solamente con el movimiento de la cabeza. De forma paulatina y con el pasar de los días, tuvo irremediablemente que habituarse a mi presencia. Recién a los diez días comencé a arrancarle las primeras palabras, algunos banales comentarios que más adelante se transformaron en diálogo.

Edoardo necesitaba, como un niño que empieza a crecer y a dar sus primeros pasos, la guía y la dirección, la puesta de límites para que pudiera recrear sus propios criterios y desarrollar sus particulares iniciativas. Descubría en él un hermoso mundo interno que no se atrevía a mostrar o lo mostraba a retazos por temor al abandono. Su mirada era un poco más cálida, hasta si se quiere afectiva. Poco a poco iba ofreciéndome pedazos de sus vivencias, de su historia. Pero, por sobre todo, el vínculo se estaba cimentando en el afecto: comencé a tenerle mucho cariño y él manifestaba pequeños signos que indicaban que era recíproco.

En los días y meses posteriores, fuimos alcanzando algunos logros interesantes. Todo parecía ir en cámara lenta, pero a la vez existían indicios claros de pasos agigantados en su evolución. Por ejemplo, comenzó a cooperar en las tareas cotidianas de ordenar y limpiar su casa –plumero y franela en mano–, desempolvando los viejos objetos que había mantenido en los mismos lugares desde que su madre falleció.

En su casa había lugares prohibidos. Dos sectores de la casa donde Edoardo rehuía entrar: uno era la pequeña habitación que había oficiado en alguna época de taller de electricidad, y el otro era el dormitorio de su madre. Ambos eran trozos de su historia que se negaba a incorporar: la primera era la actividad en donde él se podía autoabastecer y ser adulto. La segunda, la muerte que no estaba dispuesto a asumir. Así, quedaba entrampado en un estado de tristeza letal. No deseaba crecer y mantenerse porque esto implicaba aceptar que su único afecto –su madre– había muerto. Éste era un abandono insoportable.

Las mudas de ropa pertenecían al Centro y eran lavadas en su lavandería. Dejó que las sábanas de su cama fueran cambiadas, pero se manifestó muy enojado cuando le dije que *debíamos arrojarlas a la basura.*

Por momentos, mi actitud era complaciente y en otros, directiva. Debía comenzar a internarme en su mundo personal e intentar comprenderlo desde adentro. Su bunker era su casa. Su casa era su mundo interno. Necesitaba ser habilitado por él para moverme con libertad y sin lugares prohibidos. Para lograr este objetivo, Edoardo debía

aceptarme e incorporarme a su vida como una parte legíti-
ma de afecto verdadero, pero solamente él podía darme ese
permiso. Permiso para ayudarlo, para entrar en la política
del cambio y del crecimiento. No obstante y sin darnos
cuenta, con el paso del tiempo ya habíamos comenzado
a construir una historia juntos.

Aproximadamente un mes después pude saber a través
de la asistente social que desde hacía ocho años tenía un
subsidio de la Unidad Sanitaria Local de Trieste, o sea,
recibía una paga de alrededor de 600.000 liras al mes, e
incluso, dado los escasos gastos que generaba, poseía algunos ahorros en el banco. A través de esa misma asistente
social se decidió con el equipo contratar a una señora para
que mantuviera su casa en condiciones. Todas los martes
y jueves, Lina, una señora encantadora y de muy buen
humor, iba a limpiar la casa de Edoardo.

Dentro de la operativa en este sistema, la presencia
Lina fue muy valiosa en el proceso de restitución a la vida de
Edoardo. Sería ingenuo pensar que fue importante solamente
porque dejase su casa ordenada y limpia, más bien, porque
era una mujer de gran empuje, simpática, directiva pero a
la vez amable y muy eficiente. En diferentes momentos, en
el juego de tres, estas características posibilitaron generar
alianzas y coaliciones en la toma de decisiones y llevarlas a
cabo eficazmente. En este transcurso, era habitual que al-
morzáramos juntos o con otros operadores voluntarios o del
plantel estable. En muchas ocasiones fijábamos directamente
el encuentro en el restaurante. Esto implicaba que Edoardo
se levantase sin ayuda, se aseara y estuviese puntual en el
encuentro. Nunca falló. En muchas ocasiones tomábamos
café juntos o realizábamos alguna salida con un auto del
Centro que estuviese disponible, junto con algún integrante
del equipo, otro voluntario u otros pacientes. Edoardo se
mostraba cada vez más expresivo, su mirada y el gesto de
su rostro había cambiado. Ahora había comenzado a reírse.

Las crisis, los cambios y la ventana del 4° *piano*

A lo largo del trabajo terapéutico con Edoardo se suscitaron algunas situaciones que marcaron momentos de crisis no sólo en su evolución sino en nuestra relación. Estas experiencias generaron saltos cualitativos muy importantes. Una de ellas, en coalición con la señora que realizaba la limpieza, fue el cambio de su cama *deforme*, tarea que significó una planificación estratégica conjunta, ya que la modificación implicaba entrar en el cuarto prohibido, donde yo –en algunos raptos de sabueso y a espaldas de Edoardo– sabía de la existencia de otra cama de una plaza.

Se podría decir que a la fuerza, siempre con la posición antagónica de Edoardo, mediante intervenciones enérgicas y directivas, palabras de un alto tenor emocional que mostraban las ventajas de tal cambio, logramos aproximar una pesada pero más digna cama para el reposo de nuestro guerrero triestino. Habíamos consumado el hecho trasgresor: el lugar prohibido había sido violado.

No obstante la lluvia de protestas e insultos que mostraban una férrea defensa a entrar en su pasado, fue la primera vez que Edoardo tomó contacto con aquella parte de su historia que intentaba seguir negando y que había sido el detonante de su profunda regresión.

Para este tiempo, su aspecto físico mejoró notablemente. Aumentó de peso y estaba limpio y bien peinado, ya que una vez al mes –como parte del programa de asistencia terapéutica– asistía a la peluquería. En lo que al aseo personal compete, no podía ser considerado el rey de la pulcritud, pero comparativamente con el período precedente, había logrado un gran adelanto. Su piel pálida se encontraba más rozagante, su mirada vidriosa y ojerosa había desaparecido, y hasta podría afirmar que poseía algunas dotes de coquetería.

Sus gestos y sus expresiones denotaban cierta alegría. Poco a poco se alejaba de su abatimiento y su boca semi prognática comenzaba a desarrollar el ejercicio de la sonrisa. Nuestro código de comunicación estaba poblado de miradas, algún eventual abrazo y escasas verbalizaciones. Por mi parte, continué siendo directivo y operativo en lo pragmático, pero la apertura de Edoardo me permitía desarrollar estas funciones afectivamente.

En nuestra complementariedad relacional había descubierto que frente a una propuesta mía, la resistencia y el rechazo cortante eran las respuestas constantes e inmediatas. Edoardo hacía elogio a la frase: *"No sé de lo qué se trata pero me opongo"*. Tuve que aprender a esperar, ya que después de algunas horas o al día siguiente se observaban los resultados positivos, es decir, cumplía mis sugerencias. Es el caso, por ejemplo, de su aseo personal. Edoardo tenía los dientes marrones de la nicotina, además de restos de comida en sus encías. Le sugerí que comprase un cepillo de dientes y dentífrico para que diariamente realizara su higiene bucal. El irreducible: *"¡¡No!!, lascia estare"* (déjalo así), o *"ritorna a la Argentina"* eran sus respuestas más habituales, para que un día después me encontrara con el cepillo y la pasta dental depositados sobre la mesada de la cocina y sus dientes más limpios.

A esta altura de nuestra relación, Edoardo seguía vistiéndose con el cambio de mudas de ropa del Centro. Descubrí en el *lugar prohibido* dos roperos antiguos con trajes, perramus, camisas, corbatas y ropa interior de muy buena calidad. Era notable, él nunca había logrado usar esas vestimentas: ésa era la última ropa que había lavado y planchado su madre, y no estaba dispuesto de ninguna manera a utilizarla. Mantener en el cuarto prohibido todos los objetos en el mismo lugar, casi petrificados, desde la muerte de su madre y no descolgar ninguna de las prendas planchadas por ella, era una manera simbólica pero a la vez concreta de mantener vivo su recuerdo.

El *día del pantalón azul*, la técnica psicodramática del espejo, fue de gran ayuda para iniciar el contacto con esa ropa simbólica de la vida de la madre y dar paso a una nueva etapa. Fueron muchas y muchas las conversaciones de corte ericksoniano, donde intenté persuadirlo esbozando las ventajas de la estética, la seducción, y para qué y por qué usaba esa ropa de beneficencia si tenía tal cantidad de prendas que harían gala a su natural elegancia. Además, le remarqué cuán contenta estaría su madre si él lucía la ropa que con tanto amor ella había lavado y planchado.

En un ingreso furtivo por el cuarto yo había encontrado un pantalón azul, inglés, realmente precioso, que intuí por la talla que a Edoardo le quedaría perfecto. Lo tenía preparado sobre una silla en el living-dormitorio, y cuando volvimos de desayunar, le propuse directamente que se vistiera con ese pantalón y no otro raído que tenía siempre puesto. Por supuesto que la negativa (por lo tanto el fracaso de la solución intentada) fue su única respuesta. Cuanto mayor era mi solicitud mayor era la resistencia que le generaba. Decidí, entonces, abandonar la persuasión y las connotaciones positivas para entrar en el terreno de la provocación.

En el fragor del desafío, la vehemencia enérgica de las intervenciones fue parte de la estrategia, buscando hablar en *up*, es decir, en asimetría relacional por arriba, tal cual el padre a un niño. Frente a la persistencia del no y del rechazo hacia mi propuesta, decidí (casi sin pensarlo) comenzar un espejo de sus actitudes negativas. Para responderle mediante el no, era necesario que jugara una actitud desafiante que él debía prohibirme que realice. Entonces, tomé una silla y la acerqué a una de las ventanas del 4° piso, abrí la doble puerta, me trepé al borde y apoyé mis manos en los laterales y un pie en actitud de salto. Frente a su mirada impávida, Edoardo presenciaba semejante cuadro sentado en su cama, paralizado y pálido como a quien lo asalta una cruda hipotensión.

Cuando reaccionó, trató de pedirme, exigirme, rogarme, hasta suplicarme que no me arrojase por la ventana, a lo que respondí: *"Ah..., tú me puedes pedir a mí que yo cumpla tu deseo y yo debo aceptar..., ¡pero yo no puedo pedirte que te pongas los pantalones azules porque tú sí, tú sí tienes derecho a negarte y yo no! ¿No te parece injusto?"*. Para este momento, mi nivel de adrenalina era elevadísimo, además de que una taquicardia me llegaba hasta los oídos y la sudoración destapaba sobre mí claros torrentes. Estaba presenciando en mi persona un notable *ataque de pánico*.

Se hizo un silencio. Su mutismo fue absoluto. Me clavó la mirada desconcertado, dio vueltas, hasta que tomó los pantalones, se sacó los que tenía puestos y comenzó a vestirse con los azules. Yo presenciaba la situación todavía parado sobre la cornisa de la ventana con los músculos endurecidos. Cuando tomé consciencia de ello bajé. Edoardo estaba en calzoncillos e intentaba acertar sus largas piernas en cada una de las piernas de los pantalones. Al recapacitar sobre la efectividad de esta estrategia, se desarrolló esta técnica de espejo –claro que con menos riesgo– en multiplicidad de situaciones similares, convocando permanentemente al cambio de actitudes. Después del *azul* llegaron otras prendas: camisas, sacos, cinturones, medias, etc. Edoardo había comenzado a utilizar su vestuario prohibido, y a pesar de que no usaba toda su ropa, había logrado conectarse afectivamente con una parte muy resistida de su vida.

Mi ayudante de campo –la señora de la limpieza– continuaba aliándose conmigo con la finalidad de fortalecer las decisiones e iniciativas. Edoardo solía aconsejarle pícaramente, entre la seriedad y la risa, que no tratara de contradecirme, puesto que yo era *un po volubile* (un poco susceptible) –recordando la escena de la ventana– y que

me enojaba con suma facilidad. Si en este triángulo relacional alguno de los tres era el loco, yo ahora había pasado
a ocupar ese puesto.

En las reuniones de equipo cotidianas solamente me
remití a informar acerca de los constantes logros de Edoardo
y cómo seguía el curso del trabajo con él. En función de
su evolución positiva, se decidió reducir la dosis de medicación a la mitad.

El regreso a la civilización

La vida social de Edoardo había mejorado notablemente. Su mirada se conectaba más con la gente, había
abandonado su vista al pecho, introvertida. Levantaba la
cabeza y observaba a los demás en silencio, a veces, hilando
algún mensaje telegramático. Por ejemplo, en esta evolución logró organizar una salida al cine con otro paciente
del Centro. Si bien ambos no eran muy elocuentes, habían
logrado establecer una salida agradable y hasta fueron a
un café luego de la película.

Su rostro se relajaba y una sonrisa llena de picardía se
constituyó en un gesto cada vez más habitual. Su cuerpo había dejado de encorvarse como antes, ya que la cama nueva
y una postura normal al dormir lo ayudaron a enderezar
progresivamente la columna. Pero también, el hecho de
comenzar a mirar a sus interlocutores lo obligaba a levantar
la cabeza y colocar recta la espalda. Dos veces por semana
comenzamos a asistir al gimnasio del ex manicomio, donde
una profesora trabajaba con algunas pesas livianas.

En una oportunidad organicé, juntamente con un grupo de enfermeros y voluntarios, una salida al campo con
veinte pacientes del Centro. Edoardo asistió y participó en
juegos y en las dinámicas de grupo que implementamos.
El gran día llegó cuando, a pesar de la lluvia torrencial,
fuimos con cuarenta pacientes de otra circunscripción a

un restaurante de una ciudad costera vecina que se espe-
cializaba en pescados y mariscos. Edoardo llegó al Centro
con el cabello peinado con gomina, se había puesto un
traje gris, corbata, un perramus impecable y un paraguas
en mano. Fue aplaudido y abrazado por distintos integrantes del equipo que, sorprendidos, se alegraron con el
cambio. Ese cambio externo reflejaba sus modificaciones
y su crecimiento interior.

Nuestras charlas se incrementaron en cantidad y se
agudizaron en profundidad. En algunas salidas, por ejemplo, logramos hablar –en tono bajo, casi susurrando, como
de costumbre– sobre su historia: su madre, su padre, sus
estudios como técnico en radio y televisión, sus dificultades
para hacerse de amigos o pareja, etc. Comenzó a abrirse
a temas más íntimos y, podría decirse hasta aquí, que me
había convertido en una persona de su confianza.

Así, en una relación de cuidado y afectivamente nu-
tritiva, un día Edoardo se atrevió a mostrarme su segundo
lugar oculto: la pequeña habitación en donde guardaba
celosamente herramientas, televisores, radios desarma-
das, válvulas, transistores, etc. Todo empolvado pero en
un minucioso orden, era el resquicio de un equilibrio que
en algún momento de su historia poseyó, un orden que
se contraponía con el desorden y el caos que (ahora podíamos afirmar en pasado) hacía unos meses habíamos
encontrado en su casa.

Con el objetivo de agudizar y apuntalar sus intercambios sociales, juntos decidimos realizar una *piccola*
reunión en su casa, e invitamos a pacientes, enfermeros
y voluntarios, principalmente con los que él tenía mayor
relación. La invitación estaba dirigida a cinco pacientes y
tres voluntarios que en alguna oportunidad conocieron el
caos de su departamento.

En la preparación, al revisar y ordenar su cocina para
poder servir unas masas y café, se presentó el primer

problema. La cafetera –que desde la muerte de su mamá nunca se había abierto– estaba trabada y nos resultaba imposible abrirla para cargar el agua y el café, y, estando en Italia, era imposible que hiciésemos esa reunión sin el café, de lo contrario no era reunión. Después de toda una operativa juntos, en donde Edoardo y yo debimos traer las herramientas del cuarto de radio y televisión, logramos abrirla, para descubrir no sólo la herrumbre sino una amplia colectividad de hongos que se habían instalado en prehistóricos restos de café.

Después de la cafetera, se presentó el segundo problema: no había azúcar, ni café, tampoco cucharitas, pero sí unas hermosas tazas de porcelana. A continuación, sabía que se desencadenaría el circuito comunicacional de siempre. Le pedí que comprara todo lo que faltaba, incluso que trajera un kilo de masas de la panadería. Refunfuños de por medio –siguiendo la modalidad habitual– ya sabía que al otro día encontraría lo pedido en algún armario.

Aquel día martes fueron llegando los invitados. Charlas, chistes, sonrisas rondaron en un clima afectivo de mucha tranquilidad. No podía dejar de recordar que su casa (su mundo interno), aquel bunker caótico que encontramos, se había transformado en un lugar más armónico y acogedor. El director del Centro también fue invitado. Él, que había conocido su departamento aquel primer día en medio de una montaña de basura, quedó sorprendido por el cambio. No sólo por el orden, sino por la modificación en la actitud personal y relacional de Edoardo. Todos lo felicitaron y le agradecieron por la pequeña reunión.

Unos meses después, en una de mis últimas conversaciones con Edoardo, pudo comprender más profundamente algunas situaciones vividas, logrando construir una nueva visión de la realidad. Contarse otra historia. En el proceso del trabajo terapéutico, fue aceptando paulatinamente la muerte de su madre que, aunque se resistía a llorarla, logró hablar de ella en tiempo pasado. También logró conectarse con los lugares prohibidos de su historia que se corporeizaban en su casa, así pudo equilibrar su vida y darle un nuevo orden, otorgándole otro sentido. Aprendió a confiar en la gente, a veces con mucha ingenuidad: debería aprender a ser más selectivo.

Pero uno de sus grandes logros tuvo que ver con su valoración personal. Edoardo nunca se valorizó, siempre vivió dependiendo de su madre, y dentro de su regresión se desestimó aún más y se apartaba del mundo por miedo a no ser aceptado. Ahora, poco a poco había empezado a entender que era una persona valiosa, que podía entregarse a los afectos, que podía ser querido y sentir afecto libremente sin temor a que lo abandonasen o lo rechazasen. En pos de su desarrollo personal, su valimiento e independencia, junto con una asistente social del Municipio de Trieste, se programó incorporarlo a alguna de las cinco cooperativas dependientes de la organización para trabajar como técnico de radio y televisión, y así no sólo favorecer sus ingresos mensuales sino su reinserción social.

Más allá del acompañamiento terapéutico, las sesiones espontáneas en su domicilio, bares, plazas o en el Centro de Salud Mental, poner orden en su casa fue resignificando colocar un orden en sus pensamientos y sentimientos. Paralelamente, su mutismo –evidencia de su bloqueo introversivo en los contactos con su universo social– fue transformándose en pequeñas aperturas que le posibilitaron generar nuevas relaciones. Conocer que *allá afuera*, fuera de las fronteras del hogar, podía construir una realidad de afectos como así también de frustraciones que, en síntesis, de eso se trata la vida. Ahora sus ventanas estaban abiertas, ya no había lugares prohibidos. Su casa podía ser abierta a quien él desease y no una barricada de reclusión y ensimismamiento.

En los prolegómenos de mi regreso a Buenos Aires, después de la fiesta de despedida en el Centro de Salud Mental, caminamos y caminamos a la vera del Adriático. En silencio, sin palabras, nos abrazamos y no nos volvimos a ver.

La tristeza y la soledad de Clelia

La finalidad de este ejemplo es mostrar que también la operatoria en el trabajo con el usuario en oportunidades no resulta efectiva. Más allá de las bienintencionadas intervenciones del equipo, las acciones revelan un repertorio de soluciones fallidas que reforzaron su sintomatología. Además del relato del caso, se han trascripto algunos de los datos principales del registro del libro diario del Centro.

La obesidad, la desvalorización y el alcohol

Clelia era una mujer de 52 años. Alta, de mirada tensa, su rostro mostraba las marcas del dolor de la tristeza y su cuerpo había sido invadido por la gordura. Clelia fumaba compulsivamente varias cajas de cigarrillos al día. Tenía un tic en la pierna derecha que hacía que se moviese de manera alevosa; también su mandíbula se movía como los adictos a la cocaína, que la balancean de un lado a otro porque se les contractura. Y sufría de ahogos, los días en que la angustia le pegaba en el pecho y le sube por la tráquea, respiraba más y más profundo en el intento por mitigar la cerrazón y abrirse al aire.

Cuando uno entra en el Centro y hace una recorrida por las habitaciones, el comedor y la cocina, el living, por lo general, es el punto de reunión de la mayoría de los usuarios, seguramente porque es el lugar donde se encuentra la televisión y ésta es el pretexto para conversar, intercambiar y, por qué no, filosofar acerca de la vida.

Era común ver a Clelia desde temprano (a pesar de
que ella no pernoctaba en el Centro), sentada en el mismo
sillón, pegada a la televisión y en búsqueda de miradas
cómplices que le brindasen la oportunidad de comentar
sus problemas y hacer depositario al interlocutor ocasional
de su queja diaria.

Ella había ingresado en el Centro de San Vito en 1982.
Prácticamente desde ese momento no había logrado salir
de su estado de crítica depresiva y de su visión caótica del
futuro. Había demostrado en múltiples oportunidades un
estatismo desolador que la inmovilizaba para realizar algún
acto que la conectase con la vida activa.

Clelia –al contrario de otros usuarios– poseía un bienestar económico que podría haber facilitado ciertos medios
para mejorar su estándar de vida. Había heredado de sus
padres no sólo varias propiedades, sino también dinero
que le rendía intereses bancarios. No obstante, no fue
así. Esto demuestra que *"el dinero no es todo en la vida"*,
se cansaba de repetir. Y tenía razón. A lo largo de su vida
había pasado por numerosos episodios de pánico y crisis
depresivas, y las tentativas del centro por mejorar su situación fueron infructuosas. En esos estados de sensación de
carencia absoluta se volvía demandante y esto la llevaba
a que no discriminase de quién recibía y a quién le pedía
reconocimiento y afecto.

Este juego relacional hacía que se acercase a figuras
sospechosas de sus buenas intenciones. Razón por la que
Clelia se rodeaba de un entorno, principalmente masculino, abusador y manipulador que se aprovechaba de su
bienestar económico usufructuandoo su dinero. Falsos
novios, su compadre, técnicos de televisión, pintores de
su casa, comerciantes, plomeros le ofrecían su sonrisa y
su actitud incondicional en pos de estafarla económica y
afectivamente.

Ella casi siempre depositaba grandes expectativas de amor, para luego desilusionarse y encontrar motivo para reforzar su tristeza y abulia por seguir viviendo.

Algunos datos de su historia dan cuenta del porqué de su angustia y ansiedad. La muerte de su padre, cuando ella tenía 17 años, la marcó poderosamente. Hija única de una madre que no pudo superar la muerte de su marido, decidió ser la madre de su propia madre y dedicarse a cuidarla, aprovechando la holgura económica. Así, pasó gran parte de su adolescencia sin salir de paseo, sin bailes ni mundo lúdico de cualquier tipo, mientras sus amigas y compañeras de escuela se divertían, ella vivía las anécdotas de otros. Era solamente una espectadora en un entorno lleno de protagonismo.

A pesar de todo, a los 23 años logró formar una pareja. Su novio, un joven profesional que trabajaba en una empresa multinacional, le ofreció la oportunidad de casarse y viajar con él a Canadá. Pero Clelia, siempre con la culpa a cuestas, decidió abandonar el proyecto y quedarse junto a su madre viuda para acompañarla.

Evidentemente, aquel grado de dependencia no cambió con los años. Después de la muerte de su madre, se agudizó su tendencia a la depresión y se acrecentó su miedo a la soledad. Así llegó al Centro: sola y en pleno llanto. Era una gordita que se hacía querer, que producía ternura en su deseo de ser querida. En este caso, a pesar de la buena intención de los operadores, si bien se elaboraron programas de intervención con objetivos claramente prefijados, el Centro pasó a cubrir la demanda de Clelia a su soledad.

Pero como una fuente que nunca se llena, Clelia y sus pedidos que se transformaban en demandas, y las demandas que se transformaban en exigencias agotaron al máximo a los integrantes del equipo, que no pudieron abastecer sus constantes requerimientos y, menos aún, soportar sus quejas. Esto generó un circuito interactivo unidireccional y frustrante. Unidireccional, pues frente a la actividad del Centro ella respondió con la pasividad, de cara a un equipo de trabajo que pleno de iniciativa avanzaba planteando opciones de acciones. Frustrante, porque frente a los intentos de solución, ella respondió con el *siempre algo falta*.

Frente a sus sensaciones internas de desvalorización y soledad, buscó en afuera (en el Centro) lo que debía encontrar en su interior. No obstante, el equipo fue su salvavidas, el único y último recurso para guarecerse de tales sensaciones, y esto era riesgoso. El riesgo consistía en generar tal dependencia que enlazara y entrampara a ambos interlocutores.

Sus otras compañías (que no eran tales), eran figuras que no podían contenerla y escucharla como ella deseaba: su compadre por un lado, personaje aprovechador y explotador del bienestar económico de Clelia. Su tía, que luego murió en un geriátrico. Si bien tenía algunos amigos (por supuesto amigos aprovechadores y ventajistas, al menos según nuestra definición), tendía a encerrarse y negar cualquier posibilidad de ayuda. Aunque nosotros como equipo preferíamos ser cautelosos con respecto a las elecciones de amistades de Clelia, ya que casi siempre eran relaciones que dejaban graves secuelas en su autoestima. Cada fracaso eran la frustración y la reactualización de los sentimientos de abandono.

Lo que muestra su historia durante el período que trabajé con el equipo, fue decididamente una neta postura ambivalente. Requería y demandaba permanentemente y se aislaba y tomaba distancia siempre.

El grupo de operadores trató de tapar esos agujeros carenciales. Cada vez que trataron de indagar y generar la reflexión para redefinir su situación, encontraron en Clelia una muralla infranqueable. Apeló siempre como último recurso a los psicofármacos paliativos de ansiedad, pero no curativos de su problemática que, por otra parte, ella solicitaba constantemente.

Su historia refleja a una niña con problemas de obesidad, descalificaciones de su entorno social y el aislamiento como solución. Una de sus mayores quejas era la soledad y sus dificultades de contacto, razón que atribuía a su gordura y a la vergüenza que le generaba mostrarse. Sin embargo, el circuito ansiógeno que producía la llevaba a canalizar en la comida, y el resultado era mayor obesidad.

En distintos períodos el equipo trató de abastecer sus reclamos de vestidos, salidas, venta de su taxi, trámites y arreglo de su casa, etc. Tengamos en cuenta que éstas eran situaciones problemáticas puntuales que debían solucionarse, pero que no llevarían al fondo de una situación que mejorase su estado de ánimo general. Resultaban conformismos temporarios porque volvía a necesitar nuevos estímulos complacientes que la abasteciesen de manera momentánea.

El error del equipo fue –en los distintos períodos– generar expectativas de cambio al resolver estos problemas que eran colaterales a su problemática central. Esto generó frustración y cansancio por parte de los operadores, que inútilmente intentaron revertir la situación, pero que se agotaron en el intento y en los resultados homeostáticos que reforzaban el problema inicial. En todos estos años se hizo *más de lo mismo* y se obtuvo más del mismo efecto, acrecentando su respuesta depresiva y angustiante.

Véase en la descripción del libro de intervenciones diarias[18] que, por ejemplo, frente a una propuesta de salida

---

[18] En este libro, los operadores escriben todas las intervenciones y trabajos que realizan en su actividad diaria, conformando los informes escritos que permiten, en los cambios de turno, comunicar la actividad realizada a los operadores que cubren las tareas de relevo.

por parte de los operadores del Centro, si Clelia se negaba
a salir de su casa, entonces el Centro acudía casi inmediatamente a buscarla (posiblemente éste era su deseo, que
la reclamasen como forma de reconocimiento afectivo).
Obsérvese que frente a un posible adelanto y solución de
los problemas que presentaba, ella respondía con el rechazo y el aislamiento. Y el Centro continuaba ensayando las
mismas soluciones.

A los mecanismos fobígenos y ansiosos descriptos
(que aludían a sus temores al contacto interpersonal), se
le agregaba cierto ritualismo obsesivo debido a su extrema
manía por la limpieza.

Quedó atrás el problema de la refacción de su casa,
con lo cual se desarmó su motivo de queja constante: se
arregló, se modificó, se pintó y se compraron muebles
nuevos. Cabe preguntarse, ¿cómo reaccionó ella? Un nuevo
síntoma resultó de su ambivalencia, la bebida pasó a ser su
único paliativo y compensaba la soledad que sentía (aunque
está claro que ella exigía que su entorno tuviese presencia
y era ella misma la que lo repelía). Se había anulado otro
pretexto en donde depositaba su malestar: su casa.

Clelia estaba habituada a colocar en lo externo lo que
interiormente no podía resolver, lo que internamente no
lograba llenar. Bloquear las soluciones intentadas pudo
haber sido (en su momento), una solución a la no resolución, empleando una estrategia tal vez antagónica a las
desarrolladas.

Las últimas intervenciones (en enero-febrero de 1987)
proveyeron un cambio en función de la operativa. Su adic-
ción a la bebida provoco la crisis en la relación con el equipo que, agotado, apeló a recurrir al grupo de Alcohólicos
Anónimos.

Esta nueva relación, en donde se integró a grupos y
psicoterapia, llevó casi obligadamente a Clelia a confrontar su problemática con el resto de los compañeros y a

comenzar a explicitar aquellos elementos de los que no deseaba responsabilizarse. En este caso, el Centro operó como supervisor y desplazó la actividad de campo hacia un grupo secundario que no transigió con las demandas ambivalentes de ella.

El lento avance de Clelia

Lo que se redacta a continuación son las transcripciones de algunos informes realizados por el equipo desde marzo de 1982 hasta marzo 1987 en el trabajo con la usuaria. Sobre 234 informes se seleccionaron algunos por ser considerados los más relevantes y representativos del trabajo de los operadores.

Estos datos son el producto de la investigación en los libros de información cotidiana, en los que los operadores detallan sus gestiones diarias. Podrá obtenerse una semblanza de cada uno de los pasos del proceso del equipo y las reacciones de Clelia frente a los mismos.

3-3-82: Llega al centro después de estar en tratamiento privado en Bonfigli y después de una internación en la Clínica Neurológica del Hospital General. La *Signorina*, tiene 47 años, vive sola después de la muerte de su madre hace 2 años. No posee parientes, ni amigos, ni amigas.

No trabaja desde hace 2 años (antes poseía una lechería con la madre) y vive de la pensión de invalidez. Llega al centro porque se siente muy depresiva, triste y sola. Ha manifestado si alguno la puede ayudar a encontrar un trabajo. Están todos de acuerdo en que el viernes siguiente, durante la mañana, converse con la asistente social y al mismo tiempo, se la medicará con algún fármaco antidepresivo (Lexotan 3 mg x 3 más Anafranil, 25 mg x 2).

24-3-82: Se le ha hablado por largo tiempo para buscar el origen de la depresión que está viviendo en estos momentos. Comentó haber tenido una vida difícil desde niña: tendencia a la obesidad con problemas de aislamiento, rechazo de los amigos y gente de su generación. El sufrimiento que todo esto le provocó era compensado por una actitud de sobreprotección por parte de su madre, que si bien le ha posibilitado instruirse, también la limitó en su propia experiencia de vida.

La muerte de su madre detonó brutalmente en ella el problema de su propia soledad. Se ha vuelto confusa en las elecciones de vida, y además, profundamente insegura. Debió afrontar muchos problemas en un solo momento: la pérdida de la madre, los problemas económicos y de actividad laboral la llevaron actualmente a la crisis. Está convencida, en estos momentos, de la necesidad de hacer un esfuerzo por modificar su propio modo de vida, si bien posee inseguridad e incertidumbre.

30-1-83: Fui a buscarla a su casa: ha realizado menos *historias*. Viajamos a la oficina de higiene para la práctica del trabajo como inválida civil (obesidad disentócrina, poliartrosis, síndrome depresivo con personalidad predispuesta a la menopausia).

Hemos acordado en ir a buscar mañana. A posteriori, estaremos informados de la venta del taxi (con la licencia) que cuesta alrededor de 32 millones. La acompañamos a su médico clínico para un certificado y para ver los exámenes del laboratorio. La llevamos a su casa después de que ha cenado aquí. Esperó que todos se fueran para entrar, porque *se avergonzaba*.

Fui a buscarla a su casa, manifestó como siempre sus resistencias, después se convenció en salir. Estaba muy preocupada por el problema del taxi, puesto que posee muchos gastos y pocas entradas, probablemente le conviene venderlo. He pensado que podría ir al gimnasio, ya sea para adelgazar o para darse un poco de tonicidad muscular, o para hacerla sentir un poco ocupada en algo y que no termine quedándose en su casa, que para ella resulta muy dañoso. En estos tres días, en los cuales ha salido, su apariencia mejora. Toma los fármacos. Se necesita insistir para ir a buscar a la mañana.

21-6-83: De nuevo no sale: también el día domingo se ha quedado en su casa. Cuando llegamos estaba en la cama, y confesó que estaba tentada de no abrirnos la puerta (incluso hemos tenido que llamar mucho y tocar en demasía el timbre).

Dijo que le daría placer hacerse de alguna amistad, pero ante mi propuesta de buscar un hombre, me ha mirado divertidamente, pero poco convencida, fundamentalmente por su complejo de *inferioridad sexual*. Le dije que estableciera contacto con nosotros para ayudarla: debe ir a la oficina de trabajo para definir su posición como inválida civil.

20-9-83: Está menos ansiosa, pero con las dificultades de siempre. ¡Se refugia en la idea obsesiva de la limpieza de la casa para no afrontar los problemas reales!

Con claridad, se habló del falso problema de la limpieza, pero no ha decidido salir de ese nivel, por ende, se seguirá adelante con el problema de la limpieza, sobre todo sacando las ropas viejas.

8-5-84: Hemos realizado una larga charla, tratando de hablar sobre la culpa que nos atribuye porque dice que no hacemos nada para ayudarla, mientras que con aquella chica (otra usuaria) que ha escrito en el diario hemos logrado hacer cosas.

Le respondemos que con aquella chica no nos limitamos a darle fármacos. Hemos realizado una relación humana y ella nos ha agradecido mucho. Todo inútil. Finalmente, pedía de nuevo de tomar los medicamentos.

5-6-84: Fuimos a su casa, y conversamos sobre su situación, reasegurándola, diciendo que es difícil que pueda perder la licencia. Estaba ansiosa pero llegaba a conversar.

Le aplicamos dos inyecciones de Valium y una de Talofen, sin particular efecto. Prometió que mañana saldrá con nosotros para ver el tema de la licencia y establecer un programa de tratamiento (pienso que es saludable alejarla de su casa). De este modo sería importante llevarla a su casa a la noche y repetir la inyección (anexando una de Valium) porque duerme poco.

27-10-84: Ha venido su vecina a buscar la medicina (Lexotan 1, 5 + Dalmadorm 30 + Tabor 2, 5). Comentó que estaba muy agitada. No sale de su casa, no siente que está á bien. Sería oportuna una visita domiciliaria.

21-1-85: Fuimos con ella y le señalamos su comportamiento de no colaboración. Que solamente ella pretende que la ayudemos medicándola, haciéndole las compras, etc., así ella se queda todo el día en su casa, no cocina y no tiene contacto con sus vecinos.
Hablamos también con la inquilina de su mismo piso, que nos ha dicho que ella no la puede asistir y nos ruega que hagamos algo. Nosotros buscamos por todos los medios de moverla, diciéndole que estábamos dispuestos a acompañarla a hacer las compras. Todo fue inútil, por lo tanto le señalamos que si no cambia su actitud no podremos llevarle ni la medicina (porque la ha tomado toda y no sabe qué hacer) ni de comer, ni ninguna otra cosa.
Las mismas cosas, pero de manera menos drástica, fueron dichas por su vecina. Se necesitará en el centro discutir sobre cómo intervenir, o cuál va a ser la estrategia para moverla de su casa.

1-10-85: Hoy estaba bastante coherente y hemos analizado su comportamiento fóbico-obsesivo. Como excusa, aduce que se avergüenza ante la gente. Todavía dice que podemos ayudarla (lavarse el cabello, peinarse, salir), pero ella debe colaborar con nosotros. La podemos ayudar sólo a mantener las tareas. Le dije también que me parece que si intenta mantenerse *como enferma,* se hace cómplice de sus mecanismos obsesivos y que no estamos dispuestos a ayudarla en estas condiciones. Declara estar dispuesta a colaborar, si la ayudamos a dar el primer paso (ayudarla a arreglar su cabello y a vestirse).

15-5-86: Está un poco abúlica. Se ve fea y no desea hacer
ningún programa. No se realiza exámenes de sangre hace
ya más de un año. Habla sobre el problema del dinero, ya
que el compadre parece haber extraído de su cuenta bancaria común (otros 100 millones). Ella dice sentirse usada y
todo el barrio la toma como una borracha. Le prometí que
indagaremos sobre esta situación.

28-11-86: Fuimos a buscar la libreta bancaria, pero no fue
posible porque todos los trámites fueron realizados por otra
persona. Llegó su cama nueva. El programa para mañana a la
mañana será ir con una voluntaria a arreglar los armarios (2
horas mañana y 2 horas el lunes). Paralelamente, se buscará
a una mujer para realizar tareas de limpieza y se pulirán los
azulejos. Afirma que ha tomado algunos comprimidos de
Tabor, por lo cual se necesita estar atento. Dice tenerlos ella,
pero en su cómoda no los he encontrado.

12-2-87: La esperábamos en el centro. No se presentó. Te-
lefónicamente nos dice que no desea ver a nadie, desea
quedarse en su casa, desea sólo morir. Fuimos a su casa:
se presentó muy provocadora y agresiva (había bebido).
Le propusimos venir al Centro para la cena, pero nos ha
rechazado. Después de varias tentativas, hemos desistido
y volveremos mañana, no obstante, estaba más tranquila.

7-3-87: Hacia las 8:15 habló con la asistente sanitaria del
domicilio de Clelia. A esa hora estaba ya borracha. En la tarde
fuimos a buscarla para acompañarla al Centro. Hablamos
largo tiempo. Afirma estar siempre lejana de los demás y que
probablemente no ha querido ni al padre ni a la madre. He
tratado de hacerle comprender que no es así (por dos años
estuvo enamorada de una persona, ella tenía 23, con el cual
debía casarse, pero él emigró a Canadá y debieron dejarse).
Esta actitud negativista es debido a los condicionamientos
y al estado de ánimo. Hemos hecho los proyectos para salir
del actual *impasse*:

Se tomará contacto con alcohología, por esta noche puede
retornar a su casa, después de la promesa de que mañana
por la mañana no se emborrachará.

Podremos ayudarla a hacer los trabajos de su casa, pero ella
deberá programarse la jornada.

Podremos ir a informarnos del curso de asistente voluntaria, actividad que la podrá ayudar a olvidar sus propios
problemas y a socializarse, encontrando argumentos para
conversar. Podrá sentirse menos sola e inútil, y sentirse
más capaz.

Conclusión

El estigma de la locura
vs.
Recuperar la identidad humana

No habrá nunca una puerta. Estás adentro.
Y el alcázar abarca el universo
Y no tiene enverso ni reverso
Ni externo muro ni secreto centro.
No esperes que el rigor de tu camino
Que tercamente se bifurca en otro,
Tendrá fin. Es de hierro tu destino
Como tu juez. No aguardes la embestida
Del toro que es un hombre y cuya extraña
Forma plural da horror a la maraña
De interminable piedra entretejida.
No existe. Nada esperes. Ni siquiera
En el negro crepúsculo la fiera.

Jorge Luis Borges

El objetivo del texto no solo ha consistido en analizar la locura y su segregación en la historia de la psiquiatría, sino ha mostrado cómo y de qué manera el modelo de la desinstitucionalización psiquiátrica italiana -postulado por Franco Basaglia- destruye la marginación social del enfermo mental. Un modelo que convoca -en un sistema en donde no se utiliza el manicomio- a la permanente reinserción social a aquel que históricamente fue excluido.

Cuando intentamos abordar este tema, nos encontramos con el primer obstáculo: para hacer confiable el objetivo, estábamos partiendo del supuesto de la segregación social de la locura, supuesto que debíamos primeramente avalar.

Este imaginario reveló a las claras la exclusión social del paciente psiquiátrico, elemento que motiva y fundamenta la finalidad de la desmanicomialización.

Se demostró además que la eficacia del modelo radica en la unión entre teoría, ideología y una acción pragmática efectiva. Pero no solamente bastan estos ingredientes. El afecto y la voluntad de restituir a la vida social al paciente psiquiátrico no son elementos complementarios sino nodales en todo proceso.

Un loco, un ser humano

Como se señaló en la introducción, los dos primeros capítulos interceptan dos ejes epistemológicos: el sincrónico y el diacrónico. En ellos se desarrolló un análisis sobre la base de la hipótesis que señala el lugar que le tocó ocupar a los alienados en la sociedad: *el lugar del segregado.*

El paralelismo establecido entre la familia y la sociedad nos lleva a afirmar –desde un modelo sistémico y cibernético– que si tomamos a la familia como una primera matriz de intercambio social, el *loco* como portavoz del código intrafamiliar es la expresión concreta de las anomalías del sistema. Como observamos en el capítulo I: su enfermedad es la respuesta-denunciante-resultado de la interacción desarrollada en el contexto. No obstante, patologizarse resulta el sacrificio para mantener la homeóstasis del sistema. Por lo tanto, su marginación comienza por la unidad más primaria dentro de lo social: la familia.

Existe un paciente identificado, es él y no otro (con lo cual se demarca la diferencia con el resto: *los sanos*), a pesar de que si analizamos el contexto en el que sus conductas se manifiestan, registraremos indicadores patógenos en la interacción de la mayoría de sus miembros.

Por otra parte, en todo sistema se construyen normas y pautas que lo rigen y que conforman, con el devenir del tiempo, un código específico para cada familia. Estos *pattern* son los que rigen el juego. Es considerado *alienado,* entonces, a todo aquel que no se adapte a las pautas que dirigen esta dinámica. Esta definición de locura deja atrás las clásicas concepciones mecanicistas u organicistas psiquiátricas que describen la esquizofrenia por sus principales signos psicopatológicos: *no hay conciencia de enfermedad, ni juicio de realidad.* Pero también descentraliza la vieja conceptualización monádica de sujeto enfermo, afincada en la figura de una persona única. Extiende la disfuncionalidad patógena a todos los miembros de un grupo familiar, que en mayor o menor medida alientan al proceso patológico.

Hemos colocado el énfasis en la relatividad de los límites de lo que se considera salud y enfermedad. Ya que difiere la conceptualización de estar sano y ser normal. Los parámetros de normalidad se rigen por patrones estadísticos que establecen la curva de la mayoría. Así, se termina concluyendo que resulta normal padecer ciertas enfermedades.

Pero, ¿qué se quiere decir con adaptación a la realidad? En este caso, *poseer o no, juicio de realidad* depende de la adecuación a las normas que impone el sistema social. Cuanto más rigurosamente el sujeto se adapta a la rigidez de la pauta, más alejado de la locura está y, con esto, más integrado socialmente. En este caso la *viceversa* llevaría al caos a la persona: el trasgresor de la norma, el que no se adapta a las pautas del juego social, ha perdido *su juicio de realidad.* Por lo tanto, con este estigma se lo excluye del sistema.

Partiendo de la familia –como microsistema base–, en la estructura social –como macrosistema– sucede una dinámica isomórfica: siempre el resultado es la marginación.

En la sociedad, aquellos que se apartan de la norma son depositados en lugares (según su nivel de transgresión) como cárceles, institutos de reeducación, manicomios, etc. De esta manera, el marco social ha creado para la locura, su instrumento regulador que permite mantener su homeostasis: el manicomio.

El manicomio –variable/constante a través de los siglos– es el vehículo que posibilita discriminar un lugar (simbólico pero a la vez concreto) que convoca a señalar una ideología de diferencia: *Ese lugar de la locura es el que me permite decir que estoy sano.* A esta altura del análisis, la mirada del lector no puede continuar *ingenua.*

Recorriendo secuencialmente los pasos de la segregación del paciente psiquiátrico, se observa que aquella persona sometida en la interacción familiar –en reiteradas oportunidades– a *dobles vínculos*, sucumbe en este laberinto flagelante, y encuentra como única salida la respuesta psicótica.

La familia, a expensas de este integrante, continúa funcionando en un circuito enfermo y enfermante. Es esta misma familia, la que deposita a su loco en el *templo de la curación.* Sería esperable que este lugar le brindara parámetros de salud que le ayudaran a reformular sus vínculos, saliendo paulatinamente de estos *entrampes* patológicos de comunicación. Sin embargo, no es así. Puesto que la institución psiquiátrica en sí misma es un doble vínculo. Su estructura piramidal –totalitaria y verticalista– deposita toda su carga opresiva y su normativa rígida sobre los últimos eslabones de esta pirámide: los pacientes psiquiátricos.

Ellos son los que deberían ser privilegiados en la atención, con un personal que opera a su servicio. En cambio, son los depositarios de la presión y opresión institucional. En vez de libertad encuentran represión.

Parece ser que si el objetivo explícito del régimen manicomial es curar y el método es la custodia, bajo las antípodas de este doble vínculo, resulta difícil hablar de la restitución de la salud. Se infiere entonces que el manicomio se convierte en uno de los bastiones del segregacionismo. Pero si, como institución se inventa con la finalidad expresa de la reinserción social, ¿por qué encontramos internaciones (¿o reclusiones?) de 10, 15, 30 años?

Para explicar el fenómeno de la marginalidad, existen una multiplicidad de factores que convergen en una tríada: social, política y económica. El estigma social de enfermo psiquiátrico no permite la reinserción en la sociedad, generando repulsa, miedo y rechazo. Resulta imposible ingresar en el aparato productivo, tanto como productor o como consumidor. Además, que entre locura y clase social baja pueden establecerse correlatividades.

Por otra parte, las ideologías de clases dominantes, –que generalmente detentan el poder– intentan remarcar la diferencia social. Rigidizan las normas del sistema, generando más inadaptados y crean instituciones en donde se marginan a quienes no se adaptan. Por lo tanto, la salida del manicomio (o la reinserción social) es utopía.

En síntesis, aquel aquejado por dobles vínculos familiares es recluido, segregándolo en un lugar donde se lo somete al mismo tipo de dinámica paradojal. De este lugar jamás podrá salir y, si lo logra, no podrá salir de la adjudicación del estigma que la sociedad en su externación, se encargará –por diversos medios– de hacércelo recordar. *Por ende, la enfermedad mental es la condena irreversible, por la cual deberá pagar con su marginación por el resto de su vida.*

Hemos observado, además, que la mirada diagnóstica –como mirada *tendenciosa*– ejerce desde el servicio de admisión hospitalaria su efecto segregacionista. Cualquier dato de la realidad de la persona será traducido como signo psicopatológico. Se le adjudicarán significados y atribuciones, fruto de la nosográfica psiquiátrica que soporta al rótulo, encasillándolo en una patología determinada.

El trabajo de Rosenhan es un dato fundamental. Demuestra con su experiencia la relatividad del diagnóstico y el estigma que implica ser paciente psiquiátrico. Pero esta misma óptica no sólo afecta la *mirada técnica*. La construcción del ideario de la locura, conforma un engrama psico-socio-cultural que se asocia con perversión, violencia, explosividad, agresión, etc. Esta carga de significados con que se reviste el término "loco", rápidamente se erige y se reencarna en ese humano que padece la afección. Así, la sociedad toma una distancia gélida, observa defensivamente, reclamando el aislamiento de ese sujeto portador del mal.

En teoría: *El manicomio nace para curar a los locos.* En la praxis: *El manicomio nace para proteger a la sociedad de los enfermos mentales.*

Este análisis del funcionamiento del sistema revela claramente el efecto homeostático con que esa estructura se autorregula, obteniendo como resultado el efecto marginalizante, lugar del que se apropia por exclusión la locura. Este tipo de dinámica fue la modalidad de estabilización a la que apelaron los distintos tipos de sociedades a través de los siglos. El efecto segregacionista no es patrimonio del siglo XIX y menos del XX.

Una síntesis histórica nos proporcionó los datos precisos que dan cuenta y nos permiten confirmar que *la historia de la locura es la historia de la marginación.* Como la mirada del investigador no es ingenua y siempre está revestida de intencionalidad, en nuestro análisis oscilamos en una doble visión: desde los avances de la ciencia psiquiátrica por una parte y desde el padecer de los enfermos mentales, por otra.

Esto demostró que desde la Antigua Grecia el loco fue marcado con el rótulo y el castigo, sometiéndolo a diversas vejaciones que se enmarcaban como *curas terapéuticas*. En los siglos que conforman el medioevo, con el auge de la alquimia y la astrología, relegándose todos los avances de la medicina griega, el *loco* pagó su condena con el período más brutal de su historia.

Muchas histerias, pocas psicosis, fueron curadas a través del exorcismo, hasta el extremo de llegar a la cauterización del clítoris, interpretando el fenómeno observable como una posesión demoníaca. El código del *Malleus*, obra de los monjes Spranger y Kraemer, en nombre de la Santa Inquisición directamente hacían pagar el padecimiento psíquico con la quema pública.

Algunas figuras de tanto en tanto golpeaban fuerte contra el poder de la Iglesia, denunciando los descarnizados tratos y proponiendo una atención humanitaria, respetuosa de la condición humana. Agrippa, Weyer, Paracelso, pagaron con la miseria y con su propia segregación (tal como los enfermos mentales), siendo acusados de herejes, por rebelarse a la ideología moral y eclesiástica de la época.

Antiguos leprosarios que al ser abandonados los ocuparon por un tiempo los sifilíticos, fueron la antesala para hacinar vagabundos, pordioseros, mendigos, delincuentes, prostitutas y locos como *lacras marginales*. Así se instituye el manicomio. Siempre existió un lugar de segregación –siempre la sociedad necesitó de ese lugar para su estabilidad de funcionamiento–.

La Nave de los Locos –*Nef des fous*– es la única figura literaria que se concreta en la realidad. La única que embarcó a los perturbados mentales y los arrojó en tierras lejanas y desconocidas, negándole hasta su identidad social –desconfirmándolos– privándoles hasta de su identificación como marginales.

El auge de la Revolución Francesa, bajo el lema *Libertad e igualdad de derechos*, llevó a Pinel a desarrollar su acto histórico. La liberación del carcelarismo, *el aire puro*, presuponía la curación. No obstante, el manicomo –ente constante a través de los siglos– se sostuvo como *condition sine qua non* en la metodología.

El médico se apropia de la especialidad, descubre, construye o inventa, estudia. Crea nuevas técnicas, elabora complejas nosologías psiquiátricas sin que la sintomatología observable se llegue a acaparar en la totalidad de las clasificaciones. Época de consultorios, bibliotecas, reuniones científicas, ensayos, congresos, nuevas entidades clínicas. Mientras tanto, el paciente psiquiátrico continuaba recluido en oscuras celdas de aislamiento, hacinado entre pajas excretadas, claudicando a los cepos y grilletes.

La arquitectura manicomial expresa la palabra del segregacionismo: altos muros, rejas sólidas, ventanas altas y puertas cerradas: estricta vigilancia. El *modelo panóptico* controla, dejando pocos lugares sin custodiar. Si bien el modelo en pabellones tuvo su repercusión, los métodos *terapéuticos*, propios de la represión verticalista, no fueron modificados. Nada más claro para la aplicación del lema *modificación de formas y no de fondo.*

Los métodos y tratamientos variaron a través de los siglos, pero siempre conservaron la concepción de violencia y descarga de la agresión hacia el excluido, enfundada en la pretendida curación. Fue la mezcla de hierbas, el tártaro emético, purgantes o largas dosis de alcohol que intoxicaban. Fue la cama con redes, los grilletes de anillas, la famosa silla giratoria de Darwin. Fueron las celdas de aislamiento, los baños con cambios bruscos de temperatura, las afixias y las sangrías. Es el electroshock, la insulina-terapia o los psicofármacos implementados en forma represiva.

La sociedad –como profecía autocumplida– intenta confirmar su cliché de la locura, asociado a violencia y peligrosidad, proyectando agresión con su tecnicismo en los tratamientos. Una sociedad que engendra violencia en el receptor, confirmando que su imaginario es correcto, aseverando su verdad.

Franco Basaglia señalaba, que la institución psiquiátrica es violenta, pero sobre todo, engendradora de violencia. Esta definición trasciende los muros manicomiales. La sociedad actúa –desde su acto segregacionista– con violencia al excluido, con el cual interactivamente reafirmará en la respuesta violenta del segregado, la violencia presupuesta.

Violencia en su familia. Violencia en la institución psiquiátrica. Violencia con su estigma en la sociedad. Por lo tanto el enfermo mental, insertado en esta compleja trama, empantanado en callejones sin salida, marcado a través de los siglos, llevando este lastre histórico, segregado por no compartir códigos comunes, frente a la posibilidad de desconfirmación (ídem muerte), logra con su inclusión en la reclusión la única identidad que le resta elegir: *la marginación social.*

La revisión de políticas socio-sanitarias y la reformulación de planes y organigramas de salud, fueron los resultados que se llevaron a cabo a partir de la posguerra. Surgen, así, líneas alternativas al abordaje tradicional, afirmadas en la Revolución de los años '60 y confirmadas en el histórico período del Mayo del '68 francés.

Comienzan a gestarse desarrollos teóricos, que reivindican la condición humana del enfermo mental, modificando copernicanamente (o intentando) la estructura represiva de su abordaje, de la cual el manicomio es el centro.

Maxwel Jones fue el punto de partida. Sus conceptos sobre la Comunidad Terapéutica irrumpieron desestructurando, en principio, el verticalismo psiquiátrico. Se horizontalizaron roles y se abrieron las anquilosadas puertas que durante siglos delimitaron el espacio de la exclusión social. Su finalidad: la reinserción social a partir del trato humano y la recuperación del ser social.

Conjuntamente, los estudios de Bateson descentralizaron la tradición monádica del esquizofrénico rotulado para dar importancia al contexto. Ya no era "un" sujeto enfermo, era un sujeto que reaccionaba frente a un contexto de matriz patológica y patologizante. Fueron Cooper y Laing quienes retomaron ambas conceptualizaciones y relativizaron teórica y pragmáticamente la temática de la locura. Nace así la antipsiquiatría.

Acusados, criticados y admirados, generaron –como los mismos enfermos psiquiátricos– las más fuertes ambivalencias. Sus estudios involucraron a la sociedad, condenaron el capitalismo por segregar al loco por no ser productor, y viraron la óptica de observación del hecho patológico, entendiéndolo como una alteración y subordinación a lo normativo.

Sus dos experiencias, *La Villa 21* y el *Kingsley Hall*, mostraron la resistencia. Tanto la institución psiquiátrica en la primera como la sociedad en la segunda, no bajaron la guardia en el intento por cambiar el paradigma manicomial. Nuevamente la violencia. El vecindario del Kingsley Hall apedreó, rompió vidrios, agredió verbalmente a sus integrantes –no obstante, la respuesta fue la no violencia–: el cliché no se pudo confirmar.

Ambas experiencias –pequeñas pero grandes, puesto que marcan hitos históricos– fueron deglutidas por la gran ideología dominante, por la exclusión autorreguladora, por el imaginario arrasador. Pero si bien la marginación no pudo destruirse (el peso de los siglos hizo su fuerza), comenzaron a germinarse ciertas semillas, que llevaron a conmover las estructuras psiquiátricas conservadoras.

Franco Basaglia reivindica su rol de médico psiquiatra, pero se opone férreamente a transigir con las coerciones de los tratamientos, en las instituciones manicomiales. La negación de la institución es para él la posibilidad de abortar la condena. Es el derrumbamiento de los muros del asilo, muros de segregación, de discriminación, de diferencia.

El modelo de la *desinstitucionalización psiquiátrica,* va más allá de aplicar los principios de la comunidad terapéutica, y si bien los utiliza, descree de su efectividad si se sostiene la estructura institucional.

Las experiencias anteriores le señalan que los manicomios devoran estas prácticas. Observa que si son desenvueltas en instituciones, los roles flexibles terminan rigidizándose, los tratos humanos se desafectivizan, las puertas abiertas se cierran...

Todo acontecimiento es imposible si se mantiene la institución, puesto que el verticalismo, la pirámide, los roles fijos, los juegos de poderes y la represión son inherentes a su naturaleza. Desinstitucionalizar implica romper este interjuego, mantener una dinámica de roles flexibles, cuestionarlos, discutirlos. Implica horizontalizar, o sea, romper con los juegos opresivos de los cuales el enfermo mental es el depositario. Significa prohibir la represión, anular la aplicación del electroshock como castigo.

No sólo implica abolir el manicomio, sino recuperar los derechos civiles como ciudadano, estado que pierde el paciente psiquiátrico a su ingreso en el hospicio. Pero por sobre todo, desinstitucionalizar quiere decir obtener identidad y respeto por la condición humana del enfermo mental.

Basaglia llevó su ideología y conceptualizaciones al plano de lo pragmático, su experiencia en Gorizia, de 1961 a 1970, lo llevó a deshospitalizar a una gran mayoría de los internados. La semántica dio cuenta de su tarea antisegregacionista. Suprimió los términos "internado", "esquizofrénico" o "paciente psiquiátrico" como rótulo marginalizante, y lo permutó por la palabra "huésped". Y en forma definitiva, en su nueva diagramación del sistema de salud, "usuario", o sea el que utiliza un servicio.

Saboteos, críticas, resistencias sociales, boicots de partidos fascistas –como el Movimiento Social–, bloquearon

la experiencia, dinamitando logros obtenidos durante casi
diez años. No obstante, la Administración Provincial de
Trieste lo convocó en el año 1971 para la Dirección del
Hospital Psiquiátrico de San Giovanni.

El trabajo se desarrolló en una *estrategia pendular,*
oscilando tanto en el interior de los muros del asilo como
en el exterior con la sociedad. De esta manera, se derrum-
baron los muros físicos de la segregación, pero también
los del ideario social.

Basaglia fue más allá de la reinserción social: buscó
diseñar un sistema donde la reinserción no exista, puesto
que reintegrar supone que exista una previa marginación.
La desinstitucionalización llevó a una *no segregación.* Por
ende, al no existir el manicomio –no existir la reclusión–,
no se tiene a quien reintegrar socialmente.

La tríada que analizamos, social, política y económica,
que sostiene la marginalidad del paciente psiquiátrico,
fue abordada por el movimiento, tratando de despejar las
probabilidades que podrían conducir a efectos discrimi-
natorios. Por ejemplo, la comunicación abierta, fluida,
adentro/fuera, fuera/adentro, la difusión permanente y la
participación en y con la comunidad, gestionaron en forma
paulatina el cambio del cliché de la locura asociado con
violencia o peligrosidad. Esto sigue en proceso.

La creación de subsidios, becas, bolsas de trabajo y
cooperativas, permite el funcionamiento del usuario en el
aparato productivo, suprimiendo en el aspecto económico
la posibilidad de estigmatización.

Políticamente en Trieste, a pesar de las amplias discusiones, boicots, juicios a Basaglia para frenar sus iniciativas,
se logró mayoritariamente un acuerdo sobre la nueva planificación socio-sanitaria. Cuando se llega a la promulga-
ción de la leyes 180 y 833 en el año 1978, fue simplemente
legalizar lo que en el plano pragmático hacía siete años que
se venía desenvolviendo. A pesar de ser leyes nacionales,

la efectividad mediante el cumplimiento se logró en pocas provincias italianas: hasta la actualidad, Trieste es la que cumple con los requisitos totales del programa con un alto porcentaje de éxitos en los resultados.

No obstante, el motor del movimiento son las autocríticas y la diversidad de opiniones que mantienen viva la flexibilidad de roles, impidiendo la estratificación y rigidización. Se insta a una horizontalidad que lleva a no construir una institución. La labor descentralizante de atención y los programas ambulatorios en los CSM de la provincia permiten borrar aquellos vestigios manicomiales.

Siempre los modelos son factibles de críticas, tal vez, la importancia radique no en su perfectibilidad, sino en el intento por desarrollar en el plano de la praxis una acción que conlleve la construcción de una realidad nueva. De esta manera, se constituirá un nuevo paradigma.

El diseño de un modelo implica el arte de diagramar estrategias, pero por sobre todo el trazado de un objetivo claro y concreto. La desinstitucionalización psiquiátrica italiana no lo pierde de vista: rescatar el sentido humano y afectivo en la interacción con el usuario, con aquel que sufre, padece y necesita en su situación de crisis, la protección y garantías sociales de contención, que le posibiliten emerger de la mejor manera posible a la vida.

Cerrando las conclusiones, creemos apropiado el cuento oriental que cita Franco Basaglia en su libro *L'istituzione negata* (1974) que condensa su filosofía de pensamiento y la ideología de su modelo:

> *Un cuento oriental relata la historia de un hombre que andaba enfrentándose con una serpiente. Un día que nuestro hombre dormía, la serpiente, deslizándose por su boca entreabierta, fue a colocarse en su estómago, y desde entonces se dedicó a dictar desde allí su voluntad a aquel desgraciado, que de este modo se convirtió en su esclavo.*

El hombre se encontraba a merced de la serpiente: no era dueño de sus actos. Hasta que, un buen día, el hombre volvió a sentirse libre: la serpiente se había marchado.

Pero de repente se dio cuenta de que no sabía qué hacer con su libertad. "Durante todo el tiempo en que la serpiente había mantenido sobre él un dominio absoluto, el hombre se había acostumbrado a someter por completo su voluntad, deseos e impulsos a la voluntad, deseos e impulsos de la serpiente, y por ello había perdido la facultad de desear, querer y actuar con autonomía...

En vez de la libertad, sólo hallaba el vacío..., pero con la partida de la serpiente, perdió su nueva esencia, adquirida durante su cautividad, y sólo fue necesario que aprendiera a reconquistar, poco a poco, el contenido precedente y humano de su vida.

La analogía entre esta fábula y la condición institucional del enfermo mental es sorprendente: parece ilustrar, en forma de parábola, la incorporación, por parte del enfermo mental, de un enemigo que le destruye con la misma arbitrariedad y la misma violencia que la serpiente de la fábula ejerce para subyugar y destruir al hombre.

Pero nuestro encuentro con el enfermo mental nos ha demostrado, además, que –en esta sociedad– todos somos esclavos de la serpiente, y que si no intentamos destruirla o vomitarla, llegará el momento en que nunca más podremos recuperar el contenido humano de nuestra vida.

Bibliografía

Libros

Ackernecht, E. *Breve Historia de la Psiquiatría*. Ed. EUDEBA. Buenos Aires. 4ª. Edición 1979. 1ª Edición 1962.

Andolfi, M. y Otros. *La famiglia rigida*, Ed. Feltrinelli, Milán, Italia. 3ª Edición 1989 1ª Edición 1982.

Aristóteles. *Gran Etica*. Ed. Aguilar. Buenos Aires. 1961.

Autores varios *La formazione della psichiatria*. Ed. Il Pensiero. Roma, Italia, 1981.

Basaglia, F. y Tranchina, P. *Autobiografía di un movimento - 1961/1979 - Dal manicomio alla Riforma Sanitaria*. Ed. Fogli di Informazione Psichiatria Democratica Critica delle Istituzioni. 1979.

Basaglia, Franco y Ongaro Basaglia, Franca. *La maggioranza deviante*. Ed. Einaudi, Turin, Italia. 2ª Edición 1971. 1ª Edición 1971.Versión cast. *La mayoría marginada*. Laia. Barcelona. 1973.

Basaglia F., Langer M. y Otros. *Razón, Locura y Sociedad*. Ed. Siglo XXI. Mexico. 1978.

Basaglia, Franco. *Qué es la Psiquiatría*. Ed. Guadarrama. Madrid, España. 1977.

Basaglia F., García R. *¿Psiquiatría o ideología de la locura?* Ed. Anagrama. Barcelona, España. 1972.

Basaglia, Franco. *Scritti II. 1968-1980*. Ed. Einaudi. Turin, Italia. 1982.

Basaglia, Franco. *L'istituzione negata*. Ed. Einaudi. Turin. Italia. 7ª Edición 1974. 1ª Edición 1968. Versión cast. *La institución negada*. Barral Buenos Aires. 1972

Basaglia y otros. *Psiquiatría, Antipsiquiatría y Orden Manicomial*. Ed. Barral. Barcelona, España. 1985.

Basaglia, F. y Ongaro Basaglia, F. *Crimini di pace. Ricerche sugli intellettuali e sui tecnici come addetti all'oppressione*. Ed. Einaudi. Turin, Italia. 1975. Versión cast. *Los crímenes de la paz*. Siglo XXI. México. 1977

Basaglia, Franco. *Morire di classe*. Ed. Einaudi. Turin, Italia. 3ª Edición 1986 - 1ª Edición 1969.

Bateson, G. y Ruesch, J. *Comunicación - La matriz social de la Psiquiatría*. Ed. Paidós. Barcelona, España. 1984.

Bateson, G y otros. *Hacia una teoría de la esquizofrenia* (1962). En Jackson, Don (comp.) [1968]: *Comunicación, familia y matrimonio*, Buenos Aires, Nueva Visión, 1984.

Bettelheim, Bruno. *La Vienna di Freud*. Ed. Feltrinelli. Milan, Italia. 1990 - 1ª Edición 1956.

Biffi, S. *Delle Istituzione pergli alienati nel Belgio* Obra III, Italia, 1854.

Caparros, Antonio. *Los paradigmas en psicología*. Ed. Horsori. Barcelona, España. 2ª Edición 1985 - 1ª Edición 1980.

Castell, Robert. *El orden psiquiátrico*. Ed. La Piqueta. Madrid, España. 1980.

Castiglioni, C. *Sopra un viaggio ai piu reputati manicomi D'oltrape e d'oltremare* en *Annali universali di medicina*. Italia. 1856.

Ceberio, Marcelo R., Des Champs C. y otros. *Clínica del cambio - Teoría y Técnica de la Terapia Sistémica*. Ed. Nadir. Buenos Aires. 1990.

Ceberio M. R., Watzlawick, P. *La construcción del universo*. Herder. Barcelona. 1998.

Ceberio, Marcelo R. *La Desinstitucionalización psiquiátrica como ruptura de la marginación social del enfer-*

mo mental. El paradigma de Trieste. Tesis doctoral. Universidad Kennedy. Bs. As. 1994.

Ceberio, Marcelo R. La segregación social de la locura. Tesis doctoral. Universidad de Barcelona. publicada en microficha. 1996.

Centre Ricerche in Salute Mentale. Autores varios *Per la Salute Mentale / For mental Health.* 2-3/88. Ed. Coop. Il Posto delle Fragole. Trieste, Italia. 1987.

Centre Ricerche in Salute Mentale. Autores varios *Per la Salute Mentale / For mental Health.* 1/88. Ed. Coop. Il Posto delle Fragole. Trieste, Italia. 1987.

Cerletti, Ugo. 1956. Citado en Thomas Szasz: *A quién le sirve la psiquiatría.* En Basaglia y otros *Los crímenes de la paz.*

Clark, Ronald. *Freud, el hombre y su causa.* Ed. Planeta. Barcelona, España. 1985

Cooper, David. *La gramática de la vida.* Ed. Planeta. Barcelona, España. Edición 1986 - 1ª Edición 1974.

Cooper, David. *Psiquiatría y antipsiquiatría.* Ed. Paidós. Barcelona, España. 1985.

Cooper, David. *La muerte de la familia.* Ed. Planeta. Barcelona, España. Edición 1986 - 1ª Edición 1981.

Delacampagne, Christian. *Antipsiquiatría.* Ed. Madrágora. Barcelona, España. 1978.

Dell'acqua, Giuseppe. *Non ho l'arma che uccide il leone...* Ed. Cooperativa. Trieste, Italia. 1979.

Esquirol, Jean. *Della alienazione mentale o della pazzia in genere e in specie I.* Milán, Italia. 1927.

Ey, Henri. *En defensa de la psiquiatría.* Ed. Huemul. Buenos Aires. 1979.

Facultad de Psicología de la Universidad de Barcelona. *Anuario de Psicología.* Ed de la Universidad de Barcelona. Barcelona, España. 1986.

Fernández, Víctor. *Psicoterapia estratégica.* Ed. Universidad Autónoma de Puebla. México. 2ª Edición 1984 - 1ª Edición 1981.

Forti, Laura. *La otra locura - Mapa ontológico de la psiquia-tría alternativa*. Ed. Tusquets. Barcelona, España. 2ª Edición 1982 - 1ª Edición 1976.

Foucault, Michel. *El nacimiento de la clínica*. Ed. Siglo XXI. México. 1985 - 1ª Edición 1966.

Foucault, Michel. *Historia de la locura en la Epoca Clásica*. Vol. I y II. Ed. Fondo de Cultura Económica. México. 2ª Edición (4ª reimpresión) 1976 -1ª Edición 1967.

Fromm, Erich. *Grandeza y limitaciones del pensamiento de Freud*. Ed. Siglo XXI. México. 1979.

Fromm, Erich. *La missione di Sigmund Freud*. Ed. Newton Compton. Roma, Italia. 3ª Edición 1978.

Gallio, Giovanna y otros. *La libertà è terapeutica?*. Ed. Feltrinelli. Milán, Italia. 1983.

Gentis, Roger. *Les murs del'asile*. Ed. Maspero. París. Francia. 1970.

Gentis, Roger. *Curar la vida*. Ed. Grijalbo. Barcelona, España. 1980 - 1ª Edición 1971.

Gerbaldo, Carlo (Redactor). Autores varios. *Psichiatria nella Riforma*. Ed. Pensiero scientifico. Roma, Italia. 1983.

Gerbaldo, Carlo (Redactor). Autores varios. *La formazio-ne della Psichiatria*. Ed. Pensiero scientifico. Roma, Italia. 1981.

Goffman, Erwing. *Assylums*. Ed. Doubleday. New York, E.E.U.U. 1961.

Goffman, Erwing. *Stigma: Notes on the Management of Spoiled Identity*. Prentice-Hall. 1963. Edición en es-pañol: *Estigma La identidad deteriorada*, Amorrortu, Buenos Aires, 2003.

González Menéndez, Ricardo. *Psiquiatría para médicos generales*. Editorial Científico-Técnica. La Habana, Cuba. 1985.

Haley, Jay. *Transtornos de la emancipación juvenil y terapia familiar* Ed. Amorrortu. Edición 1989 - 1ª Edición 1980.

Hospital Psiquiátrico de La Habana, autores varios. *Glosario Cubano de la Clasificación Internacional de Enfermedades Psiquiátricas*. Ed. Minsap. La Habana, Cuba. 1983.

Jackson, Don (compil.). *Comunicación, familia y matrimonio*. Ed. Nueva Visión. Buenos Aires. 1984 - 1ª Edición 1968.

Jervis, Giovanni. *El buen reeducador*. Ed. Grijalbo. Barcelona, España. 1979 - 1ª Edición 1978.

Jervis, Giovanni. *El mito de la antipsiquiatría*. Ed. Pequeña Biblioteca Calamus Scriptorius. Barcelona, España. 1979.

Jervis, Giovanni. *Psiquiatría y Sociedad*. Ed. Fundamentos. Madrid, España. 1981.

Jetter, D. *Panoptische Principien des irrefürsorge und des stafuollzugz in Nordamerica*. Alemania, 1973. Págs. 129-149. Citado en Basaglia, F. y Otros: *Psiquiatría, Antipsiquiatría y Orden Manicomial*.

Jones, Maxwel. *Social Psychiatry in Practic*. Ed. Penguin Books - Harmond Worth. Londres. 1968.

Keeney Bradford y Ross J. *Construcción de Terapias Familiares Sistémicas*. Ed. Amorrortu. Buenos Aires. 1985.

Ken Kessey. *Alguien voló sobre el nido del cuco*. Ed. Círculo de Lectores. Buenos Aires. 5ª Edición 1977 - 1ª Edición 1962.

Kraut, Alfredo. *Responsabilidad profesional de los psiquiatras*. Ed. La Rocca. Buenos Aires. 1993.

Kriz, Jürgen. *Corrientes fundamentales en psicoterapia*. Ed. Amorrortu. Buenos Aires. 1985.

Kuhn, Thomas. *La estructura de las revoluciones científicas*. Ed. Fondo de Cultura Económica. México. 1975.

Laing, Ronald. *Esquizofrenia y Presión Social*. Ed. Tusquets. Barcelona, España. 1981 - 1ª Edición 1972.

Laing, Ronald. *Knots*. Ed. Pantheon Books. E.E.U.U. 1970.

Laing, Ronald. *Los locos y los cuerdos*. Ed. Grijalbo. Barcelona, España. 1980 - 1ª Edición 1979.

Laing, Ronald. *El cuestionamiento de la familia*. Ed. Paidós. Buenos Aires. 1971 1ª Edición 1969.

Laing, Ronald. *The fact of life*. Ed. Pantheon Books. Toronto, Canadá. 1976.

Laing, Ronald. *El yo dividido*. Ed. Fondo de Cultura Económica. México. 5ª Edición 1980 - 1ª Edición 1960.

Laing, Ronald. *El yo y los otros* Ed. Fondo de Cultura Económica. México. 1974 1ª Edición 1961.

Levi-Strauss, Claude. *Estructuras elementales del parentesco*. Vol. I y II. Ed. Planeta. Barcelona, España. 1985.

Linares, Juan. *Agresividad e ideología*. Ed. Fontamara. Barcelona, España. 1981.

Linares, Juan. *Ideología médica, sanidad y sociedad*. Ed. Akal. Madrid, España. 1982.

Linares, Juan. *La historia clínica en el manicomio: El pasaporte de la locura*. Ed. Anagrama. Barcelona, España. 1976.

Lourau, René. *El análisis institucional*. Ed. Amorrortu. Buenos Aires. 1975 - 1ª Edición 1970.

Martucci M. y Garbagnati, S. *Disagio giovanile - Strutture Territoriali - Politica dei Servizi*. Ed. Tipografía Interna, U.S.S.L. 24. Collegno, Italia. 1986.

Minuchin, Salvador. *Familias y terapia familiar*. Ed. Gedisa. Barcelona, España. 1982.

Obiols, Juan y otros. *Psichiatria e antipsiquiatria*. Ed. Agostini Novara. Italia. 1977.

Offer, Daniel y otros. *The Psychological world of the juvenile delinquent*. Ed. Basic Books. New York, E.E.U.U. 1979.

Pelicier, Ives. *Léxico de psiquiatría*. Ed. Huemul. Buenos Aires. 1977.

Piaget, Jean. *La construction du rèel chez l'enfant*. Delachaux & Niestlé, Neucâtel, 1937. Versión cast. *La construcción de lo real en el niño*. Crítica, Barcelona, 1989.

Pichon Rivière, Enrique. *El proceso grupal - Del Psicoanálisis a la Psicología Social* (1). Ed. Nueva Visión. Buenos Aires. 1985.

Pichon Rivière, Enrique. *Teoría del Vínculo.* Ed. Nueva Visión. Buenos Aires. 1985.

Pinel, Phillip. *Traitée Médico Philosophique sur l' alienation mentale.* París. 1809.

Prati, Angela y otros. *Viaggio in Italia tra immagini e sensazioni* Ed. Luige Reverdito. Trento, Italia. 1986.

Reich, Wilhelm. *La Revolución Sexual.* Ed. Planeta. Barcelona, España. 1985 - 1ª Edición 1945.

Rosenhan, David *Acerca de estar sano en un medio enfermo.* En Watzlawick, Paul. *La realidad inventada.* Ed. Herder. Barcelona, España. 1977.

Rotson Foster. *Luis Vives, el gran valenciano.* Ed. Oxford University Press. 1922.

Satir, Virginia. *Peoplemaking.* Ed. Science and Behavior Books. California, Estados Unidos. 1972.

Satir, Virginia. *Psicoterapia familiar conjunta.* Ed. La Prensa Médica Mexicana. México. 2ª Edición 1989 - 1ª Edición 1980.

Saussure, Ferdinand de *Curso de lingüística general* Ed. Planeta. Barcelona, España. 1984.

Schneider, Pierr. *Psicología Médica.* Ed. Feltrinelli. Milán, Italia. 10ª Edición 1985 1ª Edición 1972.

Selvini Palazzoli, Mara. *Paradosso e Contraparadosso.* Ed. Feltrinelli. Milán, Italia. 1989 - 1ª Edición 1975.

Selvini Palazzoli, M. *El mago sin magia.* Ed. Paidós. Buenos Aires. 2ª Edición 1990.

Selvini Palazzoli, M. *Sul Fronte Dell'organizzazione - Strategie e Tattiche.* Ed. Feltrinelli. Milán, Italia. 2ª Edición 1989 - 1ª Edición 1981.

Sullivan, Harry. *Il colloquio psichiatrico.* Ed. Feltrinelli. Milán, Italia. 8ª Edición 1989 - 1ª Edición 1967.

Vezzetti, Hugo. *La locura en la argentina*. Ed. Paidós. Buenos Aires. 1985.

Watzlawick, Paul. *Il linguaggio del cambiamento*. Ed. Feltrinelli. Turín, Italia. 6ª Edición 1989 - 1ª Edición 1980.

Watzlawick, P., Beaving J. y Jackson D. *Teoría de la Comunicación humana*. Ed. Herder. Barcelona, España. 1981 - 1ª Edición 1967.

Watzlawick, Paul. *La coleta del Barón Münchhausen*. Ed. Herder. Barcelona, España. 1992 - 1ª Edición 1988.

Watzlawick, P., Weackland J., Fisch R., *Change - Principles of problem formation and problem resolution*. Ed. N.W.Northon. New York, E.E.U.U. 1974.

Watzlawick, Paul. *¿Es real la realidad?*. Ed. Herder. Barcelona, España. 1989 - 1ª Edición 1976.

Watzlawick, P. *Profecías que se autocumplen* en: *La realidad inventada*, Barcelona, Herder, 1977.

Watzlawick, Paul. *La realidad inventada*. Ed. Herder. Barcelona, España. 1977.

Watzlawick, P.; Nardone G., *El arte del cambio*. Ed. Herder. Barcelona, España. 1992 - 1ª Edición 1974.

Weakland, J. y Herr, J. *Terapia interaccional y tercera edad*. Ed. Nadir. 1983 - 1ª Edición 1979.

Whitaker, Carl. *De la psique al sistema*. Ed. Amorrortu. Buenos Aires. 1991 - 1ª Edición 1982.

Zilboorg, Gregory y Henry, George. *Storia della Psychiatria*. Ed. Feltrinelli. Milán, Italia. 1963 - 1ª Edición 1941.

Documentos y artículos

Autores varios. *Il malato mentale in un proceso di trasformazione istituzionale.*Gorizia. Italia. 1972.

Autores varios. *Il Dipartimente di Salute Mentale. Della Azienda per i Servizi Sanitari*. Trieste. 1995.

Barrientos G., García J., Alonso O. *Alternativas de intervención en salud mental y reforma de la asistencia psiquiátrica*. Trabajo presentado en el 5º Congreso de Psiquiatía. La Habana. Cuba. 1991.

Basaglia Franco, y otros. *Considerazioni su una esperienza comunitaria*. Gorizia. 1968.

F., Gallio G. *Vocazione terapeutica e lotta di classe per un' analisi critica del modello italiano (1950-1979)* Italia. 1979.

Basaglia, Franco. *Discussione sull indice*. Trieste. 1977.

Basaglia, F. Ongaro Basaglia, F. Giannicheda, M. *Salute Malattia e società, la ambigüità del concetto di salute nelle società industrializzate*. Trieste. 1976.

Basaglia, Franco y Ongaro Basaglia, Franca. *Un problema di psichiatria istituzionale*. Revista experimental de Freniatria Nº 6. 1966.

Basaglia, Franco y Ongaro Basaglia, Franca. *Indietro non si torna!*. Diario Repubblica 27-9-81.

Basaglia, Franco. *Introduzione*. Italia. 1979.

Basaglia F., Cogliati G., Giannicheda M. *L'integrazioni del malato mentale: le condizioni che la rendono*. Trieste, Italia. 1979.

Basaglia F., Giannicheda M., Debernardi A.*Appunti per un'analisi delle normative in psichiatria*. Trieste. 1978.

Basaglia F., Gallio G. *La chiusura dell'ospedale psichiatrico*. Trieste. 1976.

Basaglia, Franco. *Crisi istituzionale o crisi psichiatrica?* Trieste. 1980.

Basaglia, Franco. *Corso di aggiornamento per operatori psichiatrici*. Trieste. 1981.

Borghi P., Butti G., Lorenzi L. *Sevizio in carcere e misure alternative*. Trieste. 1985.

Carta Magna de la O.M.S. *Declaración de los Derechos Humanos*. 1948.

Ceberio, Marcelo R. *¿La libertad es terapéutica?* Revista Perspectivas Sistémicas. Nº 1. Buenos Aires. 1988.

Ceberio, Marcelo R. *Los esclavos de la pirámide.* Revista Perspectivas Sistémicas. Nº 7. Buenos Aires. 1989.

Ceberio, Marcelo R. *Algunas soluciones alternativas al sistema manicomial.* Buenos Aires. 1990. Art. inédito

Ceberio, Marcelo R. El modelo de la Desinstitucionalización psiquiátrica italiana. El paradigma de Trieste. Buenos Aires. 1990. Inédito

Ceberio, Marcelo R. *Hospital Psiquiátrico Cubano, Entrevista al Comandante Ordaz y su equipo de trabajo.* Revista Perspectivas Sistémicas Nº 20. Buenos Aires. 1991.

Ceberio, Marcelo R. *La asamblea comunitaria como vía a la Desinstitucionalización.* Buenos Aires. 1989. Ponencia del Congreso de Asamble comunitaria. 1988.

Cinti, Aldo. *Il valore dell' esperienza a difesa della riforma psichiatrica.* Revista Democrazia Proletaria. Nº 7. Agosto. 1986.

Danino, Carmelo y otros. *Professionalità e territorio.* Italia. 1980.

Debernardi, Augusto. *Introduzione ai problemi della ricerca e dell'epidemiología.* Trieste. 1987.

Debernardi, Augusto. *I suicidi a Trieste, un indagine svolta dal consiglio nazionale delle ricerche.* Trieste. 1980.

Debernardi A., Norcio B. *Del hotel des pauvres a la maison chez propre.* Trieste. 1971.

Debernardi, Augusto. *La crisi fra sociale e psichiatria.* Trieste. 1988.

Dell'Acqua G., Cogliati M. *La fine dell'ospedale psichiatrico.* Trieste. 1982.

Dell'Acqua G. *Trieste 20 anni dopo: Dalla critica alle istituzioni della psichiatria alle istituzioni della salute mentale.* Trieste. 1995.

Diario de Trieste. *Legge 180, problema aperto.* Trieste. 20-687.

Documento de los enfermeros psiquiatricos de los C.S.M.*Psichiatria: contributo per un progetto.* Trieste. 1987.

Borghi P., Lorenzi L.y otros. *Lo Psicologo nel dipartimento di Salute Mentale a Trieste.* Trieste. 1988.

Dovenna, Raffaele. *Quale riforma sanitaria a Trieste?* Trieste. 1983.

Dovenna, Raffaele. *Il ruolo di operatore.* Trieste. 1988.

Foucault, Michel. *I giochi del potere.* Entrevista de Brochier, J. En *La magazine littèraire.* N° 101. Francia. 1975.

Gaglio, Alfonso. *OPP. e servizi psichiatrici di Trieste: rapporti istituzionali e lotta contro il potere.* Italia. 1979.

Gallio, Giovanna. *De-istituzionalizzazione e'cultura della miseria.* Trieste. 1981.

Gallio, Giovanna. *Lo psicologo nelle politiche sociali e nel sistema socio-sanitario.* Trieste. 1981.

Guedes Arroyo, Luis. *Aspectos terapéuticos e iatrogénicos de las asambleas comunitarias.* Trabajo presentado en la Jornada de la Asamblea Comunitaria. Buenos Aires. 1988.

Los documentos italianos fueron obtenidos del Archivo del Centro Ricerche in Salute Mentale Región de Friuli-Venecia Giulia. World Health Organization, Collaborating Center for Research and Training in Mental Health, Italy.

Michicich A., Bonn, R. *Il proceso di riforma psichiatrica.* Italia. 1989.

Murru, Luciana. *Psichiatria e Antipsichiatria nella storia.* Revista Democrazia Proletaria. N° 7. Agosto. 1986.

Ongaro Basaglia, Franca. *L'organizzazione del corpo sociale.* Italia. 1978.

Reseau Internacional de Italia. *Recomendaciones a los responsables de la política de salud mental.* 1984.

Reseau Internacional de Bremen. *Conclusiones.* Alemania. 1985.

Revista de Terapia Familiar Nº 16. Ed. A.C.E. Buenos Aires. 1987.

Revista El periodista Ed. La urraca. Buenos Aires. *Entrevista a F. Rotelli y su equipo.* Febrero 1987. Año 3, Nº 125.

Revista Medicina Democrática, Movimento di lotta per la salute. Nº 51. Italia. 1986.

Revista L'espresso. *Las cossa americana - il ritorno dell'elettroshock negli USA* Pág. 239. Italia. 1989.

Revista Actualidad Psicológica, *La salud mental sin manicomios.* Buenos Aires. 1988.

Righetti, Angelo. *Psichiatria quale epidemiologia.* Revista Democrazia Proletaria. Nº 7. Agosto. 1986.

Rotelli F., De Leonardis O., Mauri D. *Deistituzionalizzazione un'altra via. La riforma psichiatrica italiana nel contesto dell' Europa occidentale e dei paesi avanzati.* Trieste. 1985.

Rotelli, Franco. *Deistituzionalizzare la follia.* Revista Democrazia Proletaria. Nº 7. Agosto. 1986.

Rotelli, Franco. *La nuova psichiatria.* Trabajo presentado en el cículo Che Guevara.Trieste. 1987.

Rotelli, Franco. *L'istituzione inventata.* Trieste. 1987.

Rotelli, Franco. *Povertá delle istituzioni.* Trieste. 1980.

Rotelli, Franco. *Le istituzioni della deistizionalizzazione.* Trieste. 1981.

Rotelli F., Debernardi A. *Legge 180 e practica terapeutica nell' esperienza Triestina.* Trieste. 1986.

Rotelli, Franco. *Tagliare ancora la testa del re.* Italia. 1984.

Rotelli, Franco. *I superamento dei manicomi.* Italia. 1982.

Rotelli, Franco. *Modelli scientifici e complessità. Trieste.* 1986.

Tognoni, Gianni. *Il caso degli psicofarmaci.* Revista Democrazia Proletaria. Nº 7. Agosto. 1986.

Tranchina, Paolo. *Dalla parte della follia: l'esperienza di psichiatria democratica.* Revista Democrazia Proletaria. Nº 7. Agosto. 1986.

Trebiciani M., Toresini L., Debernardi A. *El problema de los costos.* Trieste, Italia. 1982.